Extractos del cuerpo

Esta obra se benefició del apoyo de los
Programas de Ayuda a la Publicación del Institut français.

Primera edición: enero 2019
Título original: *Extraits du Corps*
La Peau et les mots © P.O.L Editeur, 2002

ESPAÑA
C/ Alcalá 85, 7º izda.
28009 Madrid

vasoroto@vasoroto.com
www.vasoroto.com

Grabado de cubierta: Víctor Ramírez

ISBN: 978-84-949952-0-0
IBIC: DCF

Bernard Noël

Extractos del cuerpo

Traducción de Miguel Casado

Vaso Roto / Ediciones

Contre-Mort

25/29 septembre 1954

Contra-muerte

25/29 de septiembre de 1954

moi
qui chaque jour creuse sous ma peau
je n'ai soif
ni de vérité ni de bonheur ni de nom
mais de la source de cette soif
je ne promène pas mon petit démon bien policé
j'en ai dix mille me rongeant
et je leur souris
non pas comme une Joconde
non pas comme un bouddha satisfait de son détachement
non pas comme un yogi à l'âme soigneusement musclée
mais comme un homme
auquel tous les chemins ne sont pas bons
et
à mesure que le creux là-dessous va grandissant
d'étranges machines apparaissent dans mon corps
et d'abord cet œil qui a percé à la racine du nez et qui
    me fait douter de la valeur de mes yeux
condensation du regard
triangle à l'intérieur de mon crâne

triangle sans base tel un entonnoir ou s'engouffrent les
    cris venus de la moelle épinière et du ventre (du
    ventre dans lequel pousse un énorme faisceau de
    racines flexibles et dures comme des aiguilles
    d'acier)
triangle dont les parois incandescentes tracent dans le cerveau
    une brûlure drainante

yo
que cada día excavo bajo mi piel
no tengo sed
ni de verdad ni de nombre ni de dicha
sino de la fuente de esta sed
yo no paseo mi pequeño demonio civilizado
tengo a diez mil royéndome
y les sonrío
no como una Gioconda
no como un buda satisfecho de su desapego
no como un yogui de alma cuidadosamente musculada
sino como un hombre
para quien no todo camino es bueno
y
a medida que el hoyo va creciendo
ahí abajo extrañas máquinas aparecen en mi cuerpo
y primero este ojo que se ha abierto en la raíz de la nariz y que
        me hace dudar del valor de mis ojos
condensación de la mirada
triángulo en el interior de mi cráneo

triángulo sin base como un embudo por donde se precipitan los
        gritos venidos de la médula espinal y del vientre (del
        vientre en el que crece un enorme haz de
        raíces flexibles y duras como agujas
        de acero)
triángulo cuyas paredes incandescentes marcan en el cerebro
        una quemadura que drena

une brûlure qui est la présence même
la présence des choses qui entrent en moi comme une
décharge
une décharge brisant les écailles
brisant la paille et la poutre
brisant le filtre et les dents

il faudrait dire comment
dire la vision claire de cet œil
qui n'a ni tendresse ni cynisme ni compassion
mais qui est vide
et inexorable

tel un nuage d'abeilles au-dessus du gouffre
la présence approche
pattes de miel
douceur tiède
et
soudain
les mille piqûres des dards
il n'y a pas d'autre issue que le saut
mais
LE VIDE PORTE
les yeux regardent à travers le seul œil
et dans l'épaisseur de midi
les choses entrent dans mon corps
l'espace se retrousse
dedans est immense

una quemadura que es la presencia misma
la presencia de las cosas que entran en mí como una
descarga
una descarga que rompe las escamas
rompe la paja y la viga
rompe el filtro y los dientes

haría falta decir cómo
decir la visión clara de este ojo
sin ternura ni cinismo ni compasión
sino vacío
e inexorable

como una nube de abejas sobre el precipicio
la presencia acerca
patas de miel
tibia dulzura
y
de pronto
las mil picaduras de los aguijones
no hay otra salida que el salto
pero
EL VACÍO LLEVA
los ojos miran a través del único ojo
y en el espesor de mediodía
las cosas entran en mi cuerpo
el espacio se recoge
dentro es inmenso

alors
tentation d'organiser aussitôt la conquête
et d'en jouir
il fait soleil sous les épaules
j'ai une âme
je comprends
et la conscience se prenant pour l'être
voici le règne de l'outil
alors
la grâce fait caca dans la cervelle
et la convexité du corps
touche à celle du ciel
et je dors
comme un dieu remonte dans la gorge du père

il faut dire
non à non et non à non non
il faut retraverser la peau et vider dehors tout ce dedans
il faut planter les yeux du côté rouge de l'écorché
et lécher le col de ses vertèbres
et tomber dans ce trou
et patauger dans son ventre
et baratter son sperme
il faut se crever les yeux pour boire le regard des ancêtres
et la distance entre la fin et le commencement
avec de grands lapements de gencives molles
il le faut   malgré soi
malgré les livres et la douleur
malgré la pierre noire de l'occulte et les alphabets de
    la divination
et le pli de la symétrie
et le sens unique du cœur

entonces
tentación de organizar pronto la conquista
y de disfrutarla
da el sol bajo los hombros
tengo un alma
comprendo
y al tomarse la conciencia por el ser
he ahí el reino del utensilio
entonces
la gracia hace caca en el cerebro
y la convexidad del cuerpo
roza la del cielo
y yo duermo
como un dios asciende por la garganta del padre

hay que decir
no a no y no a no no
hay que volver a atravesar la piel y vaciar fuera todo ese dentro
hay que plantar los ojos del lado rojo del desollado
y lamer el cuello de sus vértebras
y caer en ese agujero
y chapotear en su vientre
y batir su esperma
hay que sacarse los ojos para beber la mirada de los ancestros
y la distancia entre el fin y el principio
con grandes lengüetazos de encías blandas
hay que hacerlo   aun sin querer
a pesar de los libros y el dolor
a pesar de la piedra negra de lo oculto y los alfabetos de
        la videncia
y el pliegue de la simetría
y el sentido único del corazón

JE SUIS BIEN QUE JE PENSE
et que je me regarde penser
m'obligeant à me chier moi-même dans la merde de
    ma pensée
au lieu de rayonner
immobile
tel le soleil

comme l'espace est étalé tout entier dans l'univers
de même le temps est étalé tout entier
et de l'un à l'autre circule une gravitation
analogue à celle qui tire de ma chair
ma pensée
selon un engrenage jamais dit
bien qu'il soit la seule chose à dire

quel silence
quel regard
à cet instant du reflux où la vie laisse à sec l'os de la
    structure et le sillage des nerfs
à cet instant où l'intuition se lève malgré l'orage des
    gestes et du savoir
à cet instant du bas où la chair laisse apparaître les
    vieilles traces au fond desquelles suinte le sourire
    qui fabriqua les dieux

SOY AUNQUE PIENSO
y me miro pensar
forzado a cagarme yo mismo en la mierda de
mi pensamiento
en vez de resplandecer
inmóvil
como el sol

como el espacio se despliega entero en el universo
igual el tiempo se despliega entero
y entre uno y otro circula una gravedad
análoga a la que saca de mi carne
mi pensamiento
según un engranaje nunca dicho
aunque eso sea lo único que decir

qué silencio
qué mirada
en este instante de reflujo en que la vida deja en dique seco el hueso
de la estructura y la estela de los nervios
en este instante en que la intuición brota pese a la tormenta de los
gestos y del saber
en este instante de lo bajo en que la carne deja aflorar las
viejas huellas en cuyo fondo rezuma la sonrisa
que fabricó a los dioses

et la conscience
parmi les dents mortes des ancêtres
n'est plus que le couteau de pierre à dépecer l'apparence

alors
l'œil
visse
lentement
son regard
dans le cerveau
et la douleur au ralenti perce
et sépare
tant et si bien que transparaît le circuit
entre matière et immatière
le vieil engrenage
entre le moi qui tient chair ouverte
et le je qui vient s'y nourrir

alors
lumière
blanche
partout
comme si la viande était raclée d'en dessous
comme si une à une
chaque cellule était portée au blanc par le feu qui est
dans le feu
et de la bouche de la bouche de la bouche sortent les
mille petites pattes invisibles de CELA
de cela qui perpétuellement coule dans le creux de mon
contre-corps
pour agglutiner mon temps et mon je

y la conciencia
entre los dientes muertos de los antepasados
es sólo el cuchillo de piedra para descuartizar la apariencia

entonces
el ojo
clava
lentamente
su mirada
en el cerebro
y el dolor a cámara lenta horada
y separa
hasta hacer que se transparente el circuito
entre materia y no materia
el viejo engranaje
entre el yo que se mantiene en carne viva
y el yo que viene a alimentarse de ella

entonces
luz
blanca
por todas partes
como si la carne estuviera raspada por debajo
como si una a una
cada célula fuera llevada al rojo blanco por el fuego que hay
        en el fuego
y de la boca de la boca de la boca salen las
        mil patitas invisibles de ESTO
de esto que perpetuamente fluye en el vacío de mi
        contra-cuerpo
para fundir mi tiempo y mi yo

mais la lumière s'éteint
et revoici *mon* corps avec ses trous ses yeux
        et le creux de son creux
et la goulée de sel le tuyau à salive le grand chantier de
        la défécation
le double huit du sang et la mer du dedans où rotent
        tant de râles
et la vision n'est plus que le pas douloureux d'une vis
        arrachée

je me souviens
et quelque chose fait le noir
pour développer ce moment
où le corps suait de la pensée
où la pensée démoulait le corps

pero la luz se apaga
y de nuevo ahí *mi* cuerpo con sus agujeros sus ojos
        y el hueco de su hueco
y la bocanada de sal el tubo de saliva el gran taller de
        la defecación
el doble ocho de la sangre y el mar del interior donde eructan
        tantos estertores
y la visión no es más que el paso doloroso de un tornillo
        arrancado

yo recuerdo
y algo produce oscuridad
para desplegar ese instante
en que el cuerpo transpiraba pensamiento
en que el pensamiento sacaba del molde al cuerpo

Situation Lyrique du Corps Naturel

1956

Situación lírica del cuerpo natural

1956

Je survis à force de racines. La chair aurait déjà coulé comme une terre grasse, mais les nerfs la retiennent. Les nerfs végétatifs. Les autres sont usés. Quelle floraison blanche autour des os, avec d'épaisses touffes flexibles qui se nouent, tandis que pâlissent les algues que de longues marées viennent plaquer contre les dernières vertèbres. L'eau est lourde et amère. Ma soif dévale le canal de la moelle, roulant tout l'imbuvable qui racornit ma gorge. Le silence plane entre les épaules et la mer, c'est le prélude à une nouvelle aspiration des profondeurs. L'œil cherche de nouveaux domaines dans la région du cœur, mais tout végète. Les orbites ont blanchi. Il n'y a plus ni paupières ni larmes. Le sang s'est retiré. Les poumons ne sont que des mottes de bulles. Pourquoi penser ? si le cerveau venait à s'allumer, il y aurait encore de la suffocation, puis du vertige et puis de la succion interne. Tout ce calme est un piège. Je le sais. Il ne m'avance à rien de le savoir. Le squelette est lointain derrière ce savoir déformant. L'œil en arrive à tourner sur lui-même. La langue lèche le peu de nuit qui reste entre les dents, et la bouche demeure ouverte, avide. Tous les gestes imaginables sont au loin, dans la buée de la surface. Je tente une autre attente, mais, maintenant, mourir n'a pas de fin. Ni vivre. Tout ce que j'ai connu est en train de faire de la peau. Mon corps va devenir étroit. Je fléchis quelque part. Je deviens bleu sur les membranes des viscères. Je grimpe à l'arbre des vertèbres. Dans mon crâne trop sec, des perceptions poudroient. Elles s'anéantissent l'une l'autre, à toute vitesse. Je suis plein de pelotes d'aiguilles. Il faudrait recompter les jointures, refaire le squelette. Il est trop tard. J'assiste à l'érosion, insoucieux d'ailleurs que tout en moi devienne sable dans les marées du ventre.

Sobrevivo a fuerza de raíces. La carne habría ya resbalado como una tierra grasa, pero los nervios la retienen. Los nervios vegetativos. Los otros están consumidos. Qué floración blanca en torno a los huesos, con espesas matas flexibles que se anudan, mientras palidecen las algas que largas mareas vienen a adherir a las últimas vértebras. El agua es pesada y amarga. Mi sed se precipita por el canal de la médula, arrollando todo lo no bebible que endurece mi garganta. El silencio está suspendido entre los hombros y el mar, es el preludio de una nueva succión de las profundidades. El ojo busca nuevos dominios en la región del corazón, mas todo vegeta. Las órbitas han palidecido. Ya no hay párpados ni lágrimas. La sangre se ha retirado. Los pulmones son sólo grumos de burbujas. ¿Por qué pensar? Si el cerebro llegara a ponerse en marcha, volvería la fatiga, luego el vértigo, y la succión interna luego. Toda esta calma es una trampa. Lo sé. No adelanto nada con saberlo. El esqueleto resulta lejano detrás de este saber deformante. El ojo llega a girar sobre sí mismo. La lengua lame lo poco de noche que queda entre los dientes, y la boca permanece abierta, ávida. Todos los gestos imaginables quedan lejos, en el vaho de la superficie. Intento otra espera, pero, ahora, morir no tiene fin. Ni vivir. Todo lo que he conocido está volviéndose piel. Mi cuerpo se va a hacer estrecho. Me doblo por alguna parte. Me vuelvo azul en las membranas de las vísceras. Trepo al árbol de las vértebras. En mi cráneo demasiado seco, las percepciones levantan nubes de polvo. Una aniquila a la otra, a toda velocidad. Estoy lleno de acericos. Habría que volver a contar las articulaciones, rehacer el esqueleto. Es demasiado tarde. Asisto a la erosión, aunque despreocupado de que todo en mí se haga arena en las mareas del

Et cette mer sans origine ? Qu'importe. Passer non plus n'a pas de fin. Minute passée, minute passée, goutte à goutte. Est-il vrai que la pluie n'ajoute ni n'enlève rien à la mer ? Oui et non. Toujours, oui et non. Les yeux tournent. Dedans égale dehors. Et dedans dedans, il y a dehors. Avais-je huit ans ou mille ans, hier ? Peut-être l'un et l'autre.Trop de cercles à l'intérieur des os, trop de chiffres sur mon arbre. Je ligote mes phalanges comme du bois sec en attendant cette peau neuve qui me vieillira d'encore mille ans quand j'aurai huit ans. Et puis ? Et puis cette mer pleine de sel, pleine de gestes, pleine d'échos, et puis battante sans cesse au bord du cratère mouvant. Je ne peux pas tenir le registre des cellules. Je ne peux pas. Mais les visages ? Combien de visages ? Combien dissous dans la mer ou bien gravés dans les couches de l'os ? Il n'y a qu'à regarder l'horizon, avec la chaîne des dents, avec la langue sur laquelle clapote le temps. Mais déjà les algues deviennent racines, les racines deviennent arbres, les feuilles tombent à travers mes yeux et, plus tard, repoussent dans mon corps. Les visages s'accumulent. Demain est hier, inexorablement. Mon squelette blanchit, mais la grille des côtes, en coulant dans le sable, appelle un autre corps.

vientre. ¿Y este mar sin origen? Qué importa. Pasar tampoco tiene fin. Minuto pasado, minuto pasado, gota a gota. ¿Es cierto que la lluvia no añade ni quita nada al mar? Sí y no. Siempre, sí y no. Los ojos giran. Dentro igual que fuera. Y dentro dentro, hay fuera. ¿Tenía yo ocho o mil años ayer? Quizá lo uno y lo otro. Demasiados círculos en el interior de los huesos, demasiadas cifras en mi árbol. Ato mis falanges como palos secos esperando esta piel nueva que me avejentará otra vez mil años cuando yo tenga ocho. ¿Y luego? Y luego este mar lleno de sal, lleno de gestos, lleno de ecos, y batiente sin cesar al borde del cráter móvil. No puedo llevar el registro de las células. No puedo. ¿Pero los rostros? ¿Cuántos rostros? ¿Cuántos disueltos en el mar o grabados en las capas del hueso? No hay más que mirar el horizonte, con la cadena de los dientes, con la lengua en la que susurra el tiempo. Pero ya las algas se vuelven raíces, las raíces se vuelven árboles, las hojas caen a través de mis ojos y, después, vuelven a crecer en mi cuerpo. Los rostros se acumulan. Mañana es ayer, inexorablemente. Mi esqueleto se vuelve blanco, pero la reja de las costillas, al hundirse en la arena, llama a otro cuerpo.

Extraits Du Corps

1956

à Robert Maguire

Extractos del cuerpo

1956

a Robert Maguire

1

1

.... les mots crèvent au ras de ma peau. Le regard est fixe. Le buste est un assemblage d'éléments mobiles et d'éléments immobiles. Les gestes se poursuivent à l'intérieur de la poitrine, comme les cercles sur l'eau. Et le cou se prolonge loin dans le corps. C'est depuis l'estomac qu'a poussé l'arbre qui empale ma gorge. Il monte jusque dans mes narines. Un court-circuit coupe le courant des nerfs dans ma nuque. Ma tête se penche vers un lac d'argent lisse, qui tout à coup s'éparpille dans l'espace comme un bac de mercure. On me trépane pendant que mes jambes s'allongent, s'allongent, perçant des nuages. D'un côté, il fait mal ; de l'autre, il fait nuit. Entre les deux, une hélice tourne dans le ventre, et l'air reflue vers ma bouche. . . . .J'ai la gorge pleine de plumes. Je crache des cellules. . . . .

.... las palabras estallan a ras de mi piel. La mirada está fija. El torso es un ensamblaje de elementos móviles y elementos inmóviles. Los gestos prosiguen en el interior del pecho, como los círculos en el agua. Y el cuello se alarga en el cuerpo. Desde el estómago ha crecido el árbol que empala mi garganta. Sube hasta mis fosas nasales. Un cortocircuito bloquea la corriente de los nervios en mi nuca. Mi cabeza se inclina hacia un lago de plata lisa, que de pronto se desparrama en el espacio como una cubeta de mercurio. Me trepanan mientras mis piernas se estiran, se estiran, perforando nubes. Por un lado, duele; por el otro, es de noche. Entre los dos, una hélice gira dentro del vientre, y el aire refluye hacia mi boca. . . . . Tengo la garganta llena de plumas. Escupo células ....

La terre s'affaisse dans mon corps. Je suis la terre et l'affaissement de la terre. L'œsophage est le centre immobile de ce glissement. Il n'y a plus ni squelette ni nerfs. Je vois sans voir. La souffrance gîte dans les lézardes qui traversent ce lent éboulement, mais elle ne fait pas mal.

La tierra se hunde en mi cuerpo. Soy la tierra y el hundimiento de la tierra. El esófago es el centro inmóvil de este deslizarse. No hay ya ni esqueleto ni nervios. Veo sin ver. El sufrimiento se alberga en las fisuras que atraviesan este lento derrumbe, pero no duele.

Le péritoine se crevasse. Je me peuple de trous d'air. Chaque effort de l'œil crispe comiquement ma gorge... Un *autre* émerge dans mon ventre sans être venu de l'extérieur.

El peritoneo se agrieta. Me lleno de gases. Cada esfuerzo del ojo crispa cómicamente mi garganta… *Otro* aparece en mi vientre sin haber venido del exterior.

Neige molle. Tendre neige. Neige encore. Et la peau floconne à travers la chair avec douce lenteur. Et la chair floconne à travers les côtes. Et plus loin, les vertèbres dressent dans le centre du corps un besoin de verticalité. Des ancêtres passent. Certes, c'est le temps qui me fait l'amour, et je le digère à l'infini. Où est dehors ? Où est maintenant ?

Nieve blanda. Tierna nieve. Nieve de nuevo. Y la piel cae en copos a través de la carne con suave lentitud. Y la carne cae en copos a través de las costillas.   Y más allá, las vértebras marcan en el centro del cuerpo una exigencia de verticalidad.   Los antepasados pasan. Ciertamente, es el tiempo quien me hace el amor, y yo lo digiero hasta el infinito.
¿Dónde está fuera?   ¿Dónde es ahora?

L'os blanchit, et le visage s'affaisse sur le crâne troué. Des nerfs vibrent sur des arêtes d'os. Paupières closes, l'œil branle son regard tout au long de la moelle, tandis que des élastiques cinglent le foie et l'estomac. Les dents veulent lyncher la langue. Le cerveau veut déménager, car il est las du pâté de cœur. Un boyau ahane un tremblement. Quel orage terrible se prépare parmi des organes *extérieurs* ? L'espace est noir. Les os suent un regard qui les décharne. Les yeux cherchent leurs orbites. Plus tard, la poitrine se rebâtit autour d'un courant d'air. Rire encore, mais sans rire. Et le poids des jambes agrippées à l'une l'autre, et le sang qui remonte en re-faisant le corps.

El hueso blanquea, y el rostro se hunde en el cráneo agujereado. Nervios vibran en crestas de hueso. Con los párpados cerrados, el ojo mueve su mirada a lo largo de la médula, mientras cintas elásticas azotan el hígado y el estómago. Los dientes quieren linchar a la lengua. El cerebro quiere mudarse, porque está harto del paté de corazón. Con sacudidas una tripa jadea. ¿Qué tormenta terrible se prepara entre los órganos *exteriores*? El espacio es negro. Los huesos rezuman un mirar que los descarna. Los ojos buscan sus órbitas. Más tarde, el pecho se reconstruye en torno a una corriente de aire. Reír de nuevo, pero sin risa. Y el peso de las piernas que se agarran la una a la otra, y la sangre que vuelve a subir rehaciendo el cuerpo.

Quelquefois, la chair du thorax s'évapore. Je voudrais croire qu'elle a glissé dans le ventre, mais les mains refusent d'aller voir. Ou plutôt, je passe mon temps à chercher mes mains avec le sentiment d'une urgence douloureuse, comme si quelqu'un allait profiter que me voici à découvert. Plus tard, avec une lenteur horrible, la plèvre sécrète une bouillie calcaire, qui va boucher les interstices entre les côtes. La colonne vertébrale, alors, se détache le long de l'édifice comme une cheminée. Et c'est mon dos que je vois : masse blanchâtre où se désagrègent des cristaux de salpêtre. J'essaie d'en rire, mais rien ne vient de l'intérieur. La coquille s'est vidée.

A veces la carne del tórax se evapora. Querría creer que ha resbalado al vientre, pero las manos rehúsan ir a ver. O, más bien, gasto el tiempo en buscar mis manos con un sentimiento de urgencia dolorosa, como si alguien fuera a aprovechar que estoy aquí al descubierto. Después, con lentitud horrible, la pleura segrega una papilla calcárea, que va a taponar los intersticios entre las costillas. La columna vertebral, entonces, sobresale a lo largo del edificio como una chimenea. Y es mi espalda lo que veo: masa blancuzca donde se disgregan cristales de salitre. Intento reírme, pero nada me viene de dentro. La cáscara se ha vaciado.

Il y a des perceptions à nerfs, à squelette et à chair. J'avance de l'une à l'autre, comme à travers les bandes d'un spectre. Il arrive aussi qu'une perception s'immobilise tout au long du corps, à partir des yeux. Elle est alors ce chemin de corpuscules que traversent mes os, ma chair, que rayent mes nerfs. Plus souvent, elle est comme une fibre tendue dans la fibre d'un nerf. Cela se produit surtout dans la moelle épinière, ou débute d'ailleurs tout ce qui a trait au ventre. La part la plus inaccessible de moi demeure la poitrine. La texture des poumons. Il y a même, entre l'aisselle droite et le foie, un espace qui ressemble à un désert. C'est une sorte de trou convexe par rapport au reste du corps. Quelque chose comme le siège du froid installé à proximité de la chaleur vive des organes.

Hay percepciones de los nervios, del esqueleto y de la carne. Me muevo de una a otra, como por las bandas de un espectro. Y sucede que una percepción se inmoviliza a lo largo del cuerpo, a partir de los ojos. Es entonces este camino de corpúsculos que atraviesan mis huesos, mi carne, que rayan mis nervios. Con más frecuencia, es como una fibra tensada en la fibra de un nervio. Esto se da más en la médula espinal, donde también empieza todo lo que tiene que ver con el vientre. La parte más inaccesible de mí sigue siendo el pecho. La textura de los pulmones. Hay incluso, entre la axila derecha y el hígado, un espacio que se parece a un desierto. Es una especie de hueco convexo en comparación con el resto del cuerpo. Algo como la sede del frío instalada en la cercanía del calor vivo de los órganos.

Une mentonnière de douleur. Paralysie partout. Le nez bruisse. Lourdeur soudaine des testicules sous le sexe. Remous. Circonvolutions. Vide. Vide. La voûte des épaules éclaire l'érosion interne. Tout coule en moi comme à travers le col d'un sablier. Aucun geste n'est pensable : ils iraient se geler sur la peau ou multiplier le sable de la chute. Vide. Vide. Lœss de chair. Mais les traces ? Où sont les traces ? Tout l'inconnu ne peut pas baver continuellement en moi sans laisser une trace. Et puisque tout le problème, maintenant, est de me baver moi-même en moi jusqu'à condensation de la stalactite interne autant suivre cette trace. De qui ? De quoi ? Qu'est-ce que moi et l'autre et l'*autre* ? La peau, certes, et les organes amarrés, les nerfs, les os. L'organisation. Le poids du soleil retient la terre dont le poids retient La bouche ne veut pas se retrousser jusqu'à l'anus. L'œil ne veut pas se glisser dans le sexe, alors chacun tente l'impossible pour jouir indépendamment et ne pas regarder le vide À l'intérieur, la chute continue.

Una cinta de dolor al cuello. Parálisis por todas partes. La nariz zumba. Pesantez repentina de los testículos bajo el sexo. Remolinos. Circunvoluciones. Vacío. Vacío. La bóveda de los hombros muestra la erosión interna. Todo cae en mí como por la angostura de un reloj de arena. Ningún gesto es pensable: iría a congelarse en la piel o a multiplicar el goteo de la arena. Vacío. Vacío. Loess de carne. ¿Pero las huellas? ¿Dónde están las huellas? No puede babear todo lo desconocido continuamente en mí sin dejar huella. Y ya que el problema ahora es babearme yo mismo hasta la condensación de la estalactita interna en mí mejor seguir esa huella. ¿De quién? ¿De qué? ¿Qué es yo y el otro y el *otro*? La piel, sí, y los órganos atados, los nervios, los huesos. La organización. El peso del sol retiene la tierra cuyo peso retiene   La boca no quiere retorcerse hasta el ano. El ojo no quiere deslizarse en el sexo, cada uno hace lo imposible para gozar con independencia y no mirar el vacío   Por dentro, la caída continúa.

Cette blancheur qui, parfois, fuse de ma moelle est une arme semblable au rire. Elle gèle ce qui pourrait m'attendrir. Pas de sentiment. Rien que les pulsations rapides de la transparence où, par à-coups, saigne le cœur. Le volume, débarrassé de muscles, est pur. Les os s'alignent sur mes flancs comme des signaux de silice. Les articulations ont été calées, colmatées. Je suis droit. Là-haut, ma langue bat au vent.

Esta blancura que a veces brota de mi médula es un arma semejante a la risa. Hiela lo que podría enternecerme. Sin sentimiento. Nada más que las pulsaciones rápidas de la transparencia en que, intermitente, sangra el corazón. El volumen, desembarazado de músculos, es puro. Los huesos se alinean en mis costados como señales de sílice. Las articulaciones se han trabado, obstruidas. Estoy erguido. En lo alto, mi lengua palpita al viento.

Ma bouche est cette concavité paisible, environnée de voies complexes. À volonté étanche, elle est en soi le seul espace creux par lequel l'étranger peut venir m'habiter ou me traverser. Elle est la porte d'une partie du corps. Le nez, par contre, ouvre et ferme un cycle de chemins. Il me manquait d'avoir dissocié ce qui, en moi, dépend de la bouche et ce qui dépend du nez. J'avais oublié que tout, pourtant, avait commence là : par la perception dédoublée d'un courant d'air.

Mi boca es esta concavidad apacible, rodeada de vías complejas. Hermética a voluntad, es en sí el único espacio hueco por donde lo extraño puede venir a habitarme o a atravesarme. Es la puerta de una parte del cuerpo. La nariz, por el contrario, abre y cierra un ciclo de caminos. Me faltaba disociar lo que, en mí, depende de la boca y lo que depende de la nariz. Había olvidado, sin embargo, que todo comenzó por ahí: por la percepción desdoblada de una corriente de aire.

L'équilibre se rompt quelque part dans le trajet des nerfs. Le désordre gagne si vite, que je ne peux déjà plus savoir où il a commencé. Une bulle monte. Il y a un court-circuit à la pointe du cœur, puis le vide se gonfle – un vide ou pend mon estomac douloureux. La partie inférieure de mon estomac. L'autre est venue se plaquer sous mes épaules. On dirait qu'une pyramide blanche s'est renversée sur mon ventre pour l'empaler. La gorge durcit. Elle s'énerve à hauteur de la luette, et il y a dans tout le corps un grand reflux. Une sorte de panique, qui accumule sous les épaules une espèce d'étouffement. Par réaction, peut-être, la moelle épinière redevient un rayon lumineux, qui fascine mon œil.

El equilibrio se rompe por alguna parte en el recorrido de los nervios. El desorden avanza tan rápido que no puedo ya saber dónde empezó. Una burbuja sube. Hay un cortocircuito en la punta del corazón, luego el vacío se infla –un vacío en el que pende mi dolorido estómago. La parte inferior de mi estómago. La otra ha venido a pegarse bajo mis hombros. Se diría que una pirámide blanca se ha puesto del revés en mi vientre para empalarlo. La garganta se endurece. Se enerva a la altura de la campanilla, y en todo el cuerpo hay un gran reflujo. Una suerte de pánico, que acumula bajo los hombros una especie de asfixia. Por reacción quizá, la médula espinal vuelve a convertirse en un rayo luminoso, fascinante a mis ojos.

Le coccyx est atteint avant l'habituelle déperdition du regard dans le ventre, mais les vertèbres, tout à coup, ne me fournissent plus ce canal parfaitement rond, où la perception voyageait instantanément. Je ne localise que des périphéries, des arêtes, des rebords toujours un affaissement interne, une sorte de cratère millénaire et partout une chute sans fin, une chute autour de laquelle vivent ou survivent les organes, mis en sac par la peau Rien qu'un reste, à partir duquel le corps peut toujours recommencer, ou se détruire Mais j'ai peur. Je fume de l'habitude. Je repeins ma peau. Je mets les femmes dans mon œil Femme continuelle ou femme nouvelle, l'une pour anesthésier la sensation de la chute, l'autre pour provoquer cette expiration, qui est la remontée du vide dans la gorge et l'espérance du crachat du crachat libérateur Pourtant, il ne s'agit pas d'expulser le vide, mais de le traverser *dans le corps*.

Se alcanza el coxis antes de la habitual pérdida de la mirada en el vientre, pero las vértebras, de pronto, no me proporcionan ya ese canal perfectamente redondo, por el que la percepción viajaba instantánea. No localizo más que periferias, aristas, rebordes   siempre un desplome interno, una suerte de cráter milenario   y por todas partes una caída sin fin, una caída en torno a la que viven o sobreviven los órganos, embolsados por la piel   Nada más que un resto, a partir del cual puede siempre el cuerpo volver a empezar, o destruirse   Pero tengo miedo. Fumo por costumbre. Vuelvo a pintar mi piel. Pongo a las mujeres en mis ojos   Mujer continua o mujer nueva, una para anestesiar la sensación de caída, la otra para provocar esta espiración, que es la subida del vacío a la garganta   y la esperanza de escupir   del escupitajo liberador   Sin embargo, no se trata de expulsar el vacío, sino de atravesarlo *en el cuerpo.*

Au commencement, l'œil visita la moelle, et je naquis. Un sexe émergea à l'opposé de l'œil pour regarder le temps, et lentement, la moelle fila une pelote de nerfs autour de laquelle les heures vinrent s'égoutter. Ce fut le ventre. L'eau eut alors soif de se saisir, et elle condensa la peau. Le mou engendra son contraire, et l'os parut. Il y eut un dedans et il y eut un dehors, mais le dedans contenait son propre dehors qui disait *moi* pendant qu'il disait *je*. L'œil les mit au noir et se tourna vers le dehors dehors. J'eus un visage, un volume, un corps. Je fus un plein, qui allait toujours de l'avant. Mais voici que mon œil s'est inverti. Maintenant, je vois derrière, maintenant je suis creux, et mon corps est à recommencer.

Al principio, el ojo visitó la médula, y yo nací. Un sexo emergió al lado opuesto del ojo para mirar el tiempo, y lentamente la médula hiló un ovillo de nervios y a su alrededor las horas vinieron a gotear. Esto fue el vientre. El agua tuvo entonces sed de sujetarse, y condensó la piel. Lo blando engendró a su contrario, y el hueso apareció. Hubo un dentro y hubo un fuera, pero el dentro contenía su propio fuera que decía *a mí* mientras él decía *yo*. El ojo los puso en la oscuridad y se volvió hacia el afuera de fuera. Tuve rostro, volumen, cuerpo. Estuve lleno e iba siempre hacia adelante. Pero sucede que mi ojo se ha invertido. Ahora veo por detrás, ahora estoy hueco, y mi cuerpo tiene que volver a empezar.

2

2

l'espace tombe   il pleut à travers
mes épaules en attendant que mes épaules rongées
pleuvent à leur tour sur mon ventre.   Ma
chair   va neiger   mais
les vertèbres   restent empilées les unes
sur les autres vers la nuit de ce crâne troué où j'ha-
bite encore

maintenant
les os noircissent tandis que toute chair tombée
je regarde sans yeux
les dunes grisâtres d'où s'élève ma colonne verté-
brale

arbre d'os

Mon regard
est un cône blanc qui porte peut-être mon crâne
et nous laissons   au bord du désert
cette pile bizarre de vertèbres cariées

el espacio cae   llueve a través
de mis hombros a la espera de que mis hombros roí-
dos lluevan a su vez sobre mi vientre.   Mi
carne   va a nevar   pero
las vértebras   quedan apiladas
unas sobre otras hacia la noche de este cráneo aguje-
reado en el que todavía habito
                                                  ahora
los huesos se ennegrecen al tiempo que toda carne
caída   yo miro sin ojos
las dunas grisáceas de las que se eleva mi columna ver-
tebral

árbol de huesos
                                              Mi mirada
es un cono blanco que transporta quizá mi cráneo
y dejamos   al borde del desierto
esta extraña pila de vértebras cariadas

un jour les épaules perdent
un jour le ventre
ou le cœur
ou tout le corps d'un coup

alors chute dans la chute, comme si la chair s'empalait sur les os et les os sur la chute. Le regard tourne sur lui-même et puis se hérisse d'images qui déchirent. Je ne peux pas fermer les yeux. Je ne peux pas.

un día los hombros se pierden
un día el vientre
o el corazón
o todo el cuerpo de golpe

entonces cae dentro de la caída, como si la carne se empalara en los huesos y los huesos en la caída. La mirada gira sobre sí misma y luego se eriza de imágenes que desgarran. No puedo cerrar los ojos. No puedo.

Regard en chute. La peau se retrousse vers les épaules. La gorge est étroite. Étroite et longue. L'air siffle dans ce couloir. Les nerfs poussent leurs racines autour de la colonne. Et la colonne prolifère, étire des petits cônes de lumière, perce la nuit moite, allume des membranes rouges, où le sang demeure étale, comme en attente. Puis, lentement, tout s'efface, comme gommé de par en dessous.

Mirada en caída. La piel se repliega hacia los hombros. La garganta es angosta. Angosta y larga. El aire silba en ese corredor. Los nervios empujan sus raíces en torno a la columna. Y la columna prolifera, estira pequeños conos de luz, horada la noche húmeda, enciende membranas rojas, donde la sangre permanece quieta, como en espera. Luego, lentamente, todo se esfuma como borrado por debajo.

Il y a un haut, un bas. Il y a une boule creuse où tourne l'œil. Une boule, nouée comme un sac. Le cou est tranché, mais la moelle est demeurée intacte, et la moelle traverse une dense épaisseur de nuages installés dans cette plaie sans douleur. Plaie qui fait le joint. Un nerf vibre contre la grille ouverte des phalanges. Le diaphragme a durci. Le cœur est silencieux. Des tentacules, partis du foie, explorent le désert. Les os s'étament d'un givre amer pour écarter la moiteur de la viande. Il y a de la gelée d'yeux plein ma tête.

Hay un arriba, un abajo. Hay una bola hueca en la que gira el ojo. Una bola, atada como un saco. El cuello está rebanado, pero la médula ha quedado intacta, y la médula atraviesa un denso espesor de nubes posadas en esta llaga sin dolor. Llaga que hace de juntura. Un nervio vibra contra la reja abierta de las falanges. El diafragma se ha endurecido. El corazón está en silencio. Unos tentáculos, procedentes del hígado, exploran el desierto. Los huesos se estañan con una escarcha amarga para apartar la humedad de la carne. Está de gelatina de ojos llena mi cabeza.

. . . . à distances régulières, tout au long de la moelle, des bagues d'ombre. Les nerfs n'enclenchent pas, même si l'œil insiste. Chaque lobe est devenu indépendant et concentre sa vie vers les tempes. Entre eux, cette blancheur où le regard est inutile   Il y a des explorateurs dans ma gorge, mais, au-dessous des omoplates, rien n'existe dans le corps opaque. Le nez aspire le vide. La bouche est suturée. Une seule pensée. Un œil. Un lobe. Un lobe. Un nerf. Un os. Un air.

. . . . a distancias regulares, a lo largo de toda la médula, anillos de sombra. Los nervios no se ponen en marcha, aunque el ojo insista. Cada lóbulo se ha hecho independiente y concentra su vida hacia las sienes. Entre ellos, esta blancura en que la mirada es inútil   Hay exploradores en mi garganta, pero, por debajo de los omóplatos, nada existe en el cuerpo opaco. La nariz aspira el vacío. La boca está suturada. Un solo pensamiento. Un ojo. Un lóbulo. Un lóbulo. Un nervio. Un hueso. Un aire.

Tout ce qui, en moi, ressemblait à l'attente est tombé dans la concavité du ventre. Le vide neige sans contrainte dans la poitrine vide. Le visage troué s'est tapissé d'une seule rétine, et cette orbite énorme est braquée vers l'envers bleuâtre du sexe. Creux à creux. Vide tendu d'une concavité à l'autre. Les nerfs essaient d'embrasser cette chair débarrassée de sa peau étroite. Le cœur charbonne. Le foie est criblé par une pluie de sable. Mains nouées sur ma gorge pour étrangler le vide.

Todo lo que, en mí, se parecía a la espera ha caído en la concavidad del vientre. El vacío nieva sin obstáculos en el pecho vacío. El rostro agujereado se ha cubierto de una sola retina, y esta órbita enorme apunta hacia el envés azulado del sexo. De hueco a hueco. Vacío tendido de una concavidad a la otra. Los nervios intentan abrazar esta carne desembarazada de su apretada piel. El corazón se carboniza. El hígado es acribillado por una lluvia de arena. Manos anudadas en mi garganta para estrangular el vacío.

Du ventre à la gorge, l'espace s'est tendu. De la peau a poussé. Noué à moi-même, je suce mon intérieur, je me vide en moi. Plus tard, l'os vertébral minéralise toutes ses jointures. Le regard gèle.   Le sang remontera néanmoins les écluses artérielles, et il fera pousser sur la peau le champignon rose d'un sourire. Il demeure dans l'essence de moi d'être moi.

Del vientre a la garganta, el espacio se ha tensado. Ha crecido de la piel. Atado a mí mismo, sorbo mi interior, me vacío en mí. Más tarde, el hueso vertebral mineraliza todas sus articulaciones. La mirada hiela. La sangre remontará sin embargo las esclusas arteriales, y hará brotar en la piel la seta rosa de una sonrisa. Permanece en mi esencia ser yo.

Des gestes, mais en plus grand nombre encore des esquisses de gestes. Plein le corps. Escarres qui carient l'os sous la chair. Griffes sournoises, comme si le corps s'occupait traîtreusement à se trahir lui-même. Du dedans. Aucun commencement. Aucune fin. Cela ne vient ni de loin, ni de près. C'est l'ombre de l'ombre, qui est l'envers effilé de ce qui fait ombre. Et cela découpe un puits. Le sexe y remonte. Les yeux y tombent. Un puits en moi, fait de moi, contre moi.

Gestos, pero en mayor número aun esquemas de gestos. Lleno el cuerpo. Escaras que carían el hueso bajo la carne. Zarpas solapadas, como si el cuerpo se dedicara traidoramente a traicionarse a sí mismo. Desde dentro. Ningún principio. Ningún fin. No viene ni de lejos ni de cerca. Es la sombra de la sombra, que es el envés alargado de lo que da sombra. Y eso recorta un pozo. El sexo lo remonta. Los ojos caen en él. Un pozo en mí, hecho de mí, contra mí.

Des grappes de bouches s'attaquent aux organes —— —————— et ces bouches mâchent sans dévorer, et les organes deviennent pâtée —————— et mon squelette essaie vainement d'armer cette purée de viande ————————————

Racimos de bocas atacan los órganos ——————
—————— y estas bocas mastican sin devorar,
y los órganos se vuelven papilla ——————
y mi esqueleto intenta vanamente armar este puré de carne ——————————————

Mon sexe pourrait être le moyeu du sablier, mais l'autre se dérobe. À chaque effort, le crâne se vide, les os perdent leur moelle. Je ne sais où passe la matière, ni pourquoi les yeux sèchent. Pluie de plumes dans la gorge, et le vertige s'installe au sommet des vertèbres. Tout mon corps est au bord de se perdre dans un lent tourbillon qui met ma chair en poudre. Ma peau n'est plus que l'ombre d'un ciel de peau ——

—— et qu'est-ce, à l'horizon, sinon les os laissés pour compte d'une vieille présence ? Ou bien le mirage de moi en moi ?

Mi sexo podría ser un cojinete en el eje del reloj de arena, pero lo otro falla. A cada esfuerzo, el cráneo se vacía, los huesos pierden su médula. No sé por dónde pasa la materia, ni por qué los ojos se secan. Lluvia de plumas en la garganta, y el vértigo se instala en la cima de las vértebras. Todo mi cuerpo está al borde de perderse en un lento remolino que reduce mi carne a polvo. Mi piel no es más que la sombra de un cielo de piel ————————————

————¿y este qué es, en el horizonte, si no los huesos olvidados de una vieja presencia? ¿O bien el espejismo de mí en mí?

Né du trou. Bâti autour du trou. Je suis une organisation du vide. Ainsi mon oui est-il toujours creux de mon non. Ainsi puis-je me retourner comme un gant. Il doit y avoir une éternelle équivalence, où cependant la droite ne vaut pas la gauche. Plaie de la symétrie. Je te donne mon cœur contre ton foie.

Nacido del agujero. Construido en torno al agujero. Soy una organización del vacío. Por eso mi sí estaría siempre hueco de mi no. Por eso podría yo volverme del revés como un guante. Debe de haber ahí una equivalencia eterna, en la que sin embargo la derecha no equivale a la izquierda. Herida de la simetría. Yo te doy mi corazón a cambio de tu hígado.

3

3

J'attends au bord d'un bord mouvant
qui ronge l'intérieur
                        et se dérobe
laissant parfois à sec les os
comme des tuyaux d'orgue

Espero al borde de un borde móvil
que roe el interior
                                        y se oculta
dejando a veces los huesos secos
como tubos de órgano

les nerfs sont cassants
il y a trop d'air
                    ou de trous
dans la chair

la bouche du vide est ronde et métallique

anus de nickel

ailleurs est de l'autre côté
il suffit de se digérer soi-même
pour y aller

Los nervios son frágiles
hay demasiado aire
                                        o agujeros
en la carne

la boca del vacío es metálica y redonda

ano de níquel

el otro lado está del otro lado
basta con digerirse a sí mismo
para ir allí

—————————————— ce qui en moi regrette
doit tomber ——————————————— La pensée
s'agrippe à cette chute lente et se regarde agoniser.
La mort, au ralenti ——————————— tourbillonne
le long d'un puits de glace ——————————————
——————————————————————————— il
est déjà trop tard en moi pour une part de moi ——
———————————————————————————

——————————— lo que en mí lamenta
debe caer ——————————— El pensamiento
se aferra a esta lenta caída y se mira agonizar. La
muerte, a cámara lenta ————— gira en espiral
a lo largo de un pozo de hielo ———————
———————————————————— es
ya demasiado tarde en mí para una parte de mí ——
—————————————————————

Une autre *bouche* dévore en moi mon propre moi qui neige sur le ventre. Une bouche toujours rassasiée, mais toujours mâchant, toujours déglutissant. Gorge serrée, j'avale ma chair inépuisable.

Désert
en chute à travers des déserts Et
plus d'organes rien que deux
étages de bouches avec, de l'une à l'autre, la lente poussière gluante de soi. Comme si, roulant leurs plis, les pentes de montagnes invisibles dévalaient sans bruit dans l'abîme. Rien que des nuages de terre. Dessus, dessous, la digestion du vide.

Otra *boca* devora en mí a mi propio yo que nieva sobre el vientre. Una boca siempre saciada, pero siempre masticando, siempre deglutiendo. Garganta apretada, trago mi carne inagotable.

Desierto
que cae a través de los desiertos Y
nada ya de órganos nada más que dos
niveles de bocas con, entre la una y la otra, el lento polvo pegajoso de sí. Como si, enrollando sus pliegues, las laderas de montañas invisibles se precipitaran sin ruido en el abismo. Nada más que nubes de tierra. Encima, debajo, la digestión del vacío.

Quelquefois, il ne reste que deux poches : l'une tapissée d'yeux, et l'autre énorme, stomacale. Et, tour à tour, elles versent l'une dans l'autre. Défécation très lente, tout au long de la gorge. L'œsophage est le tube du monde. J'y suis caca.

A veces sólo quedan dos bolsas: una tapizada de ojos, y otra enorme, estomacal. Y, por turnos, vierten la una en la otra. Defecación muy lenta, a lo largo de la garganta. El esófago es el tubo del mundo. En él soy caca.

Lézardes dans les yeux. L'intérieur est la proie d'un mâchonnement perpétuel. Une sciure épaisse voltige autour des vertèbres, puis s'amasse dans le creux du bassin. Il reste un seul organe : quelque chose comme un tamis, fixé à mi-hauteur entre le creux du fond et le creux de la voûte. Le canal du sexe est le renfoncement, en moi, d'un autre espace – un espace extérieur ou bande une transparence coagulée.

Grietas en los ojos. El interior es presa de una masticación perpetua. Un serrín espeso revolotea en torno a las vértebras, luego se acumula en el hueco de la pelvis. Queda un solo órgano: algo como un tamiz, fijado a media altura entre el hueco del fondo y el hueco de la bóveda. El canal del sexo es el hundimiento, en mí, de otro espacio –un espacio exterior donde se levanta una transparencia coagulada.

Granules, granules au vent, les poumons se désagrègent et tout dévale dans l'entonnoir interne. Ma matière aspirée tombe vertigineusement. Mais il n'y a pas défécation vers l'extérieur. Tout me quitte, et cependant tout reste en moi.

Gránulos, gránulos al viento, los pulmones se desintegran y todo se precipita por el embudo interno. Aspirada, mi materia cae vertiginosamente. Pero no hay defecación al exterior. Todo me deja y, sin embargo, todo queda en mí.

Le sternum brûle la plèvre
La plèvre, contractée, étouffe les poumons.
L'air pleut en escarbilles sur l'estomac.
Un acide coule le long des vertèbres et dévore les racines du ventre. Tout devient blanc. Les os entassent leur rocaille. Le regard se casse, d'un éboulis à l'autre, puis rampe.
En haut, dans la sinistre solitude du crâne, l'œil pend.

El esternón quema la pleura
La pleura, contraída, ahoga los pulmones.
El aire llueve como carbonilla en el estómago.
Un ácido fluye a lo largo de las vértebras y devora las raíces del vientre. Todo se vuelve blanco. Los huesos apilan su pedregal. La mirada se quiebra, de un talud a otro, luego repta.
Arriba, en la siniestra soledad del cráneo, cuelga el ojo.

La langue à demi renversée dans la gorge lèche un reste de fraîcheur.

L'intérieur
n'abrite plus que la trame fibreuse des organes.
Elle tamise une sciure opaque et sèche.

Les
fourmis du désert ont dévoré les tissus de l'amour.

La lengua, medio vuelta hacia atrás en la garganta,
lame un resto de frescor.
El interior
no alberga más que la trama fibrosa de los órganos.
Ésta tamiza un serrín opaco y seco.
Las hormigas
del desierto han devorado los tejidos del amor.

Aucun désir n'embue ma verticalité. Ma soif a bu ma propre soif. L'œil n'est plus qu'une bille qui tinte dans sa boîte. Une dent creuse a mangé ma langue. Quel-qu'un a posé des vitres entre mes côtes. Tout est clair. Je pense à l'avenir : j'ai commandé un sexe d'os.

Ningún deseo empaña mi verticalidad. Mi sed ha bebido mi propia sed. El ojo no es más que una canica que tintinea en su caja. Una muela hueca ha comido mi lengua. Alguien ha colocado vidrios entre mis costillas. Todo está claro. Pienso en el porvenir: he encargado un sexo de hueso.

De ma peau à mes os s'étend parfois une distance désertique.

Alors, l'écorché regarde son squelette et dit : qui est-ce ?

De mi piel a mis huesos se extiende a veces una distancia desértica.

Entonces, el desollado mira su esqueleto y dice: ¿quién es?

Índice

www.ingramcontent.com/pod-product-compliance
Ingram Content Group UK Ltd.
Pitfield, Milton Keynes, MK11 3LW, UK
UKHW030835171224
452675UK00005B/601

9 788494 995200

WOMEN
and
SOCIAL SERVICES DEPARTMENTS

WOMEN
and
SOCIAL SERVICES DEPARTMENTS

edited by

CHRISTINE HALLETT

Reader in Social Policy
University of Stirling

HARVESTER WHEATSHEAF

NEW YORK LONDON TORONTO SYDNEY TOKYO

First published 1989 by
Harvester Wheatsheaf,
66 Wood Lane End, Hemel Hempstead,
Hertfordshire, HP2 4RG
A division of
Simon & Schuster International Group

Typesetting by Photoprint, Torquay
Printed and bound in Great Britain by
Billings and Sons Limited, Worcester

British Library Cataloguing in Publication Data

Women and social services departments.
1. Great Britain. Social services. Women personnel
I. Hallett, Christine, *1949–*
331.4'81361'0941

ISBN 0–7450–0521–7

---

1 2 3 4 5 93 92 91 90 89

Contents

Contributors

Trisha Comley studied philosophy at Sussex University and, pursuing a growing interest and involvement in the provision of social services, subsequently took a Master's degree in social work at the University of Leicester. Since 1986, she has worked in London as a local authority social worker and has an especial commitment to the integration of feminist perspectives with social work practice.

Juliet Cook is senior lecturer in social policy at Edge Hill College of Higher Education, Ormskirk. She studied at the London School of Economics. She has researched and taught in a variety of places including the University of the West Indies, the Open University, Oxford University and Coventry Polytechnic. She is married with two children and two stepchildren.

Ann Davis is Director of Social Work courses at Birmingham University. She has worked in local authority residential and field social work and is a qualified social worker. Her publications include *The Residential Solution* (1981) and *Women, the Family and Social Work* (1985) co-edited with Eve Brook.

Ruth Eley is Assistant Director of Social Services for Liverpool Social Services Department. She is a qualified social worker and has a Certificate in Social Work Management. She is a consultant editor (equal opportunities) for *Social Work Today*. Her publications include articles on the appropriateness of residential care for elderly people, gender issues in staff supervision, and social services for elderly people with neurological disabilities. Apart from gender issues in social work, her current interests include the law and vulnerable elderly people, and consumer involvement in the organisation of services.

Christine Hallett is Reader in Social Policy at the University of Stirling. She studied at Cambridge University and has worked as a civil servant at the DHSS. She has researched and taught at the universities of Oxford, Keele, Western Australia and Leicester. Her publications include *The Personal Social Services in Local Government* (1982) and *Critical Issues in Participation* (1987).

Glenys Jones is Chief Adviser in Cumbria Social Services Department. She studied at the universities of Leicester and Manchester and was recently awarded a Ph.D. by the University of Lancaster. She has worked as a social worker and has taught at the universities of Bangor and Lancaster.

Shantu Watt is a senior lecturer at Coventry Polytechnic. She was born in Kenya and received her Master's degree in Community Studies and Race Relations from the University of Bradford. In addition to substantial practical social work experience in a number of settings, she has taught within and provided consultation to a range of higher education institutions and universities, social services and probation departments, and projects within the education and youth and community work field. She is married with two daughters.

Preface

This book is about women and social services departments. Women are the major users of the services provided by social services departments and they form the vast majority of the staff employed. Despite this, their views and experiences, their needs and wishes remain largely under-researched and undocumented. In preparing the book, the absence of data about women and the personal social services has been striking. The lack of available material is particularly marked in respect of black women workers and users whose voice has, in the past, rarely been heard. This is despite the fact that one of the most important developments in the analysis of social policy in recent years has been the work of feminist writers who have explored the complex relationships between women and social welfare. In particular, they have drawn attention to the gendered relations of production and consumption in welfare in the public and private spheres. This new scholarship has produced a spate of books on women and social policy in general (for example Pascall 1986, and Dale and Foster 1986) and on specific topics addressing women's needs and experiences, for example, in relation to poverty, health services and informal care (Glendinning and Millar 1987, Graham 1984, Finch and Groves 1983). However, with some exceptions – notably Brook and Davis (1985) and Hanmer and Statham (1988) – the specific topic of the local authority personal social services has received scant attention in this burgeoning literature. This volume is intended to contribute towards repairing the omission and filling the gap.

Chapter 1 is an introduction to the book. It analyses social services departments as gendered worlds, exploring data and issues concerning black and white women as employees, as users of services and as those engaged in political activities and struggles over welfare. In Chapter 2, Trisha Comley presents a socialist–feminist analysis of social services departments and locates them within the broader political economy of welfare. A central theme of this chapter is a recognition of the contradictory tendencies within social welfare; valued services can be made available to women, but they are often currently delivered in oppressive ways. Trisha Comley argues that workers in social services departments need to exploit the potential of this contradiction to offer services which enhance the dignity and better meet the needs of users. The view that the services offered by social services departments are worth fighting for and that they could be refashioned to reflect the needs and capacities of women is an important theme of the book as a whole.

In Chapter 3, Shantu Watt and Juliet Cook explore the specific position of black women in relation to social services departments. Here, as elsewhere in the book, the paucity of specific material on this topic is noted. The implications of current policies and practices for black women as users and as workers are considered. The extent and directions of the changes required for social services departments to provide services for black women which are sensitive to their race and gender are explored.

Residential care is still the largest single item of spending in social services departments yet it has been little explored in relation to women. In Chapter 4, Ann Davis analyses the position of women as the key deliverers and receivers of residential care. The theme of women caring for women is also central to Chapter 5 in which Glenys Jones explores the little-studied world of women manual workers engaged in social care. This chapter raises important issues about the position of workers and the empowerment of women as users as different models of social care are developed in the mixed economy of social welfare with growing private markets.

In the final chapter, Ruth Eley addresses the position of women in management in social services departments. Despite the importance of women in the development of social work and the current preponderance of women users and women workers, the personal social services are largely managed by men. Ruth Eley explores the reasons for this male 'takeover' and considers the consequences for styles of management and their impact on women as staff and as users of services.

Some of the authors of the book are academics; others are currently working within social services departments. Four of the chapters (Chapters 3–6) draw on small-scale empirical studies of women as workers or users. The authors contributing to the volume write from a variety of different theoretical perspectives within feminism. We do not apologise for that. It reflects the variety of perspectives found within feminist writing and feminist analysis in social policy. While our theoretical frameworks and our recommendations for action may differ, we share an awareness of the structural oppression of women, black and white, in a patriarchal society and a commitment to seek ways to improve the position of women in welfare.

We are conscious that in writing about 'women' in this way, we run the risk of minimising the real differences and conflicts which exist between women in different positions in society. This is particularly significant in respect of black women who have accused the white women's movement of ignoring and marginalising their specific experiences and concerns, a topic explored in Chapter 3. There are also other social and economic structures, life experiences and life choices which can separate women from each other, such as class, age, disability, or sexual preference. Glenys Jones, for example, in Chapter 5 explores the potential clash of material interests between working-class women seeking and finding rewarding work and expanded career opportunities in social services departments and those, usually in more privileged positions, who criticise such work – low paid as it is – as exploitative of women. We acknowledge the dangers of obscuring the significant differences which exist between women in our society, between black and white, rich and poor, those with and without disabilities, lesbians and heterosexuals. These dimensions interact with each other in complex ways and, as argued elsewhere in the book, we lack theoretical frameworks for integrating them and understanding their articulation. We believe, none the less, that gender is a crucial variable for understanding social and economic relations and social institutions. The position of women is central to the analysis of social services departments, and women's needs and capacities should be at the forefront of planning and service delivery. They have not often been so in the past. Hence this book.

Acknowledgements

Thanks are due to a number of people who have helped in the publication of this book. First, the secretaries who worked in varied locations, and in particular Barbara Davies and Mary Legrain of the School of Social Work at the University of Leicester who prepared a final version of the typescript with speed, skill and good humour. The publishers, Harvester Wheatsheaf, offered encouragement and support. Cherry Rowlings of the University of Bristol and Olive Stevenson of the University of Nottingham commented on Chapter 1. I thank them for their help but accept responsibility for the final version. The contributors responded efficiently and patiently to my demands upon them and I thank them. Finally, I thank Olive for her continuing help and support.

1 The gendered world of the social services department

Christine Hallett

In this introductory chapter aspects of the relationship between women and social services departments are explored. The discussion focuses upon women as users, as employees, and as citizens and participants in the political processes affecting social welfare. These are the three major statuses of women in relation to state welfare identified by Hernes (1987). Women are the main users of the services provided by local authority social services departments, and they comprise the vast majority of the staff employed at all except the senior management levels in the hierarchy. Despite this, the significance of gender has been studied relatively little in relation to the personal social services. This neglect of women and their experiences is reflected in the difficulty in finding data for this chapter. In official statistics about service provision published by bodies such as the Department of Health and the Chartered Institute of Public Finance and Accountancy (CIPFA) there is no breakdown by gender. Data are presented, for example, about the numbers of day or residential care places, but the gender of users is omitted. Similarly, the official statistics concerning staffing in the personal social services have not distinguished between the numbers and grades of men and women in post since the mid-1970s. This gender blindness is even more marked in respect of the position of black women. While some individual local authorities now monitor service provision and staffing with reference to ethnicity and gender, the issues are largely ignored in national data sets.

The neglect of the significance of gender and the experiences of women is also a characteristic of much literature and research on social services departments. There is now a growing literature on women and *social work* but social work is only one part of the activities of social services departments. There are few accounts of the experiences of women as users of the personal social services, or of the activities of staff other than social workers.

This chapter presents an overview and analysis of the available material and considers, first, women as users. The employment situation of women workers in social services departments is then discussed with reference to labour market changes and women's part-time work. Finally, the role of women in political activity and their struggles over the personal social services are discussed. These three topics are presented following a brief introduction to the role of social services departments.

THE SCOPE AND FUNCTIONS OF SOCIAL SERVICES DEPARTMENTS

Personal social services are provided in England and Wales by the 116 social services departments located within local government, in 33 London boroughs, in 36 metropolitan districts and in 47 county councils. In Scotland, a similar range of services (with the addition of the probation service) is provided by social work departments in the nine regional councils. In Northern Ireland, personal social services are provided by four appointed, not elected, boards which also administer health services. Within local government, social services departments are of considerable significance, accounting for 11 per cent of planned local government spending in 1988–9, coming third behind education in first place and law, order and protection services in second (Cm 288.II, 1988). However, in the wider arena of public expenditure, the personal social services account for only 2 per cent – a reflection and demonstration of their residual nature, as Table 1.1 shows.

Since they are publicly sponsored and financed, social services departments form part of the state social welfare system in England and Wales. The state sector is, however, only one part of a mixed economy of welfare in which social welfare services may be made available through private markets, the

Table 1.1 Public expenditure by function, 1988–9

	£billion	%
Social security	50.0	31.6
Education and science	21.9	13.8
Defence	19.2	12.1
Health	17.5	11.1
Law and order	8.3	5.2
Transport	6.2	4.0
Personal social services	3.1	2.0
Housing	3.0	1.9
Other	29.0	18.3

Source: Adapted from Cm 288. II (1988) *The Government's Expenditure Plans 1988–9 to 1990–91, vol. II.*

voluntary sector, paid employment, the taxation system and the informal sector of family, friends, neighbourhoods and local networks. These systems of distribution have different impacts on men and women as producers and users of social welfare. Many of the services provided by social services departments are actually or potentially provided by other sectors in the mixed economy of welfare, particularly private markets, the voluntary sector and the informal sector. The decisions reached, therefore, about the scope and funding of social services departments have considerable importance for users, for 'substitute' providers and for employees who are, in all cases, principally women. The expansion of private services, for example, in residential care for elderly people and those with severe learning difficulties and in domiciliary care, raises important issues for women. The employment policies and practices in the private sphere have important implications for the job security and conditions of work of care staff. In addition the relationship between users, who are in this context often elderly women and their carers, and the service providers are criticial, highlighting the need for the empowerment of consumers and their representatives or advocates. As social services departments move towards a role in planning and enabling service provision and regulating the private and voluntary sectors, rather than the direct provision of state services, the impact on women is a vital issue, but one which is often overlooked.

At first glance, the mandate and functions of social services departments seem less clear than those of the social security system, the health service or education, although on closer examination these more central institutions of the welfare state also display considerable ambiguities and tensions in their purposes. In general terms, social services departments perform varied functions of social care and social control for individuals, families and, occasionally, groups in society. The main 'client groups' served are elderly people, children and families in difficulty, people with physical disabilities, severe learning difficulties or mental illness and some other vulnerable individuals or groups. If the budgets of social services departments are analysed according to these client group categories, the

Table 1.2 Local authority personal social services: current expenditure, England 1984–5, estimated breakdown by client group

	£thousand	Sub-total as rounded %ages
Services for elderly people		
residential care	618,161	
day centres and clubs	29,385	
meals[1]	11,757	
home helps[1]	289,066	
laundry[1]	896	
meals in the home[1]	37,480	
contributions to wardens' salaries	8,328	38.4
	995,073	
Services for children		
residential care	274,937	
day centres	7,717	
intermediate treatment	16,009	
day nurseries	87,234	
pre-school playgroups	6,347	
child minding	3,484	
boarding out	82,683	
preventive and supporting services (families)	14,937	
adoption allowances	480	19.0
	493,828	
Services for people with severe learning difficulties		
residential care	120,607	
day care	92,561	8.2
	213,168	

Table 1.2 (cont.)

Services for people with physical disabilities		
residential care	48,664	
day care[2]	29,111	
adaptations to homes[3]	6,625	
aids[3]	11,469	
telephones[3]	6,557	
holidays[3]	7,959	4.3
	110,385	
Services for people with a mental illness		
residential care	19,083	
day care[2]	29,110	1.9
	48,193	
Services not allocated to specified client groups		
fieldwork	316,024	
administration	323,591	
other	91,868	28.2
	731,483	
Total spending	2,592,130	

Source: Adapted from *DHSS Health and Personal Social Services Statistics for England*, 1987 edition, p.27.

Notes:
1. A proportion of these services would also be consumed by people with mental or physical disabilities.
2. Estimated amount.
3. A proportion of these services would also be consumed by elderly people and those with severe learning difficulties or mental illness.

relative importance of each, in cash terms at least, is as shown in Table 1.2.

Services may be provided in consultations or visits by users to local government offices, in residential or day care settings or in users' own homes. The breakdown between the categories of fieldwork, day and residential care and domiciliary care or community care, shown in Table 1.3, gives an indication of their relative importance in the budget.

Of particular note is the importance of personal servicing or social maintenance in the work of social services departments, in providing basic survival services of food, warmth and shelter in residential settings or via domiciliary services such as home helps and meals-on-wheels in users' own homes. Field social

Table 1.3 Local authority personal social services: current expenditure, England 1984–5

	£thousand	% of total
Residential care	1,085,584	41.9
Community and domiciliary care (including fostering)	504,682	19.5
Administration and support services	343,860	13.3
Field social work staff	316,024	12.2
Day care	312,715	12.1
Training	19,482	0.7
Research and development	9,783	0.3
Total	2,592,130	

Source: Adapted from *DHSS Health and Personal Social Services Statistics for England*, 1987 edition, p.27.

work comprises a relatively small part of the activities of social services departments.

WOMEN AS USERS

Women are the main users of services provided by local authority social services departments. There are several reasons for this, located in our demographic, economic and social structures. Despite the preponderance of women, there are considerable difficulties in establishing service utilisation rates by sex across the 116 local departments in England and Wales which use varied systems of recording and compiling referral and work-load data. Similar difficulties exist in relation to members of minority ethnic groups (Vaux and Divine 1988) and to the socio-economic status of users (Becker and MacPherson 1986). The specific needs and experiences of black users are considered in Chapter 3.

Elderly women

The largest group of users of the social services departments are elderly people, mainly women, using residential, day care and domiciliary services. The key demographic trends are well-

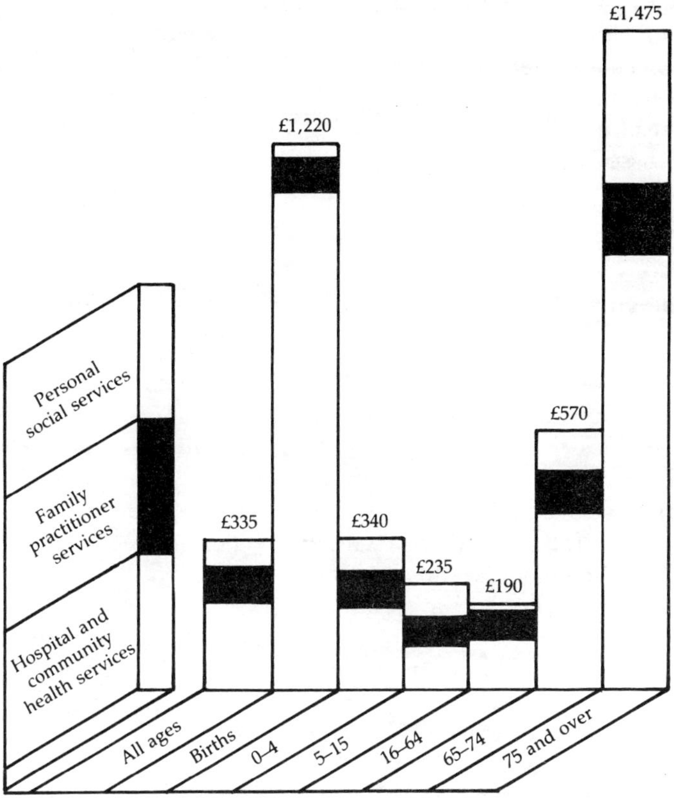

Figure 1.4 Health and personal social services estimated gross expenditure per head by age group, England 1985–6
Source: Cm 288.II (1988) *The Government's Expenditure Plans 1988–9 to 1990–1, vol. II.*

known. While the proportion of people in the population over pensionable age is currently about 15 per cent, and projected to remain relatively stable until the turn of the century, the proportion of the population over 75 is rising substantially. Within the elderly population there is a gender differential. In 1983 the expectation of life at birth was 71.4 years for men and 77.2 years for women. As a result of women's greater longevity, they outnumber men by more than 2:1 among those over the age of 75 (Central Statistical Office 1988). It is this group of frail elderly people which is the main consumer of personal social services and health resources as Figure 1.4 demonstrates.

Despite some evidence of gendered practices in the allocation of resources such as home helps to elderly men and women discussed in Chapter 5, elderly women form the majority of users in this client group, which consume some 38 per cent of social services department resources.

Women with disabilities

The Office of Population Censuses and Surveys (OPCS) survey of the prevalence of disability among adults, (Martin *et al.* 1988) showed that there are considerably more women with disabilities than men at all levels of disability except the least severe. There are about 3.6 million disabled women compared with just over 2.5 million disabled men in Great Britain. The greater numbers of women with disabilities are apparent both in private households and among the 7 per cent of adults with disabilities who live in residential establishments. At higher ages, the number of women with disabilities substantially exceeds the number of men with disabilities, largely because of the greater longevity of women but also because of higher prevalence rates for disability among women than men aged 75 or over, as Figure 1.5 shows. Elderly women are, therefore, more likely to have a disability than elderly men at comparable ages, and thus an increased need for services.

Families with children and the role of mothers

Another key group of social services department users are families with children, usually where the child's behaviour has brought them into contact with the juvenile justice system or where the quality of parenting, including suspected or actual child abuse is causing concern. In general, there seems to be a roughly equal gender distribution for the in-care population, although there is some evidence of sex differences in particular matters, for example, in the higher proportion of boys to girls in care as teenagers, and a higher proportion of boys subject to

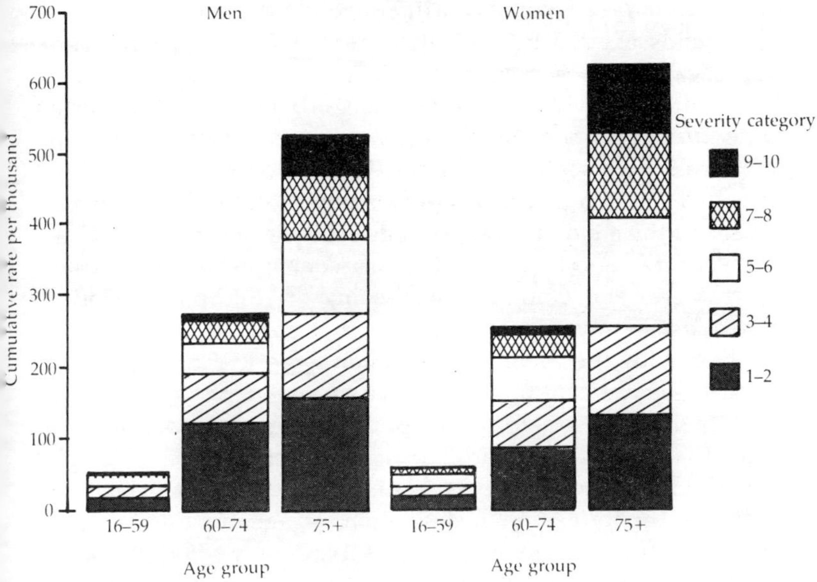

Figure 1.5 Estimates of prevalence of disability among adults by age and severity category for men and women

Source: J. Martin, *et al*. (1988) *The Prevalence of Disability among Adults*, HMSO p.21.

assessment in observation and assessment centres (Leicestershire Social Services Department 1988, Parker 1988). Within this aggregate data, there is an over-representation of black Afro-Caribbean children in care (Rooney 1987). In respect of child abuse, the first provisional figures released by the Department of Health in 1988 revealed that in the younger age group boys and girls were equally represented, but from five years onwards girls predominated. The NSPCC's figures for child sexual abuse show a majority of girls and young women, with 81.2 per cent of girls to 18.8 per cent of boys (Creighton 1984). The sexual abuse team at Great Ormond Street Hospital report similar proportions amongst the children referred to them between 1981 and 1986 (77 per cent of girls compared with 23 per cent of boys) (Cm 412, 1988).

Some of the families in contact with local authority social services for children are headed by a single parent. In 1985,

14 per cent of all families with dependent children were in households headed by a single parent. Of these, 88 per cent were headed by women and only 12 per cent by men (CSO 1987). There is evidence that members of single parent households are disproportionately likely to come into contact with local authority child-care services (Parker 1983). In other cases, there will be two parental figures in the household. Whatever the sex of the child or children in difficulty in these households, however, the social construction of women as responsible for the physical and emotional well-being of children (and other dependent family members) means that in such circumstances 'dealing with the welfare' is women's work. This familialist ideology is of central importance in women's relations as consumers with social services departments. In addition, as is argued later in the chapter, it also structures their paid work in social welfare since women's relationship to the labour market, including the terms on which women engage in paid work and the types of employment they seek, is deeply affected by the gendered division of labour in the domestic sphere.

Laura Balbo (1987) has written about these issues, using the metaphor of 'crazy' (or patchwork) quilts to describe women's role in contemporary society, emphasising 'the endless sorting out and putting together of available resources, the minute coping strategies, the overall aim of survival and the imagination, ingenuity and amount of work that these require' (Balbo 1987, p. 45). Acknowledging the fragmented nature of the mixed economy of welfare and of society generally, Balbo stresses women's work in co-ordinating and securing access to goods and services. She writes:

> Because many goods and services are provided outside the family by other institutions (firms, schools, hospitals and so on) and because access to them requires time and flexibility on the part of 'clients', someone has to do the work of dealing with these agencies, adapting to their often complex, time-consuming, rigid and bureaucratic procedures. It is women who keep in touch with teachers and school staff, who take children to clinics and hospitals, who visit welfare agencies to obtain the family's entitlement. (Balbo 1987, p.49)

For women, therefore, servicing families involves three

components: the hard work of the domestic labour for daily survival; organisational work in relation to outside agencies; and the emotional aspects which Balbo describes as ever-present in all the work women do. In all three roles, in their responsibility for material and emotional family functioning and in their links with outside agencies, women are in central positions in relation to social welfare agencies in general and social services departments in particular. Women, as mothers, are seen as responsible when things go wrong and their behaviour is often the target for change in intervention by social services departments to put things right.

Women as informal carers

The social construction of women as responsible for child rearing is extended to the provision of social care for other dependent family members and relatives. The gendered nature of community care and the varied consequences for women of policy developments which rely heavily on their unpaid domestic labour in the informal sector have been the subject of analysis, for example by Finch and Groves (1983), Ungerson (1987), A. Walker (1982) and G. Parker (1985). The specific experiences of black women in the field of informal care have not, however, been addressed in this literature. Finch and Groves neatly summarise the position: community care equals care by the family, which equals care by women. Since the provision of social care forms such a large part of the functions of contemporary social services departments, the resource levels, service priorities and allocation decisions critically affect women as the key informal carers.

Women in poverty

As Becker and MacPherson (1986) have demonstrated, poor people are over-represented amongst the users of social services departments. One of the characteristics linking the different groups of women users identified here is that, whatever their age and ethnic origin, they are likely to be living in poverty. Glendinning and Millar have demonstrated that 'poverty is not gender-neutral. Whether they are young or old, living with or without men, caring for children or other dependants, women are more likely than men to be poor' and they locate the cause of this 'firmly in a sexual division of labour which marginalises women's involvement in the labour market while at the same time assigning little or no value to their caring and domestic work within the family' (Glendinning and Millar 1987, p.3). This disproportionate vulnerability of women to poverty, whether as older women, as single parents, or as informal carers, increases the likelihood of their contact with social services departments.

Women with a mental illness

A relatively small proportion of social services budgets (*see* Table 1.2) is identified as explicitly devoted to people who have a mental illness. Some spending may be concealed, however, when for example, the main problems of some elderly users may stem from mental impairment, such as dementia, or when mental illness plays a role in family difficulties or breakdown. Figures for the number and sex of users with a mental illness in contact with social services departments are not readily available. It may safely be inferred, however, that women form a higher proportion of such users than men, given the greater propensity of women, and black women in particular, to be diagnosed as suffering from a mental illness (Graham 1984).

Thus, although comprehensive national data are not available, the demographic, economic and social structures of contemporary society, ensure that, either as direct users or as carers, women are the principal users of the services provided by social services departments. The quantity, quality and scope of the services thus provided and the terms on which they are made available, including the ideological assumptions underpinning them, are therefore crucial for women as consumers. This forms a key theme of this book and is discussed in later chapters. In introduction, three issues arising from a consideration of women as the principal consumers are highlighted.

The first, and perhaps the most important, is that a change is required in the social relations involved in welfare to shift the focus from one on women as 'victims' or 'clients' to one which more readily acknowledges women's considerable qualities and strengths. This also implies a move from seeing service users as passive consumers of services to working with them actively to identify and solve problems. There are glimpses of such a transformation in European writings on the role of women as 'co-producers' of welfare services and in feminist analyses of social work practice in the United Kingdom. The European writings on this include not only the work of Laura Balbo and her colleagues in Italy but also that of Elianna Riska (1987) and Sima Nieborg (1987). Showstack Sassoon's (1987) interesting edited collection of papers is particularly relevant here. These perspectives, which draw on the work of Oakley (1984) and others in exposing domestic labour to public scrutiny, emphasise the strengths and skills acquired and used by women day by day in domestic settings. These are often constructed as 'natural' and taken for granted, but slowly they are being valued and validated by some staff employed within social services departments and others. As Riska argues: 'a focus on women as co-producers of services means that women are seen not only as victims but as active participants in shaping the character of social services' (Riska 1987, p.15). If this is to be a reality in social services departments, staff in all grades and in all settings need to work towards empowering women as users, be this as individuals or in groups.

Secondly, all employees of social services departments need to strive towards providing gender- and race-sensitive services for their consumers. Within the field of social work practice, feminist analyses have pointed to the ideological assumptions concerning constructions of appropriate sex-role behaviour which underpin much intervention. These affect not only criteria for allocating services, especially domiciliary care, but also social work practice. Hudson (1985), for example, has demonstrated the gendered way in which adolescent girls in contact with social services departments are more likely than boys to have their difficulties construed in terms of their sexual and moral behaviour. Others (for example, MacLeod and Saraga 1988) have explored the gendered ways in which child sexual abuse in the family has been framed in terms of the 'provocative' behaviour of child victims (predominantly girls and young women) and of the 'collusion' and culpability of mothers, rather than placing responsibility squarely on the adult perpetrators, who are generally men.

More generally, familialist and heterosexist assumptions and ideologies of femininity permeate social services departments in issues such as fostering, models of residential care and interventions such as family therapy. Furthermore, the notions of family life and femininity are based on white perspectives and values. They exclude black women. As Carby argues:

> Black feminists decry the non-recognition of the specificities of black women's sexuality and femininity, both in the ways these are constructed and also as they are addressed through practices which oppress black women in a gender-specific but nonetheless racist way. (Carby 1982, p.219)

If women users of services are to be respected and valued, staff in social services departments at all levels need, as Hudson suggests 'to question thoroughly how women's needs and problems are defined and responded to by them as individual workers and by social work organisations generally' (Hudson 1985, p.649).

Thirdly and finally, although the focus here is upon women consumers, it is important to acknowledge their diversity as well as their commonalities. As users of the personal social services, women are likely to share an experience of living in poverty. Beyond that, they will be of different ages, they may or may not have a physical or mental disability, they will be of varied ethnic backgrounds, some will be lesbians, others heterosexual. Their backgrounds, experiences and the specificity of their contacts with social services departments will vary. Despite this heterogeneity, however, a central tenet of this book is that their shared experience as women is important in understanding their individual lives and their structural position. Their experiences as gendered subjects are important in considering their relationships with the service providers in social services departments. These employees, most of whom are women, are considered next.

WOMEN AND THEIR PAID WORK IN SOCIAL SERVICES DEPARTMENTS

The gendered world of social services departments is exemplified by the sexual division of labour. Women's employment in the social services needs to be understood in the context both of recent changes in women's patterns of paid work and of historical continuities in maintaining women in sex-segregated occupations on low rates of pay. Three trends are of particular significance to the theme of this book: women's labour force participation rates, the sexual division of labour in the home and the changing structure of the labour market. As is noted elsewhere in this book, we currently lack adequate theoretical models for understanding the complex interplay of race, class and gender in structuring women's experience. This extends into the world of paid employment; as Cousins (1987, p.65) notes, little has been written on the labour process which incorporates issues of race into the analysis. Much of the analysis below is based on aggregated national data and it therefore applies particularly to white women. While the general trends form the context in which black women seek and sustain employment, their specific experiences in paid work differ from those of white women, especially in their overall activity rates in paid work and in the balance between full-time and part-time work. For this reason, black women and their relationship to the labour market are considered separately, later in the chapter.

Women's labour force participation rates

The most significant changes in respect of women's participation in the paid labour force are the decline in participation rates in the late nineteenth century and their rise in the twentieth. There were relatively high levels of women's participation in production, both in the pre-industrial household economy and in the early years of industrialisation. However, for a variety of reasons, by the turn of the century only about 10 per cent of married women were in paid employment. Since

Table 1.6 Labour force participation rates by sex and by marital status for women, England and Wales

	Men (aged 15*–64)	All women (aged 15*–64)	Married women (aged 15*–59)
1901	96	38	10
1911	96	38	10
1921	94	38	10
1931	96	38	11
1941	—	—	—
1951	96	43	26
1961	95	47	35
1971	92	55	57
1981	90	61	57

Source: Walker (1988) p.220.
* 16 for 1981.

then, the overall trend of women's participation has been upwards, with some peaks and troughs associated with the recruitment of migrant labour and with the encouragement of women to enter particular occupations during two world wars and, to varying extents, their expulsion afterwards. During this century in the United Kingdom, the labour force participation rates for men have remained broadly stable, while those for women have increased and those for married women, in particular, have increased sharply. As Hakim notes, 'in 1901 only one ever-married woman in ten was economically active, by 1971 one in two was active in the labour force. This represents a proportional increase in labour force participation of almost 400 per cent for wives' (Hakim 1979, p.4). As Table 1.6 indicates, the main changes have occurred since the 1940s. Of the sample of over 5,000 women interviewed in 1980 for the *Women and Employment* survey, 60 per cent of married women were in paid employment (34 per cent full-time and 26 per cent part-time); a further 5 per cent were unemployed and another 5 per cent were full-time students (Martin and Roberts 1984).

While western industrialised economies are facing similar processes of de-industrialisation and the rise of the service sector, there are none the less some interesting international differences in women's labour force participation rates, as Table 1.7 shows. In West Germany, for example, the rates remained

Table 1.7 Women's labour force participation rates

	1960	1975	1981
USA	42.6	53.2	60.7
West Germany	49.2	49.6	50.1
Great Britain	46.1	55.3	57.5
Sweden	50.1	67.6	75.3

Source: Adapted from Rein (1985) Table 3.1, p.38.

very stable in the 20 years to 1981 at about 50 per cent, in Sweden they rose from 50 per cent to 75 per cent, while the United Kingdom and the United States come in between.

Women, caring responsibilities and paid work

The majority of women in Britain (and particularly white women) now go out to work and most of them are in paid employment for 60 per cent or more of their potential working lives. These changing patterns of women's employment reflect the fact that marital status *per se* is no longer of critical importance in determining women's relationship to the labour market. A more significant factor is the existence of dependent people, especially young people in the home (although some black women, those of Afro-Caribbean origin in particular, are important exceptions to this general statement). Despite a recent rise in the proportion of people living alone and the rise in divorce rates, marriage rates remain high. Most women (95 per cent) are, or have been, married by the age of 40 and most married couples (90 per cent) have children. The typical employment pattern for women is in two phases, comprising a period of full-time work before and after marriage up until the birth of children, and a return to the labour market, after child-rearing or between births. The period of child-bearing and child-rearing is also compressed into shorter periods of time. The presence of dependent children, and in particular the care of infants (or other dependent relatives) closely affects whether women return to paid employment and on what terms. For example, the *Women and Employment* survey (Martin and Roberts 1984) found that 93 per cent of childless women were economically active, compared with 31 per cent of women with children under five.

While the most common form of dependence affecting women's paid work is the care of very small children, considerable numbers of women care for other dependent family members. Audrey Hunt's study (1968) found that 10 per cent of women in paid work and 13 per cent of other women were responsible for the care of one or more people who were elderly or infirm. In 1980, the *Women and Employment* survey (Martin and Roberts 1984) found that 13 per cent of women in paid work and 15 per cent of other women were caring for sick or elderly dependants. Nineteen per cent of these women reported that their paid work had been adversely affected by their caring responsibilities. Parker (1985) has also demonstrated how widespread is the participation of women in informal care. The social construction of women as responsible for the care of dependants not only affects whether they are in paid employment at all but also influences on what terms. Typically, women, and white women in particular, with domestic responsibilities return to work on a part-time basis and often at a lower level of pay than when working full-time. For example, 37 per cent of mothers in the *Women and Employment* survey who resumed paid work after the birth of their first child, returned to a lower level of occupation then the one they had left (Martin and Roberts 1984).

The opportunity costs in terms of foregone earnings faced by women who care for dependants is very considerable. Nissel and Bonnerjea (1982) studied twenty-two married couples caring for elderly dependent relatives, in which nine of the women had given up paid work to care. Nissel and Bonnerjea calculated the opportunity costs of a woman caring for a dependent elderly relative to be £4,500 per annum for those women who were not in paid work at all but who wished to return to their previous job in the labour market, and £1,900 per annum representing lost earnings for those women working less than full-time. Joshi (1987) estimated these costs to be £7,750 and £3,275 respectively per annum at 1986 earnings levels. Heather Joshi, using data from the *Women and Employment* survey, has calculated the consequences (or opportunity costs) for hypothetical lifetime earnings of women's caring responsibilities in the home. On the assumption that child-rearing entails an eight-year break from paid work followed by twelve years of part-time work, the earnings foregone, compared with a hypothetical childless woman, total £135,000 comprising earnings foregone while out of employment £54,000 (40 per cent); earnings foregone while working shorter hours £49,000 (36 per cent); and earnings foregone because of lower rates of pay £32,000 (25 per cent). These calculations exclude loss of entitlement in occupational pension schemes.

The impact on women's labour market position of the sexual division of labour in the home, which constructs women as key carers, and, in general, maintains their economic dependence on men while typically freeing their male partners for fuller labour market participation to earn the 'family wage', is therefore very considerable. It affects not only women's earnings but also the type of paid and unpaid work they are socialised to expect and recruited to perform. The position of some women, and in particular some black women is, however, different, as Carby notes in 'situations in which black women may be heads of households or where, because of an economic system which structures high black male unemployment, they are not financially dependent upon a black man' (Carby 1982, p.215).

Women and the changing structure of the British labour market

As women's economic activity rates have risen this century, some aspects of the labour market into which they have been recruited have remained relatively stable, notably a high degree of occupational segregation by sex and continuing significant pay differentials between men and women. Both are particularly important for women's work in social services departments. A significant change in recent years, with important consequences for women and for welfare, has been the decline in Britain's manufacturing industries and the rise of the service sector. Between 1940 and 1960, the proportion of UK jobs in manufacturing industries fell from 39 per cent to 35 per cent, while service industries, including government services, rose from 38 per cent to 45 per cent. In the 1980s, the service sector accounted

Table 1.8 Government expenditure on the welfare state 1949–79 as percentage of GDP

	Social Security benefits	Education	NHS	Personal social services	School meals, milk & welfare foods	Housing	Total
1949	5.1	2.6	3.7	0.2	0.6	2.8	15.1
1959	6.0	3.6	3.2	0.2	0.4	1.8	15.3
1969	7.8	5.1	3.8	0.5	0.4	2.5	20.2
1979	8.6	4.4	4.1	0.9	0.2	2.9	21.1

Source: Adapted from Walker (1988), Table 8.3, p.222.

for almost 70 per cent of all UK employment. The growth of the public sector and of women's employment, especially part-time work, have been important in these changes in the economic and industrial base (Dex 1985). They are explored below with particular reference to social services departments.

Women and employment in welfare

The development of the welfare state in the post-war years has played an important part in the growth of service sector employment generally and has been closely linked to the increase in labour force participation rates of married women and the rise of part-time work. As Rein notes:

> Those functions we associate with the provision of welfare have generated a social welfare labour market which has had as one of the consequences the integration of women, and especially married women, into paid employment. The prospects for welfare and the prospects for work are thus intimately connected, and the interaction is especially important for women. (Rein 1985, p.37)

Between 1949 and 1979 total government expenditure on services customarily included in the term 'the welfare state' increased from 15.1 per cent of gross domestic product to 21.1 per cent, as Table 1.8 indicates. Between 1961 and 1976, employment rose sharply in the labour-intensive service sectors of the welfare state. Thus in this period, employment in education, the National Health Service and local authority health and personal social services rose from about 1.5 million to over 3 million. Within the social welfare service sector, as Table 1.8 demonstrates, health and personal social services have experienced growth, while the education service has experienced relative decline in recent years. The rate of growth was particularly rapid in the personal social services as provision expanded, albeit from a very low base, following the creation of unified social services departments in 1970. In the personal social services, as in other welfare sectors, the expansion involved a major increase in women's employment opportunities, especially for women working part-time. By the 1980s, 15 per cent of the total proportion of people employed (and 26 per cent of all women in paid employment) in Britain worked in the state-provided social welfare sector (Rein 1985). Between 1960 and 1980, 'the welfare state' accounted for over half (56 per cent) of the increase in women's employment.

Occupational segregation in the labour market

The organisation of work in social welfare and social services departments both reflects, and contributes significantly to a highly segmented labour market, in which women are distributed through occupational categories in different ways from men, and black people differently from white people. There have been changes in this century in Britain in the distribution of women between occupational categories, for example declining numbers of women in domestic service and in the textile industry and rising numbers in clerical work and retailing. However, in general, women are still concentrated in occupations which are disproportionately female. A variety of measures of occupational segregation exists and precise estimates of occupational segregation depend upon the measure selected (Dex 1985). In general, however, women continue to work in a relatively small number of occupations, especially the service industries (including clerical work, and semi-skilled domestic work) and in semi-skilled factory work. The *Women and Employment* survey found that in 1980 two-thirds of women were employed in jobs which were done only by other women and that 77 per cent of working women (and 82 per cent of part-time working women) were employed in service industries (Martin and Roberts 1984, pp.23–4). In 1981, women constituted 70 per cent or more of the workforce in the following occupations: typists, secretaries, maids, nurses, canteen workers, domestic and office cleaners, sewing machinists, hairdressers, waitresses and kitchen hands (Dex 1985, p.96). This sex-segregation of the labour market maintains women in jobs which keep women's wages at low levels. Despite the Equal Pay Act, Beechey and Perkins report that 'the hourly earnings of women working part-time are 79 per cent of those of women working full-time and 58 per cent of those of full-time male workers' (Beechey and Perkins 1987, p.150).

Part-time work

Much of this women's work is part-time. It forms an important part of the restructuring of the British labour market in recent years. According to the 1981 census, women comprise over 90 per cent of Britain's part-time workers, and 87 per cent of these are married women. Part-time employment for women has risen from just under 2 million to 4 million, from 26 per cent to 44 per cent of all female workers between 1961 and 1984. This has been accompanied by a decline in the proportion of men and women in the labour market working full-time (Cousins 1987). The part-time work is concentrated in the service industries in the public and private sectors. In the public welfare sector, much of this work is defined as unskilled and performed by staff without formal qualifications.

There are several reasons why this work has been constructed as part-time work and the jobs filled by women. On the labour supply side, it is often argued that women with child care and domestic responsibilities prefer part-time work. As noted earlier, it is certainly the case that the existence of young, dependent children (or other dependent relatives) in the home is a strong determinant of the pattern of women's paid employment, but not of men's. This reflects the social construction of women as prime carers for dependent people and principally responsible for domestic labour. It acknowledges the reality that most women, whether in paid work or not, perform the bulk of unpaid work in the home. Repeated time budget studies have shown both the large amount of time still devoted to housework and its grossly uneven distribution between men and women, whether or not women are in paid employment outside the home. Since concern has been expressed about the consequences for 'the family' of women engaging in paid work, Leonard and Speakman suggest that the result is that 'the women concerned not only work very hard, they also feel guilty' (1986, p.31). Beechey and Perkins summarise the situation as follows:

> Today, the major difference between men and women is not that men work and married women do not. It is that most men do full-time paid work and very little else, while most women combine paid work with unpaid housework and caring work. Women's actual hours of work are often more than full-time, but only a certain proportion of these is recognised as work and remunerated accordingly. (Beechey and Perkins 1987, p.2)

The position then is one in which:

> Familial ideology, which assumes that women are primarily wives and mothers, plays an important role in the organisation of paid employment, while simultaneously portraying the sexual division of labour and women's position in the labour market in quasi-naturalistic terms. (Beechey 1986, p.126)

Beechey and Perkins (1987) report that the United Kingdom has the highest proportion of women part-time workers of any OECD country. International comparisons suggest that British patterns of part-time work may reflect not so much women's own needs and wishes but rather the result of a complex interplay between, on the one hand, demand for particular kinds of labour on particular terms and, on the other, state social policies, especially the absence of suitable, affordable child care for working mothers. Dex (1985) reports that there are important differences in the patterns of paid work between British and North American women. The latter are more likely to be in full-time than part-time work. Younger women in the United States have a greater tendency to be in paid employment than British women, and in full-time jobs during their period of family formation, returning to paid work sooner after childbirth and more readily between births. Dex explains the differences in terms of different child care arrangements, with US women paying for child care and receiving tax deductions against child care expenses. Beechey and Perkins (1987) also suggest that part of the reason for a higher level of full-time paid employment for women in France than in Britain lies in better provision for maternity leave and child care facilities for working mothers.

By contrast, in the United Kingdom, social policy for the provision of child care related to employment needs is underdeveloped. The *Women and Employment* survey (Martin and Roberts 1984) showed that women in Britain generally organised their hours of paid work to fit in with their domestic responsibilities: 97 per cent of the women in paid work relied on informal child care, often using relatives (usually the husband or grandmother). Only 30 per cent of the women paid for the care of pre-school children and only 6 per cent used state-provided services. As Land (1987) demonstrates, while provision has expanded since 1950, the number of publicly provided day-care places (in local authority or registered day nurseries and registered child minders) amounts to only 5.3 per cent of the total population under four years old. There has, however, been some expansion in places in nursery education. In 1984, about 45 per cent of children aged three or four years attended school, of whom just over half attended full-time and the remainder for part of the day. Land (1987) concludes that 'overall, day care for children in the public sector still only reaches a minority of preschool children and for many the care provided is only part-time' (Land 1987, p.84). Furthermore, publicly provided services, such as day care, to support those providing care for other dependent relatives, is also in short supply, thus leaving the burden of community care to fall on women and affecting their capacity for full-time paid employment. Thus, as Dex suggests, 'the growth of part-time jobs in the public sector has strong links with the lack of formal or statutory childcare or its high cost relative to women's wages' (Dex 1985, p.86).

This discussion is not intended to suggest that there is unanimity in women's hopes and wishes in relation to domestic labour or to paid work. As Yeandle (1984) has noted, there is a good deal of variation in this matter. However, her study of *Women's Working Lives* demonstrated clearly how the existing social arrangements restrict choice for women. Many women make decisions about paid work, in consequence, through 'force of circumstances'. The point being emphasised here is that those 'circumstances' are not 'inevitable' and 'natural' but are socially constructed.

Other explanations for the growth in part-time paid work for women stress demand rather than labour supply and emphasise the way in which employers have constructed casualised, part-time, low-paid jobs to take advantage of cheap and flexible women's labour. This process has continued through a period of recession when there was no overall labour shortage, which suggests that full-time jobs could have been created had employers wished to do so. It seems that women have not generally been used in the service sector as a reserve army of labour, a marginal, disposable labour force to be drawn into paid work on terms favourable to capital at particular times and expelled at others. Rather they have strong attachments to a segmented labour market and part-time women workers in the service sector are not necessarily the first to be shed in recession.

J. Walker (1988) has analysed the consequences of recession and the restructuring of welfare for job opportunities in the local authority sector. In general, in local authorities between 1979 and 1984, men lost more full-time jobs and proportionately more part-time jobs than women. Women lost more part-time jobs absolutely, but for both men and women, job losses were concentrated among full-time workers. In the context of an overall total decrease of 4.8 per cent in employment, there was a 6.2 per cent decrease for men and a 5.9 per cent decrease for women in full-time jobs, and a 9.9 per cent decrease for men and a 1.8 per cent decrease for women in part-time jobs. The only local authority services showing expansion in job opportunities over this period were the personal social services. Overall, the numbers employed in social services departments increased by 7.1 per cent (24,383 staff) with a higher percentage increase of men than women as Table 1.9 shows.

The increase in employment opportunities in local authority

Table 1.9 Employment change by sex in full-time and part-time categories in local authority social services departments, Great Britain 1979–84

Males				Females				Total	
Full-time		Part-time		Full-time		Part-time			
No.	%	No.	%	No.	%	No.	%	No.	%
+3,847	+9.8	+564	+17.2	+4,141	+3.6	+15,831	+8.5	+24,383	+7.1

Source: Adapted from Walker (1988), Table 8.7 p.240.

social services departments in these years is an exception. In general, Walker concludes that there has been substitution of part-time for full-time employment in the local government service sector. This represents a change in demand from employers who have sought part-time women workers for a variety of reasons, such as their capacity to cover peak periods of labour demand (e.g. meal times in residential homes, school dinners), to offer 24-hour cover where required and their relative cheapness as a source of labour. Only 11 per cent of women in part-time work are in occupational pension schemes (Beechey 1986) and, if working less than sixteen hours a week, they are excluded from certain employment rights. This relatively casualised labour force offers employers flexibility in responding to changing financial conditions such as budget cuts resulting from public expenditure decisions and the moves towards privatisation.

Finally, the use of a labour supply with constrained opportunities for employment (given the social construction of domestic responsibilities discussed earlier) means that many women are 'overqualified' for the work and their productivity is high. For reasons such as these Walker and Beechey and Perkins are among those who conclude that part-time employment, particularly in state welfare, constitutes a distinct form of employment, not so much a 'secondary' sector in a segmented labour market, but one which is central to the labour process and which is exploitative and gender-specific.

The gender specificity is particularly highlighted by Beechey and Perkins. In their study of part-time work in Coventry between 1979 and 1981, they conclude:

Many of the characteristics of part-time work do not stem from some general economically defined process like deskilling or the segmentation of the labour force into primary and secondary or core and peripheral workers, but from employment strategies which are related to gender. (Beechey and Perkins 1987, p.8)

This is particularly the case in social welfare where in Britain (as in Sweden and the United States) social welfare accounts for a disproportionate share of part-time women's employment (Rein 1985).

Black women and the labour market

There are significant differences between the labour market experiences of white women and those from minority ethnic groups and considerable variation between the work patterns of different groups of black women. The differences result not only from different histories and patterns of settlement, particularly in the recruitment of migrant labour in post-war Britain, but also from the varied structural conditions and cultural traditions which impact differentially on groups of black women in contemporary Britain. The main broad differences which exist in relation to paid work among women of different ethnic origins are in the overall activity rate in paid work and in the balance between part-time and full-time work. Brown's (1984) study for the Policy Studies Institute (PSI) *Black and White Britain* surveyed the paid employment patterns of black and white women, reporting the findings using the categories 'white', 'West Indians' and 'Asians'. The findings are summarised in Table 1.10.

Table 1.10 shows that while young 'West Indian' women have initially lower rates than white women, their participation in the labour market is sustained through the years 25–34, while many white women withdraw, temporarily, for child-rearing. In general, 'Asian' women were less likely to be in paid employment, but there were differences between Muslim and non-Muslim 'Asian' women, with low levels of Muslim women in the labour market at all ages. Brown reports that white women were more likely to work part-time, with 44 per cent of white women working part-time compared with 29 per cent of 'West

Table 1.10 Women's economic activity by age and ethnic group

Women aged	% of age group in labour market			
	Whites	West Indians	Asians	
			Muslims	Other Asians
16–19	71	59	42	36
20–24	74	78	20	65
25–34	54	75	17	60
35–44	70	88	14	64
45–54	65	83	11	58
55–64	34	40	1	21

Source: Adapted from Brown (1984), Table 81, p.187.

Indian' women and 16 per cent of 'Asian' women. It is hard to find systematic data specifically about the paid work which black women undertake. The PSI study (Brown 1984) offers some data, which is summarised in Table 1.11.

Brown's study confirms a pattern of segregation of the labour market along ethnic lines (for example, the high proportion of 'Asian' women employed in manufacturing, principally in the textile and clothing industries and a differentiation between 'Asian', white and 'West Indian' women in job levels in the service sector). However, it cannot illuminate the daily experiences of black workers in the British labour market and the state welfare sector. For such data, we must turn to the accounts of the concentration of black women in the least desirable jobs, for example, Doyal *et al.*'s (1981) account of migrant labour in the National Health Service and to the vivid portrayals of their experiences by black women themselves, such as Bryan, Dadzie and Scafe (1985). However, there is very little material yet available. The issues are further explored in Chapter 3 of this book.

Gender and skill

The sex segregation of the labour market and creation of women's jobs, full-time or part-time, in welfare is closely linked with the concept of skilled work. In social welfare generally and in social services departments in Britain in particular, much of the

Table 1.11 Female employees: job levels by industry and by ethnic group

	All manufacturing and mining %	Professional and scientific services %	Other services %
White women			
Professional/employer/manager	6	1	10
Other non-manual	35	68	57
Manual supervisors	2	—	1
Skilled manual	17	1	—
Semi-skilled/unskilled manual	38	28	31
Base (weighted)	217	263	474
West Indian women			
Professional/employer/manager	—	1	1
Other non-manual	19	67	48
Manual supervisors	4	—	—
Skilled manual	14	2	1
Semi-skilled/unskilled manual	66	31	49
Base (weighted)	200	417	316
Asian women			
Professional/employer/manager	1	12	7
Other non-manual	6	71	69
Manual supervisors	2	—	—
Skilled manual	9	—	2
Semi-skilled/unskilled manual	82	15	23
Base (weighted)	341	122	186

Source: Brown (1984), p.208.

work (and therefore the workforce) is defined as unskilled. Academic work on the attribution of the label 'skilled' in the labour process has its origins in manufacturing industries rather than in the service sector or in social welfare. Braverman's (1974) influential, although much criticised work, on the labour process in advanced capitalism (in *Labor and Monopoly Capital*) stresses the routinisation and fragmentation of production as labour is 'deskilled', but this concept has its roots in the skilled male working class and in manufacturing. Braverman's work accepts the concept of skill as relatively unproblematic, and has limited application in the service sector where a substantial amount of the work of domestics, cooks, cleaners and clerks has never been dignified with the term 'skilled'. Beechey and Perkins suggest that one reason for this is that 'most women work in jobs which have never been classified as skilled, and there is a good deal of evidence to suggest that this is often a consequence of the fact that these jobs have been defined as women's work' (Beechey and Perkins, 1987, p.126).

Recent feminist analysis has emphasised that 'skill' is an ideological construct and has stressed both the significance of gender and the role of employers and male-dominated trades unions in the social construction of skilled work. Phillips and Taylor suggest, for example that:

> The classification of women's jobs as unskilled and men's jobs as skilled or semi-skilled frequently bears little relation to the actual amount of training or ability required for them. Skill definitions are saturated with sexual bias. The work of women is often deemed inferior simply because it is women who do it. Women workers carry into the workplace their status as subordinate individuals, and this status comes to define the value of the work they do. Far from being an objective economic fact, skill is often an ideological category imposed on certain types of work by virtue of the sex and power of the workers who perform it. (Phillips and Taylor 1980, p.79)

In their study of part-time work, Beechey and Perkins (1987) explored with employers the relationship between skill and 'women's' work. They report the powerful 'taken-for-granted' assumptions in operation, so that the answers to questions about why women were hired for domestic and secretarial work were 'blindingly obvious': these were 'naturally' or 'traditionally' women's jobs'. They suggest that

> There is little explicit evidence about employers' attitudes in these areas because these are questions on which conceptions of gender are deeply held: so deeply held, in fact, that employers did not feel they had to produce any explanations of, or justifications for, their practices. (Beechey and Perkins 1987, p.111)

Similar findings about pervasive gendered assumptions are revealed in Curran's study of the recruitment of clerical staff in the north east of England in 1984:

> Evidence of some degree of direct gender discrimination was found in a substantial minority of the recruitment exercises studied. The gender preferences which were revealed were presented in terms of implicit or explicit gender stereotypes, and the ways in which these preferences were expressed indicated that the jobs themselves were perceived as gendered. 'Female' jobs were found to offer lower rates of pay, inferior pension provision and less prospects of promotion than 'male' jobs. (Curran 1985, p.22)

Echoing Beechey and Perkins, Curran concludes that the employers 'do not see themselves as engaging in malevolent discrimination against anyone, but merely as making distinctions between women and men on the basis of their "commonsense" stereotypes of male and female roles in society'.

Within welfare generally, and the social services departments in particular, the extent to which women in employment draw on the skills and competencies acquired in the domestic sphere is of critical importance. The very 'naturalness' and everyday familiarity of certain skills, such as cleaning, cooking and personal servicing and the fact that they are customarily provided by women on an unpaid basis in the home, is associated both with their undervaluing in the labour market and the usual exclusion of men from such jobs. It can be seen, for example, in the recruitment of home helps. Beechey and Perkins report that, in their study in Coventry, home helps were frequently described as 'motherly women' who were qualified for the job because they had learned the appropriate skills in their own families. Rooney (1987), however, presents evidence which shows that in Liverpool it was white women who were perceived to have these skills, while black women were systematically excluded from the home help service. Aldred has pointed out that home helps could be considered as skilled since they have to 'be able to make safe and efficient use of hand and power-tools, to use chemicals carefully, and to be able to identify and carry out necessary operations given general instructions' (in Beechey 1986, p.122). Equally, if not more important (at least from the perspective of users of their services), are the skills of home helps in making relationships and in the exercise of their discretion in offering individual responses to those needing personal services. The complexity and sensitivity of such tasks is a central theme of Glenys Jones' contribution to this volume (Chapter 5). It is ironic and perhaps an important comment on contemporary society that those who visit homes to service washing machines are classed as skilled whereas those who come to 'service' dependent people are not. The home helps and allied workers are not marginal or secondary workers in the social services department. They occupy a central position in the labour process. Yet their work is 'unskilled'.

Similar observations may be made about the work of secretarial and clerical workers. Clerical work was transformed from a skilled male occupation in the nineteenth century to one in which women now customarily perform tasks as clerks and typists on semi-skilled rates of pay. The role of clerks and typists in social services departments has been little studied, despite their general importance for the efficient functioning of the organisation and their vital role, confirmed by child abuse inquiries, in specific matters such as recording messages concerning abused children. Studies of clerical workers in comparable settings shed some light on their role. One such is Rosser and Davies' (1987) study of the jobs they labelled the 'female office management study function' in the National Health Service. Some of the postholders were on administrative grades, others in clerical or secretarial grades. Rosser and Davies report that although these workers were viewed by their employers as wanting 'jobs' rather than 'careers', they were often 'indispensable' in their work settings, performing complex and skilled administrative and personnel functions. They used considerable organisational skills, often learned as women in family and domestic settings. This role in managing and organising, in 'keeping the show on the road' and facilitating interpersonal relations at work is akin to the work of clerical staff in social services area offices and in residential and day-care settings.

As was noted earlier, Laura Balbo has developed interesting ideas about these dimensions of women's skills, acquired and practised in the domestic arena. Balbo suggests that within the household, and in linking their families to goods and services produced outside the family, women engage in complex tasks involving much planning and imagination. According to Balbo, in this 'women's work':

> There is a design, a purpose and a strategy in selecting and piecing together. Women continuously choose between alternatives, combining whatever variety of resources are available in order to maximise their value. Women must understand and assess each individual's needs and work out how best to satisfy them. They anticipate, budget, establish priorities. They carry the responsibility for this apparently trivial decision-making process: they work endlessly at their crazy quilts, striving for balance, trying to introduce some method and pattern. (Balbo 1987, p.49)

The essence of Balbo's argument is that domestic labour consists not only of the daily chores necessary for physical survival (cooking, cleaning, etc.) but also a vital element of organisation, planning and management of the household. Many women know from their own experience of the central role which women, black and white, play in 'holding together' the domestic enterprise. These attributes form an important part of the skills which women bring to their paid work in a wide variety of roles in social services departments, as clerks and secretaries, as social work assistants, social workers and, less often, as managers. Since the skills have been learned informally and are taken for granted, they are generally unrecognised, undervalued and poorly rewarded. Thus in the microcosm of the social services department are reflected the general systems of reward and value which attend women's paid and unpaid labour in many countries throughout the world (Lewenhak 1988).

The gendered division of labour in social services departments

Social services departments stand at the top of the league table of occupational segregation in the welfare state. In 1987, of the 2.8 million people working within local government services generally, 1.7 million (63 per cent) were women. Within social services departments women comprised 87.2 per cent of the total workforce. It is not known how many of these were black women. The nearest rival is the 85.5 per cent of workers

Table 1.12 Persons employed by local authorities*, by department or service, 1987

Department or service	Women		Men		Women as % of all LA employees
	Full-time	Part-time	Full-time	Part-time	
Education dept.					
Lecturers and teachers	317.5	146.5	240.7	50.9	61.4
Other staff	121.7	526.2	87.2	22.4	85.5
Construction	3.6	0.6	126.7	0.1	3.2
Transport services	0.3	0.1	3.4	—	9.2
Social services dept.	131.2	220.5	46.4	5.4	87.2
All other depts and services	166.7	107.1	412.7	17.4	38.9
Total	741.0	1001.0	917.1	96.3	63.2

Source: EOC (1988a) *Women and Men in Britain: A research profile*, p.69.
* Excluding police and traffic wardens.

categorised 'other staff' in the education service (mainly cooks, meals supervisors, cleaners, clerical staff) but in the local authority education service generally, the proportion is only about 70 per cent with women comprising 61.4 per cent of lecturers or teachers. In 1984, women comprised 79 per cent of National Health Service workers (Walker 1988).

Data concerning the gender composition of certain categories of social services staff was routinely collected and published by the DHSS in the past but this practice ceased in the mid-1970s. Thus Table 1.13 shows the proportion of men and women in certain grades in social services departments in England in 1977.

In other grades of staff, not listed in Table 1.13, the gender differentials were even more marked, for example 98 per cent of home help organisers were women (Howe 1986, p.24). In the residential care sector, as Table 1.14 shows, there was also a marked gender difference in staffing in 1977, both between managers and care staff and between homes caring for different groups of clients. In addition to the vertical segregation of staff with the under-representation of women in management, Howe (1986) presents data on the horizontal division of labour in social services departments. This shows the greater propensity of

Table 1.13 The proportion of men and women in certain grades in social services departments in England in 1977

Grade	Men %	Women %	No.
Director of Social Services	93	7	104
Deputy Director of Social Services	86	14	87
Divisional Area Officers/managers	83	17	422
Area Officers	71	29	652
Team leaders/senior social workers	51	49	4,286
Social workers	36	64	10,810
Social work assistants	17	83	2,710

Source: Howe (1986), p.23.

women social workers working at basic grade level to have caseloads biased towards work with people with disabilities and those with a mental illness, especially elderly people.

Thus despite the importance of women in the creation of social work (Chambers 1986), the position is now one in which the vast majority of the workforce in social services departments, women, are organised and managed by men. An account of the history of this is given in Brook and Davis (1985). The implications of the male takeover for women as users and workers are a central theme of this book and are discussed in Chapter 6.

This account has emphasised the need to locate women's work in social services departments in the context of gendered social relations and economic conditions. Yeandle (1984) summarised the key issues structuring women's roles in the division of labour as:

> The socialisation, education and training of girls, the sex-segregation of the labour force, inequality in wage rates according to sex, the socially constructed economic dependence of women on men, the role assigned to women in the family and the overall subordinate status of women. (p.181)

While the balance of importance between these factors will vary among individual women, depending upon their class, age and ethnic background, and other specific experiences, these forces powerfully shape and constrain women's labour.

Table 1.14 The proportion of men and women in residential work in local authority social services departments in 1977

Grades of staff	Men %	Women %	No.
Children's home			
Managers/heads of home	40	60	2,019
Care assistants	30	70	9,185
Homes for people with a mental illness/mental handicap			
Managers/heads of home	52	48	573
Care assistants	25	75	1,117

Source: Adapted from Howe (1986), p.24.

WOMEN, POLITICS AND SOCIAL SERVICES DEPARTMENTS

The third status of women in relation to social services departments alongside their position as consumers (and co-producers) and as paid workers, is as participants in the political processes governing welfare. Feminist analysis in political science in recent years has revealed the inadequate and contradictory evidence which has, in the past, portrayed women's involvement in formal political processes in matters such as voting, party membership, and standing as candidates in elections. The old myths, for example, that women are politically conservative, that they personalise politics, and that they are inappropriately 'moralistic' about political issues, have been effectively challenged, revealing the extent to which women's political capacities have been underestimated and undervalued (Siltanen and Stanworth 1984, and Randall 1987). None the less, as Hernes (1987, p.76) argues, it remains the case the 'in the political process women are recipients and men are participants'.

While feminists may disagree about the weight to be given to the different reasons for male dominance in the public sphere and the nature of its relationships to women's situation and experiences in the domestic sphere, the data about the under-representation of women in formal political processes is clear.

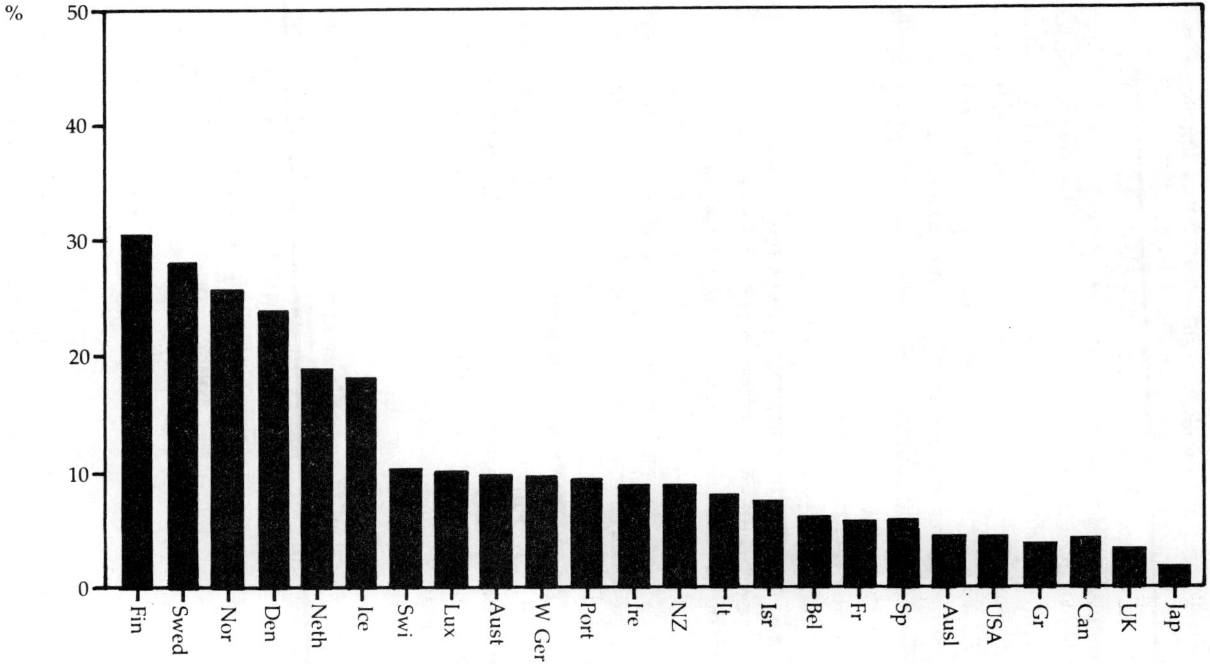

Figure 1.15 Women in national legislatures, 1983

Source: P. Norris (1986) *Politics and Sexual Equality*, p.115.

At central government level, Britain is almost bottom of a league table of the proportion of women in national legislatures as Figure 1.15 demonstrates.

In the UK general election in 1983, 23 women Members of Parliament were elected comprising 3.6 per cent, a very modest increase on the figure of 3 per cent in 1979. The low proportion of women in Parliament is reflected in ministerial and cabinet appointments. Despite (or perhaps because of) almost ten years of rule by a woman Prime Minister, the UK Cabinet in 1988 still numbered no other women among its members. The position is little different within the other influential arm of public policy making at central government level, the Civil Service. Women, and particularly women of minority ethnic origin, are concentrated in the lowest grades of the Civil Service while less than one in ten of the highest grades in the Civil Service are women (Equal Opportunities Commission (EOC) 1988a, pp.67–8). The patterns of power and influence in the formal structures of politics in central government are, of course, of considerable importance to social and other services at local levels, particularly in recent years, as central government control over local government finance and policy has tightened.

The under-representation of black and white women in positions of power in central government and administration is replicated in local government. In 1983, 14.4 per cent of county councillors in England and Wales, 11.1 per cent of regional councillors in Scotland and 7.9 per cent of district councillors in Northern Ireland were women (Lovenduski 1986). An unpublished survey carried out in 1985 by West Midlands County Council Women's Sub-Committee (cited in Stone 1988) revealed a similar picture, finding that in the local authorities in Great Britain which replied (60 per cent), only 19.4 per cent of elected members were women. To a question about the position of women of Asian and Afro-Caribbean origin as elected members, 254 local authorities (55 per cent) responded and indicated that there were only ten black women councillors. This represents 0.4 per cent of all women councillors in the authorities who responded to the survey. Again the picture is of an imbalance of power between men and women, with black women more disadvantaged than white women.

When they are elected as local councillors, women are less likely to hold chairs of committees or other senior political positions. In 1983, 12.2 per cent of the committee chairs in the shire counties in England and Wales, 5.7 per cent of committee chairs in the metropolitan counties and 1 per cent in the Greater London Council (both since abolished) were held by women (Lovenduski 1986). The West Midlands survey cited above also found under-representation of women as chairs and members of key committees, such as finance, personnel and policy and resources. Only 3.6 per cent of the authorities responding to the survey had women leaders. A survey of regional and district councils in Scotland in 1983 identified three groups of councillors: the 'senior convenors' (chairing major committees such as policy and resources, finance, education, social work), 'other convenors' and 'backbenchers'. Of women councillors 7 per cent were identified as 'senior convenors' compared with 19 per cent of the men, while 82 per cent of the women were 'backbenchers' compared with 63 per cent of the men (Martlew *et al.* 1985).

The third key group of participants in the formal processes of local policy making alongside elected members and senior officials are the trades unions. As Stone notes, here again the same pattern is found 'whereby women are not represented in decision-making roles to anywhere near the extent of their overall membership' (Stone 1988, p.8). The National Association of Local Government Officers (NALGO) is the main white-collar union in local government. Women constitute 52 per cent of the total membership, but only 38 per cent of executive committee members and 13 per cent of full-time officials. In the National Union of Public Employees (NUPE), representing manual and some white-collar workers, women comprise 68 per cent of its members, 42 per cent of its executive committee members and 8 per cent of its full-time officials. In the main manual workers' union, the General Municipal Boilermakers and Allied Trades Union (GMBATU), women are also under-represented. Stone concludes that 'although all these trades unions have national equal opportunities policies, it is still the case that negotiations on behalf of the huge numbers of local authority women workers are carried out almost exclusively by men' (Stone 1988, p.9). Webster summarises the position as follows:

> Three key groups of actors within the local authority who are involved in policy-making processes – elected members, senior officials and union representatives – are all dominated by men. Clearly, there may be people within these groups who are concerned about issues which affect women and instances where they fight to protect these interests. . . . However, the marked absence of women in formal positions of power in the policy-making arena means that there is a high probability that these interests will be poorly represented. (Webster 1985, p.41)

This is a serious issue, given the importance of women as users and employees and the indications of the existence of a gender gap as women express preferences for the defence of welfare services in their voting patterns (Erie and Rein 1988).

Equal opportunities policies and the interests of women

It may be thought that local authority equal opportunities policies make a significant contribution to redressing this male dominance. However, equal opportunities policies are limited in extent and often face serious structural and political difficulties. A survey of these policies was conducted by the Equal Opportunities Commission (EOC 1988b). Of the 446 local authorities in Britain (out of a total of 514) who replied, only 51 per cent (227) had an equal opportunities policy in existence. Two-thirds of these (147 authorities) described themselves as equal opportunity employers in job advertisements, but few provided training in avoiding sex discrimination and fewer still had written guidelines. While this survey found evidence of an association between the existence of an equal opportunity policy and employment practices benefiting working women, such as flexible hours and job sharing, the uneven geographical coverage of such policies and their varied scope suggests that there were serious limitations on their impact on women's position. Some local authorities in recent years have taken stronger measures to promote women's interests mainly through the appointment of women's equality officers and the establishment of women's committees. The precise numbers of such initiatives across local authorities is unclear. In 1985, the EOC estimated that about 40 local authorities employed women's equality officers and the number has increased since then (Stone 1988).

Stone's study pointed to two distinct but overlapping orientations to the role of promoting women's interest in local government. One, a 'representative' mode emphasises outreach work and the setting up of good consultative procedures in the locality to ensure that women's demands, and especially those of under-represented groups such as black and other ethnic minority women, working-class women and lesbians, were clearly articulated in local policy making. In this work, women's officers and women's committees have fostered new structures and processes for involving women in the policy process. Open meetings, working parties and community-based initiatives, often with an emphasis on informality, collective working and a non-hierarchical approach, have attempted to redress the balance and act as a counterweight to male dominance in the traditional and formal structures of local government (Goss 1984). The second orientation focuses more directly upon changing policy to meet women's needs. In this the needs of women workers in matters such as recruitment, training, pay and conditions of service, promotion prospects and sexual harassment, formed an important part of the job. Such work has sought to exploit the limited possibilities for improving the position of women afforded by the Equal Pay and Sex Discrimination Acts.

In both approaches to the work, particular difficulties were reported in meeting the specific needs of black women, partly, but not only, because race equality initiatives and units were often structurally separated in local government from women's initiatives. Whatever role orientation was chosen, however, Stone's study highlighted the difficulties faced by citizens, workers and councillors committed to such initiatives in effecting change. This is not to deny the symbolic importance, and in some instances the concrete achievements of women's officers, women's units and women's committees. Rather it is to acknowledge the depth of the challenge faced by those trying to make the hierarchically structured and male dominated world of local government more effectively meet the needs of women as users and workers.

Women's collective action and campaigns to improve and

defend local services are not confined to the relatively small number of local authorities with women's committees and/or women's officers. It seems, however, that such actions are more visible in relation to services such as health and education than to the personal social services. Hudson (1985) contrasts critiques of health care produced by the women's movement based on white, middle-class women's experiences as consumers with 'relatively minimal collective organising around issues relating to the personal social services. . . . The experience of what it is like to be a female customer of the personal social services has, by and large, remained unarticulated and invisible' (Hudson 1985, p.638). Webster (1985) suggests two reasons why collective action by women users of personal social services is infrequent and underdeveloped. The first is that services for families in difficulty, people with disabilities and elderly people are often provided for individuals in their own homes. Thus the shared knowledge and common experience which could form the basis of collective action is missing. Secondly, Webster suggests that cuts in service provision, relative to need, as the welfare services are restructured may affect potential rather than actual users – so that the policy changes are not perceived as cuts.

These explanations are important. However, even when social services department users do have shared experiences and collective meeting points, for example in day centres and residential homes, there is as yet little evidence of the empowerment of users, despite some exceptions in particular localities. The Poor Law traditions (discussed by Ann Davis in Chapter 4 on women and residential care) continue to affect the status of users and their role relationships with service providers. Also the fragmented services provided by social services departments, often as a last resort and on a residual basis, affect the extent to which users would be likely, or would wish, to claim a commonality of interest as 'clients of the social services'. Being a 'poor client' of the social services departments is a less eligible social status within Britain's welfare state than being a user of the near universal NHS or state education system. This is, however, likely to be affected both by the specific experiences of local communities and groups and the nature of the services received. There is evidence that many users value highly the services of their home help, for example. Social work intervention in relation to delinquency or child protection may lead to much less positive attitudes. For all these reasons the voice of women users is not much articulated or heard in relation to the personal social services.

Implicit in this brief discussion of the limited direct involvement of women, whether as elected members, senior officers or as trade union representatives, in the formal processes of policy making in local government has been an assumption that this matters, for women as workers and as users, as carers and for others. Implicit also is the view that change is required to represent the interests of women more clearly and to incorporate their needs and wishes more effectively in local policies and practices. Feminists may disagree about the strategies and tactics required and in particular the degree to which women should risk the dangers of incorporation and reformism in attempting to work for change within existing male-dominated local government structures. The position taken here follows Randall's definition of politics as being about how people influence the distribution of society's resources. Given that, Randall argues, 'public politics is a tool, however imperfect, for modifying relationships within society and feminists cannot afford to ignore it' (1987, p.4).

This introductory chapter has suggested that social services departments are of very considerable significance in the lives of women as users, as informal carers and as employees. Social services departments are, however, contradictory. They have a potential to provide valued and needed services to women and others, who are often vulnerable and disadvantaged, but they may do so on terms which are paternalistic, repressive and which have at their core sexist and racist assumptions about women, social care and domestic life. Social services departments are therefore, as Trisha Comley argues in Chapter 2, important sites of struggle and change for women, black and white, as local services are restructured in the late 1980s and beyond.

2 State social work: A socialist–feminist contribution

Trisha Comley

> . . . an emphasis upon the political aspects of social work is not intended to detract from concern with human relationships, but rather to enhance them. The belief that human and political concerns are separate is the product of a false dichotomy . . .
>
> Feminism and socialism meet in the arena of the Welfare State . . .
> (Wilson 1977, p.7)

As a socialist–feminist and a practising local authority social worker, I grapple daily with attempts to integrate and express my political consciousness within my working practices. Invariably, this project forces a confrontation between my belief in the state's central responsibility for the provision of collective and democratic social services grounded in people's own definitions of need, and the often stark realities of current service provision in the late 1980s. Hilary and Steven Rose assert that the welfare state, in its present form, has become 'pretty largely indefensible' (Rose and Rose 1982, p.16). My own agenda of issues concerning the control and management of services and policy, the relationships between service providers and service users, the definitions and assumptions embedded in the form and content of services, the rationing of resources and the objectives of intervention frequently supports this view.

There is, however, a contradiction within our social services where forces of control and social maintenance co-exist with genuinely humanitarian impulses. Social work offers a particularly sharp illustration of this tension where, for example, the value of client self-determination and the exercise of advocacy often sit in uneasy partnership with monitoring, rationing, and coercive practices. As Leonard has observed, this contradiction has engendered services with the capacity to 'enhance human welfare and negate it within the same process' (Leonard 1975, p.46). My own experience within local authority social services departments acknowledges this dynamic which, on the one hand both colludes and contributes to the reproduction of oppressive social relations, and yet on the other offers qualitative improvements in many spheres of people's material, social, and emotional functioning.

Social workers employed by the state have a responsibility to engage with this contradiction and to grasp some of the opportunities it presents for the renegotiation of the form and content of our social services. How can we as practitioners use our understanding of the state to develop more of the 'good' and less of the 'bad' tendencies inherent in the agencies which employ us? As a local authority social worker, I am aware that this is an agenda shared by many of my colleagues both of similar and differing political persuasions, and therefore hope that this chapter will be found a useful contribution to the debate by all participants in the struggle to make state welfare more democratic and responsive to the social needs of users, the majority of whom are women. The rationale for this project is unravelled in the initial part of the chapter through a critical deconstruction of the material and ideological forms of state welfare with special reference to the practice of social work. Arguing that a prerequisite for change is, as Simpkin has rightly stressed, a conceptual approach, the chapter moves on to a theoretical and historical analysis of the state (Simpkin 1983, p.4). This reveals both the limitations and the possibilities that exist for transformed relations of welfare and thus provides the back-drop for the final part of the chapter which considers ideas and strategies for the development of social work practices grounded in clearly articulated feminist and socialist principles.

THE CONTRADICTIONS OF CARING

> the welfare state, however much or little it might meet the needs and demands of ordinary people, also controls and regulates their lives.
>
> (Deacon 1983, p.6)

In 1979 and again at two subsequent elections, the Conservative

Party was voted into office with an unequivocal commitment to a wide-ranging reduction in public expenditure; decreased state involvement in the provision of welfare services, placing an increased burden on women as informal carers; and the promotion of self-help ideologies. Socialists and feminists, adhering in the main to an opposing principle of state responsibility for collective welfare, have been confronted with the realisation that the Conservative political package has accurately targeted people's frequently oppressive and contradictory encounters with the state. As the London Edinburgh Weekend Return Group has observed, passive defence of the welfare state as illustrated by the Labour Party has resonated poorly with the actual experience of welfare recipients.

> The popular support in the working class that helped to bring the Tories to power . . . is built on a profound dislike of the state. People are reasonably angry with the state. They are angry not only with the niggardly nature of its provision, but above all at the oppressive and tedious form of relations it involves them in. (LEWRG 1980, p.106)

Consumer research of public satisfaction with welfare services has illustrated the above comments. For example, a research study undertaken by Battersea Community Action concerning the views of local people in North Battersea towards services in their area revealed significant discontent: 62 per cent thought that the council took little or no notice of their needs and wishes, while 94 per cent of people interviewed did not feel that the council consulted them about the provision of services (Beresford and Croft 1981, p.2).

> Taken together, people's responses . . . offer clear measures of their estrangement from the council – 'we have no say, they just carry on . . . whatever you say it makes no difference . . . . They seem to ignore you . . . .' The prevailing feelings about the local authority seemed to be distrust and apathy. (Beresford and Croft 1981, p.2)

Some of the findings presented from a cluster of interviews with clients of local authority social services departments echo this sense of distrust and suspicion, this time in relation to social workers (Kitchen 1980, p.15):

'She says one thing when she's here and another when she's back at the social services with the rest of them'.

'He knows what I need and what he could do to help, but when he gets back to the office, they make him change his mind in all those meetings.'

Murray, Cockburn and Mitchell's survey of women's experiences with the state also exemplifies levels of disaffection. One woman had this to say:

'I remember one occasion when Stuart [her son] bumped his head, and I took him down to the hospital. The next day a Health Visitor came round. I was surprised, but she said they "like to keep an eye on children, to make sure there were no after-effects". Then, when I talked about it to the other mums, they warned me that it might have been suspected child-battering. I felt awful, I felt they ought to have *told* me that was why she came round, and not treated me as some kind of moron with no brains or feelings. I think they all do that, and people take it for granted.' (1981, pp.22–3)

A woman interviewed by the London Edinburgh Weekend Return Group expressed similar grievances:

'I had social workers or probation officers at one time when the kids were in trouble. I never hit it off with them. Everything you tell them, you know, it is supposed to be confidential. But they write it down. I knew a girl working down the office and she said "I've seen your records." Well, that put me off completely . . . when I was offered a social worker after that, I turned it down. I felt I couldn't have that aggravation again, always being put down and everyone reading your notes.' (LEWRG 1980, p.15)

Examples such as these powerfully illustrate the distance that divides people from their local services, and acutely expose a central contradiction of welfare, that is, its capacity to meet certain needs, but often in ways that are inadequate, stigmatising, and undemocratic. This is not to suggest that dissatisfaction is the norm of public opinion. Indeed, Goldberg *et al.* revealed a high degree of consumer satisfaction in certain areas of service provision such as the home help service, meals-on-wheels, and occupational aids and adaptations (Goldberg *et al.* 1970). More recently, Taylor-Gooby has drawn attention to the high levels of continuing popularity for the National Health Service and the education system (Taylor-Gooby 1985). However, these more positive findings cannot contradict the structural distance between users of these services and the male-dominated processes of policy formulation and decision making. To the extent, therefore, that the continued availability of such services will be dependent upon political priorities it is likely, as Jones suggests, that future research in the aftermath of further public expenditure cuts, will reveal increasing evidence of frustration and dissatisfaction (C. Jones 1983, p.42).

When confronted with the sort of disaffection described above, it becomes clear, as Coote and Campbell have commented, that socialists and feminists must move to a position that transcends support for the services and benefits currently on offer from welfare agencies, and engage in struggles to 'transform the assumptions and rules that govern them' (Coote and Campbell 1982, p.93). Effective opposition to the political momentum presently eroding state services will not gain broad support unless people feel that these are worth defending (LEWRG 1980, p.106). This task must necessarily be grounded in an understanding of the determinants of people's experience and, with reference to state social work, it will be helpful to look at three structural tendencies which deeply affect client experience: (1) the depoliticisation of social problems, (2) power relations and (3) ideologies of femininity.

The depoliticisation of social problems

Social work, as a practice, has historically apprehended social problems as if they somehow existed independently of societal power structures. The Barclay Report constitutes one of the most recent examples of this predisposition, through its reduction of structural inequality to mere 'adversities that may afflict us' (Barclay Report 1982, p.199). In criticism of this tendency, Leonard rightly makes the point that 'adversities' are experienced within social contexts that are strongly linked to structural determinants such as class, race and gender (Leonard 1982, p.9). Failure to acknowledge these relationships will inevitably engender welfare practices that are not able fully to address all the components of an individual's social make-up, and will thus only offer partial solutions.

Mainstream social work theory and practice, however, have always been couched within a consensus view of society which, as Galper comments, identifies welfare practices 'either as containing a solution to the problem, as an end in themselves, or . . . as potentially enabling clients to go forth in the world and individually battle their way to health and success' (cited in Walker 1984, p.27). Within this framework, therefore, the solution to persistent social malaise is located in the technical adjustment of services and their management. The structural context of class, gender, and race is thus forgotten in the quest for reorganisation. As Cockburn comments:

> We have a complex set of organisations embodying a single assumption: that the existing mode of production and the system of relations that goes with it are the best and only conceivable ones for us, facts of life and laws of nature. In them we create our 'common sense' and 'know' that unfairness, inequality, poverty, homelessness, or failure of justice in Britain today are merely errors in the system, errors that good intentions and good management could put right. (Cockburn 1977, p.57)

This mystification of the relationship between individual experience and social structure was illustrated particularly sharply in the ideologies of the 'pathological individual' and 'problem families' which dominated social work in the immediate post-war period. At this historical juncture, capitalism was engaged in restructuring the economy and restoring public credence in its capacities to redress mass disadvantage. Individuals and families coming to the attention of welfare agencies by virtue of material distress thus tended to become subjects of the ideology of personal or familial inadequacy, a view which gained currency in social welfare departments in post-war Britain. Social work was, at this time, struggling additionally to establish itself as a recognised profession and this perspective meshed conveniently with its psychoanalytic preoccupation with intra-psychic processes and intra-familial relationships. Through the medium of therapeutic casework relationships, it contended that the social worker's role was to assist the individual 'to identify, clarify, and understand his [sic] own difficulties to a point where he can free himself from them' (Lees 1972, p.13). The boundaries of the assessment and intervention processes were thus clearly drawn around the individual.

The theme of personal/familial pathology continued to surface within social work throughout the 1960s and 70s in familiar concepts such as 'transmitted deprivation', the 'culture of poverty', and the 'cycle of deprivation'. This penetration of social work by ideas which generate an ideological justification for the political and economic *status quo*, albeit with increasing sophistication, has meant that the profession has been characterised by a highly individualistic orientation. The social work response to the rediscovery of poverty in the 1960s illustrates this particular tendency adjusting to new circumstances. As the forced acknowledgement of continuing mass deprivation meant that it became no longer acceptable to persist in the attribution of individual blame, the concept of the pathological community gained currency. Poverty, lack of resources, and the whole gamut of unmet social needs were translated into 'community' problems and the terms 'community breakdown' and 'community disintegration' were introduced into the social work processes of assessment and intervention (Brook and Davis 1985, p.22–3). Thus, although the explanatory framework was broadened out in this ideological shift, pathology continued to be located in social institutions (i.e. family/community), while the social structures of class, gender, and race remained excluded from the terms of reference.

Several community initiatives were launched at this time to address the problem of so-called community breakdown (Cockburn 1977, ch. 4), and it is within this context that the Seebohm Report (1968) on the personal social services can be located. Although this report gave partial recognition to the existence of social inequalities, its recommendations, in accordance with the consensus perspective, were for organisational change, thus bypassing the much-needed structural interventions required to address the root causes of client distress. 'Seebohm enshrined (and practice since Seebohm has further enshrined) the role of an individualised family-centred service' (Bolger *et al.* 1981, p.63). The Barclay Report's more recent recommendations for a 'community social work' practice (Barclay Report 1982, ch. 13), has continued in much the same way to depoliticise the needs of the profession's users. In asserting that the solutions to social problems can be found in the resources generated by supposed community support networks, the structural sources of disadvantage and inequality and the gendered nature of community support have once more been denied. It is thus, perhaps, not surprising that the report chose not to spell out the current levels of unmet needs for services, as Burgess (1982) has observed, or such solutions would have appeared woefully inadequate even within its own terms of reference.

The current vogue within social work for 'systems theory' approaches, while useful in that individuals are now seen within the context of a variety of social systems, still tends towards the assumption that the overall social structure is essentially benign. Additionally, classification procedures continue to mystify the reality of structural oppressions by parcelling up clients in categories such as 'handicapped', 'mentally ill', 'elderly', 'family', 'at risk', and so on. As C. Jones has suggested, such labels are profoundly conservative 'for they virtually ignore the class context of poverty, inequality, and powerlessness, which are crucial for understanding the nature of clients' problems and difficulties' (Jones 1983, p.12). While endorsing this insight, one would wish to supplement it with recognition of the dimensions of race and gender as equally significant in the assessment of client experience.

It is interesting that those systems theorists who do recognise some degree of social oppression inform social workers that it is not appropriate for them to become involved in advocating changes in social policy (e.g. Pincus and Minahan 1973, p.27). Such prescriptions for appropriate professional behaviour splice neatly with the advice of the Barclay Report to those social workers who see a conflict between their clients' interests and social policy, the suggestion being that they 'move to other jobs' (Barclay Report 1982, p.111). Thus, although social work's depoliticising tendencies have only been sketched very briefly here, they are clearly well entrenched in all the systems which eventually impinge upon the encounters between social worker and client. As Rolston and Smyth have noted: 'The inadequacy may be in the system; the social work response is to see it as being in the individual' (Rolston and Smyth 1982, p. 206).

Power relations

As Beresford and Croft have observed, if anything illustrates how little control users possess over social services, it is the implementation of the public spending cuts since the mid-1970s, where service users have had little effective say in the decision making which has significantly affected their quality of life (Beresford and Croft 1981, p.1). In the post-war period, the majority of the public were excluded from the processes of policy making, organisation, and delivery of the welfare services that the working classes had struggled to gain. The Labour Party failed to grasp the opportunity of constructing genuinely democratic and participative welfare apparatuses, and legislation was left in the hands of civil servants and professional experts (Ginsburg 1979, C. Jones 1983). As Bolger *et al.* have commented, this legacy has created a dynamic through which: 'welfare reforms are imposed from "above" for the good of ordinary people. They are then run by professionals who have only a tenuous democratic responsibility to the mass of the people . . .' (Bolger *et al.* 1981, p.12). As C. Jones has observed, this dynamic bears witness to the power of capital (Jones 1983, ch.3). Ordinary people cannot be permitted active control over social policies or services, nor allowed to define their own problems and needs, as this would present too potent a threat to the smooth reproduction of social relations. Indeed, as Cockburn has suggested, any Labour leadership that shows genuine 'socialist zeal' by attempting to restructure traditional power relations, will be swiftly subjected to curbs (Cockburn 1977, p.50). In the field of local government, the recent battles over rate-capping, the demise of the Greater London Council, and of the Inner London Education Authority illustrate this point.

Within the practice of social work itself, hierarchical, paternalistic, and exclusive forms of relations mediate its processes. Statham, for example, draws attention to the manner in which clients rarely have control over the dissemination of personal information, and are not usually consulted about this (Statham

1978, pp.6–7). The reality of client powerlessness is often concealed behind the notion of a 'contract' between worker and client, which generates false conceptions of an equal and open relationship (Statham 1978, p.5). Bolger *et al.* have found that parents of children in the care system are usually excluded from participating in major decisions about their children's lives (1981, ch.4) and confirmation of this comes from a piece of research by the North Battersea Research Group. This found that over half of a sample of parents whose children were in the care of the local authority had not known about, or were not informed of, the initial care plans for their children (Beresford and Croft 1981, p.2). Following on from this, it remains the exception rather than the rule for parents to be included in case conferences and statutory reviews regarding their children.

Research literature has provided further evidence of structures which are resistant to the inclusion of service users in planning and decision making. Alan Tyne, for example, focusing on the participation of families with a member with a mental handicap in policy making, found that social services departments were quite obstructive. They were often 'quite unprepared to let parents' groups in on the processes of policy making or to use the strength of the parents' movement in developing services. Often they didn't see the point of involving them' (cited in Beresford and Croft 1981, p.3). Likewise, Deakin and Willmott's research into participation in local social services in two London boroughs found 'evidence of constraints in developing participation at almost every level' (cited in Beresford and Croft 1981, p.3). More recently, Beresford and Croft's own research into patch-based social services in East Sussex found that the social services department's approach to participation was in practice 'limited to consultation rather than more direct representation or power sharing' (Beresford and Croft 1986, p.220).

Thus, despite the Seebohm Report's recommendation for the maximum involvement of individuals and groups in the planning, organisation, and provision of services, there is little evidence that social services departments have developed mechanisms which would allow for such a shift in power and control; a shift which would be particularly significant for women. Indeed, as Parry *et al.* assert:

> There seems to be no conception that the social services could or should be more directly accountable to their clientele or neighbourhood . . . . In the development of social services there seems to have been a total victory for the state . . . with marginal concessions to consumers' or citizens' involvement. (Parry *et al.* 1979, p.170)

These authors comment that it is the conception of professionalism, together with the processes of bureaucratisation and managerialism inherent within social services departments, which constitute the significant obstacles to more genuine forms of user participation (Parry *et al.* 1979, p.171). These structures have engendered services which are defined by client impotence and dependency, and which inhibit the intervention of service users in the renegotiation of policy and practice.

The Barclay Report proposed that social work should be characterised by a 'partnership' between social service departments and local users in the joint provision of social care (Barclay Report 1982, p.198). However, like its predecessor the Seebohm Report, it offered inadequate guidelines as to how pre-existing power relationships could accommodate this new initiative. The suggestion appears to be that such a partnership can be constructed largely through an appropriate 'attitude of mind' on the part of social workers and managers (Barclay Report 1982, p.198). However, as Beresford argues on the subject of community social work:

> What is actually being talked about is something that, at least to my knowledge, has never actually happened before in the history of the western world: that is citizens and clients of the state actually having control over the state resources, institutions, and decision-making processes that affect and in some cases govern their lives. . . . It is almost breathtaking the way in which such a massive issue of political philosophy and social, economic, and political organisation, is now sometimes being presented as if it were something that were achievable in the short term as a mere facet of some local social services' reform. (Beresford 1982a, p.10)

Beresford's incredulity seems well placed when the Barclay Report is scrutinised more closely. It seems that local communities should be offered only '*some* share in decision making', with social workers becoming accountable to the community only to '*some* degree' (Barclay Report 1982, p.214, my italics). It would seem clear that with this limited remit for change, the new community social work initiatives which have stemmed directly from such policy guidelines, will provide little substantial challenge to the well-entrenched power and gender relations which mediate our social services.

Ideologies of femininity

Social work theory and practice demonstrate, par excellence, the sexist ideologies that mediate and structure social policy. The historical roots of these ideologies can, in the main, be derived from the social construction of women as mothers, carers, and homemakers, which received massive reinforcement from the post-war welfare legislation. These policies, attendant upon an historical coincidence of interests between capital and the organised male working classes, generated both confirmation and legitimation of the female role as one of economic dependence and social inequality. This legislation, and its sexist assumptions, have been deconstructed by Elizabeth Wilson (1977). The imperative of capital to rebuild the labour force colluded with the return of male workers to the labour market, and resulted in a push for the reconstruction of family life based on traditional sex roles. It was, therefore, as C. Jones states, not accidental that the development of the child-care service was the first major initiative in the post-war expansion of the personal social services (Jones 1983, p.15). Social workers were given an official remit to support and sustain a particular set of family relationships identified as essential to good child development. The writings of John Bowlby, which emphasised the full-time presence of the mother to assure a child's physical and mental health, were especially influential during this period (Bowlby 1965).

Despite the development of sophisticated challenges to Bowlby's theory of maternal deprivation (Rutter 1981), and the advent of feminist discourses which have revealed the ideological bias attached to biologically determined notions of femininity (Women's Studies Group 1978), the construction of women as wives, mothers, and carers has become internalised within the social work profession. Evidence of this was illustrated by Kathy Waller's survey of social work texts most frequently utilised by Certificate of Qualification in Social Work (CQSW) courses, which found that a large percentage of the literature endorsed sexist ideologies regarding the role of women (cited in Cunningham 1984, p.4). As Cunningham herself comments:

> An examination of some of the texts used in social work courses indicates that there is little in that literature to challenge the view that women achieve fulfilment primarily through their roles as wife and mother: that they exist to meet the needs of others, and have no needs of their own; and that women in the family must accept the blame for any family dysfunction. (Cunningham 1984, p.4).

Since the corollary of these ideologies is that women are responsible for the physical and psychological health of their families, it is unsurprising that women most frequently constitute the target of social work intervention when family problems occur. As Wilson suggests, many social workers 'set themselves the goal of making a client a "better mother" (Wilson 1974, p.20). Moving to an earlier developmental stage, social work intervention with adolescent girls often concerns itself with issues of moral behaviour and sexual conduct, shoring up the traditional roles that these young women will later be expected to assume in the process of social reproduction. As Hudson comments: 'if a girl crosses conventional boundaries about femininity, by openly expressing her sexuality, or by speaking out, then she becomes intrinsically threatening to capitalism and to patriarchy' (Hudson 1983, p.11).

It is, however, the government impetus for community care practices in the late 1980s which most explicitly illustrates the playing out of sexist social policy. For example, although community care supposedly pivots upon a relationship between the state and the community, the state has actually done little to support families in their caring tasks: 'For the most part it has been content to remain passive, while legitimating . . . the ideological assumptions that it is "natural" for family members to provide care to dependents, and that it is especially "natural" for women to do so' (A. Walker 1982, p.25). Given that social workers are, for the most part, operating at the sharp end of social policy, they will be expected to support women in carrying even greater domestic responsibilities.

Thus, as Hudson comments, it is clear that social work's professional principles of client self-determination and autonomy

> often act as a mask to blind us to the quite subtle and diffuse ways that social work replicates dominant meanings about femininity . . . and how social workers often collude with the complex pattern of subordination of women in our society. (Hudson 1985, p.640).

The fact that the Government is currently committed to reducing the role of the state in the direct provision of care, and looking at 'what more can be done to encourage families in the widest sense to resume the responsibilities taken on by the state' (Family Policy Group quoted in *The Guardian* 17 February, 1983) illustrates how social work will continue to be harnessed to political objectives dependent upon the perpetuation of gender inequality.

UNRAVELLING THE STATE

The discussion above has highlighted some of the ways in which state social work is implicated in the active reproduction of social inequalities and it therefore offers a context for understanding the public disaffection with welfare services described earlier. The discussion is not exhaustive and, pitched at the level of general tendency only, has not addressed the specific experiences of black people, lesbians and gays, people with disabilities, and other oppressed social groups, each of whom, it is recognised, is dealt with by the state in unique and particular ways. It is none the less clear that people's problems are often reinforced, rather than alleviated, through their encounters with state agencies.

Socialists and feminists, however, also recognise the extent to which state welfare institutions do provide valuable resources and services. As the London Edinburgh Weekend Return Group comments:

> The major contradiction that seems to arise over and over again in

people's relation with the state is that the state's institutions offer certain needed goods, benefits, or services – things we cannot do without, or would rather have from the state than from any ready alternative source; yet getting these things somehow puts us in an undesirable position. (LEWRG 1980, p.42)

It is argued that state welfare workers need to attempt to unpack this contradiction in order for it to be harnessed, and the state's genuine welfare potential enhanced and extended. State services cannot be comprehended as unambiguously benign, nor as unequivocally oppressive. Rather, they constitute a contradictory unity which lends itself to analysis through reference to feminist and socialist theory. These theoretical frameworks reveal the state as a site of *struggle* and can be used to elucidate the structural location of state employees in this dynamic, as well as identifying the extent to which it is possible to implement practices which will challenge the state's oppressive tendencies. The discussion below takes up these issues.

Socialist views of the state

The dominant view of the state is that of an independent body, presiding over a pluralistic society in which power is diffusely dispersed among competing interest groups. Such fragmentation of power prohibits any one group from asserting its own interests over the rest of society, and the state's independent status ensures that individual rights are not infringed (e.g. Dahl 1956). In contradiction, socialists, drawing upon the Marxist method of historical materialism, assert that the make-up of any society must be derived from its mode of economic production and social relationships between the participants in the production process. Thus capitalism, at a very simplistic level, is defined by those who own the means of production, capitalists, and those who own only their labour power, workers. This relationship is fundamentally exploitative as it is based upon the appropriation of surplus value from the worker (Marx). In order to survive, capitalism reproduces the conditions of its own existence through a superstructure of social and political institutions (e.g. the state, family, legal system) which ensure the reproduction of labour power, together with the specific social relations which govern the production process. These relations are given legitimation through ideological discourses, embedded in material institutions, which project them as natural and eternal phenomena, rather than as historical products (Centre for Contemporary Cultural Studies 1978). This analysis, therefore, derives the state and its activities from the mode of production and views them as intimately involved in the process of social reproduction.

Feminist theories, since the late 1970s, have challenged the Marxist conceptual framework by exposing the inability of its theoretical categories to address or explain the specificity of women's oppression (Barrett 1980, Eisenstein 1979). For example, it cannot account for the fact that employed women tend to be overwhelmingly concentrated in low-paid, low status servicing, caring and domestic work (Aldred 1981). Nor can it explain why it is that women, employed or otherwise, tend to carry the major responsibility for housework and child care (Pascall 1983, Hartmann 1981). Of especial relevance to social workers, perhaps, is the fact that Marxist theory fails to shed light on why the majority of social work clients are women (Weir 1974, Brook and Davis 1985, Hudson 1985). From a purely analytic perspective, there appears to be no a priori reason why capitalism should have such inherently sexist attitudes! As feminist analysis makes explicit, the inclusion of a theory of patriarchy is required in any understanding of state and society.

Socialist–feminists have therefore begun the process of articulating a theory of women's oppression *within* capitalism (Kuhn and Wolpe 1978, Barrett 1980). At a very general level, capitalism is identified as having 'taken over' pre-existing patriarchal relations, and enmeshed them in its own institutions and practices. Bhavnani and Coulson (1986) have also more recently, demanded a focus on the ways in which partriarchal capitalism is also racially structured, and the need for socialist–feminism to rethink some of its own conceptual categories in order more adequately to include the dimension of race. These issues are explored further in Chapter 3. Here recognition is given to the necessary inclusion of the dimensions of class, gender, and race in the analysis of the state and social reproduction.

The state and its activities, however, cannot be reduced

purely to instruments of social oppression and reproduction, an argument which alone would be crudely functional. Historical analysis reveals the impact of another motive force in the development of the state and, in particular, its welfare institutions, this being the impetus of working class struggle. As Leonard states:

> It is important to avoid the rigid economic determinism which is the danger of a perspective which lays too great an emphasis on the needs of capitalism. The role of class struggle is also crucial to our understanding. . . . In Britain, the Labour Party and the trade union movement have been vital to the growth of education, health, and social services. (Leonard 1979, p.8)

This perspective recognises the active participation of working class people in the making of history through the dynamics of their own struggle against oppression. The existence of the National Health Service, for example, is testimony to the achievements of such struggles. If a comprehensive state health service was functional to the requirements of capitalism, then one would expect to see comparable institutions in all other developed capitalist economies. However, the residual state medical service in the United States provides evidence that other dynamics are at play beyond the needs of capital (Gough 1979).

The success of the labour movement in forcing its own interests upon the capitalist state has led to the justifiable designation of the state as an arena or site of class struggle (Corrigan 1977, Cockburn 1977). It is characterised as possessing a level of 'relative autonomy' from capitalist imperatives within which struggle can express itself (Althusser 1971, Poulantzas 1973). This autonomy allows the working classes to intervene at the political level to struggle for better services and resources.

> The play within the structure of the state . . . affords opportunities for working class militancy to win concessions. The stance of the state at any one time will depend in part on the pressures brought to bear by the working class. The situation is dynamic; the state is not tightly in control of circumstance but is continually coping with a changing balance of power. Though capital and the state *structure* the situation of struggle, they by no means always have the initiative. (Cockburn 1977, p.50–1)

According to this analysis, state welfare is both necessary to the survival of capital, but also a result of working-class action. The essential antagonism between the classes will be played out over issues concerning control, form, and content of services. The extent to which the working class can gain ground in these areas will depend upon the balance of class forces at any time (Corrigan 1977, Corrigan and Leonard 1978), but room for oppositional manoeuvres is afforded. This explanation goes some way towards clarifying why welfare users have such contradictory encounters with the state. Services both reflect humanitarian concerns and the oppressive needs and ideologies of the social reproduction process. Obviously, this analysis is of a general tendency only, but it offers an effective way towards understanding the tensions and contradictions that characterise many social services.

Feminist contributions

Although this analysis of the state as an arena of struggle has been developed largely within socialist theory, it has more recently been complemented and extended by feminist contributions. Brenner and Ramas, for example, contextualise the state as a site of struggle involving not only antagonism between the classes, but also gender conflict (Brenner and Ramas 1984). According to their argument, welfare gains have been won by the working class but, to the extent to which men rather than women have been the protagonists in the struggle, it is the interests of men which have prevailed in the form and content of services.

> State policies have necessarily reflected the balance of power, not only between classes, but between men and women in the working class. In so far as state policies aim to shore up rather than substitute for the family/household system, this is, in part, because men have been better organised within the working class movement. Men's point of view, men's needs, and men's assessment of priority demands have dominated the struggle: for example, state-supported quality childcare at the bottom of the agenda. (Brenner and Ramas 1984, p.67)

This analysis goes on to suggest that collective struggles by women could also impact upon the state and give rise to services that are more responsive to the needs of women. Mishra, in considering this argument, suggests that changes in respect of abortion and birth control policy constitute historical evidence of the state responding to collective feminist demands (Mishra 1986, p.12). One might similarly look at the state's gradual acknowledgement of the position and needs of women subjected to domestic violence as a further example. It would appear that this analysis could also be used by black people struggling against institutional racism, and by other oppressed social groups, albeit with the recognition that each separate agenda for change will require different forms of struggle, and meet with varying levels of resistance according to the interplay between structural conflicts and interests.

Socialist–feminist analysis therefore identifies a dialectical relationship between the state and social groups in struggle which allows space for the evolution of alternative ideas and practices. The state is by no means neutral, but at the same time, its workers are not subject to total determinism. To the extent to which they are part of the state, they can also choose to be part of the struggle. The LEWRG, within this framework, locates the existence of 'oppositional spaces' inherent in the state structure within which state workers can choose to position themselves to challenge and transform the oppressive features of their agencies.

> The fact that we are part of the state, in one way or another . . . gives us a small degree of power for change. This work of cleaning, caring, teaching, representing, moulding cannot be done by computer. Microchips are not enough to sustain and reproduce capital's social relations. This means we can understand and interrupt the process. (LEWRG 1980, p.77)

The perspective offered here clearly challenges the views of those who disapprove of social workers concerning themselves with 'politics'. Pinker, for example, has suggested that 'it is inevitable that social workers will find numerous examples of misery and injustice in the course of their work, but that does not justify switching the focus of social work from personal to political objectives' (Pinker 1982, p.214). He comments that social workers have 'the normal channels of communication and influence in their agencies' which are the appropriate routes through which to negotiate a better deal for their clients (Pinker 1982, p.241). As Donnelly has pointed out, however, the fact that social workers continue to meet with misery and injustice constitutes evidence that the 'normal channels' are insufficient mechanisms for this task (Donnelly 1986, p.11). In any case, the personal and political cannot be separated out in the theoretically precise fashion suggested by Pinker. Indeed, it is precisely because socialism and feminism have a fundamental concern with the quality of personal human experience, that they need to be drawn in politically to the practice of social work. The possibilities for such a strategy are considered below.

CREATING CHANGE

The analysis of the state as a site of struggle offers the possibility of change and movement in the field of social services negotiated through various forms of struggle. Social workers, to the extent that the state's objectives are mediated through their practice, occupy an interesting structural position in relation to these dynamics. As Corrigan and Leonard point out, social work operates at one of the 'most significant interfaces' of the state's contradictions (Corrigan and Leonard 1978, p.106). It is argued that social workers can make effective use of this position to address the reality that popular support for state welfare is unlikely to be regained unless our services can be reclaimed from their currently distorted forms. This means challenging the logic of the racially structured, capitalist and patriarchal state for, as Wilson has commented, the welfare state is not just a set of services, it is also a very specific set of ideas (Wilson 1977). These ideas are translated into political decisions about what resources should be provided, who should receive them and how they should be organised and delivered. To this extent, social workers within the state need to rethink welfare and the dominant assumptions that mediate its forms and develop strategies that, in practice, can counteract their own involvement in the reproduction of oppressive social relations. Essential to this project is a wide-ranging debate about what new socialist and feminist relations of welfare might look like (Deacon 1983) for, merely 'saving the personal social services will not turn them into a vision of communal responsibility for need' (Rose and Rose 1982, p.16). This final part of the chapter, therefore, considers some of the contributions from feminists and socialists involved in this debate and focuses upon three potential areas in which social workers, in the context of daily practice, can evolve an 'alternative common sense' about welfare which challenges dominant norms (Hudson 1985).

Exploring the political dimensions of experience

Social work needs to draw into its practice recognition of the dialectic between individual experience and the social structures of class, gender, and race relations which form the context of that experience. This is not to suggest a switch to crude reductionism, but to acknowledge that all the variables which contribute to the specificity of individual experience interact within a social matrix mediated by structural inequalities.

Leonard's work *Personality and Ideology*, for example, provides a useful framework for a materialist understanding of experience. This perspective challenges the abstraction of the individual from his or her context of social relations, and thus allows for the externalisation of problematic experience, rather than the reduction to pathology. Thus, to illustrate with one of Leonard's own examples, the internalised sense of inadequacy and personal failure often experienced by the person who is unemployed, is reconstrued as a psychological response to an inadequacy in the social structure (Leonard 1984, ch.8). Social work intervention in this instance would, therefore, focus upon enabling the individual to externalise attributions of blame.

Such forms of materialist practice do not imply imposing a political analysis upon the client, nor marginalising painful feelings and emotions. On the contrary, social workers can seek to effect a synthesis of personal feeling and political structure by starting with client experience and broadening this out into consideration of the social dimensions of that experience. Such an exploration of the 'subjectivity of oppression' (Rowbotham *et al.* 1979) is thus essentially based upon the material brought by the client to the encounter. Brake and Bailey usefully summarise this approach:

> It is essential to work through people's feelings of depression, aggression or despair with the aims of helping them at both an individual and collective level. This means starting with their definition of the situation and their values, and then trying to extend these into a wider understanding of self and society. It means trying to understand and work through the roots of depression or hostility, and using this to prepare the person to become whole enough so that they can engage in struggle against their situation individually and then, perhaps collectively. (Brake and Bailey 1980, p.24)

The above guidelines for practice show how the social and political dimensions of experience can be explored at the level of the individual, with the articulation of subjective experience setting the agenda. The fragmentation of clients into individual cases, which characterises most social work practice invariably inhibits the socialisation of client experience but, as Statham comments, it is the theory informing the method that carries radical implications not the method itself (Statham 1978, p.ix). Individual counselling, for example, which draws upon some of the techniques developed by feminist therapists (Elias 1975, Thomas 1977), can also collectivise experience. As one therapist describes:

> 'When women come in and talk about their lives . . . I'll say something to them to the effect of, "Did you feel like you were doing what was expected of you at that point?" They'll say, "Well, of course," and I'll say, "Was that your decision or somebody else's decision? And how do *you* feel about that?" . . . which may lead into . . . "OK. Who are you? What do you want to do?" and "It sounds to me like you've been spending your life trying to meet other people's needs. Have you ever sat down and thought about what your own needs are?" These questions lead into discussions about being a woman and what women are expected to do – to make sure to meet other people's needs'. (cited in Thomas 1977, p.452)

Consciousness-raising in group situations offers similar opportunities for unravelling collective experience (Statham 1978, Hudson 1985). As a group process, this method has been particularly associated with the Women's Movement through which women, sharing personal experiences, have been able to develop an understanding of their commonalities grounded in the power relations between men and women. This process could be harnessed by social workers in the task of linking personal experience to social structure:

> The relationship it seeks to explore is that between people and the structure of the society in which they live – between rich and poor, black and white, men and women, adults and children, the powerful and the powerless. The awareness it seeks to create is of cultural myths which support the retention of a specific patterning of these relationships, and of one's own conditioning. Consciousness-raising, therefore, moves from the experience of the individual, to the group, to the whole of society. (Statham 1978, pp.15–16)

Donnelly's account of a feminist group work initiative by social workers using consciousness-raising techniques, clearly suggests the sort of positive outcome that such an approach can engender – increased self-esteem, growth in confidence, mutual support, and the development of collective action against social inequalities (Donnelly 1986).

As Statham observes, mainstream social work practice is undeniably about social maintenance:

> Boundaries are set around the situation and the frames of reference used are all consistent with developmental change within the existing framework of society. Action planned must be 'appropriate' or 'realistic' and the definition of these terms clearly indicates an acceptance of the status quo. (Statham 1978, p.16)

It is suggested that social workers have both the responsibility and opportunity to contradict these normative conventions by refusing to operate the false distinction between the personal and the political, and thus securely grounding practice in their acknowledged dialectical relationship.

Democratising services and relations

As illustrated earlier, social workers operate within structures of service provision that, in form, exclude clients from any genuine level of control or participation. Social workers also possess significant statutory powers over which clients have virtually no direct control (Beresford 1982b). There is, none the less, potential for the development of practices which seek to offer users more say in the services which they receive, and thus to initiate the beginnings of a transformed experience of welfare.

Firstly, social workers could attempt to deconstruct the notion of the 'professional expert' and the inequalities which this generates. The concept of professionalism tends to designate the social worker as the active and skilled participant in any intervention, while the client becomes, by implication, the passive recipient of expertise. This is not to suggest that social workers do not possess practice skills which can be effective and creative, but to point towards the need for us to use these in an empowering fashion. The strengths and resources which the client brings to the intervention can be just as useful and potent as the social worker's repertoire, and these should be supported and nurtured rather than eroded by the imposition of 'professional' solutions. Donnelly's study of the feminist group work initiative referred to earlier, offers an excellent example of such an empowering approach:

> Women are able to perform a good deal of 'social work' for each other. This peer group counselling does not invalidate the importance of professional help, but does acknowledge the advice and support that women can give each other – and is perhaps a salutary reminder that social workers do not have a monopoly of helping skills. . . . Furthermore, sometimes it would seem that the support and empathic understanding that the women offer each other may transcend that which any social worker can provide. (Donnelly 1986, pp.24–5)

This type of practice has the potential to begin, at least, to address the conventional imbalance of power between users and social workers.

Secondly, social workers could attempt to harness the possibilities for renegotiating traditional power structures in residential and day-care establishments. For example, encouraging the development of users' committees to address definitions of need and service delivery, and establishing joint forums for the discussion of resulting agendas. Lee and Pithers' article on radical residential child care offers a useful example of how the control structures in a children's home were manipulated to allow greater expression of the children's wishes:

> In a large children's home, it was clear that mealtimes and bedtimes had become a source of irritation and confrontation. When this was discussed the staff argued that if these basics did not exist children would behave irresponsibly and stay up until all hours. The children advanced the view that 'things would sort themselves out' and a trial period could be allowed to test it. For a few days the place was chaotic, but it settled down and alternative ways of having meals and going to bed were developed to the mutual benefit of children and staff. Concessions had to be made on both sides but the creative nature of the experience was stimulating. (Lee and Pithers 1980, p.3)

Obviously, the statutory responsibilities of social services departments will ultimately place constraints on just how far these sorts of initiatives can be pushed, but their experiential value for both clients and workers should not be underestimated. The more that people become involved in the 'actual experience of democracy in welfare, the more they build up a critical consciousness' (Bolger *et al.* 1981, p.156).

Thirdly, and finally, social workers could make greater use of the openings afforded by participatory mechanisms to advance the development of more democratic relations. Although the current vogue for community social work initiatives and patch-based social work teams are likely to invite little more than superficial client participation (Beresford 1982b), they simultaneously offer some space for manoeuvre. As Simpkin comments: 'restructuring does offer opportunities . . . particularly if the hierarchy of authority can be challenged. Any move towards greater flexibility and responsiveness must be welcomed' (Simpkin 1983, p.190). Cockburn, in her consideration of the participatory mechanisms set up in local government in Lambeth in the 1970s, echoes this sense of optimism. While suggesting that in this context the support of the local state for greater public participation was a political manoeuvre designed to achieve more control over the working-class population and to defuse political struggle, she states that such developments can be subverted and used against the state. Participatory openings should thus be viewed as affording 'new dangers', but also 'new opportunities' (Cockburn 1977, p.103).

There does seem to be some evidence in the literature now documenting patch and community social work projects, that these initiatives do offer some potential for greater democratic involvement of service users, albeit within the confines of the present structures. The scheme described by Sabel, for example, effected policy changes in both the housing and education departments following a piece of joint work between social services personnel and local groups of residents who were given space to articulate their needs (Sabel 1983). Obviously, the dangers of incorporation at this level of practice remain acute. Social workers, however, while being rightly wary of what their clients may gain through officially sanctioned participation exercises, could usefully explore the tensions that these developments throw up. As Cockburn suggests in relation to class struggle, 'the state's offers of participation . . . are what the working class can make them' (Cockburn 1977, p.103). Social workers who feel that their particular settings are conducive to increased client involvement, but are uncertain how to organise around this issue, may usefully refer to the framework for citizen involvement constructed by Beresford and Croft (1986, ch.11). This sketches some principles and processes for increasing people's say in social services which I have found extremely helpful and relevant. They suggest:

> Making it possible for people to develop their own plans, policies and services is a massive undertaking. . . . But the size of the overall task should not deter people from attempting at least some part of it. . . . Change can be achieved at different levels and to different degrees. . . . Increasing people's say in social services is not an all or nothing affair. Every small step taken is likely to have disproportionately helpful effects in building up trust, improving understanding and improving services. (Beresford and Croft 1986, p.288)

Counter-organisation

The concept of 'pre-figurative politics' (Rowbotham *et al.* 1979) emphasise, as Hudson has more recently articulated 'the importance of endeavouring, in our present lives, to struggle to create different forms of social relations' (Hudson 1985, p.648). The attempt to construct new forms of organising and relating is viewed, from this perspective, as a prerequisite for change. Transformation at the level of theory alone, if it is not to remain sterile, must impact upon practice and one method of achieving this is through the dynamics of counter-organisation 'creating new social relations to replace the deforming ones through which the state contains class, race and gender struggle' (LEWRG 1980, p.82). Thus, through the development of prefigurative forms, social workers can evolve practices which are not simply anti-sexist or anti-racist, but which actively embody socialist and feminist principles of social relations simultaneously.

In practice, one can perceive a variety of opportunities for such developments. For example, group work with women clients could nurture a forum within which the physical and psychological isolation that many women, confined to the demands of home and family, experience, could be counter-acted through the development of collective supportive relationships. At the same time, an opportunity is presented for women to explore ideas about the types of social services that would meet *their* needs. In both instances, a direct challenge is made to prevailing power relations.

Social workers could similarly construct systems encompassing prefigurative forms within the structures of their own agencies. Support networks of women social workers, for example, offer the possibility of mutual support and collective strength in resisting sexist attitudes and behaviour (e.g. Birmingham Women and Social Work Group 1985). Whitehouse's report of a self-help group for women social workers in York clearly illustrates the potential of these groupings (Whitehouse 1982). Social relations defined by democracy, informality and mutual support, which have characterised many women's initiatives, offer a decisive threat to pre-existing relations grounded in notions of hierarchy and exclusion.

Teamwork yields a further source of counter-organisational possibilities to be tapped. Bennett's account, for example, of the dynamics of a community based sub-office team usefully illustrates this – by rooting practice in a 'collective ideology', previous patterns of isolated and individual work were modified and mutual co-operation and support generated (Bennett 1980). Similarly, the experiences of the Leeds Social Workers Action

Group indicates that counter-organisation, in providing a context for the growth of collective strength and the discussion of alternative social policies, can have significant ramifications within the local state structure (Bolger *et al.* 1981).

The brief examples above offer a sense in which prefiguration is a dynamic and motive force challenging, by its very forms, the social relations that currently define social services. A useful idea to hold on to is that the state which employs us is not a 'thing' which can be seized, but a set of relations that has to be 'unmade' (LEWRG 1980, p.130). I believe that social workers have a responsibility to take on this task in justice to their clients who often have no option but to seek assistance from state welfare agencies, and deserve a better deal than the current one on offer. This is by no means to denigrate what I know to be the unstinting and committed efforts of many of my colleagues in local authority social work on behalf of their clients, in a political climate which is currently reactionary and hostile. It is, though, perhaps precisely because of this climate that social workers now more than ever bear an onus for the preservation of state welfare in ways that meet public need more fairly and effectively. The discussion earlier suggested why the current anti-statist rhetoric of the Conservative Party has been so successful in harnessing public support for its expenditure cuts. Socialist–feminists, therefore, first and foremost need to address the urgent task of making relevant to service users the distinction between the idea of collective state welfare provision, surely still worth defending, and the currently distorted forms in which that idea has been translated into practice (Mishra 1986).

CONCLUSION

> The situation in which we practice is a set of contradictions. . . . That our struggle seems to take place in contradiction should encourage us because we are seeing dialectically something that is real. The contradictions are not so immobilising as they seem, because in their particular shape and form they are always changing and so opening up new possibilities for action. Uncovering truth by stepping outside the conventional ideas . . . makes it possible to see the present situation for what it is and at the same time to roll it onward so that the new terrain comes into sight. (Cockburn 1977, p.184)

This chapter has offered an understanding of the contradictions involved in state social work; the problems that these present for social workers and their clients, principally women, as well as the possibilities that they generate for genuine change and movement within the field of welfare. Obviously, many issues have had to remain unaddressed for reasons of space, but a final comment is that the renegotiation of the social relations of welfare will ultimately depend upon the support of the public at large. This, in turn, will demand the reclamation of the principle of state responsibility for social needs, in a way which revitalises and transforms its presently discredited forms. As Rose and Rose have commented, Thatcherism has effectively disseminated a profoundly reactionary view of human nature and needs, supporting concepts of individualism, competition, and self-interest, which have not so far been adequately countered by the Left (Rose and Rose 1982). Socialists and feminists employed within the arena of state welfare must, therefore, seek to reassert the fundamentally social nature of humanity, our essential commonalities and mutual dependencies, and our collective needs, if social welfare is to be reconstructed within the popular consciousness as something valuable and worth fighting for. As Rose and Rose emphasise: 'We must . . . struggle to repossess the concepts of human nature and need which Thatcherism has appropriated if we are to effectively defend the gains and transcend the contradictions of the welfare state' (Rose and Rose 1982, p.17).

Within the political sphere, Thatcherism has engendered new forms of struggle which state welfare workers are particularly well placed to harness in efforts to reclaim the field of welfare. For example, as discussed in Chapter 1, the establishment of women's committees in some local authorities offers a fruitful channel through which the renegotiation of policies and practices could be attempted (Boddy and Fudge 1984). However, it is essentially *with* citizens themselves, women and men, black and white, that alternative visions of how things could be require urgent articulation. As Gorz has urged: 'it is necessary again to define the concrete substance of collective needs at their roots and to give the certainty that satisfaction is not impossible' (Gorz 1977, p.35).

3 'Another expectation unfulfilled': Black women and social services departments

Shantu Watt and Juliet Cook

You may write me down in history
With your bitter twisted lies
You may tread me in the very dirt,
But still, like dust, I'll rise . . .
. . . In to a daybreak that's wondrously clear
I rise
Bringing the gifts that my ancestors gave
  I rise
  I rise
  I rise

(Maya Angelou 1986, p.41)

INTRODUCTION

For almost a quarter of a century members of the Black communities in Britain have watched, listened to, been party to discussions and debates and attended seminars and workshops on the 'needs of the ethnic minorities' or 'service delivery to the ethnic minorities'.[1] Their cumulative experience confirms the resistance to change from most of the social services departments which have paid lip service to challenging racism and working towards anti-racist strategies.[2] The Black social workers[3] within these structures find themselves in 'double-bind' situations, with only token reforms and limited measures to improve their condition. They are aware that the contradictions of working as professional social workers – often having to give answers to clients about discriminatory practices and advising on work ranging from individual cases to policy decisions – create isolation, stress and anxiety for which social services departments do not provide support. The department may have recruited them under the banner of equal opportunities policies to enhance its own image and the Black workers are well aware that the chances of promotion may be limited. The appearance and language of being sensitive, or liberally polite, has become almost a requirement in some local authorities but it can be argued that service provision and recruitment policies do not match this so-called sensitivity. Institutional racism is now used in many contexts and has become a well-worn phrase. Racism can work without prejudiced individuals being involved and without direct racial discrimination occurring. This is institutional racism. Within social work this is manifest in every aspect of provision, from the cradle to the grave. Black families often enter the social services department cautiously and reluctantly with awareness and experience of the racist practices resulting from racial stereotypes and misportrayals.

As is emphasised throughout this book, there is a systematic sexual division of labour within social services departments where the more valued roles are predominantly taken by men, even though this does not reflect differences in qualifications (Cummings 1980; Brook and Davis 1985; Beagley 1988). In a labour market structured along the axes of gender and ethnicity, Black women tend to be employed in particular jobs and in the caring professions of nursing, teaching, social work and youth and community work. Black women's position within a discriminatory labour market is not only historical but needs to be examined within the current economic climate of high unemployment.

The majority of Black women in Britain are historically rooted in three different continents – Afro-Caribbean women, women of Asian origin from East Africa and those from the Indian Subcontinent – with diverse cultural, historical and geographical backgrounds. Ahmed (1982, p.141) states that in Britain: 'There is a hierarchy of cultures, and those of racial-minority groups are ranked very low indeed.' Although their struggles and experiences are rooted in various contexts, Black women's experiences of collective resistance against the power of racism are being incorporated into Black feminist politics. For some time now, the relationship of the Black women's movement with white feminism has been, in many ways, stormy. It penetrates to the heart of feminist philosophy. The experience and pain of racism is the crucial division between Black and white women. Black women share this with Black men and, in spite of their oppression by men, the political agenda of racism remains a priority. In every Black woman's life there are contradictory situations when she is subjected not only to sexual but also to racial discrimination. The dilemmas are highlighted for Black women when they are asked whether they consider themselves to be 'Black' or a 'woman' first. Not surprisingly, Black women themselves do not all have one view on these debates. For example, Amos and Parmar (1984) argue that race, gender and class must be tackled together. Ahmad (in Gilbert 1988) suggests, on the other hand, that tackling racism must be the primary task for all Black people, so that Black men and women are not divided. Tackling sexism is something to be done within her own community. It is clear that most contemporary feminist analysis fails adequately to account for the experiences of Black women: 'We begin from a recognition that not all family/household forms and ideologies are equal within Britain, nor are they dealt with as equally valid by the state' (Bhavnani and Coulson 1986, p.86).

Many Black women may have recognised that there are inequalities within marriage and the family but at times of suffering racial pains, such as arson attacks or the impact of racist immigration policy, the main support comes from within this unit. Just as white feminists are involved in conflict with their traditional culture, so many Black feminists are involved in different ways with oppressive aspects of their own cultures. However, for many women the separation of 'patriarchy' from other sources of oppression is impossible. 'The perceptions that white middle-class feminists have of what they need liberating from has little or no relevance to the day to day experience of the majority of Black (or working-class) women in Britain' (Amos amd Parmar 1984, p.5). The experience of Black women cannot be incorporated into feminist analysis simply by adding on Asian and Afro-Caribbean families. As Ramazanoglu suggests: 'The oppression of Black women must be seen as *contradictory* in that the common interests of all women in patriarchal societies are cut across in *variable* ways by class, race and ethnicity' (Ramazanoglu 1986, p.85). To understand the complexity of the way in which race, gender and class are structured in relation to feminist politics, requires a fundamental re-examination of the 'radical' and 'socialist' feminist perspectives. This task is now beginning, but it needs to be applied to the specific experiences of Black women and social services departments, at the complex intersection of racism and sexism. The setting up of the British Association of Social Workers (BASW) Gender Issues Project Group is to be commended but the terms of reference do not appear to give the opportunity to examine related systems of inequality, notably, race and class (Fawcett 1988). The Black Perspectives Committee, set up in 1987 by the Central Council for Education in Social Work (CCETSW) may choose to deal also with the issue of sexism and the specific experiences of Black women (Tonkin 1987a) but much more remains to be done.

Our strategy for this chapter has been influenced by the list of tasks that Williams sets for social policy. She uses 'an approach which is formulated according to the experiences of black people as workers (including welfare workers), as consumers of welfare, and those engaged in struggles over welfare' (F. Williams 1987, p.18). Following a review of social services departments' responses to racism and sexism, we propose to highlight the experience of Black women social workers and Black women clients. Our material is drawn from the limited range of literature and from interviews conducted with a small number of Black women social workers in the Midlands in the spring of 1988.

Our view is that, while there may be a greater awareness of the issues, particularly that of racism, in social services departments there is still a serious failure to act in anti-racist and anti-sexist ways. This failure may be more deeply rooted than was once thought. Ferns (1987) talks of 'paralysis' and other commentators note the absence of action (Tonkin 1987b, F. Williams 1987). Possible explanations for this state of affairs include the suggestion that women may be influenced by the 'compassion trap' (Adams, cited in Cummings 1980) in which the internalisation of the caring role tends to stifle women's ability to attack the oppressive structures in which they work (Brittan and Maynard 1984). How applicable this North American concept is to Black women in Britain is not clear. Rooney's (1987) powerful analysis of racism and resistance in Liverpool probably has more relevance. His study of the Black Social Workers' Project in Liverpool Social Services Department demonstrated the presence of a powerful racist ideology, which combined with racist structures to prevent bringing about racial equality in employment and service provision. He highlights the struggles that social services departments face at every turn in confronting their racism, and explains them, using a similar notion to Adams' 'compassion trap'. The centrality of 'caring' in professional work makes racism hard to believe. The mobilisation of what Rooney calls 'self-protecting limits to change' (1987, p.120) is the devastating result.

SOCIAL SERVICES DEPARTMENTS AND BLACK PEOPLE

> There is no single area of our lives which better exposes our experience of institutionalised racism than our relationship with the various welfare services. (Bryan *et al.* 1985, p.110)

What stronger indictment could there be of the caring services by Black women? Yet, like white women, Black women are more likely to be clients of the social services departments than Black men because of their vital role in the family (Brook and Davis 1985). Equally, social work is likely to be a profession attractive to some Black women. Black women have, of course, been organising their own services (child care, care for elderly people), and campaigns (Black families for Black children). Here, we are concerned to examine the failure of social services departments to respond to the combined issues of racism and sexism as they bear upon Black women workers and clients. In so far as there has been a response, it has been mainly to the issue of racism, and it is to the history of that response that we now turn.

The first official report on social work in a multiracial society came out in 1978 with the now famous criticism that the response of social services departments was 'patchy, piecemeal and lacking in strategy' (Association of Directors of Social Services (ADSS) and the Commission for Racial Equality (CRE) 1978, p.14). Subsequent reports in the early 1980s suggested that the response was still 'incremental' (Young and Connelly 1981, p.95), with highly variable salience being awarded to the 'ethnic dimension' (Young and Connelly 1981, p.67). Notably, none of the departments surveyed had undertaken a systematic review of policies as recommended as a first priority in the 1978 report. Cheetham (1981) also comments strongly on the lack of active response on issues such as monitoring, rethinking methods, and tackling racism. BASW's 1982 Report emphasised the urgent need for change and commented on the apparent lack of will for change in a large number of arenas. CCETSW also produced a document in 1984. There is, in these early accounts, evidence of a clear failure of service agencies to respond but, at the same time, a sense that gradually, among such a group of enlightened people, change would come. There is no notion that there might be systematic resistance to change, that social services departments might contain people 'who are vested with the power to control, disrupt and intervene in our lives on behalf of the State' (Bryan *et al.* 1985, p.110, also Stubbs 1985). Certainly Young and Connelly pointed out in 1981 that pressure for change within all local authorities came very much from committed individuals in the lower echelons and, from our interviews in 1988, this still seems to be the picture. However, in some local authorities, there are, and have been, Black councillors and Black directors who have met with a mixed response both within their respective parties and departments and who have achieved a degree of influence in relation to change. The idea that battles won could be reversed was not one that was envisaged. Yet our interviews and the recent example in education of Berkshire local education authority's anti-racist policy show that, when individuals move on, or when national or local politics dictate, reversals can and do occur.

More recent studies have indicated similar failures to change by social services departments. In a detailed study of three departments in north-west England, Hughes and Bhaduri conclude that 'the findings of this inspection are disappointing. Few social services departments have made much progress in developing their services to minority communities and those that have are little advanced. Policies are virtually non-existent and service development is virtually non-existent' (Hughes and Bhaduri 1987a, p.3). On Black staff, the authors comment that departments recognise the need for a racially mixed workforce but tend none the less 'to see the Afro-Caribbean or Asian social worker as a problem rather than as the potential asset which she/he might be in improving services' (Hughes and Bhaduri 1987a, p.5). Hughes and Bhaduri argue that a 'process of normalisation' (p.6) should ensure that Black people are routinely employed and that equal access to services should be routinely given to members of ethnic minorities. At present, however, they identify a number of 'blocks' that operate to prevent this goal being achieved.

A similar view is presented by Rooney (1987) in his in-depth study of the Black Social Workers' Project in Liverpool. He presents a sophisticated analysis of how and why the 'blocks' remain, showing how the dynamics of class and race have developed over time in Liverpool, so that they powerfully intersect, for example, to prevent Liverpool Black people obtaining jobs in the social services department. Although minority ethnic origin was a specification for the posts, the perceived 'working class' character of Liverpool-born Blacks rendered them less acceptable than more 'middle class' Blacks from elsewhere in Britain, who often had little in common with the communities they were supposed to serve. Rooney's analysis focuses centrally on that much-neglected concept, power. He showed that in order to bring about effective rather than marginal change, the Black Social Workers' Project had to find a power base from which to press for change. The Social Services Department denied them this power base, so they found it in Black organisations in the community. In some of our interviews, we found individuals undertaking similar strategies in the face of lack of support and sometimes hostility from colleagues and social services departments. Sadly, Rooney's study does not deal with the issue of sexism.

In addition to Rooney's important work on the understanding of racism in social work, a more recent contribution to the 'state of play' in social services departments is by Williams who stresses that Black clients 'are sick from the rations eked out and scattered among them as they survive under the oppression of racism' (R. Williams 1988, p.14). Black people know that 'much of the provision publicised by local authorities exists and arises out of the efforts, energy and the giving of self of the black people' (R. Williams 1988, p.15). In addition, Black people are put in the position of having to provide their own services anyway, through voluntary effort, through their churches and temples and other community initiatives. Women are, of course, prominent in such forms of provision.

Policy development

The Race Relations Act 1976 s.71 gave local authorities a specific duty to eliminate discrimination and promote equality of opportunity and good relations between members of different racial groups. Unfortunately, a similar statutory duty to promote equality of opportunity in local authorities was not included in the Sex Discrimination Act 1975, although most local authorities with policies on race also include gender (Gregory 1987). From the evidence (Rooney 1987, Hughes and Bhaduri 1987a, R. Williams 1988) and from our own research interviews, the development of clear and specific policies is still slow and very uneven within social services departments. Policies and policy statements are important in highlighting the issues, and giving a commitment to change. Obviously they do not in themselves guarantee effective anti-racist and anti-sexist action but they are a vital part of a stratey for change. The danger is, however, as some of our interviewees pointed out, that the policies (where they do exist) become a cover for inaction rather than a spur for action.

Funding change

There are a limited number of ways in which special funding can be mobilised to employ Black workers and to meet the needs of ethnic minority communities in addition to the allocation of mainstream funding. One is the Urban Programme set up in 1969 to fund new projects on a short-term basis to improve the environment and quality of life in the inner cities. While there has been a gradual increase in the funding of 'ethnic projects', the value of the programme to service provision has become less and less because of the preference given to capital projects with an economic/environmental emphasis (Norman 1985). Much more significant in the social services field has been the gradual increase in the use of 'Section II' funds provided under Section II of the Local Government Act 1966. Since 1983, the government has paid 75 per cent of the salaries of people employed to meet the clearly defined needs of first-generation Commonwealth immigrants and their school-age children. Such posts are supposed to be reviewed every three years with a view to their being taken into mainstream funding. The 1983 rules were designed to tighten up the allocation of Section II funds, because of allegations (e.g. Sharron 1985) that departments were using the money for general rather than specialist service provision. Rooney's (1987) evidence on the Liverpool home help service shows a similar process at work with Urban Programme money.

At a time of increasing financial stringency in mainstream funding, these dangers are very real. However, the experience of this sort of specialist funding for Black workers and their clients is very problematic. On the one hand, there is some recognition of 'special' interests and 'special' needs, but on the other, it allows for the separate development of marginal services by Black workers on temporary contracts without creating effective and lasting change within mainstream work of the departments. The anger and frustration that is felt with this situation is clear from many of our interviews (see also Rooney 1987, R. Williams 1988). The implications for the career prospects of Black women workers, who are in a weaker labour market position compared with their male counterparts, are very serious indeed. So also are the service provision implications for Black women clients. Both areas are as yet unresearched. None the less, for some Black women, Section II posts have been a source of employment and in a few cases, real efforts have been made to transfer postholders into mainstream structures. For some Black women, therefore, Section II funding is a valued resource in terms of basic employment opportunities, but, in the end, it may be valueless in terms of transfer, promotion and career development.

Community links

Departments applying for Section II funding are 'encouraged' to consult ethnic minority communities. Links with such communities are not a strong point with most social services departments and where such links are made the methods are highly variable and not always satisfactory, particularly to Black individuals and groups (Connelly 1985, Rooney 1987, Hughes and Bhaduri 1987a). Consultation (such as it is) normally takes place with male 'representatives' of the communities and therefore women's views are often not taken into account. Rooney's study defines the relationship between the social services department and the Liverpool Black community as racist, in the sense of systematically failing to open up employment opportunities to local Black people and inappropriate service provision. Rooney writes of 'social work's tentative and faltering steps towards the incorporation of the interests of the Black community within its normal work', (1987, p.39), while Hughes and Bhaduri's (1987a) research shows that many Black people were still not aware of the existence of social services departments. Those who did know and had some experience of the social worker's role felt that what was offered was not always appropriate. Social services departments as organisations were seen as 'essentially unhelpful' (p.41, pt 2), although some individuals were found to be very helpful and supportive. Actual links between the departments and community organisations on a regular basis were non-existent in the areas studied. The 'good work' such as it was, rested still on the shoulders of a few caring individuals, normally at the junior level. We can only speculate on how many of these individuals are Black (or white) women.

Training

The issue of training has been a controversial one within social work since before 1978. The need for 'training for multiracial social work' has been accepted by bodies such as CCETSW since the late 1970s (CCETSW 1984) but there is a great deal of disagreement about what kind of training is required (Dominelli 1979, Edmonds and Powell 1980, BASW 1982, Ahmed 1982, Edmonds and Powell 1985, Ahmed 1987, Ferns 1988). Change has been painfully slow and some Black trainers are now responding by using their own 'energy and creativity in different ways to create change and development towards anti-racist practice' (Ferns 1988, p.18). New forms of training are being developed following the stormy debates about Racism Awareness Training (RAT), sometimes under the heading Anti-Racist Training (ART). Although there is no agreed format, the emphasis on generating anti-racist action in participants rather than necessarily changing attitudes seems to be a common theme (Tonkin 1987a). Many trainers emphasise the need to attach training to clear 'organisational outcomes' (Dixon, cited in Tonkin 1987a, Ferns 1987; Hughes and Bhaduri 1987b). Training institutions have been severely criticised for being 'ethnocentric and racially oppressive' and for failing to examine sexism alongside racism (Ahmed 1987). The recently published draft codes of practice for external examiners and assessors in training institutions highlight some of the urgent tasks that training institutions need to tackle (Ahmed *et al.* 1987).

What is missing, however, in most of these debates is the issue of sexism, and how and whether to challenge sexism alongside or separately from challenging racism. Again, this is a controversial and unresolved issue although at the theoretical level it is currently receiving a lot of attention from Black women writers and others (Carby 1982, Parmar 1982, Davis 1982, Anthias and Yuval-Davis 1983, Amos and Parmar 1984, Foster-Carter 1987). From the point of view of Black women workers and clients, it is clearly a matter of considerable importance.

The workforce

One of the main themes of this chapter concerns the crucial position of Black women social workers within social services departments. A number of recent reports support Hughes and Bhaduri's indictment of 'the appalling lack of staff from ethnic minority communities in all sections of social services departments' (Hughes and Bhaduri 1987a, p.7, pt1, Small 1986, Rooney 1987, First Key 1987). As Rooney (1982) points out, this is unforgivable on two grounds – firstly, a failure to offer equal opportunities in employment, and secondly, a failure to develop a strategy to offer better services to ethnic minorities within mainstream provision. The two aims are distinct but should be complementary.

Once recruited, however, Black social workers often share a number of common experiences which are reflected in our interview material. Their appointment, frequently as the lone Black worker often funded by Section II money, is often token in the sense defined by Rooney as 'the recruitment of people into an organisation to give the impression of change and then the use of them to consolidate a resistance to change' (1981, p.45). Black workers (and students) are expected to 'fit in' and not challenge or threaten existing assumptions or ways of working (Ferns 1987). They are often isolated from mainstream work and in the contradictory position of being expected to have all the expertise on 'race' and to take on all the 'Black' cases, while at the same time being marginalised or even ghettoised within the organisation. Their very presence can act as a protection from criticism for the department because their appointment appears to show that something is being done. For the Black workers, on the other hand, the enforced narrowing of experience and work overload has serious implications for their career prospects as well as for their sanity. Promotion prospects, although apparently available under equal opportunity policy statements, are often, in reality, out of reach. (Rooney 1981, 1982 and 1987, Ferns 1987, Hughes and Bhaduri 1987).

Equally important are the implications for many of these workers who are women, and who, therefore, face the sexism of the workplace together with major domestic responsibilities at home (Fawcett 1988). Many of these important issues are highlighted in the interviews, including what Ferns characterises as 'a painful contradiction', namely that 'they are working against social injustice on the one hand and perpetrating it through racist (and, we would add, sexist) practices on the other' (Ferns 1987, p.20).

BLACK WOMEN SOCIAL WORKERS

In this part of the chapter we report on the interviews we held with six Black women social workers in the Midlands in March/

April 1988. Three were of Asian origin and three were of Afro-Caribbean origin. They were all qualified workers, employed in a variety of settings and at different levels of responsibility. Both authors (one Black and one white) took part in the interviews which were tape recorded and transcribed. The interviews were planned to last for about forty minutes but all except one lasted much longer. One interviewee expressed appreciation for the opportunity to talk at length on issues that she felt she usually had to keep to herself. The preservation of anonymity has been the highest priority in writing up this material and therefore detailed information about people's circumstances and experiences has been eliminated. We are deeply grateful to all the women for their time and interest. We hope that we have done justice to some of their concerns in this brief discussion. As far as possible the women speak for themselves in what follows.

Despite their different backgrounds, patterns of experience and varied current jobs, there was a striking consistency in what the women said. More work needs to be done to see how widespread such experiences are since there are very few accounts of the experiences of Black women workers in welfare. Those interviewed were concerned to be fair, particularly to individuals who had been supportive and helpful. None the less there is a sense of talented people being stuck, or sometimes blocked, by individuals and organisations operating in racist and sexist ways. Important questions are raised about the way racism and sexism work in respect of people who have some degree of power as professionals, rather than being the stereotypical powerless Black woman.

In the ghetto

Section II funding still seems to be a major, and in some cases the major, source of funding for Black staff and services for ethnic minority communities. In spite of the recent debates and controversies about Section II money, there does not seem to be a commitment to the review process, or, usually, to transferring such posts to mainstream funding. In fact, those interviewed expressed the view that Section II funding is in danger of becoming a permanent way of ghettoising Black workers and services.

'To me it seems that they only employ you in that post because they can get funding from the Home Office. If they couldn't get the funding, then it wouldn't be a high priority.'

'Mine is a Section II post – aren't they all?'

'Or it's always "Are you Section II?" . . . as if to say that the service you are offering is not as good.'

'They've got the funding and that's the way they'll keep it unless the funding [Section II] is withdrawn.'

'I think it's a real shit way of developing services because if the Home Office turn down Section II applications, what are they going to do? To me, that [shows] a lack of commitment.'

In some cases workers are kept on a series of temporary contracts while the results of Section II applications are awaited.

With a little help from my friends

As a result of a number of processes (the racism and sexism of organisations and colleagues, Section II funding and the 'lone Black worker' syndrome), all the women talked of experiencing some degree of isolation at work. One worker said, with feeling: 'I would never do it again' (i.e. work alone in an all white office).

The lack of support and understanding and the feeling that racism and sexism are not fully understood by white workers came over strongly. 'It's just getting to me', said one worker who had been working for three years in an all white office. 'Maybe I fitted in too well' (so that colleagues assumed that all was well), said another.

Other women felt that they had to stand their ground in an overt way.

'I'm very strong and I hold my ground as the first Black social worker in the area.'

'I don't make it a secret. I just tell them that the only problem I have about being Black is from everybody else, not from myself.'

'The pressure is great and I'm not going to pretend it's easy.'

In these circumstances, do Black women feel supported by their managers, colleagues or organisation? On the whole, not.

'I found my support in a minor way.'

'I'm very cynical about management offering support.'

'Even though they are the ones that are employing you and saying there's a need, you don't get the support you should get.'

Several workers had been able to negotiate with sympathetic supervisors about, for example, generic as opposed to all-Black case loads, But, because of a lack of overall commitment in the organisation to such principles, such agreements might disappear as individuals move on.

In a few settings, there were Black workers' groups and/or women workers' groups. However, as Ruth Eley also discusses in Chapter 6, time for attendance has to be negotiated and this makes regular attendance difficult. Most of the women interviewed would have welcomed the opportunity to be more involved in such groups. However, there were limitations. One 'lone' Black worker who joined a women's group found it supportive of women's issues but felt that she did not have 'permission' to raise racism as an issue. Such criticisms of white feminism and white women's groups have quite rightly been made by many commentators recently.

Support, therefore, tended to come from outside the organisation in which the women worked. Some had close links with local Black communities and got their support from them. Others relied heavily on friends, some of whom were also Black women social work colleagues in other areas or departments. People described large telephone bills and the absolutely vital support of friends, otherwise 'I would have cracked up'.

Needed but not valued?

One of the most striking issues to emerge from the interviews was the nature of the responses to powerful, professional Black women. If we are right about the way racism and sexism work to keep the powerless powerless, then the powerful or potentially powerful are likely to be undermined, their position undercut and their expertise challenged. On the other hand, there may be an over expectation of expertise, such that the worker is almost bound to fail. Discomfort and sometimes hostility towards Black workers is something that other writers have commented upon (Young and Connelly 1981, Cheetham 1981, Stubbs 1985, Hughes and Bhaduri 1987b). These processes are all clearly present in the experiences of our interviewees.

'I'm no expert – I can act in an advisory role, but that's what they expect, for me to re-educate them . . . I think it's ridiculous . . . it's too much of an expectation on one person.'

'They put you in a post and they expect you to provide a service but they don't give you any resources.'

'I think people find it quite amazing that you are qualified.'

'Perhaps [I am valued] as a worker, I don't know about valued as a professional worker.'

'[Colleagues] feel threatened because I know a little bit more.'

'They undermine your professional expertise and your judgement and you're excluded from things. . . . You're made to feel that because you're Black, you shouldn't disagree, you have no right to disagree.'

Of course, people do not accept these definitions of themselves and in various ways they assert their expertise:

'Nobody is going to take away [my knowledge and expertise]. I see myself as equal to any white person to deliver what I have to deliver, and that's caused a lot of problems.'

Seeing the blackness first

Those interviewed felt that they were viewed and treated differently, mainly because of their race but also because of their gender.

'Yes I think it would be naïve of me to say that you're not.'

'They would deny it I am sure, but yes, I think I am treated differently by the very nature that they say I'm not different.'

Although such attitudes come from clients, some of the women workers were more concerned about attitudes from colleagues.

'At the moment, I'm more concerned about the hassles and prejudice that we face from colleagues, people that are the professionals.'

Strikingly similar concrete examples of such attitudes and behaviour were given:

'I still have, daily, people, other professionals . . . that come [in the office] . . . they will always look at my [white] deputy for whatever they want, always, without fail.'

'If they come, they gravitate towards the white member of staff.'

'In many cases, people see the blackness first.'

'I feel trapped in a way.'

'I feel at a complete standstill.'

Where are we now?

Most of the women echoed the feeling of one worker that from words spoken and written over the last few years 'opportunities would be open' for Black women. However, she now feels that this is 'another expectation unfulfilled'.

'I suppose I should feel hopeful but at this moment in time I don't. Perhaps five years ago I felt hopeful, but we're five years on and things for me are still the same.'

You bring things up and they're slammed down. I don't think they go any further.'

'Institutional racism – it's very strong.'

BLACK PEOPLE AS USERS OF SERVICES

As was noted earlier, the Association of Directors of Social Services and the Commission for Racial Equality (ADSS/CRE) Report (1978) recognised the inadequacy of services to the Black community and all reports subsequently have made similar assessments, while recognising that some developments have taken place (Cheetham 1981, Young and Connelly 1985, Hughes and Bhaduri 1987b, Rooney 1987, Ferns 1987, R. Williams 1988). The racism of service provision is stressed by Rooney when he highlights the double-sided racial oppression of over-provision and under-provision. The sexist implications of these patterns of provision have been less discussed. Under-provision, or the absence of services, has the effect of placing additional caring burdens on Black women in the community, for example, those caring for elderly people with or without community support. Too much intervention, for example, in the child-care field, means the denial to women of a valued caring role as mothers to their children. Until the racism and sexism inherent in provision is broken down, workers are likely to be in the unenviable position of colluding with a pattern of service delivery that is not only unequal but often positively damaging to Black people and especially Black women (Cheetham 1982). From the late 1970s onwards there have been documented examples (e.g. Jackson 1979) of Black families and communities creating their own social services, within the major places of community worship. At the same time, there is a slow but growing engagement by Black communities in the development of appropriate services by social services departments. Many reports indicate that until this process is more widely developed, Black people will be deterred from approaching social services departments (Rooney 1987, Hughes and Bhaduri 1987b, R. Williams 1988). The development of pressure groups on particular issues (such as New Black Families on adoption and fostering) have been extremely influential.

WORKING WITH BLACK FAMILIES

For many years most social work practice was informed by a white family ideology in which there were clear assumptions about the 'normal' family, which is usually the media image portrayal of a middle-class 'nuclear' family of husband, wife and two children. However, recent research has shown that such families are far from universal and that within even our nominally multiracial society, family diversity is the norm (Rapoport *et al.* 1982). Social workers are struggling with inadequate theory which emphasises this ideal family and the need to conserve it and this does not relate to practice within a multiracial framework. Dominelli and McLeod state:

> Working with families is a main area of social work intervention. And it

is the way in which social workers handle family situations and the assumptions behind their practice that constitutes the main area in which an often implicit sexism is perpetuated . . . . This means that a breakdown in family relationship is seen either as a failure of individuals to adhere to their allotted roles, or as the failure of the partners to communicate their anxieties about their capacity to meet the demands of these roles. (Dominelli and McLeod 1982, p.116)

Black families have lived and coped with the impact of everyday racism on their lives, but these experiences do not seem to be incorporated adequately in the social sciences.

The very essence, the grain of the socialisation necessary to black families is given scant recognition in the pudding mix of integration, assimilation, cultural pluralism and ethnicity. It is a pudding which has not nourished, sustained or filled black families' lives, but at worst has depleted and sickened them. (R. Williams 1988, p.14)

The stereotyped and racist focus on Black families has been mainly on the 'problematic' family background, often because the families organise themselves differently from the majority traditions. Black parents are considered to be lacking in the ability to socialise their children who are thought to grow up 'confused' and with 'negative self-images', since they have not been brought up within 'stable and disciplined environments'. It is disappointing to note that the 1977 Report of the Select Committee on Race Relations and Immigration saw a connection between the problems of Blacks in Britain and their Caribbean family traditions.

The views from the service providers seems to be that things cannot change until Black people put their house in order, and take on the image of their white counterparts. Although 'the Asian family', in which life is seen to be structured and controlled by an authoritarian male figure with the women being passive and docile, is presented as having opposite characteristics to the 'Afro-Caribbean' family it, none the less, is also viewed as creating problems for the individuals within the family – especially for the women in terms of arranged marriages or their roles as victims of an oppressive family system. As Westwood and Bachu (1988) note, such a caricature is developed in opposition to an account of the British family which is portrayed as open and non-patriarchal. They state that the term 'Asian', a colonial invention, is misleading. Few 'Asians' in Britain identify with the term in any meaningful way as it not only suppresses cultural diversity but, within the family context, it does not consider the many types of family structure, specific religions, cultures and migratory patterns. What the myths refuse to identify are the everyday work experiences of these women inside and out of their homes. They have not remained passive, but have harnessed their strength into positively challenging the racist and sexist nature of their environment. The image of 'docile' and 'passive' Asian women, in many situations typifies dignity and determination in negotiating their terms. The myths surrounding Black families in Britain are beginning to be challenged by pertinent writings from members of both the Afro-Caribbean and Asian Communities. In various ways these 'cultural explanations' which were created in the 1960s and 1970s are now perceived as out of place.

Pheonix (1988) suggests that the term 'Afro-Caribbean' refers to birth in and direct experience of the Caribbean. Yet over half of all Afro-Caribbean people living in Britain are now not only British citizens but British born. In the under-twenties age group, virtually all those of Afro-Caribbean origin living in Britain (over 90 per cent) have been born in Britain. The term 'Afro-Caribbean origin' tends to perpetuate the myth that people of Afro-Caribbean origin are outsiders in British society and do not belong here. These highly stereotyped images which treat the Black family as a pathological form are often reflected in the 'culturalist' literature and it is through such racist ideologies that Black families can encounter the harmful effects of service provision.

THE PLACEMENT OF BLACK CHILDREN IN CARE

Although Black people have fought and challenged the negative stereotypes which have shaped their experiences in Britain, the ways in which Black families are conceptualised and assessed must have some bearing on the disproportionate number of

Black children in care (Arnold 1982, Cheetham, 'Introduction' in Ahmed *et al.* 1986). Foster-Carter (1987) has provided a critical review of studies on the recurring theme of the 'problem' of identity for Black children. Small clearly states that:

> If a healthy personality is to be formed, the psychic image of the child must merge with the reality of what the child actually is. That is to say, if the child is black (reality), he or she must first recognise and accept that he or she has a black psychic image. (Small 1986, p.88)

In receiving Black children into care, and making decisions about their immediate future, differences in attitude and problem definition have recurred, especially when Black families' survival strategies within a racist environment have not been perceived as strength; the negative, pathologising views of Black families have often prevailed and affected placements, often confining children to residential care. Rooney points out that there were no reliable figures on the number of Black children in care in Liverpool. The first reliable statistics in 1985 showed that 14.9 per cent (208) of children in care were Black (this compares with estimates of an 8 per cent proportion of Black people in the city). R. Williams (1988) also points to figures from an inner London fostering and adoption team which show that out of 74 per cent of children placed, 83 per cent of those placements are Black children and that the remaining 26 per cent who are in residential care are Black. In one month, of the 30 children placed with substitute families 25 of them were Black.

Until recently, there was an underlying assumption that placing a Black child in a white foster home would guarantee the quality of care for the child. The current debate on transracial placements has opened up a consideration of the assumptions about the nature and parenting of Black families. Small (1986) outlines the diverse motivations of transracial adopters and how the setting up of New Black Families has demonstrated unquestionably that Black homes can be found for Black children. He stresses that social workers need to adapt themselves to the prevailing racial climate. He recognises the importance of the Black family to develop coping mechanisms which allow the group to maintain dignity and self respect and which help the family to survive in a psychologically healthy way. These survival mechanisms of the Black family have to be extended to the Black community generally in its economic life, education and social relations. Some efforts are made to create sensitive child-care provision and in one London borough four out of five family placements are 'utilising the Black community'. Although Black children are being placed with Black families, 86 per cent of the children in care in one London borough, whether or not in residential care, are Black (R. Williams 1988). There have been various professional and political arguments for same-race placements but the issue remains contentious. Fletchman-Smith writes as follows:

> The implications of child-care policy and practice based on white ethnocentric thinking must feel like a sick joke to Black families who hear about them or experience them.
>
> Is the liberal tradition of rescuing so strong that it is to provide the counter attack against 'Black parents for Black children' in the context of a society that is racist? Do liberals who see same race placement for Black children as racist really understand what racism is? (Fletchman-Smith 1984, quoted in Ely and Denney 1987, p.170)

One of the Black social workers we interviewed highlighted the need for more qualified Black staff and confirmed that there is no real concept of racial matching within her department. She cited an example of an Asian girl in a residential home who had been in a white foster home.

> 'Quite difficult for her at the moment. Quite helpful with me being Black. She doesn't see herself as Asian but is having to face up to racial taunts now. She was protected in the white family.'

When asked if she felt valued, she commented:

> 'I can't say that I don't feel valued at all, the Black kids can discuss race with me. Perhaps valued as a worker. I don't know about valued as a *professional* worker.'

She obviously has had to struggle within the above dilemma and felt that finally,

> 'I think you finish up being discriminated against, because all the work you do isn't benefitting yourself or other Black people.'

In 1983, the Association of Black Social Workers and Allied Professions (ABSWAP) clearly stated the need for social services provision to distinguish between 'bad parents' and conflict between parents and children and called for the development of an 'ethnic sensitive service' based on a 'cost-effective approach' and a recognition of the strengths of Black families. If the interests of the child are paramount, the central concern ought to be, as Ely and Denney (1987) suggest, whether a Black child in a loving white family is faced with particular difficulties that he or she would not be facing in a loving Black family. Rooney (1987) argues that detailed policy, with guidelines of formal intent, is essential, but is aware that implementation presents a whole range of obstacles as discussed earlier. Social workers, then, need to challenge the myths and stereotypes about parenting and 'the Black family'. Brummer (1988), however, warns of the risk that white social workers may pay only lip service to policies of matching, where such policies have been introduced, and there may be a lack of commitment to implementation.

A few local authorities have approved new child-care policies and appropriate resources, to recruit Black social workers, foster and adoptive parents. Ely and Denney suggest that 'the most important aspects of these "revolutions" is that they are overwhelmingly being introduced by Black councillors and managers. During the past twenty years Whites have generally adhered to other priorities' (Ely and Denney 1987, p.172). Examples of good practice are now emerging. In the London Borough of Waltham Forest, there are now over twenty Asian foster families and, since there is currently a waiting list of these approved foster families, the department lends them to neighbouring boroughs where they have not yet recruited from the Asian community. This has occurred through the efforts of the Asian female Senior Development Officer, who has tried to create a selection process that would confront 'all the colonial bits inside us, that was totally blocking the positives and the strengths that parents had'. Within a policy incorporating foresight, commitment and support from management, Asian applicants to foster no longer had to account for their own standards and beliefs to assessors who might show scant knowledge and little sympathy. An Asian foster parent who has been living in England since the age of four now fosters teenagers, 'I think I'm able to see the problems through their eyes'. There is obviously a recognition that teenagers often go through a stage of rebellion when they think they are restricted too much. This may also mean that Black parents who expect their adolescent daughter to be home by a certain time can be assessed as 'rigid' whereas prospective white foster parents who insist on similar times 'offer a firm structure' (New Black Families 1983, in Ely and Denney 1987). As suggested elsewhere, policy guidelines and finances are not enough on their own. The above example shows how crucial it is for a social services department to make appropriate preparation, to be aware of the needs as well as the fears of the community, to provide commitment, support and clearly state what is possible and what is not (Tonkin 1988).

Within the debate on transracial placements, a further area of discussion is the placement of children of 'mixed parentage' (one Black parent and one white parent). Cheetham (1981) identifies the assumption among white social workers that mixed race children were especially vulnerable to identity and cultural confusion and likely to come from families whose social and economic circumstances were particularly problematic. Rooney (1987) asserts that the majority of the members of the Black community in Liverpool have parents and grandparents who are Black and white. Phoenix (1988) states that within the under-thirties age group, nearly a third of Afro-Caribbeans in Britain are married to or co-habiting with white partners. Except for the under-thirties, many more Afro-Caribbean men than women are in such unions. There are no figures for mixed couples who have children but who do not live together. Brummer warns social workers working with broken relationships within mixed partnerships about collusion with the white parent. She suggests that 'children of mixed parentage need both a sense of belonging and the capacity to negotiate differences. The principle which should underpin good practice is that identity issues require exploration rather than denial' (Brummer 1988, p.83). This is further highlighted by Black and In Care, (BIC 1985) in that some of these children may wish to preserve their choice among Black/mixed/white foster parents.

Alongside the impact on Black women of policies and practices, when their children are removed from home, the provision of day care poses particular problems. Facilities for child care for the under fives, are often minimal and this creates further hardship for Black women. Westwood and Bachu note that while 'cultural explanations are often advanced for the high numbers of Asian women engaged in homeworking, high levels of unemployment and lack of childcare facilities together push many women back on homeworking' (Westwood and Bachu 1988, p.21).

BLACK ELDERLY PEOPLE

While Black children are over-represented in care, the plight of Black elderly people is one of under-representation and under-provision. There is an assumption that there are few Black elderly people and that their needs are being met within the extended family, but this is not the case. Black elderly people are having increasingly to rely on community and self-help groups and voluntary organisations, since many social services departments are not fulfilling their statutory responsibilities. Rooney (1987) points out that the *Report on the Care of the Elderly in Liverpool 8*, acknowledged the impact of personal racism as the key cause of deficiency in service provision for Black elderly people. The discriminatory practices were listed as:

1. Personal prejudice. Explicit racism and prejudicial ignorance, feelings of unease in working with Black people which affect competence and quality of service.
2. Anticipation of personal prejudice. The failure to offer a particular service to a *Black* person because it is anticipated he/she may be subject to discrimination in it (e.g. attending a day centre which is traditionally only used by White people).

Norman (1985) has recommended that local authorities need to work out a clear policy on a basic level of provision for all elderly people, to enable them to determine their specific responsibility for ethnic minority elderly people. She has catalogued a great deal of day-centre provision generated by ethnic voluntary groups, which demonstrates not only the achievement, but also the potential for the communities to care for their own elderly people.

The Standing Conference on Ethnic Minority Senior Citizens is a pressure group which also trains groups to deal professionally with local councils, but the battle for more funding and recognition continues. Yet again it requires energy and commitment from workers from Black communities to get social services departments to accept responsibility. Innovative schemes like the Asian Sheltered Residential Accommodation (ASRA) have clearly paved the way for different localities to look for guidance and support in setting up similar projects. There are, however, examples where local authorities have been reluctant for over ten years to take such community projects into mainstream funding (e.g. the Muslim Welfare Centre in Finsbury Park). Asian workers from such projects often find people who are proud and reluctant to ask for the help they need. This contributes to complacency in the social services and reinforces the need for research (Archer 1988). In Balsall Heath, the area's first Asian elderly club, was set up by an Asian female social worker. It consisted of six women who met initially in a park hut, which was vandalised, and the social services department then gave them a room in a home for elderly people. The numbers attending have increased to between forty and fifty and the club is run three days a week. The local social services department is now (1989) reviewing the situation to see how more provision can be made.

Other chapters in this book stress the importance for women, as users and as carers, of the provision of domiciliary help. There is a lack of research concerning the appropriateness of domiciliary help for Black people and its impact on Black women in particular. Rooney traces the attempts made in Liverpool from 1976 to change the Home Help Section which was a white service, staffed by white people and providing its service overwhelmingly to white people. He stresses that although between 1980–3 a number of piecemeal changes took place, (e.g. a Muslim Meals Service, a lunch club for Black elders), by 1984 more Black elders were getting the Black Home Help Scheme service, and the tradition of white-only recruitment had been dented, the potential for recruitment had not been used and there was no sign that the service itself was being changed. Rooney (1987) concluded that racism and incompetence combined to subvert the potential of the scheme.

MENTAL HEALTH

Attention has recently been paid to the provision of equal and appropriate mental health services for Black people. Burke points out that 'the staff working in the psychiatric services are, in fact, affected to a significant degree by racial factors and this may have some effect in their attitudes and their delivery of care' (Burke 1984, p.8). Members of the Black communities are concerned about the mis-diagnosis in terms of the different labels of stigmatisation e.g. cannabis psychosis, West Indian syndrome, Begum syndrome and now marital psychosis (supposedly among young Asian women). Various initiatives within the Black community have been established as a response to Black people with mental illness, but there is obviously an urgent need to evaluate the adequacy and appropriateness of the statutory provision of services. Black workers have yet again taken initiatives to establish channels for support, guidance and information for Black people with mental illness, who may be wrongly labelled and stigmatised. In Birmingham, the Harambee Housing Association Core/Cluster project, Stratford Road Asian Language Therapy Service Unit and Handsworth Mental Health Action Group, are a few examples of the determination to challenge the service providers to reconsider policy implications and resources.

One of the Black social workers we interviewed said that in terms of mental health, 'services offered to Black people are very poor, and there are lots of gaps in the services'. Most of the people she works with have either been in hospital or are in danger of being admitted and detained under compulsory powers. She works mainly with women who are depressed and recalls that when she was appointed there was not much demand but gradually the word got around and work has increased, but in terms of finances and other resources she does not feel supported by the department. She has set up a group, mainly for depressed Asian women and the average attendance is five to six women, as the maximum she can accept in the group is nine. Another social worker interviewed had just completed a project on the mental health needs of Asian women. It was based on a project in Bradford on the isolation and depression of Mirpuri women. The results of her own survey, based mainly with East African Asians, experienced in urban life, were different in that she did not find isolation/depression. Within this area the Asian community did not use the social services department except in crisis situations.

Another example given to us was:

> 'There are now a lot of needs being identified – not so much Asian girls but Asian women – wives at the end of their tether. But what do you do when an Asian woman turns up on your doorstep and says "help, he's beating me up", you put her into a "White" refuge – she's out of there next day. The department won't see there is a need for resources.'

The social worker's main concern was about doing all the counselling on her own, and the dilemma of knowing that 'no one wants to know these women, they end up going back to the same situation'.

She was also concerned that 'Asian women are not coming to the department, because they are clued up that social services departments have not got much to offer'. She has tried to talk to her white colleagues about the fact that these Asian women are desperate and have struggled against racism and sexism for years. She feels angry when she is met with comments like:

> 'Oh, that's awful, she [the client] ought to stand up for herself, I wouldn't have this, I wouldn't have that [comment made by one or two workers]. [And I say] well you're different, you may not, you can stick up for yourself, but they can't, they haven't been brought up to it.'

CONCLUSION

Writings on social work with ethnic minority clients offer different points of reference for social workers. As this brief review of service provision for Black people has shown, the major issue is that services must respect and reflect their specific experience and their different reality. The setting up of ABSWAP in 1983 to facilitate the formulation and articulation of a coherent Black perspective on social policy in Britain has had some limited impact on eliminating prevalent racist ideologies in social work. This chapter has, however, demonstrated how much work remains to be done in developing anti-racist and anti-sexist policies and practices in social services departments in order to deliver appropriate, acceptable and effective services to Black people. Given the importance of Black women in the provision of care in the family, this issue is particularly important and urgent for them.

NOTES

1. Defining terms such as 'racism', 'sexism' and 'Black' (see below, note 3) is a difficult and controversial task. For the purpose of this discussion, we are using the following definitions:
   (a) Racism is a process of systematic oppression directed towards people who are defined as inferior, usually in pseudo-biological terms such as skin colour.
   (b) Sexism is a process of systematic oppression directed towards women who are defined as inferior to men (Cook and Watt 1987, p.70)

   Our research for this chapter leads us to emphasise the ways in which both racism and sexism operate both to keep the powerless without power; and also to undermine or destroy the power of Black people as they begin to become more powerful. The experiences of the Black women social workers that we interviewed illustrate the latter processes very clearly.
2. Some attempts have been made to formulate anti-racist strategies in social work. We have found the following (Jervis 1986) useful and would suggest that a similar package could be developed for anti-sexist strategies:
   (a) Black consultation in BASW (and social services departments) policy decision making;
   (b) making contact with the communities and articulating their needs;
   (c) critical examination of Section II posts as peripheral and disposable provision;
   (d) the denial of authority for Black workers by whites;

(e) a critical approach to Racism Awareness Training which may camouflage institutional racism.

3. We have found Pennie and Williams' (1987, p.12) formulation useful:

> Black has been written with a capital letter as a means of signifying that it refers to more than a shade of skin. It refers to a group of people who wish to have their racial identity as encapsulating a total experience.

4 Home from home: Women and local authority residential care

Ann Davis

The provision by local authority social services departments of 'homes' for children and adults raises a host of issues for women. Residential care is a collective form of provision which has the potential to remove the prime responsibility for the care of dependants from the private sphere of family life to the public sphere of state welfare. As such, it offers respite to those women who service families, friends and neighbours. It also provides women, especially in old age, with an alternative to self-care and dependence on the care of relatives and friends. Importantly, too, it offers opportunities of paid employment for women outside their own homes. Given the considerable impact which residential care can have on the lives, opportunities and choices of women, it is striking that the situation of women who work in and use residential care is a topic that has attracted such scant attention in literature. It is not just that social services and residential care writings have not considered the distinct situation of women, but also the growing feminist literature in social policy and welfare practice has so far only touched on it.

In the professional residential care literature, staff and users of residential care are usually considered without reference to gender. On the rare occasions that the preponderance of women as workers and users of these services is acknowledged, it tends to be in relation to the 'difficulties' or 'problems' that women raise. Women residents, of all ages, have been described by some practitioners as 'more difficult' for residential staff to manage than male residents (see for example, Collins and Bruce 1984, pp.34–5). Women who are residential workers have been viewed as 'holding back' the development of professionalism within residential care or being resistant to professional training (Residential Child Care Association 1965).

In the feminist literature on social policy and employment, the topic of residential care has been approached, but not systematically explored. In recent work on social policy, the focus has been on the impact of informal caring on women's lives (Finch and Groves 1980 and 1983, Ungerson 1987, Lewis and Meredith 1988). This literature has highlighted the circumstances, expectations, joys and difficulties experienced by women who care for others in their own homes. In exploring alternative ways of organising such vital care, several authors have pointed to the importance of developing collective, responsive and non-sexist forms of caring, but have not gone on to look in detail at the role residential care might play in such provision (Finch 1984, Ungerson 1987, Dalley 1988). Similarly, while the feminist consideration of women and the labour market has pointed up the part women play in servicing others, and the low paid, undervalued nature of this work, this analysis has not yet been developed in relation to women's work in state financed residential care.

What is missing, then, from the existing literature is a considered and systematic examination of women's experiences of residential provision; an examination which acknowledges the use they make of this service, the contribution they make to it and the pressures it subjects them to. This chapter aims to open up such a consideration of women's position by looking at women in local authority residential care services. It draws on the scattered literature which addresses this theme as well as material from interviews undertaken by the author with women working in and using local authority residential care in the West Midlands. In it a brief account is given of the changing nature of local authority residential care in the context of the 'mixed economy' of residential provision which has emerged in Britain in the 1980s. Against this background the characteristics of women who work in and use local authority residential provision is considered as well as women's experiences (as workers and users) of this kind of service and the relationships which develop between women (workers and residents).

LOCAL AUTHORITY RESIDENTIAL CARE IN THE 1980s

Residential care consumes over 40 per cent of local authority social services budgets, and employs considerably more staff than the fieldwork, day-care and domiciliary services (Webb and Wistow 1987, p.26). However, this substantial commitment of resources by local authorities has been refashioned in scope and size during the 1980s. The impact of government welfare and financial policies, directed at stimulating a 'mixed economy' of residential provision and concerned to curb local authority expenditure, has resulted in major changes in this sector. These changes have particularly affected provision for elderly people (the majority of whom are women) and children.

The decision by central government in the early 1980s to change Supplementary Benefit (now Income Support) board and lodging regulations stimulated provision by the private sector of residential care and has resulted in a rapid growth in private residential provision for elderly people (Audit Commission 1986). This growth, together with restraint on local authority expenditure, has halted the expansion of local authority provision for elderly people throughout England and Wales (Central Statistical Office (CSO) 1988). As the Audit Commission has shown, this shift in provision from local authority to private care reveals substantial local variations, but it has led to an overall increase in the number of elderly women in residential care. According to some commentators this population of elderly women is increasingly an older and a physically and mentally frailer group (Association of Directors of Social Services (ADSS) 1985, Audit Commission 1986, p.44); however, others have challenged this evidence (Booth 1985).

There has been a contraction in local authority residential provision for children and young people. The pressures at work here have been a combination of demographic factors, financial restraint on local authority expenditure and a questioning of the suitability of residential provision for children. This has led to an expansion of fostering arrangements in private households and an increasingly older group of young people using local authority residential services. (Berridge 1985, CSO 1988; Chartered Institute of Public Finance and Accountancy (CIPFA) 1988).

Alongside these changes there has been a small but steady increase in local authority residential services for adults with mental illness and mental handicap. These increases, which reflect an uneven and very limited attempt to carry through central government's 'community care' policies, have been significantly constrained by the complex and conflicting mechanisms (financial and administrative) which have emerged to manage this development as well as a lack of financial investment in 'community care'. (Audit Commission 1987, Griffiths 1988). In contrast, local authority residential provision for adults with physical disabilities has contracted (CSO 1988, p.128).

There are, on 1985 estimates, about 169,000 people in local authority residential care. In other words, it still makes a larger contribution overall to residential provision than the voluntary and expanding private sectors (CSO 1988, pp.128–9). There are no available estimates of the proportion of residents who are women but given that almost 121,000 elderly people live in local authority residential care and the overwhelming majority are women, it is the case that overall there are more women than men in residential care. However, the balance between female and male residents varies between age groups with boys outnumbering girls in local authority homes for children and young people (Berridge 1985, p.4).

There is also no accurate information about the numbers of staff employed in the service and what proportion of them are women. In 1988 when the Wagner Independent Review of Residential Care considered the available evidence on staffing numbers they turned to the statistics generated by the 1987 Working Group on Workforce Planning in the personal social services. In reproducing these figures as the most accurate available they commented:

> The staffing estimates in the following table [Table 4.1] are presented only to give an idea of the broad shape of the residential workforce. It can be seen that there are roughly similar numbers of direct service and domestic and other manual staff, who form by far the largest proportion of the workforce. As most of the direct service staff are considered as manual workers, i.e. as care assistants, we can also see just how far residential services depend on a vast army of low paid, untrained people; the majority of whom are women, many working

Table 4.1 Numbers of staff working in statutory, private and voluntary sectors in Great Britain

	Statutory	Private	Voluntary	Totals
Direct service staff (care assts,* child workers, etc)	62,900	27,000	20,000	109,900
Management and supervisory	19,500	10,000	3,500	33,000
Domestic and ancillary staff	61,000	21,500	13,500	96,000
Totals	143,400	58,500	37,000	238,900

Source: Working Group on Workforce Planning in the Personal Social Services (1987), appendix, Tables 1.3, 1.5 and 1.6.
* Excluding Scotland.

part time. Insofar as it is the children's services that have been contracting, with the major expansion taking place in private sector provision for the elderly, this position is unlikely to change substantially in the foreseeable future. (Wagner 1988a, pp.70–1)

This picture of a contracting local authority residential care sector relying heavily in its delivery of care on a predominantly female, untrained and low paid workforce, with an unknown but substantial input from part-time workers, is an important one to bear in mind when considering the situation of women as workers and as residents. Women who are users and workers in the service, find their experiences shaped by issues of scarcity and a lack of certainty about the future. Women's experiences are also shaped by messages about the low status and worth of this area of social services provision.

Negative messages about the residual nature of local authority residential care are not just the outcome of current government concerns to promote family responsibility and private enterprise in this welfare area. They have been embedded in state residential care since its inception. Since the days of the Victorian Poor Law, local authority residential care has been offered to individuals as a 'last resort', a response by the state to the 'failure' of families to carry out their responsibilities towards their dependants. In this sense, it has always contained within it elements of stigma and deterrence, reflecting a concern that state provision should not undermine the responsibility of family households (i.e. women) to care for and control their dependent members, of all ages.

The Victorian language of deterrence has, in the context of the late 1980s in Britain, been translated into the language of market enterprise. As Patrick Minford, a vigorous proponent of cutting back state welfare activity, has recently argued there 'are some efficiency aspects' which need to be considered in relation to the provision of residential care.

> If the state provides a subsidy to old people's homes, that weakens the incentives of families to look after their old people. If the state subsidises unmarried mothers, there will be more illegitimate children. There is a trade-off here between alleviating distress and encouraging the conditions for more distress. (Minford, 'The role of the Social Services: a view from the New Right', in Loney *et al.* 1987, p.79)

In a political climate where 'dependency' on state provision is being decried while dependency on the family is applauded, residential care provided by local authorities cannot escape criticism. At the same time the regimes developed within residential care continue to reflect the very complex issues which surround debates about family and state responsibility for the care and control of children and adults.

A proportion of local authority residential provision makes a direct substitute for the family. Some of these family-substitute regimes are explicitly designed to recreate the family by providing 'a family atmosphere' or 'giving residents the family they have never had'. Staff are called 'Auntie' or 'Uncle' and residents are treated as children, whatever their chronological age. Such regimes have been at times positively promoted. In creating child-care services in the late 1940s the Curtis Committee argued that where family care could not be provided the aim of local authorities should be to 'reproduce the actual conditions of family life' in family group homes. While the aim of reproduction of this kind is at odds with a number of the functions currently served by child-care establishments (Berridge 1985) ideas of 'family life' remain a powerful influence on ideologies and practice of residential staff (Davis 1981).

A large number of local authority units provide 'alternatives' to family care. They provide a communal life which does not attempt to replicate the family. Hospital, school and prison regimes have had a significant influence on such units as have ideas derived from milieu therapy and alternative communities.

> The core assumptions underlying the provision of family-alternative care, stress the limitations of family care and the pathological nature of some forms of family life. These assumptions tend to locate problems of individual functioning and behaviour in conditions generated in family life. In doing so, they point to the need in certain circumstances for residential care which provides safety, protection, and an alternative way of life for particular individuals. (Davis 1981, p.62)

Less frequently, local authority residential units provide a service which is directed at supplementing family care. Such an approach implicitly challenges the notions which lie at the heart of family welfare policies in Britain in which 'the state has been prepared either to assume major or complete responsibility for the care of the dependant *or* to leave that responsibility squarely and unambiguously with the family' (Land and Parker, in Kamerman and Kahn 1978). Attempts to use local authority provision to supplement family care by 'sharing' caring responsibilities in a planned way steers a problematic 'middle course' in an environment often hostile to the very notion. But attempts have been and continue to be made to develop family supplement care and integrate residential provision more fully in the spectrum of community care.

Local authority residential care services in the late 1980s are not just characterised by contraction and low status, they are also influenced at policy and practice levels by ideas about family life and responsibility. Residential care provides, usually as 'a last resort', a substitute for or alternative to the care provided by families and friends. On occasion it provides a supplement to such care. Given these functions it is not surprising that women provide most of the workforce in this service.

In 1967, the Williams report on staffing residential homes, commented on the prevalence of the 'misconception, that residential care is just the same as the work of every family, but on a larger scale' (Williams 1967, p.30). Twenty years later the Wagner review of residential care in England and Wales (chaired like the Curtis and Williams committees by a woman), came across very similar views and related them not just to women's position in the family but also to women's position in the labour market.

> A commonly held view of care work is that it is unskilled and consists of little more than domestic chores. It is seen as particularly suitable for women, consistent with their traditional roles in the home as carers. A consequence is that the work is seen as less appropriate for men, and there are few male care assistants. Residential work, like other occupations in which women are numerically predominant is low paid, with low status, and poor conditions of service. Add to this the lack of training, adequate planning and support staff, and it becomes clear that residential work does not yield such high expectations as, for instance, field social work. (Wagner 1988a, p.75)

Local authority residential care services are, therefore, delivered by a predominantly female workforce reflecting the low status given to work of this kind and the purpose it serves. These two elements have been part of local authority residential work since its inception and the post-war promotion of social work training and 'professionalism' in this field has had only a marginal impact.

WOMEN IN RESIDENTIAL CARE

It is against this background and contraction, low status and lack of recognition, that we need to ask the question, what kind of women find themselves as workers and residents in this area of local authority provision?

As workers

Looking at the women employed in residential care, we are hampered by a basic lack of information about age, ethnic and class background and reasons for entering and leaving this kind of employment. Guesswork, based on the location of this kind of work, its nature, hours and levels of remuneration in comparison with other opportunities for women in the labour market, has to extend the limited research in this area. Local authorities organise their residential units on the basis of three 'tiers' or 'grades' of staff – domestic workers, who provide cleaning, catering and maintenance services, care staff, who are responsible for the day to day (or nightly) servicing of residents, and senior staff who have administrative and supervisory responsibilities in a unit. As Table 4.1 showed, the balance between care staff (direct service staff) and domestic and ancillary staff in this service is fairly even, with senior staff making a much more limited contribution. However, the variations between the distribution of staff within different sectors of residential care can be wide. Compare the picture presented in Table 4.1 with the findings of Willcocks *et al.*, based on their study of 100 local authority homes. In it they estimated that 'for every three hours of care staff time, there is generally one hour of supervisory time and slightly more than an hour of domestic support' (Willcocks *et al.* 1987, p.56). The staff ratios within other areas of care for adults as well as children appear to be determined by the size and physical characteristics of the unit as well as the residents housed in it.

Women who are employed as domestic staff are often attracted to the work because of the hours it offers and the fact that it is 'close to home'. This kind of work is highly valued by women living in areas where there is little local part-time work, which can be fitted around domestic responsibilities. For some women the nature of the unit that they are domestically servicing is an additional attraction. Their own life experiences and interest in 'people' makes them feel their work is contributing to a socially useful activity. But for others the overwhelmingly important features of this type of work are its location, hours and the extra money it provides. Given the situation of women who are attracted to this work, it is not surprising that domestic staff are often the longest serving staff members in residential homes. As such they often provide continuity of contact and routine not only for residents but also for the more mobile care staff and managers.

Domestic work opens up for some women a route into care work. This change is sometimes sought by women but frequently it occurs as the result of a staffing shortage in the unit. This was vividly illustrated by a woman, who described to me how she had made the transition from a domestic job into a care assistant job in a children's home:

> 'They were very short staffed at the time and I only lived around the corner. They were that desperate that they asked if I'd do some extra hours to keep an eye on the kids over a weekend. My two were of an age with the kids, so I said I would if I could bring my kids with me. They agreed to it – they had no choice really and it started from there. They made me 'official' care staff about six months later, after I had 'proved' myself, I suppose. Now my kids are leading their own lives the extra hours and responsibility suit me, and my husband doesn't complain much about the hours I do – he doesn't mind taking care of himself if he has to.'

Such experiences reflect the complexity of the lives of women who are employed in the residential services. They are constantly juggling the pressures and advantages of paid work against their domestic commitments. A work situation which offers them room to juggle successfully is valued, whatever its financial rewards. If it also offers the possibility of movement, that possibility is grasped if it can be managed alongside domestic responsibilities.

The women who are employed as care staff in local authority residential services are far from homogeneous. The service in the late 1980s contains women with more contrasting life experiences, educational backgrounds, work expectations and varied ethnic origins than at any other point in its history. Most women employed as care staff hold no formal qualifications in social work or equivalent occupations such as nursing or teaching. The most recent Local Government Training Board survey (1986) estimated that 7.5 per cent of residential and day-care staff working with adults and 11.5 per cent working with children have a social work qualification (Certificate of Qualification in Social Work or Certificate in Social Service). These percentages increase to 24 per cent and 34 per cent respectively if non social work qualifications such as nursing and teaching are taken into account (LGTB 1987). Such figures, while masking gender differences, give some indication of the range of educational background of those working in these services.

However, recent small-scale studies of residential provision such as Berridge's study of children's homes (1985), and Booth's

(1985) and Willcocks *et al.* (1987) on homes for the elderly, suggest that such global figures on qualifications must be applied with caution. There is a great deal of inter- and intra-departmental variation. Some local authorities' training policies have focused on the residential services in such a way as to increase qualification levels well above the national average. There are marked differences too, in the in-service training and support provided by social service departments for their care staff. The issue of formal qualifications aside, little systematic evidence is available on the educational backgrounds of women care staff. While there is some data on the educational backgrounds of women who enter CSS or CQSW courses from the residential services (Barr 1987) it is not known whether they are representative of the majority of workers who never enter formal training while employed by the local authority.

The contrast, then, is between a group of largely untrained women working full- and part-time as care assistants and a smaller group of professionally qualified women usually working full-time in or towards a career of their choosing. There are also contrasts which relate to age. Most of the younger women in residential care are seeking a career in social work and gaining pre-qualification experience as well as working as qualified workers before moving into fieldwork or residential management posts. Older women who are care assistants are a more mixed group. Some have secured work, on a full- or part-time basis, as family care commitments permit. They value their employment because it is local, can be fitted into domestic priorities and calls on skills they have developed and used in their own homes. Others, working full-time, are using the opportunity to enter training, usually on CSS, at a stage when they have been freed from some of their care commitments at home.

Of course there are women in both age groups who are working in this field primarily because they are married to men who are residential workers or managers. The history of local authorities' stances on the employment of married couples in residential care is fascinating, and worthy of study in its own right. The formal (and informal) employment of married couples in a range of residential situations has been at times encouraged and at times decried. Concern has also been expressed about the effects of the residential way of life on the children of such couples as well as on staff dynamics in residential units. The merging of the public sphere of work and the private sphere of family life raises strong and conflicting feelings. As a consequence, different local authorities pursue different policies in relation to the employment of married couples in residential care. These differences are often reflected in the employment status of those women who work as care staff because they have 'married into' the job. Some women in this position are formally employed while others find themselves informally involved on a regular but unpaid basis.

As for the management tier of the service, there is a heavier presence of women here than at equivalent levels in the fieldwork services. However, they are under-represented at this level compared with men. Willcocks *et al.*'s study of 100 local authority elderly persons' homes revealed that while 7 per cent of care workers were male, 25 per cent of officer-in-charge posts were held by men. Berridge's study of children's homes revealed a different pattern. While he found there were twice as many female care staff as male staff overall, male staff dominated the larger children's establishments and were absent from the very small (less than ten children) establishments. At management level this meant a dominance of male heads of homes in large units for children, while women headed the very small units.

The gulf between the majority of women without formal qualifications and the minority of women with qualifications is reinforced in parts of the service by the pay systems which operate. As the Wagner Committee noted:

> The majority of tending tasks are carried out by staff paid as manual workers – care assistants in residential settings and home helps in the domiciliary services – while their managers are paid as officers. (The corresponding posts in child care already have officer status.) This has always been divisive and dates back to the class structure of the work house. (Wagner 1988a, pp.77–8)

Local authority pay systems do not just divide the women who work in the residential services, they make a distinction between workers in residential and fieldwork. To quote Wagner again:

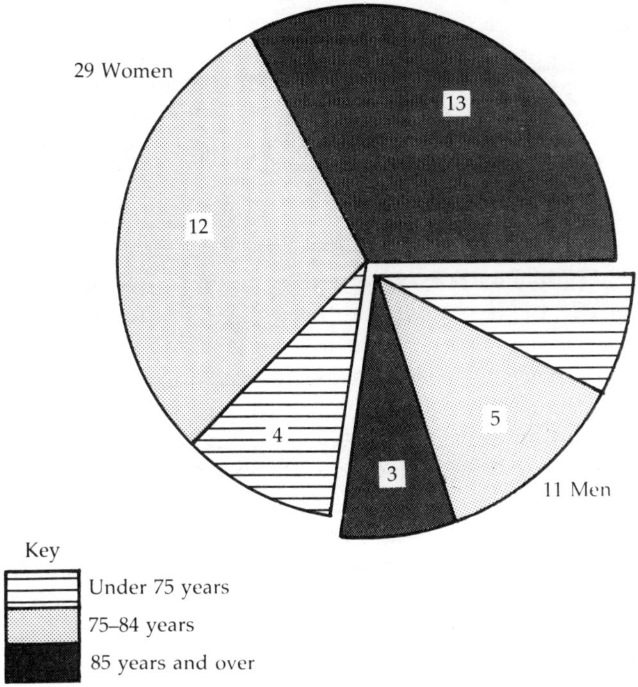

Figure 4.2 Age–sex distribution of residents for a typical 40-bed home
Source: Willcocks, Peace and Kellaher (1987), p.35.

In local authorities residential staff, with the exception of a small band of senior staff in charge of large establishments, have been consistently less well paid than field work colleagues, while having to work unsocial hours, and a longer basic working week into the bargain. (Wagner 1988a, p.77)

Such organisational distinctions in status and reward reinforce the feelings of low status which many women bring to their work in the residential services.

As residents

Women who find themselves on the receiving end of residential care span the age range. However, the balance is tipped towards the older end of that range. The chances of babies and girls under ten entering and remaining in residential care has decreased markedly with the growth of fostering. At the other end of the range the number of women over the age of 85 years has increased as Willcocks *et al.*'s 1987 findings indicate (*see* Figure 4.2).

Women who become 'residents' of local authority 'homes' are in receipt of both accommodation and care. This suggests, that as a group they have experienced common problems in securing one or both of these commodities in the community. As individuals each has a unique history of a combination of scarce material, social and personal resources to draw on. For each, this combination triggered their entry into residential care.

The children and young women who come into residential care come from some of the most poverty-stricken families in our society. Their families of origin (many headed solely by women) battle with homelessness, poor housing, mental and physical illness, unemployment and substantial financial difficulties. Their childhoods and adolescences have been shaped by dislocation, uncertainty and in some cases neglect and ill treatment. The consequences have often been personally traumatic erupting in difficult and disturbed behaviour at home and in school (Berridge 1985). Entry into local authority care does not, necessarily, offer a stabilising experience. Most young women in local authority residential care are adolescents. They have usually experienced several 'care' situations both in residential homes and in family households where they have been fostered. They have a finite time in care and are struggling with the difficult issues of establishing themselves as independent women, who like their mothers, will have very scarce resources with which to manage their own lives.

Little is known about the thousands of women of working age who find themselves in the short or long term as residents in local authority care. Usually designated as 'mentally and physically disabled' or 'chronically ill', they find themselves entering residential care when they lose their family support (often their mother), or in situations where they cannot secure the necessary mix of accommodation and domiciliary support to maintain themselves in the community. Some of these women are selected for residential care because they are assessed as having 'potential' to be rehabilitated, to move on from residential care to group or independent living. Others find themselves allocated to permanent care situations in which they are expected to remain for the rest of their adult lives. For such women their allocation to and within the local authority residential care system often says more about a lack of alternatives which would allow them to live more 'ordinary lives' than it does about their individual characteristics.

The majority of women who enter residential care for elderly people are over 75 years of age and mentally and physically frail. Such women are not only among our poorest citizens, they are having increasing difficulties caring for themselves and are likely to have outlived the kinship and friendship support which might have sustained them in their own homes. As Willcocks *et al.* found:

> The characteristics of 'very' old women, who form a majority of residents, are similar to those of old women living in the community. This group, rather than being perceived as deviant, may simply be those who have survived beyond the limits of their community support. All of these factors point to the importance of social circumstances in influencing admissions, and support the suggestion that the old person newly admitted to residential care may be characterised by one or more of the following features: aged over seventy-five years, single, childless, living alone. (Willcocks *et al.* 1987, pp.36–7).

The picture that emerges here of the women – young and old – who become residents in local authority homes is not just that of dependency by virtue of age or disability but also of limited resources – financial, social and personal – on which to draw for accommodation and care. This is not, of course to say that it is the poorest, most dependent or isolated women who are allocated to local authority residential care. Availability of residential care at any given point in time plays as great a part in determining allocation as do the personal and social characteristics of the women who are considered for it. In a number of ways entry to residential care is a lottery, and the women who find themselves on the receiving end of this service have much in common with tens of thousands of women who manage their lives with great difficulty in their own homes.

There are considerable overlaps between the socio-economic backgrounds of many women who enter care as residents and many who work in local authority residential care. But their pathways to this service are very different. Women who become residents rarely exercise any choice about entering this world. They are allocated to it by decision-making processes in which they do not participate. It is the views and judgements of professionals and, on occasion, relatives and friends which result in their transfer from 'home' to 'a home' – a transfer which results in a very different way of life.

For women who work in this service a choice is made. For a few it is a career choice. A step on the way to social work training or a commitment to residential work. For most it is a choice which is made in circumstances shaped by their domestic responsibilities. A choice which depends on expert juggling of the demands of home and employment, but which can also result in an increase in financial independence for the women involved.

WOMEN'S EXPERIENCES OF RESIDENTIAL CARE

The topic of how women experience the care given them in residential homes is a complex one. In approaching it one becomes aware not just of the issues raised in seeking users' views of a service but of the particular significance which the issue of receiving care and dependency has for women. Booth and others (Fisher 1983) have pointed to the difficulties which are raised for researchers who ask people living in residential care about their experiences. People who live in local authority 'homes' are in a particularly vulnerable position, given the totality of the service offered and their lack of alternatives. When asked to express their views about the care they receive they are likely to be reluctant to criticise. This means that the experiences gathered from women who are living in residential care need to be understood in the context of their situation as residents.

In addition to untangling this vexed issue of interpreting residents' responses to questions about their experiences of care, consideration also has to be given, when looking specifically at women's experiences of this form of care, to the expectations women have of the care they will receive from others. The work of the London Women's Therapy Centre, and other women-centred counselling services has demonstrated what low expectations many women have of the nurturing, loving, support and care they can ask for (Eichenbaum and Orbach 1984, Ernst and Maguire 1987). Women therapists have argued that the confusion and low expectation, revealed in individual and groupwork with women, derives from the role expectations placed on women from an early age to provide love, care and nurturence for others. As a consequence the identity of many women is bound up with providing support physically and emotionally for others rather than receiving support for themselves.

> Girls absorb early on that in the most profound sense they must rely on themselves, there is no one to take care of them emotionally. They cannot assume – as does the man – that there will be someone for them to bring their emotional lives to (Eichenbaum and Orbach 1984, p.22)

This start in life is one which has a profound effect on the way in which women deal with their own and others' dependency. Women's feelings about their role with respect to caring are reinforced by the social and economic structures of society. Women therapists claim that as a consequence:

> Women live with painful feelings of deprivation: with longings for care, love, acceptance and emotional contact. Each woman in her individual life and relationships searches to fill up the emptiness inside and to make peace with this powerful theme of dependency and attachment. (Eichenbaum and Orbach 1984, p.55)

While this analysis has been developed within a context of work with primarily white women it is one which needs to be borne in mind when considering the experiences of all women in residential care. If, like other women, women who are residents have difficulty in acknowledging and expressing their needs for care because they have suppressed and denied them as they have responded to others' needs, then what they experience when placed in a situation in which they are told they will be 'cared for' is bound to trigger some deep-seated and troubled feelings. These feelings will be compounded by the powerlessness and uncertainty which usually accompanies entry into residential care.

Emotions which are aroused by admission to residential care are also influenced by the profoundly negative images of care which are sustained in our society. Such images are fashioned from implicit and explicit contrasts made between residential care and the ideal of family life. The image which is promoted of family life is usually of a close, caring, personally oriented response to need. It is a situation in which the individual is valued for herself and provided with a loving response to her dependency, a situation in which she is cared *about* as well as cared *for* (Ungerson, in Finch and Groves 1983).

In contrast, the collective provision of care for dependent adults or children, is characterised as one which makes scant acknowledgement of individual need. It is seen as an 'artificial' means of caring *for* groups of individuals who have been selected to live together on the basis of bureaucratic and professional criteria, groups who have no past connections and no certainty of remaining together in the future. The kind of care provided in such situations is portrayed as a routine response which gives prime consideration to institutional not individual concerns; a response which distances caring 'for' from caring 'about' (Finch 1984, p.16). Residential care is therefore held to be the antithesis of family life and as a consequence evokes in us all what Dalley has termed 'deep resistence' (1983).

The contrast between the 'natural' warm intimacy of family care and the 'artificial' cold, distanced servicing of collective, residential care is internalised by us all. It runs across the political spectrum. It underpins the New Right's exhortation of family values and responsibilities. It is also reflected in the reluctance of feminists and socialists to work on the project, which Finch has suggested is the logic of their concern with women's exploitation as carers – a residential care service which 'could be provided in a way which does not violate the relational aspects of caring, nor individual autonomy and identity and would actually be popular with those for whom it was provided' (Finch 1984, p.16).

The suspicion or hostility which many women have internalised about residential care is also sustained by the exposés and scandals which continue to surround this area of care. The lessons taken from stories about ill treatment, neglect and abuse in residential care contrast sharply with those drawn from coverage of abuse within family households. Publicity about the abuse of children and adults in their own homes appear to confirm a view of the individual pathology of a few parents and carers. In contrast, residential scandals appear to confirm the widely held view that these forms of care are problematic. It is the care system, not just individual care workers, which is considered to be fundamentally flawed.

Women's experiences of residential care are, therefore, shaped by their position as residents, as women in our society and the dominant ideas about what residential care has to offer. In addition each woman who enters residential care brings her own history with her, with its unique combinations of personal experience of family and institutional life – experiences which reflect the complex and painful realities of family care as well as residential care, and other experiences which run counter to prevailing views of family life. For some women, then, because of their histories, local authority residential care provides a positive experience. It offers something which breaks past patterns of damaging, depressing and disabling experiences and open up new opportunities.

Some children and young women who have been subject to abuse in their own and other family households have found that residential care provides a release from a life they felt it was impossible to escape. Some young women who have experienced breakdowns with their own families and foster families have experienced in residential care respite from pressure, a situation 'in which they are respected and supported as individuals, without any assumptions about their place in a "new" family'. (Evidence from the Children's Legal Centre, quoted in Wagner 1988a, p.212.) For some women who have spent decades of their adult lives in hospitals for the mentally ill or handicapped, local authority residential provision, in a variety of forms, has provided unanticipated opportunities for privacy and an improved quality of life. For some older women, worried by their increasing frailty and isolation at home, as well as the vagaries of the support they receive from formal and informal sources, residential care has provided companionship and peace of mind.

> As far as I am concerned it has been a big success. . . . At first I was against the idea but was persuaded to go and visit one of the homes. I was quite impressed and said I would try it for four weeks and see how I liked it. After two weeks I was settled in and quite at home. (Resident in Social Services Department old people's home, evidence to Wagner Report 1988a, p.133)

It is important not to discount the experiences of women whose negative expectations of residential care are not fulfilled. There are women for whom this collective response to an individual's distress is a positive and changing experience. Such experiences point up the damage, oppression and fear of violence which some women experience in the family and wider community. They also reflect the fact that for some, families are not a haven of loving care, or a response to individual needs. Respite from the family is welcomed by some women and often the provision by a local authority service is the only respite on offer. They are women whose poverty and lack of resources limit their choice of options outside this form of state welfare provision. They are also women whose material quality of life improves markedly as a result of being admitted to local authority residential care. Of course for some of these women who positively value residential care it may not be a long-term answer to their needs. In most cases where residential care has become a substitute for moving on to more independent living it has outlived its purpose and is serving to deny women access to accommodation and support within the community.

Focusing on some of the positive experiences which women have of residential care is not a denial of the fact that for many women it is a confirmation of their worst fears. It severs their connection with a familiar, if difficult, past and jettisons them into a world of public, group living. Life in local authority residential care is a daily confirmation for some women that they have been discarded, are no longer needed and therefore have no importance in the wider world. They are experiencing a life in which they are being cared for rather than caring for others and for many women this amounts, in Miller and Gwynne's phrase, to a 'social death' (1972).

The loss of privacy and personal territory which entry into residential care brings, is a continual source of distress to women who have been used to their own home and have experienced part of themselves in maintaining and furnishing that home. 'I might as well be living in a goldfish bowl here, everyone gawping at you and no place to hide', was how one 85 year old described her experiences of local authority residential care to me. This experience is not confined to older women. As Parker has pointed out, lack of privacy regularly surfaces as an issue in studies of children's homes and yet little attention is paid to providing it in practice (in Wagner 1988b, p.57). Feelings of loss, dehumanisation and powerlessness surface in many ways for women residents. If they feel unable to express these feelings in words, they often express them in their silent battles with staff and other residents to maintain private space, dignity and identity in a world in which they feel devalued as individuals.

These feelings of anger, loss and hopelessness which are triggered by entry into residential care are not just confined to women who become residents. Those who have cared for them at home are also faced with a great deal of pain. The study by Lewis and Meredith of the experiences of daughters who have looked after their mothers, found that 'the most important points at which carers need emotional support is when they are facing the institutionalization or the death of the elderly person' (Lewis and Meredith 1988, p.109). The feelings triggered in carers by the use of residential care, are usually ignored or denied by those arranging and providing the care. The policies and practices of residential units play a part in this process when they do not allow carers to continue to share in the personal care of the residents.

It is impossible for carers to end the caring relationship overnight. Most felt very guilty for in the end doing what they had initially rejected and putting their mothers in a home or hospital, and those feelings were compounded when they were denied the opportunity of continuing to care. (Lewis and Meredith 1988, p.110)

In contrast with the studies that have looked at residents' experiences of care, there has been very little to date on workers' experiences. In looking at women's experiences of this kind of work I am supplementing the available material there is with the themes that emerged from interviews I had with women working in residential services in the West Midlands.

Women who find themselves working in local authority residential care seem to bring to that experience many of the negative expectations of the world that they are entering that are held by women residents. However, their relationship to the service is fundamentally different. They are being employed to be active providers of the service rather than passive recipients, and many have never had previous experience of or training in providing this kind of care. The Wagner Committee, reviewing the evidence it received about the situation of staff in the residential services commented that:

Getting hold of the right staff is something of a lottery and many enter the work with their eyes shut only to be rudely awakened. Though some stay the course, many do not. This is only to be expected since they may receive little guidance or information about what they will be doing, or about the problems they are likely to encounter. Few are offered or taken through any form of systematic induction training on appointment. Reports of high rates of staff turnover and frequent absenteeism as a result of stress and sickness come as no surprise. (Wagner 1988a, pp.75–6)

Staff stress was a 'major and continual theme' of the evidence on staff experiences presented to the committee. The causes of stress mentioned were numerous, and included watching deterioration or pain in residents, irregular and unsocial hours worked, lack of supervision or support, fear of violence, coping with residents' unreasonable and antisocial behaviour, responding to changing roles and residents.

Women I spoke to in the West Midlands mentioned all these elements in describing their experiences in this service. They also pointed to the way in which reactions to stress through absenteeism was experienced as a vicious circle. 'There always seems too few of us and too much to do,' said a woman working as a care assistant in a West Midlands children's home. Women who experience being stretched to 'breaking point' in this kind of work also know that they have to save something of themselves for their own homes. Responsibility for a constant round of response to personal and domestic servicing at home is common to many women working in residential care. A woman, working part-time in a West Midlands old people's home, married with three school-age children said:

> I can't go home from here and put my feet up, even if I've been on the go all afternoon, there's another round of it waiting for me there. "Days off" are a laugh really. I use them to catch up on all the jobs at home – it's the only way I can keep on top of things.'

Such personal timetables do not just result in fatigue, they also leave some women feeling perpetually guilty. It is as if the fine balance they try to keep between 'giving out' at work and 'giving out' at home, is never reached and as a result they feel they are failing in both spheres.

For women who enter this work with the idea of making it a career, stress can be compounded by frustration. The low status and financial rewards in residential care compared with fieldwork go alongside limited connections between residential work and the wider work of the department which employs them. Residential units can be very insular. They can be cut off not just from the surrounding community but also from the social services department. Staff contact with other residential and fieldworkers as well as departmental managers and policy makers is limited, although, unlike other staff in the service, their units are subject to regular visits from members of the social services committee. The woman who enters this work to establish a career finds not only a dearth of training opportunities but also a lack of opportunities to progress. Movement between different types of residential work as well as between residential work and other social work jobs in the department is difficult to achieve, without a CQSW qualification. Given the conditions which exist in the service it is not surprising that the few women who acquire a CQSW use it 'as a passport out from low status and low paid work, involving unsocial hours' (Wagner 1988a, p.85).

The interviews I undertook suggested that women's experience of work in this service is also affected by the gender balance in the unit in which they are employed. Women who work in small children's establishments and homes for elderly people are more likely to find themselves in women-dominated worlds. Those working in larger children's establishments and some of the homes or hostels for people with mental handicap or illness, experience their world of work as dominated by male workers and managers. The balance of male to females in the staff as well as the gender of managers in units appears to have an influence on the tasks women perform as well as their perceptions of their work.

Women working in male dominated units experienced their roles as being shaped by male expectations of women's place in a domestic environment. Several women described difficulties in establishing their interests and expertise in 'outdoor' as well as indoor pursuits in such units. They found themselves pushing against a strongly held view of women as primarily 'homemakers', a view they felt denied them room to provide the children and adults in their care with alternative views of women's capabilities and interests.

Women experiencing predominantly female environments did not share experiences of such constraints on their role. Some did, however, express feelings of conflict between the priorities and ways of working they had developed in their units and the expectations of the male managers from the department with whom they came into contact. Several women also commented on the difficulties which they thought male recruits to their units experienced; difficulties centred on the problems they had in establishing a caring identity among all-female staff, who claimed that identity for themselves.

These responses indicate some important and much neglected areas which need to be explored in order to understand the experiences of women (and men) who work in residential care. While women bring to this work socialisation in and experience of caring for others, the context in which they have to employ and develop these skills differs markedly from family households. Without preparation, training and support, most women in residential work learn about the job on the job, and experience high levels of stress, uncertainty and challenge. Often they carry alongside this experience of work, responsibilities for caring and servicing members of their own households and responding to both can be draining.

For women intent on developing themselves as workers, the residential services currently offer few incentives and opportunities. This is because of the way they are internally structured and organised in relation to the wider social services department. In addition to obstacles of this kind it appears that women's experience of the work they are asked to engage in is also shaped by the gender mix of the staff group they belong to. This mix plays an important part in determining the range of work undertaken with other staff as well as with the residents.

WOMEN WORKING WITH WOMEN

What happens on a daily basis between women who are residents and women who are residential workers is influenced by the range of factors already explored in this chapter. Exchanges between individuals and small groups in residential units cannot be divorced from the social, ethnic, economic, organisational and physical contexts in which they occur. This topic of staff–resident exchanges is one which is the focus of a great deal of residential care literature. Establishing the factors which cause the variations observed in the relationships between staff and residents in residential units has become a matter of some interest (King *et al.* 1971, Raynes *et al.* 1979, Booth 1985).

What has not been systematically explored in this work is the part played by gender in shaping the relationships which develop and are sustained between staff and residents in local authority residential care. The impact of gender on the relationships which develop between care staff and residents is experienced at a number of levels and in relation to both policy and practice. Fundamental to this issue is the gendered way in which dependency is experienced in our society. In residential care, where residents of all ages experience a social world in which they are treated as dependants by staff, the reactions of women and men are likely to be different.

The messages given to girls and young women in this situation is that, in order to survive in the wider community, they need to acquire the skills which are displayed by women carers on whom they depend. To become women they need to learn to care for others. This learning is vital if they are to succeed as wives and mothers. Similar messages may be conveyed to women with disabilities who are being 'rehabilitated' or helped 'towards independent living' by staff in residential units. Their experience of being on the receiving end of care (and control) is one which they are expected to use to learn 'by example' from those who are caring for them. Such learning is not just about caring. It also encompasses particular views of women's sexuality as Hudson's (1983) study of social work with adolescent girls shows. Such views not only reflect a concern to control women's heterosexual behaviour, they also operate actively to deny sexual expression to lesbians of all ages who find themselves in care. The messages are rarely so clear cut for boys and men. They are preparing for a world in which they are led to expect that they can, if successful, continue to be 'cared for' through their relationships with women in a family situation and express their heterosexuality both within and outside that sphere. Their dependency, in several important respects, will be maintained in marriage and family life. The social structures of residential units sustain this view of preparation for life in the community; through residents and women who are staff. Their relationships will often be used not just as a means of conveying care but also to teach residents that, as women, they will have to learn to take on the caring task. Women as staff and women who are residents will, through the process, form relationships which are distinct from the relationships which form both with male staff and male residents.

For older women residents in long-term and permanent care, relationships which are formed with women staff reflect a different agenda. These residents are expected, on entry into care, to relinquish that part of themselves which has been expressed through active caring for others. As Helen Evers found in relation to the situation of women who become patients on geriatric wards:

> Patienthood and attendant dependency requires surrender of part or the whole of the woman's ownership of care work to other women: professional carers, the nurses. Generally speaking, only upper-class women tend to have experience of being waited on by other women. Thus for most women dependency in patienthood conflicts with the social arrangements for care work in the wider society, whereas for men there is no such conflict. (in Hutter and Williams 1981, p.110)

The relationship which women who are residents form with staff are shaped by expectations about their future and past roles as carers. The relationships which women who are staff form with residents are shaped by their current roles as carers. The majority of women working as domestic staff, care staff and managers in local authority residential care, are working as carers in an unpaid as well as a paid capacity. Their energies are absorbed not only in serving a range of people at home and in the home in which they are employed, but also in balancing the demands which these two sites of servicing make upon them. This unremitting and often unrecognised balancing act leaves many women feeling that they are giving a great deal of caring and getting relatively little caring back for themselves. This feeling of one-way traffic has repercussions on the relationships women develop with women in their care. Women who are residents are at times seen as asking for more than women who are staff feel they have to give. Women who are residents are also explicitly and implicity expected to understand the plight of staff, for many have been (or will be) in the same situation themselves. Women who are staff are also working with women who represent what they could become – residents in state-funded care – and this knowledge plays a part in the relationships they form with residents.

The impact of what women specifically bring to residental care as residents and staff needs to be considered alongside the other factors which shape the service delivered in this area of care. It can be a potent factor in the construction and maintenance of the distancing and dehumanising exchanges which take place in some residential units. It can also contribute to the atmosphere of respect, warmth and concern which women who have positive experiences of residential care hold in high regard.

For many women, as staff or residents, local authority residential care is not providing satisfactory experiences. Women who are residents have precious little option. But some women who have been employed in this service have chosen during the 1980s to pursue their employment in caring for others by bringing that form of employment into their own homes. Work in fostering children and adults, and paid neighbourhood and community care work has grown as a part of local authority provision in the 1980s. This work has drawn on the skills of the kind of women who are employed in local authority residential care. Women who have moved into this work from residential care have done so in order to bring together their unpaid and paid caring work on one site – their own home. For some of these women the result has been an increase in work satisfaction. They have felt they have more control over their work (both paid and unpaid) and can express themselves more fully as carers, because they are being paid to care for individuals rather than groups. However, for others, the move has served to make them feel more isolated at home, tied to one location and without the companionship which work in residential care provided (OPCS 1988). The impact of this home-based provision of care on those receiving it is likely to come closer to reproducing both the positives and the negatives of family care on all of those involved. It is explored more fully in Chapter 5.

The challenge then to women working in and using local authority residential care in the late 1980s and 1990s is considerable. Working and living as they are in an undervalued and under-resourced, but vital, area of provision, they have a substantial presence but a very limited voice in the decision making which shapes their sphere of operation. This pattern is not peculiar to the British services, it is repeated in many countries where local authorities provide residential care. As Waerness has argued, on the basis of the Norwegian experience:

> More decision-making power to women on the basis of their personal experiences from practical caregiving work in the private sphere and

> from working-class jobs in the public caregiving services seems at least to be a necessary condition for changing the unsatisfactory form the existing services take. (in Showstack Sassoon 1987, p.228)

Women who work in and who use these services have a unique contribution to make in the debate about the direction of residential care because of their experiences of the difficulties in finding, in family and institutional life, the balance between independence and intimacy which they need in order to thrive as individuals.

5 Women in social care: The invisible army

Glenys Jones

INTRODUCTION

This chapter explores issues surrounding the work of female manual workers in the field of social care. The specific workers considered are paid employees of local authority social services departments working with elderly people in a number of different settings and engaged in a variety of domestic tasks. They make up 75 per cent of the local government manual workforce and often work part-time. They include care and domestic staff in local authority residential homes, home helps and other domiciliary care workers, and wardens of housing designated for elderly people. The chapter draws on material derived from service evaluations, questionnaires and comments from a range of staff on training courses, and discussion groups of female manual workers in local authorities in the north of England. In these locations the majority of the workers studied were white. In some other places in the United Kingdom far higher numbers of black women are employed in these roles in social services departments.

SOCIAL CARE AND SOCIAL POLICY

These female manual workers have been neglected as an area of detailed interest. They are the workhorses of the welfare state, yet their voice has been muted while their more powerful and vocal social work colleagues have dominated debates about the structure of state welfare services over the last two decades. Both the Seebohm Report (1968) and the Barclay Report (1982) constituted wide-ranging discussions concerning the role of the personal social services, but these reports paid scant regard to the part played by these manual workers.

Despite this, throughout the 1970s and the 1980s the power and influence of social care workers has increased. This is partly due to changing views of state welfare in a society dominated by an ideology of welfare pluralism. Within this framework, the care of socially dependent people is perceived as a broad-based activity involving family, friends, and paid and unpaid carers. Central to such activity is social maintenance which includes the tending tasks of domestic and personal care. Commentators on the personal social services in the 1980s see the provision of social maintenance as one of the core functions of these departments, along with social control and the promotion of change (Webb and Wistow 1987). It is the female manual workers in social services departments who perform the major maintenance tasks, and their role is consequently subject to re-evaluation. This is likely to continue in the light of the recommendations of the Griffiths Report which proposed a new focus for community care with social services departments being 'reorientated towards ensuring that the needs of individuals are identified, packages of care are devised and services co-ordinated; and where appropriate a specific care manager is assigned' (Griffiths 1988, p.vii).

The provision of various types of home care is, therefore, an important concern of social services departments. Evidence is emerging which shows that many departments are reacting to cuts in local government spending by protecting social care workers from the worst effects of financial stringency. Consequently, the retrenchment has to be borne by other sectors of the department, usually the residential services (Webb and Wistow 1987). These moves are changing the balance of power in the welfare state from the trained social workers, who are also the welfare bureaucrats managing and controlling the political and ideological power base in social services departments, towards the army of grass-roots manual workers and their organisers. It is, therefore, important to know more about these workers, their careers and aspirations.

This changing power base has occurred as a result of the stress laid in government policy upon community care. The emphasis in the late 1980s is on using hospitals for short-stay treatments, with more people being cared for in the community and, where possible, in their own homes. However, many of these people, particularly elderly people, are unlikely to make a dramatic or quick recovery from ill health and physical or mental disability. They need continuous and reliable help to perform many of the tasks of daily living that enable them to survive in the community. They may rely on these tasks being performed by family members and, particularly if they live alone, they may also receive the services of one, or a range of, paid state helpers.

Feminist critics of state welfare have amply demonstrated the dangers of policies that rely upon the exploitation of women carers. These critics have rightly focused upon the limitation of state support for caring families, and they point to the burden of care borne by the, usually female, carers (Finch and Groves 1980). Central to these arguments have been criticisms of the way state welfare services are distributed, with evidence that these are biased against families and particularly women (Arber *et al.* 1988). In addition these critics point to the dual role of women as family carers and workers, and the exploitation of these roles by state policies. Such duality is, none the less, the basis of jobs in the social care field. Bond, for example, comments:

> The home help service is founded upon dual role women workers who are employed as part-timers to act as substitute housewives and surrogate daughters in caring for predominantly female elderly in a privatised world of their own homes. (Bond 1982, p.9)

The growth of state domestic care services has opened up a range of new careers for a group of female manual workers who previously might have had a more limited choice of occupation.

These women are at the forefront of a range of highly political feminist debates, from 'wages for housework' to 'equal pay for equal value'. These manual workers in social care are being paid for performing 'quasi-familial' tasks and have been central to what the trade unions in 1987 called an 'historic breakthrough' aimed at eliminating pay biases against women and giving women workers in the caring services larger percentage rises than men in more physical jobs (National Union of Public

Employees, 1987). The position of female manual workers needs to be better understood as there is a danger that they may become alienated from the feminist debates that are highly critical of the current form and distribution of state welfare services. This would be unfortunate since there is a social class dimension in the debate, between the working-class manual workers, whose material interests are at stake, and the most vocal and aggrieved informal female carers who often come from the middle classes.

SOCIAL CARE AND THE FAMILY

Many social care workers are employed in domestic work and are, in effect, state-paid housewives. Studies of women's work in the home have focused upon domestic labour in relationship to family life, its impact on male–female relationships and on the reproduction of the labour process. Meg Luxton, for example, sees domestic labour in the home as related to four distinct processes (Luxton 1980):

1. Looking after family members and ensuring their emotional wellbeing.
2. The care of dependants, usually children.
3. Housework.
4. Transforming money into goods and services.

These are seen as pivotal tasks usually performed by women, which serve to maintain the functioning of the family unit.

Domestic tasks for elderly people performed in return for payment have also been seen as quasi-familial (Cunningham and Page 1984). Increasingly the role of social care workers has expanded, and it is now recognised that they perform a far wider spectrum of tasks than merely that of housework. The job description of home helps, for example, describes the range of tasks as follows:

> The duties will include, domestic duties (including cleaning, cooking and washing), physical tasks approximating to home care (including dressing, washing and feeding clients), and social duties (including talking with clients, helping clients to maintain contact with family and

> friends and community, assisting with shopping and recreation), aimed at creating a supportive, homely atmosphere where clients can achieve maximum independence. (DHSS Social Services Inspectorate 1987, p.26)

When such duties are performed regularly by younger women for older women then the relationship between the two may become quasi-familial with the worker often being considered as a proxy daughter. The intimacy and the consistency of these daily tasks encourages the intermingling of physical and emotional bonding between the worker and her client. While this may be satisfying for them both, there is a danger that these manual workers become trapped into undervaluing their own financial worth, as this is precisely the work they do without any financial recognition in their own home. The female social care worker may be pulled between being a paid surrogate daughter to a client, but an unpaid daughter, wife and mother to her own family. This highlights not only the duality of women workers but the moral imperative placed on paid female carers, as the quality of their work is gauged by their ability to engage, both physically and emotionally, in 'caring' tasks. The development of an intimate and quasi-familial relationship highlights the need for a sensitive recognition of cultural differences among minority ethnic elderly populations. The need for ethnic and cultural matching between the care giver and the care receiver is as strong in the social care of elderly people as it is in the field of child care, where it has been a focus of intense debate. It is a reflection of ageism and sexism in social work that the issue has not been hotly debated with reference to elderly people, the majority of whom are women.

Some of the dilemmas confronting paid carers can be illustrated by examining aspects of their lives and careers. The rest of this chapter explores first, the interweaving of careers, job satisfaction and family life, secondly, the job and conditions of work of social care workers, and thirdly, models of social care.

WHO ARE THESE WORKERS?

A study of street wardens in a town in the north-west of England typifies many similar domiciliary workers. The wardens lived near to the streets that they served and could be called upon to provide help at any time of the day or night. The main tasks they performed were shopping, providing medical supplies and giving personal care in cases of illness. These workers were allocated between fifteen and thirty elderly people each, whom they visited daily. If the person was ill or required help, then the warden was responsible for either coping with the situation herself or ensuring that help was obtained.

In one local authority employing 84 wardens, all were women, the majority in their thirties and forties (G.M. Jones 1983). Information collected on staff in residential care and home help services in a neighbouring authority, revealed a similar age and social structure among these workers. Younger staff were employed in social care but usually worked in teams in residential establishments. The majority of these care workers were married (77 per cent) and a third had children at home. However, only 3 per cent had children under school age, while most had children in their teens. Although 27 per cent had between two and three children, the ages of the children meant that the family was not reliant on crèche or child-minding facilities – a significant consideration for women seeking paid work in Britain.

An important feature of these workers is their permanency. Given the high turnover of social workers moving up career ladders, social care workers are likely to be among the most permanent and stable members of a social services department's workforce. Of the street wardens, for example, in the north-west borough, 73 per cent had lived in the same town for over ten years. They had, therefore, a sound knowledge of local social factors and circumstances. In addition, a third had been in the same social care job for over five years. The same also applied to residential care workers in a neighbouring authority (Hadley *et al.* 1987). In working with elderly people, such permanency has many advantages. The workers become familiar local figures and are more likely to be trusted by elderly people who often feel vulnerable and may even be exploited by strangers (G.M. Jones 1987). They may work for many years with the same elderly people, in which case they not only become paid friends but also substitute family members. This is most likely to occur with elderly people who may be increasingly socially isolated as they age. However, permanency also carries disadvantages, not only for the elderly person who may feel locked in a bad relationship but also for the worker, as the boundary between the personal and professional aspect of the job becomes blurred. There are many examples of domiciliary workers returning to see their clients, without pay, out of work hours and in unsocial hours if they are worried about them. This can impose strain on the worker's family and on the worker. Permanency poses specific issues, therefore, which need to be addressed.

One factor influencing job permanency is the career of the carer. These local studies of care workers show that the range of job opportunities in social care has opened up a variety of valued career prospects for female manual workers. Over half of these workers had held other caring jobs. There appeared to be movement round the jobs of warden, home help, and residential and day-care assistant. The lack of a job hierarchy and promotion prospects encouraged workers to explore different facets of social care before settling to a job that suited their personal or family needs at any particular time. Access to one area of the social care job market increases knowledge of the range of job possibilities, while experience gained in one type of work is a positive advantage in obtaining a job in another area. Accordingly, in the case of some of these workers, specific job moves enabled them to build up a fund of trust and experience of social care work. This was important for the employers, as they were usually appointing staff with no paper qualifications.

The growth of job opportunities in the field of social care and the permanence of the workers has to be related to the availability of other employment. A third of the wardens and of the residential workers had previously done factory or shop work. Two reasons were given for their changes of career. One was the decline in job opportunities in local traditional manual work areas, mainly textile mills in the north-west towns. The other was that job satisfaction declined over time in shop, office and factory work, and, as women finished rearing their own families, they began to seek more personally fulfilling job opportunities.

Social care work has both strengths and limitations in the life course of women. Paid care provides job opportunities for women who often have no formal job qualifications, in work in which women are assumed to have marketable skills, based on home care and housekeeping tasks. A woman's life experience may be seen as a positive advantage in demonstrating the use of these skills. The skills are seen as gender specific, and it is rare for men to be employed as social care workers. However, while these aspects may be accepted as an intial basis for work, the development of a woman's career in social care depends on her personal expectations, the interweaving of family and job satisfactions and often upon male sponsorship within the job. The gendered division of labour also limits pay and promotion prospects.

Work in social care has many satisfactions which make it attractive to women. Discussions with a wide range of social care workers demonstrated that single-handed work with people which involved responsibility gave them a sense of freedom and value. One worker said that what she liked best about her job was 'the freedom to make decisions knowing I can call the office to fall back on if necessary' (G.M. Jones 1985). Many of these workers are in the position of 'street-level bureaucrats'. They have been defined as 'the lowest ranking nonclerical members of a bureaucracy' (Prottas 1979). They have, none the less, been seen as powerful in that the decisions of street-level bureaucrats, the routines they establish, and the devices they invent to cope with uncertainties and work pressures, effectively become the public policies they carry out (Lipsky 1980). Policy analysts are increasingly interested in examining the work of these women. The decisions they make are recognised as 'bottom-up' policy making and their actions are critical for the efficiency and effectiveness of the social care services (DHSS Social Services Inspectorate 1987).

In addition to a high degree of freedom to react to circumstances as one finds them, social care involves reciprocity in which the personalities of the service giver and the service receiver interact. This use of self and the development of a relationship between the two parties was seen by the workers as helpful and enjoyable, and it gave them a feeling of personal satisfaction. One street warden said: 'I have gained a wealth of understanding and tolerance by visiting and talking, and later made lasting friendships with the elderly people I visit.' Another said: 'They are my friends and I am theirs.' Through this relationship, life experience could be shared and enhanced across the generations. This perception of the job as a form of mutual exchange helps to remove the stigma that can be attached to the recipients of state welfare. It can also foster dignity and enhance self esteem between service providers and service receivers, and reinforce the workers' commitment to their jobs.

These workers were aware, however, that their work carried costs, particularly to other family members. While job freedom meant that 'the children can come in the school holidays', there could be problems. One street warden said: 'The person to suffer most from my job is my son. He has been victimised due to my contact with the police. I myself have been threatened by the parents of some of the youths who torment the elderly.' In addition many care workers spoke of the contribution of their partners, who would go with them and tackle jobs for elderly people involving minor household repairs. For services involving the possibility of night-time call-out (e.g. many sheltered housing and street warden services) partners may have their sleep disturbed and would often accompany the social care worker as a form of protection on emergency night-time visits. The involvement of family members was not an acknowledged part of the work, but from workers' comments it was obviously influential in enabling many women to do certain aspects of their work.

Two aspects of social care work, a responsible job without hierarchical constraints and a high degree of personal satisfaction, are rare outside the professions. For female manual workers such a combination can be deeply satisfying and outside their experience of the manual jobs traditionally available to women without formal qualifications. Furthermore, social care work places some, albeit limited, financial value on skills acquired in raising a family, home making, and socialising. However, these aspects of job satisfaction are precisely those which have led to the position of women as undervalued housewives and as poorly paid workers. It is the re-evaluation of both the skills and pay of state carers that is currently challenging assumptions held by women carers and their employers. This could result in the increased growth of skill training and a possible move towards restricting entry to trained staff. The proposed introduction of a certificate in social care as a route into professional training could expand the career horizons of many manual workers in this field (Central Council for Education and Training in Social Work 1987).

WHAT WORK DO THESE WORKERS DO?

The degree of skill and professionalism involved in social care work can be explored through an analysis of the tasks performed. The lack of policy on the development of services for elderly people, and the low status of social care workers in social services departments, has left them relatively free to develop practices in response to the pressures they perceive in their work. What they decide to do is not rigidly bound by professional codes of practice or closely specified skills, although agency resources and local management will impose certain constraints. These workers state that they rely heavily on 'common sense' as a guide to action. However, this needs to be examined with care.

Social care is practised within a particular framework which has evolved as the result of history and expediency. It consists of defined tasks drawn up by a combination of union agreements on pay and conditions, and of job descriptions decided by employers. The tasks include a range of domestic and personal care chores such as cleaning, shopping, cooking, washing, dressing and general befriending tasks. While these facilitate daily living, they also provide socialising functions for elderly people who may be housebound and isolated. In addition, through encouragement and education, they can provide a rehabilitative function for, for example, elderly stroke victims or people with mental illness.

Flexibility is essential in social care workers. Different elderly people are likely to have different basic requirements and their condition may vary from day to day. It is for the worker to decide which tasks to perform on a daily basis, given the particular situation of the individual. The skill of the worker lies in adapting to diverse situations and to individuals who have a unique configuration of problems. While there is pressure on these staff to see their role in increasingly general terms, to provide 'personal care' rather than 'domestic help', the tasks actually performed pose problems. These are most acute at two interfaces – the boundary of family care and paid state care, and between social and medical care.

The family and social care tasks

Difficulties can arise at the interface between social care services and family responsibilities, concerning the degree to which state services should complement or supplement family care. Social care services are targeted upon elderly people living alone and considered to be at risk. If services are not targeted, the department is accused of inefficiency; if they are, the department may be accused of gender or familial bias (Griffiths 1988). State social care services are in short supply, and they have failed to keep pace with the growth of the elderly population. As such they are severely rationed and needs-tested. It is both logical and rational to target resource-limited services on elderly people, usually very elderly women, who live alone and who have no family support.

The consequences of rationing can, however, result in 'carer-blindness', or the lack of acknowledgement of carer stress, among social care assessors. These are usually social care workers who have come up through the 'ranks' and who are well aware of resource limitations. In a situation of high demand and service shortfall, unless carers positively indicate that they are under stress, then the psychological and physical demands of caring are unlikely to be explored. In cases in which family members are also involved in providing care, real difficulties can arise for the social care workers. These mainly focus on the boundaries of responsibility between the family and the worker, and which tasks each party believes the other should perform.

Confusion about this can lead to both parties becoming aggrieved and judgemental of each other. This usually hinges on the roles of the female caring relative, often a daughter, and the female care worker. Confusion is most likely to arise where the caring family member does not live in the same house, and difficulties often centre on the times of day the care worker can provide help and the tasks she performs. These problems are often most acute in the area of night-time calls, or dealing with difficulties such as persistent incontinence or 'nuisance'. In these cases the boundary between the responsibility of the family and the state worker can become contentious.

The question of which tasks should be performed by family members or by state care workers is problematic, and is exacerbated in situations of high demand, short supply and stringent rationing procedures. For example, if there is an able-bodied daughter in the house, concerned about the home care of her housebound mother, which tasks is it reasonable to expect her to perform, and which should be left to the state employee? For the individual care worker, with no training or guidelines, the baseline of 'common sense' is used, and this usually means that she expects the daughter to perform those tasks that she herself would perform in a similar situation, leaving the worker to do those tasks which seem to her a realistic part of the job. This perspective, however, ignores any psycho-social tension that may exist between the independent children and the increasingly dependent parent, or the effect of shared life histories on the parent and their offspring, or the current pressures on the life of the adult children that may be unknown to the care worker. Problems can therefore arise with unreal expectations building up between the two parties which can result in the elderly person being at the centre of conflict between her paid and unpaid female carers. When social care services operate within the bounds of discretion, this conflict may be resolved by service withdrawals. It is becoming increasingly apparent that agencies need clear policy statements concerning carer support and complaints mechanisms. Common sense is not enough, and care agencies need clear unambiguous statements of intent to support and protect women who are both the providers and recipients of care.

Social care and health care

Boundary problems between social care workers and health care workers are also increasing (G.M. Jones 1988). Many of these stem from historical roots in the division of labour and surround basic tasks such as the giving of medication, the clearing up of incontinence, changing dressings, and bathing. They may be boundary disputes between health care and social care staff, as services that were once focused primarily on keeping the house clean, such as the home help service, have been changing their orientation towards 'personal care', while services that focused on preventive or supportive health care have been increasingly providing quasi-hospital treatment in the home. One consequence of shortages in the home nursing services has been that nurses have been willing for other care workers to take over the less technically skilled aspects of home nursing. This can result in social care workers performing tasks which have previously been performed by home nurses, in some instances because they know a nurse is not available. Giving medication, changing dressings, putting in eye or ear drops, emptying catheter bags, lifting, and bathing, for example, are tasks now generally undertaken by social care workers. In many instances they do these tasks against their own union's or management's wishes, but know that unless they do them the elderly person will be left to suffer.

This increasingly confused boundary between social care and health care was discussed in the Griffiths report and the suggestion made for the development of a new role of 'community carer'. The possibility of such a 'community carer' emerging is enhanced by considering the development of shared skill training. There is an increased likelihood of this occurring as the care sector consortium set up in 1988, to secure a recognised pattern of vocational qualifications and training for all those working in the care sector, has identified crossover points between residential, domiciliary day care and health care support staff. The creation of such a post would involve 'the development of the roles of some home helps/home care assistants, community nursing assistants and residential staff'. A key factor in such a proposal is that 'it will be vital to ensure that job descriptions enable individual workers to provide the assistance required without demarcation problems arising' (Griffiths 1988, p.25). Change in role or resource distribution is required in this field to prevent the situation arising whereby one group of female carers may be in conflict with another group, with elderly people, usually women, being the hapless victims.

Social care workers provide a service in which they perform a series of tasks for prescribed periods of time. However, simply listing the tasks of care workers does not reflect the reality of their jobs. They are often the only workers consistently present, and they use their judgement in complex situations to alter their input as the circumstances of the elderly person demand. An acknowledgement of this by employers enables these services to be sensitive, flexible and responsive to people's needs. It is the actions of these workers that are a true reflection of the ideal of community care; therefore their pay, conditions of work, training and support structures need to be planned so as to recognise this.

PAY AND CONDITIONS

The low pay of female manual workers over many years is the outcome of interrelated processes discussed in Chapter 1. It reflects the way in which men have valued women's skills and women have valued their own worth; the way in which housework has been seen as unskilled work and undervalued in the home; and the way in which women workers have been treated by a male management and the male negotiating machinery. The level of pay of social care workers contains wide local variations, despite national agreements. Different rates of pay are paid to the same kinds of worker in different authorities and to similar workers in the same authority. This can be clearly seen in examining the pay of similar workers in one authority studied in 1985 (G.M. Jones 1985). This varied from £1.89 per hour for sheltered housing wardens, £1.99 per hour for home helps, £2.07 per hour for residential care staff and £2.18 per hour for home care staff.

All these workers perform very similar work with frail elderly people. In some instances they are performing the same tasks for the same people. In addition the same women may at various times in their careers have worked at one or other of these jobs. If they have received any training, they may have had the same course content. The variations in pay are a reflection of the comparative power of these workers over a period of time and the strength of their respective trade unions. This power base has remained weak for many years, mainly because no one union clearly represents manual workers. Wardens, for example, may join one of three unions. In addition, part-time workers, the majority of social care staff, often choose not to be members of a union as they have no experience of this being advantageous to them. However, as service industries have come to be seen as an increasingly important element in the national workforce, there is evidence that this situation is changing. A recent offer of a 10 per cent increase for manual workers aimed at eliminating pay bias against women and enabling a home help to earn more than a refuse collector.

For women manual workers though, the wage is only part of the complex web to be considered in interweaving a job with family life. In the groups of workers considered in this chapter, many had deliberately moved from higher paid, to lower paid jobs, as the needs of their family had changed over time. In addition some jobs, although being lower paid, were seen to allow of more independence, and this was a quality prized by some workers. Many wardens had moved from the home help or residential services to a job which paid less and in many ways had less favourable conditions of work. However, they valued the freedom to define their hours of work and the choice of tasks in addition to the housing concessions that went with the job.

Although the specific conditions of work vary among different categories of social care workers, there are many similarities in the work. Common problems are often experienced by elderly people receiving these services. The levels of physical and mental disability, isolation and loneliness, and the impact of chronic illness and ill health, have been found to be very similar between different groups of elderly people, whether they are living in their own homes or in residential establishments

(Booth 1985). The physical conditions of the work are also broadly similar. As Bond (1982) notes, isolation, loneliness, making do with inadequate equipment and poor working conditions are taken for granted, and employers encourage staff to adjust to this. Oakley's (1974) study of housework described similar circumstances and the experience is one common also to au pairs or nineteenth-century domestic servants. There is, however, no need for this to be expected of state employees in the twentieth century.

In some specific matters conditions vary widely. In the study of workers in the north of England, some were provided with protective clothing, others were not; some had telephone or car allowances, others did not; those living on the job often had to use their home as an office base with an emergency intercom system or communal fire bell wired in, and no allowance was paid for this; some workers worked set regular hours while others were theoretically on call day or night; most were reliant on the use of the elderly person's own domestic equipment, and this was not necessarily safe. These conditions can generate job stress and, not surprisingly, there is often a high degree of absenteeism through sickness or personal problems among home workers. Social services departments have become increasingly aware of the problems confronting manual workers and of the isolation experienced by them, and recent initiatives to tackle these issues have concentrated on providing training and support for staff through improved management structures (DHSS 1987). Given the risky life situations of many elderly people – it is not uncommon, for example, for wardens to be the first on the scene after death, suicide attempts or horrific accidents – the creation of support structures for these workers should be a management priority.

MODELS OF SOCIAL CARE

Models of care in the future are difficult to predict as many variables in the current moral, social, economic and political climate could shift in many possible directions. The state of the national and international job market and its effect on the overall age and sex structure of the employee population will affect social care. The status and pay of this work could also change substantially, particularly if it comes to be seen as a paramedical profession. The relationship between the state and the private sector and the application of new technology to current care problems may also fundamentally alter the care scene, as would changes such as the reintroduction of large-scale institutions, or policies encouraging euthanasia. Whatever the future possibilities, certain key issues remain critical, including the value base of caring and the importance of human contact with vulnerable people. Four different models can be perceived in the current delivery of social care. These can be identified as follows.

The family model

This is characterised by the quasi-familial relationship between the care giver and the care receiver. It is a model that can be satisfying to both as it is based on mutual affection, reciprocity and altruism. The relationship elements of caring are often critical, particularly for isolated people, as these fulfil both expressive and functional needs. Even the short contact care task needs to be presented in a friendly and concerned manner to enable mutual trust and confidence to grow. The family model of care is seen in informal situations where home carers are perceived as surrogate daughters, in formally established key worker systems and in day, or short-term adult fostering schemes. These all provide a quasi-family orientation combining the performance of functional care tasks while recognising the importance of emotional bonding.

A major weakness of this model is that it leaves unchallenged societal assumptions about women's caring responsibilities within families. It may also be exploitative of the care giver if it evolves informally and the worker finds herself responding to a wide range of problems and circumstances affecting the elderly person, so that the boundary between the worker's private life and her public responsibilities becomes confused. Grievances against the employer in such a situation can increase, as neither pay, time nor tasks reflect the reality of the work input, while a refusal to respond to the needs or demands of the elderly person can result in emotional tension and feelings of guilt.

A further limitation of the informal family model concerns the potential dangers of emotional exploitation that are inherent in many family situations. Both care givers and care receivers can be open to this, and in informal situations it can be mutually damaging and difficult to monitor and control. However, formally accepted quasi-family care can be established when there are clearly accepted contracts between the carer and the care receiver, and the provision of appropriate monitoring and worker support.

The servant model

This model comes from a long historical tradition in social care containing both pejorative and beneficial aspects. In its pejorative sense, it reflects the social class system whereby workers considered socially inferior performed tasks of a menial nature. In addition the contact between the care giver and the care receiver was bound by financial dependency while the care tasks were defined by the care receiver. This tended to link finance, tasks and power into an unequal balance to the benefit of the care receiver.

One aspect of the model stresses the moral superiority of the servant. This again has historical roots in the concept of servants of God or of the state. Such servants might be poor or powerless, but these conditions in themselves could be seen as enhancing the value of the servant who was committed to a greater good. In the twentieth century such ideas have been endemic to the role of women in the welfare state. A range of personal care staff, including nurses, have been praised, and encouraged to continue working for poor pay and in poor conditions, on the grounds that they are 'angels' serving the greater good of state welfare.

The strength of the servant model is that it can empower the service receiver who defines the parameters of the task, pay and conditions of work. For the provision of purely functional tasks the acceptance of these terms by the care worker is clear and contractual. Private social care companies illustrate this more clearly than state agencies in that, for a sum of money, the care worker will be prepared to perform whatever social care tasks the care receiver requires, whether this is walking the dog or washing the windows. This is unusual in state-run social care agencies where the protection of the employee mitigates against total flexibility. The weakness of the servant model is that it can be exploitative of the care worker and reduce care tasks to those deemed too unpleasant, dirty, boring or repetitive, to be undertaken by the employer.

Historically, the servant model has reflected the social class structure and has been exploitative of women and black people. These exploitations continue in the sphere of social care. The outlook for altering this, however, is difficult, as attempts to organise part-time female labour in the private market-place have demonstrated. The introduction of voucher systems, or targeted community care personal grants, could compound difficulties for women using this model as the basis of care. At its best, it relies heavily on both the care giver and the care receiver having a clear understanding of the working contract between them, and on both parties having the ability to opt out, change the contract or complain if this is exploited. To be developed as a model of care such safeguards as these would need to be built into an advocacy system. This would serve to protect both care receivers who were mentally or physically frial, and care givers being misused.

The technology model

In this model, social care can be seen primarily as a series of functional tasks to meet clearly defined and specific needs. The operation of this model involves closely defining the care receiver's needs, preferably by testing and measuring their abilities and social skills. The task of the care giver then becomes that of complementing or supplementing these skills, or performing rehabilitation work. The provision of care in such cases is dictated by the defined shortfall between what a person or her/his carer can contribute and what is further needed by the person to sustain an adequate lifestyle. The technology model of social care is often targeted upon time-limited inputs during significant life events, such as following discharge from hospital, after a fall, or at the onset of an illness. Such targeting is directed towards care as an element of change, but away from long-term, non-rehabilitative maintenance tasks.

The technology model increasingly fragments the provision of social care. It also professionalises skills among a range of different workers who become experts in particular, defined tasks. Because of this, the boundaries between the workers in this model are likely to become increasingly rigid, with an increased demand for training, identified skill specialisms and job exclusivity. This can be seen clearly in the field of social care where there has been a proliferation of different, but similar, jobs for women emerging, such as housing wardens, street wardens, patch workers, home helps, home care assistants, family aides, peripatetic carers, bath aides, nursing aides, etc. Such fragmentation of tasks and skills can result in complex systems of management because a range of workers needs to be co-ordinated, monitored, evaluated and managed. Consequently the attempt to create and maintain packages of service, in this model, becomes a major goal of social care.

On the other hand, the strength of the model is that it can efficiently utilise scarce skills and staff resources by targeting them on specific areas of need. A variety of staff, performing a range of tasks at different times, may stimulate and encourage a housebound or socially isolated person. Such a variety may also minimise the risks of emotional exploitation and the creation of dependency.

It can be seen then that this model strengthens the care giver's role in a focused time, task and skill capacity, but weakens that of the care receivers in that it takes power away from them by fragmenting and depersonalising the care given. This model has advantages that primarily reflect the needs of the care givers. It can be seen as promoting both cost effective and efficient forms of care by management, while for women care workers it provides the possibility of increased training and professionalism, further job opportunities and a career structure.

The technology model does, however, limit the power of the care receivers who may have had no part to play in the selection of care tasks. Following an assessment they may be told what is available to them but may have no choice about the tasks provided or the time at which they are delivered. Similarly, personal needs may have been defined in very specific and limiting ways that reflect the skills or services available rather than specific aspects of personal needs. The model also tends to reinforce functional, rather than emotional needs, and militates against an holistic view of the person, identified as important by Abrams (1984).

The citizenship model

This model sees social care as a social contract between two adult citizens. The care receiver is perceived as a responsible being in partnership with the care giver. As such there is a clear understanding of the parameters of the work. Care receivers are provided with information as to their right to choose and appeal; and they are informed about the rationing system and about limitations on finance, skill, and time. Any assessment of need is shared and discussed and must be agreed between the care giver and the care receiver. On the face of it, this would appear to be a contract between equal citizens. However, if elderly people receiving care are to be considered as fellow citizens equal to their carers, then the type of sharing described above, must be seen as a mutually responsive activity. Where it is not, the hidden patriarchy of care agencies is reinforced and no effective partnership reached with women receiving care. However, sharing power involves being responsive to elderly people's views and seeking either to accommodate them or to modify them if necessary. For example, elderly people may want more care than their needs indicate or refuse the offer of care although they have many needs. By entering the debate about conflicting positions such differences of opinion may be resolved. A high-handed refusal to do so can be seen as infantalising and a reflection of patriarchal, ageist or sexist behaviour.

Unlike the concept of the 'good neighbour', explored by Abrams as a form of social care, the citizenship model is more clearly explicit of the relationship between the care giver and the care receiver (Bulmer 1986). The citizenship model is, however, likely to be a potentially more conflictual model of care and differences of opinion would need to be accommodated in both a complaints and advocacy system. For mentally frail elderly people an advocacy scheme is essential. This model is increasingly emerging in social policy and it is embodied in legislation such as the Disabled Persons Act 1986. For women as care givers as well as care receivers, it proposes reforming care procedures for both partners.

CONCLUSION

The practice of social care requires a clear value base because it involves intimate and personal care often in the private arena of a person's home, and because it is delivered to vulnerable people, mainly women, who have limited ways of defending themselves against exploitation or cruelty. The ideological base of the social services department is informed by a code of ethics of social work, and, in addition, many agencies have a publicly available code of values and principles. The code of ethics recognises that, 'In view of the clients' lack of power, social workers have a special responsibility to ensure as fully as possible that each person's rights are respected, and needs satisfied.' The onus is, therefore, on workers to help increase the choices open to people and includes 'the participation of clients in ensuring and defining that the services are appropriate to them' (British Association of Social Workers 1988). This involves carefully considering the personal care needs of elderly people, mainly women, who may be black or white, heterosexual or homosexual, who may have distinct language, religious or cultural needs, or who may be members of complex family groups.

Unfortunately both managers and social workers in social services departments have often ignored issues of age, race and gender in their neglect of their female colleagues and female elderly clients and have failed to address the implications of putting principles into practice in social care. The wide variety of needs and conditions among the elderly population shows that many diverse approaches need to be practised in this field.

Research, too, has paid insufficient attention to these issues of age, race and gender. Much more needs to be known about the micro issues involved in caring. An immediate plea is for workers to examine much more carefully areas of comfort and discomfort in care. Do elderly people want their carers to be their real, or their quasi friends? Are they more comfortable if some personal care tasks are performed by strangers and others by trusted carers? How much do they value specific skills, competence, experience, compassion, passivity, or assertiveness in their carers? Would they prefer a clearly identified multi-skilled key worker, or are they happy with a range of workers performing different tasks? The fact that these issues are under-explored is illustrative of the reductionism underlying any consideration of the complexities of the care task. This in turn reinforces the undervaluing of a most difficult aspect of relationships between strangers.

At the core of any discussion of social care in the 1990s lie relationships between women. They may be divided by colour, creed, class, age and sexual preference, but they have in common the need to ensure a care system that is not exploitative and ensures the provision of care with dignity. A more complete understanding of the mechanics of this relationship, the tasks, the support structures and the skills needed in social care is essential in evaluating the contribution of women to the welfare state.

6 Women in management in social services departments

Ruth Eley

INTRODUCTION

This chapter explores issues concerning the position of women in management within social services departments. It discusses the ways in which women and men view their management roles and supervisory tasks, drawing on a small-scale study of the role of the senior social worker in the local authority. The findings of the study are related to research on male and female attitudes and values, and the effects of social conditioning on the career choices of men and women. It also considers some of the reasons why many women feel out of place in higher management as currently practised in the social services. The chapter concludes with some strategies for survival for those women who do move into senior management roles.

HISTORICAL CONTEXT

Managers carry out a wide range of tasks and in doing so use a diverse array of skills. Such skills include leadership, team building, planning, prioritising, organising time, supporting people through stress, listening, managing change and mobilising resources. Many of these skills are also those required in social work. Given that social work is a profession which attracts large numbers of women – a majority, in fact, at basic grade level – it might be expected that women would predominate in management within social services. This is clearly not the case, even at the first level of management. Popplestone (1980) found that 71 per cent of area directors and 91 per cent of directors of social services in England were men. The numbers of women directors had declined from 16 in 1971, to 12 in 1984, and to 10 in 1987, out of a total of 108. None of the women directors currently in post is black. The situation in social services must also be set in a context of male dominated local government generally – in 1987 there were only three women chief executives.

As far as social services are concerned, the small number of women in director and deputy director posts is in stark contrast to the number of women children's officers before the 1971 reorganisation, when there were 80 out of a total of 133. The Curtis Report (1946) referred to the children's officers as she throughout, as an expression of their belief that women were more likely to have the qualities required for the job (Foster 1987). At the 1971 reorganisation children's officers were proportionately better qualified than colleagues in other departments, but managed smaller departments with smaller budgets. The largest group to be appointed to director posts in the new social services departments were chief welfare officers, from departments having larger budgets because of greater expenditure on residential services. Most of the children's officers who were successful applicants for higher posts were men.

The number of women directors in 1987 was the same as in 1975, ten, but they have been redistributed, with only one woman being in charge of a county authority, and three of the four London boroughs under female control being among the smallest authorities in the country in terms of population.

THE STUDY

When appointed to my present post in August 1985, I became one of the two most senior women in the social services department, the other being the senior training officer. The management board were all men, and the senior advisers (two residential, three field) were all men. The heads of the domiciliary services section and of the research and development unit were both men. Since then, two significant changes have taken place. Firstly, one woman temporarily joined the management board as a result of the senior training officer acting as assistant director and has since been replaced by another woman when the permanent appointment was made. Secondly, I and two women colleagues in the hospital social work service have been regraded to the same status as the nine (male) district officers. The hospital section is the only part of the fieldwork service which is managed by women. With the regrading of these three posts, it will be interesting to see, in the future, if hospital social work is seen as an appropriate career opportunity for male managers. There is a view within social work that the fact that hospital social work is largely managed and staffed at lower levels by women reflects its low status with social services departments and has contributed to its failure to be fully integrated within the local authority since the transfer from the health service. This gender profile characterises the top management in my own department and permeates lower levels of the management hierarchy. It must be a matter for concern that a department providing resources which are mostly used by women as clients and staffed by women as employees is managed almost entirely by men.

In an attempt to find out why so few women progress beyond senior social worker level, where male and female staff are roughly equal in number, I carried out a survey among senior social workers in my department as part of a project for a management course. I was interested to discover whether there was any difference between the ways in which men and women senior social workers interpret their roles and do their jobs. If such appointments are made by male interviewers (because of the gender profile of the senior management tier) they might be more likely to appoint people who interpret the role in a similar way to themselves. This would have important implications for women applying for promotional posts and for authorities implementing equal opportunities strategies. I hoped to separate out what my department thought it was doing and encouraging, from what was actually happening.

My reasons for looking at the attitudes of senior social workers in particular were threefold. Firstly, this is the first tier of supervisory staff above basic grade social workers and, as such, is the first step into line management. Staff in these posts may well decide on the basis of this experience whether management is the direction in which they wish to go, even if other career development opportunities are limited. Secondly, it is this pool of personnel which will probably produce the district officers, principal social workers and fieldwork managers of the future, and, given the predominance of fieldwork within the social services, possibly more senior managers also. Thirdly, it is at this level that there appears to be a shift in the balance between men and women; if there are more women than men at basic grade level, a higher proportion of men than women are progressing to senior level.

The survey was confined to the two main fieldwork sections of the department – district offices and hospital social work departments – to avoid possible distortion by factors associated with the small, very specialised units. As I was particularly interested in the supervisory aspects of the senior's role (i.e. those tasks associated with responsibility for more junior staff and their work) I confined the survey to those seniors responsible for three or more staff. The possible total sample, taking into account vacant posts, at the time of survey (July 1986) was therefore 33 people. The survey was carried out by postal questionnaire, with follow-up interviews with a smaller group who were asked to indicate their willingness by filling in their name. Otherwise the questionnaire remained confidential.

The questionnaire itself had no specific questions about gender. Instead, I devised a series of statements about the supervisory role based on areas identified in other studies as those in which male and female managers differed as to emphasis or interpretation (Loring and Wells 1972, Cooper and Davidson 1982 and 1984, Marshall 1984) with which respondents were asked to agree or disagree. Examples of such areas were: recognising and discussing feelings associated with particular areas of work; how work is allocated; whether staff confide in the senior about personal problems; the need for firm direction to achieve satisfactory standards; and the attitude of the senior towards consultation with their line manager. A question was included in which respondents were asked to rank in order of importance eight aspects of a senior's role. This question was repeated later in relation to how respondents thought their line managers would rank the tasks. The remainder

Table 6.1 Length of service of respondents as a senior social worker

	Men	Women	Total
3 years or less	4	6	10
4–6 years	7	1	8
7–10 years	1	4	5

of the questionnaire concerned consultation and supervision, and aspirations and ambitions.

The response rate was 69 per cent which was similar for both sexes, being 12 out of 17 men and 11 out of 16 women. The numbers in the study are small and cannot form the basis for wider generalisation. None the less, the information provided by the questionnaire confirmed some impressions, opened up some completely new areas of interest and discovery and can be related to broader themes and issues derived from the literature.

Table 6.1 illustrates length of service as a senior social worker and shows that, with the exception of one woman with five-and-a-half years' service, all the women were appointed either less than three years or more than seven years previously. This suggests that either few women were appointed to senior posts three to seven years previously or they had moved on. The commonly held view among the workforce, borne out by NALGO and the deputy director, indicates the former. The workforce retains vivid memories of women being asked direct discriminatory questions (e.g. 'Are you planning to have children?') and men being appointed in preference to very able and experienced women, over a period of two or three years from about 1980–3. Since then, following the presence of trade union observers at all interviews, more women have been appointed. This survey suggests, however, that the second explanation – that women have moved on – may also be true.

In answer to the question 'Where do you see yourself in three years' time?', a third of the women replied that they saw themselves as being out of social work, compared with only one man, and three of them mention 'fed-up with social work' as a reason. Only one woman mentioned 'family commitments' as a possible reason. This may, therefore, indicate why there is a gap in the number of women seniors who had been appointed three

Table 6.2 The relative importance of various supervisory tasks for senior social workers

	Most important	Middle	Least important
A	10	6	4
B	8	8	5
C	12	3	5
D	11	4	5
E	7	7	6
F	2	9	9
G	6	1	13
H	4	3	13

to seven years previously; they have not moved up, but out. Why more women should become fed-up with the job than men may be explained when we consider the findings of the survey concerning the differences in their perceptions of the importance of various supervisory tasks.

The question concerning the relative importance of various supervisory tasks produced some interesting results. The tasks which respondents were asked to rank were listed as follows:

A. Giving practical advice and guidance in handling cases.
B. Helping staff to prioritise work and manage a caseload.
C. Ensuring statutory responsibilities are carried out.
D. Providing support in the stresses of the job.
E. Monitoring standards of social work practice.
F. Helping social workers to extend their knowledge and develop skills.
G. Being a source of expertise and specialist knowledge.
H. Allocating work.

This is by no means an exhaustive list and some tasks overlap a little, but nevertheless it includes the broad spectrum of tasks which the job requires and the range of expectations on the senior by senior management and social workers. There were 3 non-respondents and 20 respondents (10 men and 10 women). Table 6.2 illustrates the results. The tasks ranked as most important by most people were 'ensuring statutory responsi-

Table 6.3 Gender differences in the relative importance attributed by senior social workers to their supervisory tasks

	Men			Women		
	Most important	Middle	Least important	Most important	Middle	Least important
A	6	3	1	4	3	3
B	3	5	2	5	3	2
C	7	2	1	5	1	4
D	4	2	4	7	2	1
E	5	3	2	2	4	4
F	0	5	5	2	4	4
G	2	0	8	4	1	5
H	3	1	6	1	2	7

bilities are carried out' (12), 'providing support in the stresses of the job' (11) and 'giving practical advice and guidance in handling cases' (10). Those categories ranked as least important by most people were 'being a source of expertise and specialist knowledge' and 'allocating work' (13) and 'helping social workers to extend their knowledge and develop skills (9).

If the same data are analysed by gender, however, there are some interesting differences. The results, summarised in Table 6.3, suggest a gender difference in the relative importance which senior social workers attach to various aspects of their supervisory role. Most men stressed the importance of 'ensuring statutory responsibilities are carried out', followed by 'giving practical advice and guidance in handling cases' and 'monitoring standards of social work practice'. Most women stressed the importance of 'supporting staff in the stresses of the job', followed by 'helping staff to prioritise work and manage a caseload' and 'ensuring statutory responsibilities are carried out'. Four men thought 'supporting staff in the stresses of the job' to be a least important task, compared with only one woman, while four women thought that 'ensuring statutory responsibilities are carried out' to be a least important task, compared with only one man. To some extent, this bears out the findings of other studies. Cooper and Davidson (1982) found that women managers emphasised the need to encourage staff

Table 6.4 The relative importance attached to option C (ensuring statutory responsibilities are carried out), showing gender differences and differences according to length of service

	Men			Women			
	Most important	Middle	Least important	Most important	Middle	Least important	Total
3 years' service or less	2	1	0	4	1	1	9
More than 3 years' service	5	1	1	1	0	3	11
Total	7	2	1	5	1	4	20

Table 6.5 The relative importance attached to option D (providing support in the stresses of the job), showing gender differences and differences according to length of service

	Men			Women			
	Most important	Middle	Least important	Most important	Middle	Least important	Total
3 years' service or less	2	0	1	5	1	0	9
More than 3 years' service	2	2	3	2	1	1	11
Total	4	2	4	7	2	1	20

to discuss difficulties and problems, and laid great emphasis on supporting staff.

Interesting results emerge if the data are analysed by gender and length of service. Caution must be applied in drawing too firm conclusions from such small numbers. Nevertheless, there does seem to be a clear gender difference, as illustrated by Tables 6.4 and 6.5. It appears that women seniors who are relatively new to the job rank 'ensuring statutory responsibilities are carried out' as a most important task, whereas, more experienced women seniors regard it as a least important aspect of their job. Similarly, men who have recently been appointed to the job regard 'providing support in the stresses of the job' as being most important, compared with few men who are experienced. By contrast, women in both groups regard it as a most important aspect of their job. It is possible to speculate on this evidence that, on appointment, male and female senior social workers share similar views on the relative importance of various supervisory tasks, but that as they become more experienced, their views diverge. Women concentrate on the supportive, caring part of the job, while men emphasise the bureaucratic or organisational requirements. This is confirmed if the same exercise is carried out for task H – 'allocating work'. Here the task is considered least important by all groups except the men who have been in post for more than three years. It is impossible to know whether this is a reflection of the type of senior appointed at this time – a different generation of supervisory staff – or whether it is the seniors themselves who have changed over time as they have become more experienced. The same exercise would have to be repeated at intervals to test this out.

The question posed earlier in this chapter was why more women than men expressed the view that they would become fed-up with social work. The answer may lie in the emphasis which women give to the supportive and enabling aspects of their role. If women are putting more of themselves into the job, as opposed to concentrating on the practical, organisational issues, then the job may take more out of them. Women may, therefore, be more likely to suffer burn-out than their male colleagues. Such an intense level of working, with high personal investment, can only be sustained for a time-limited period, hence the expectation that they will have had enough. Furthermore, if women feel out of tune with the norms of the organisation – a point which will be explored in more detail later – they are likely to feel frustrated. Men may be more likely to fit into a social work setting having chosen their career from a much wider range. Despite equal opportunities legislation, women still have fewer occupational choices available to them and their 'career fit' may therefore not be as good. Finally, it is also possible that women may be more willing to acknowledge being worn out than men.

Included in the questionnaire was a question about consultation with a line manager. Four times as many women as men were likely to have such consultation on a regular, planned basis. Furthermore, the women were unanimous that discussing their performance with their line manager was not a problem for them, whereas a third of the men found some degree of difficulty in discussing their performance. This confirms my experience that women are more willing to expose themselves to criticism, and likely to be less threatened by the exercise than their male colleagues. This finding has implications for the working of the organisation. Given the absence of other, more objective measures (such as sales figures in a commercial establishment), discussion about individual performance in social work is an important medium in exercising quality control. If men are reluctant to expose their performance to scrutiny through talking about what they are doing, this may explain their greater emphasis on tasks and procedures.

The question about the relative importance of various supervisory tasks was asked again later in the questionnaire; this time respondents were asked to rank the tasks according to how they thought their line manager would rank them. There were 4 non-respondents to this question, not the same people as before. (Clearly, some people know their line manager's mind better than their own!) Therefore, there were 19 respondents (10 men and 9 women). The results are shown in Table 6.6. This divides fairly evenly between the organisational needs of the job (prioritisng and allocating work, statutory responsibilities, monitoring standards) which seniors thought their line managers regarded as most important, and the supportive, developmental tasks, felt by seniors to be of low priority as far as their line managers were concerned. Clearly, this represents only what seniors think their line managers expect, but none the less it tells us how senior social workers believe they are expected to prioritise the various aspects of their job and, therefore, about the views they might be expected to hold (or express) if they wish to progress higher up the management line.

If the responses are analysed according to gender, some differences emerge. As far as men are concerned, their interpretation of their line manager's priorities corresponds largely

Table 6.6 The relative importance of various supervisory tasks for senior social workers, according to how respondents thought their line manager would rank them

	Men			Women		
	Most important	Middle	Least important	Most important	Middle	Least important
A	7	2	1	5	2	2
B	5	4	1	5	4	0
C	7	2	1	6	2	1
D	1	5	4	3	0	6
E	5	4	1	2	0	7
F	0	3	7	1	3	5
G	1	0	9	2	3	4
H	4	0	6	4	3	2

with their own rankings. The women, however, believe their line managers lay greater stress on allocating work than they do and less on providing support in the stresses of the job. If these perceptions are accurate, there are two possible implications. One is that if women wish to progress higher into management, they have to make greater adjustments and compromises in their management style than men. The second is that if women were appointed to more senior positions and retained their views, the emphasis in departments might shift from an organisational, bureaucratic approach – emphasising control, monitoring, targets, hierarchy – to a more enabling and supportive one.

This raises the issue of whether women wish to progress into higher management. One of the comments often made to me (by men) when I remark on the few women in senior management, is that women do not apply for promotion, and therefore cannot be considered. There may be some truth in this, in which case the possible reasons need to be examined, but in my own authority it is impossible to know because no monitoring of applications, short lists or interviews, by any variable, is carried out. Popplestone's (1980) survey of a sample of British Association of Social Workers (BASW) members at all levels of social services, found that 3 per cent of women compared with 14 per cent of men had applied for promotion to a management post in the previous year. My survey of senior social workers also provided some indicators. Respondents were asked 'Where do you see yourself in three years' time?' Apart from the third of the women who indicated they would be out of social work, another third saw themselves as being higher up the management line, which was roughly the same as the number of men giving the same reply. The current evidence, however, is that women largely disappear from management in social services departments above senior social worker level, except in the hospital social work service. This suggests that either there are more women with aspirations towards management nowadays compared with four to seven ago, or their ambitions have been thwarted in some way in the past. If we also take length of service into account, we find that most of the 'aspiring' women were apointed three years ago or less, whereas only one man in this category sees himself higher up the management line. More than half the men with more than three years' service see themselves in this position. This suggests that women who have recently been appointed have greater aspirations to move into management positions than their predecessors. Whether this is really ambition, or should more accurately be described as 'confidence', is open to debate. It is arguable that some women did not identify themselves in this way because they had no expectation of their aspirations being fulfilled. It would certainly be interesting to review the situation in three years' time to see if their predictions have been realised. Motivation is an important factor, also. As argued later in the chapter, some women may not wish to participate in the upper reaches of a hierarchy, because of concern to avoid contributing to the oppression of other women at lower levels of the management structure.

These results suggest that women have similar career aspirations to men at senior social worker level, yet the evidence is that they do not progress beyond this grade in any great numbers. Popplestone (1980) has suggested that, among other things, the conflicts for women between work and family are enormous and extremely difficult to resolve. They may, therefore, not apply for promotion and this may contribute towards men's continued dominance at the top of the welfare profession. Nicholson and West (1988) carried out a survey of 2,304 Members and Fellows of the British Institute of Management, of whom about 800 were women. Their sample covered a wide range of managerial and professional occupations, in both public and private sectors, and over the whole of the United Kingdom. The broad criterion adopted was to include people in industrial, commercial and service organisations with professional and managerial responsibilities for the work of more junior staff or for liaison with clients outside the organisation. They speculate from their study that the large numbers of women managers who are single (almost a third), compared with only one in twenty of the male managers, can be explained by women forgoing demanding professional careers because of the competing strains of work on marriage and family. Their longitudinal data showed that despite there being fewer married women among the managers to start with, three times as many women experienced divorce or separation in a 15 month period than the men. This is hardly surprising when we consider that 90 per cent of the married women in their sample had partners working full-time and, given the division of domestic labour and the current social construction of family roles, had to juggle their own work and career demands with those of their partners. This compares with less than a quarter of the male managers who had partners working full-time. In other words three-quarters of the men were serviced at home and were therefore freer to concentrate on their job responsibilities.

The same study, which looked specifically at job mobility, ambitions and career planning, also considered the work needs of managers – what they wanted from a job – and analysed these from a gender perspective. They found that women were less interested than men in the material rewards from work – high earnings, fringe benefits, job security – than in those aspects of the job which met their need for development and growth – challenging work, opportunity to improve knowledge and skills, where there is feedback on their performance and friendly colleagues. There was no difference when these results were analysed in single and dual career men and women, thus refuting the popular view of married women working for 'pin money'. Perhaps to succeed in management, in order to overcome the many obstacles in their way, women have to have greater motivation and commitment, hence their emphasis on the need for personal development.

Work carried out by Julia Phillipson at the National Institute for Social Work confirms this view. She has followed up a sample of women managers who have participated in management courses for women organised by NISW. She has found that women are moving up the hierarchy, but into specialist or developmental posts rather than line management. Typically, these are innovative posts, but associated with what are often considered to be low status areas of work, e.g. work with elderly people or people with learning difficulties. They may be time-limited posts with limited staff supervision. In her research, she has found that women emphasise and value opportunities to be creative and do not necessarily aspire to be in line management (Phillipson 1988).

GENDERED PERSPECTIVE ON MANAGEMENT

Respondents in my study who had indicated a willingness to discuss issues raised in more detail were interviewed using specific questions about gender. Most women agreed that women emphasise different aspects of a manager's role from men; most men disagreeed with this. Some of their responses are quoted here:

Men
'Men are more directive.'
'Women deal with hostility and aggression better.'
'Women get more personally involved.'

Women
'Men are more logical, interested in power, organisation-orientated.'
'Women are less confident in their role, more interested in welfare of staff, relationships.'
'Men are career-orientated. Women develop an interest in a particular area, not necessarily as a career progression.'

This last remark bears out the findings of Nicholson and West's (1988) study. They found that women were more likely to be in specialist rather than general management posts and were more likely to have radical career changes – going for what interested them, as opportunities presented themselves, rather than planning a managerial career – than men. Women were more self-directed and intrinsically motivated in career choices. Men were more materialistic, status-orientated and goal-directed in their career orientation.

In answer to the question, 'Do you think gender makes any difference to how you do your job?', almost all the men I interviewed felt that being male was a distinct advantage when dealing with higher management, particularly the management board, who were thought to trust men more and take them more seriously than women. One man said his gender meant he was far more likely to have informal or social contact with the all-male board, which helped to confirm him and his male colleagues as 'one of the boys'. The women felt they had to try harder to be assertive and confident when dealing with other professionals, e.g., the police or in multi-disciplinary meetings where women are in the minority. They, too, felt there was a definite problem when dealing with higher management, some of whom seemed to need to adopt 'an air of flirtation' which was very difficult to deal with from a subordinate position, because of the power in the relationship. These comments bear out the findings of other studies. Cooper and Davidson (1982) found that women managers not only felt they had to do better than their male colleagues but that they were usually better qualified as well. The same study highlighted the exclusion of women from male social interactions at work and how difficult it is for women to penetrate the 'old boy network'.

Two main reasons were given in the interviews for there being fewer women in higher management. Firstly, there was a view that women have definitely been discriminated against by a male dominated hierarchy, although more women seniors have been appointed in the last few years. This was attributed partly to the involvement of trade union observers in interviews, but also to firmer direction by a newly appointed deputy director (who has since left) in insisting on the best candidate being appointed, sometimes contrary to the wishes of the line managers. The recently agreed proposal that interview panels for senior social workers must be mixed in terms of gender was also welcomed. This has been fully operational for some 18 months now (1989) and as one of the three women included in running the panels, I have found this to be an interesting experience. It cuts out the more overt discrimination (as does the trade union observer) but perhaps more importantly, the presence of a woman on the interviewing panel provides some reassurance for women candidates. Being interviewed by an all-male panel can be a daunting process for women, particularly if the men do not even realise it is an issue at all. If the other candidates are all men, this can further reinforce the feeling that she is in the wrong place and does not really belong. Similar issues apply to black candidates. A woman interviewer is also more likely to identify sexist attitudes in the candidates, and highlight these in the discussion prior to an appointment being made. It is essential that sexism, just as much as racism, is considered unacceptable and offensive. Without a woman on the panel, such an issue may not even be recognised.

The second reason given for the lack of women in senior management was the reluctance of women to apply for promotional posts. The men tend to see this in terms of women not expecting to be successful because of discrimination. The women, on the other hand, said that they did not see themselves as having the necessary skills and attributes, as defined by male managers. This was partly because there are so few other senior women on whom to model themselves and partly because of their lack of confidence and 'conditioned passivity'. If women are socialised into hanging back and putting others first, they are less likely to see themselves in positions of authority with leadership responsibilities.

I used a similar interview schedule to discuss the same issues with some of the fieldwork managers and the deputy director. Most expressed the view that the most important task for the senior social worker was to allocate work, followed by setting priorities, monitoring work, supervision and support. This coincides with the male seniors' view, with support coming way down the list of priorities. Only one person, a woman, thought that there was any difference between how men and women carry out their roles. She thought that women were better at using the skills of a group and sharing power, that they were also in a better position to show emotion and acknowledge vulnerability, and that men felt they have to be strong all the time. Some staff deliberately seek her out to discuss issues because she is a woman. It would seem that the male higher managers are either ignorant of, or blind to, the particular contribution made by women in management at senior social worker level, or see it as unimportant. None of the male fieldwork managers mentioned discrimination as a reason for the under-representation of women in social services management. One thought that domestic circumstances (child rearing) might be a contributory factor, while another believed that men had taken the opportunity for rapid career development in the 1970s during the early years of social services expansion and that, because of slow turnover, there were now few opportunities for progression. The woman fieldwork manager thought that men are more competitive and, therefore, tend to do better at interview. The fact that there are so few women in senior management and therefore missing from interview panels, may also put other women off applying.

My study indicated that there was a clear gender difference between men and women's interpretation of their role at senior social worker level, and that higher management's expectations coincide with the male view. No one suggested directly that women seniors were less effective or less competent than men, yet their contribution seems to be at best under-valued and at worst ignored. There must be some desirability in having a mixture of managerial styles in higher management, yet the department does not seem to be encouraging the best of men *and* women to progress up the management line. Women seniors stressed the importance of providing support in the stresses of the job *and* ensuring that statutory responsibilities are carried out; their encouragement and inclusion could produce a more balanced management style.

MEN, WOMEN AND MANAGEMENT STYLES

The climate in which social services departments now operate, with an emphasis on efficiency, economy and effectiveness, with strict central controls, encourages a model of management which encompasses competition and change, is achievement orientated and is based on control. It is, therefore, worth considering how women and men are conditioned into certain roles, and how these relate to this management style.

SOCIAL CONDITIONING

Girls are taught to put others first, to hang back, service others, take on caring roles, be gentle, kind and loyal. Boys, on the other hand, are encouraged to be leaders, to be tough, strong, active, decisive, competitive, to instigate, stick up for themselves, achieve, put themselves first, be the breadwinner, choose and plan a career. Failure to adopt the appropriate attitude in boys will bring forth taunts of 'wet' and 'wimp'. If they get upset they will be told that big boys don't cry. Girls will be criticised for being lazy or untidy. Interestingly, the term 'tomboy' is almost a compliment, describing a girl who enjoys rough, physical activity more usually expected of boys. Girls or women who show interest in boys risk being called 'tart' or 'slut'; there is no equivalent insults for men or boys (Adams and Lauriekitis 1976). Sharpe (1976) reports the findings of a study of how parents treated their children between one and five years of age in which they focused the children's attention on different objects and activities according to gender – dolls for girls, cars for boys, and in which girls were praised for being helpful, boys for being brave. The same study showed that girls were expected to help with domestic chores far more than boys. Grabrucker (1987) has described how insidious gender stereotyping is, through the influences of the media and one's own life experiences, despite the best efforts of feminist mothers and anti-sexist fathers to counteract it with their own children.

The socialisation carried out by parents is confirmed in the education system. Stanworth (1983) describes how both male and female teachers give more attention to boys than girls in the same class. Girls, therefore, learn that their needs and abilities are subordinate to those of boys, and despite the Sex Discrimination Act, which made illegal the exclusion of girls from any particular subject, girls are discouraged from certain subjects, particularly mathematics and science, while boys are discouraged from others, such as home economics. Interestingly, home economics is not one of the subjects on the recently imposed core curriculum; presumably the rationale is that it is not relevant to boys and therefore not important enough to be included. Girls, therefore, are socialised into an unequal adult role, in which they are expected to find fulfilment as wives and mothers, or in paid employment which reflects their subservience and enables them to care for others. Female values are subordinated to the dominant male norms.

In the highly gendered world of social services, women fulfil their ascribed roles by working as secretaries, clerks, home helps, care assistants, occupational therapists and social workers. Those who are likely to be seen as most appropriate to fit the management style in today's world are men. By the same token, this management style, taken from industry and promoted by government, is one which has been created by men and, thus, reflects their own social conditioning and the values with which they have been imbued. Gilligan (1982) argues that women's philosophical and psychological development is different from men's, resulting in the adoption of different value systems. Women see caring for others and co-operation as important, while men value success and achievement.

In considering the different values which women and men bring to management, my own experiences confirm these views. As one of only a small number of women at senior management level, I find myself surrounded at meetings and in working groups by men, who compete with each other to contribute, whether by speaking or writing papers, and who concentrate on achieving the task in hand. They want to see the building erected quickly and efficiently. The women I work with, albeit a small group, are concerned with how the bricks are going to be put in place and making sure they are all accounted for. We find ourselves worrying about enabling others to make a contribution to the process and ensuring that people feel valued and listened to. Judi Marshall's (1984) work has proved helpful in this respect, in that it confirmed these impressions and put them into a framework for describing the various dimensions of female traits. This is based on Bakan's (1966) fundamental tendencies of 'agency' and 'communion'. Agency is based on independence through self assertion and control. Communion aims for interdependence, through being at one with others. Agency reduces tension by changing the world around it; communion uses co-operation as its way of coming to terms with uncertainty. Neither is complete on its own, however; agency needs to be tempered by communion and communion by agency.

Marshall applies this model to an analysis of male domination over women, through patriarchy, and concludes that agency corresponds to how men function, and communion to women. Her framework consists of five traits, each both inward and outward looking, and is summarised as follows:

1. *Perceptions of the world*: Events are seen within contexts; women work through the environment, and their contribution may, therefore, be difficult to isolate; women use listening skills as a way of tuning in to the views of others.
2. *Emotional grounding*: Women experience the world through feeling and are facilitators of the emotional expression and development of others. This perspective is incompatible with owning achievements as personal successes.
3. *Nurturing*: Women enhance self worth through collaboration with others and servicing the basic life sustaining needs of others. This makes them particularly vulnerable to exploitation.
4. *Continuity*: Relationships are maintained over time; women look to their own development and expect to be changed and enhanced by the job they do.
5. *Creativity*: This supplies the energy for female being.

Marshall sees this model as enabling women to achieve a new meaning of 'self', firstly by establishing a set of rules which do not rely on others' approval, and secondly by releasing the energy which has been suppressed, 'muted', by the imposition of male norms.

THE CURRENT MANAGERIAL CLIMATE

The general literature on management is characterised by the absence of any reference to women. Apart from those books specifically about women, there is virtually nothing to be found about women's experiences or attributes. A random search of the management studies section in a local university bookshop revealed that almost all works are written in the male gender. Some (male) authors attempt to justify this by describing their difficulty in finding non-gender specific terminology, a position which is more suggestive of lack of effort than real problems in finding an acceptable form of words. The proof of this is Nicholson and West's (1988) book about managerial job change, the title of which includes 'men and women in transition'. The authors successfully achieve a very readable piece of work by generally using the plural and referring to men and women specifically when this is necessary. They are also one of the few research teams who have analysed all their data from a gender perspective throughout the book and also devoted a separate chapter to drawing together the issues specifically relating to women.

A work which has had major influence on management philosophy since its publication in 1982 is *In Search of Excellence* by Peters and Waterman. Some local authority social services departments have adopted its central tenets wholeheartedly and directors have used its principles as the basis for reorganising their departments. Despite its emphasis on creativity, innovation, being close to the customer and sticking to the knitting – a curious choice of a feminine analogy – the book makes no mention of women and no reference to gender. I failed to find any women quoted as paragon managers or sources of wisdom and much of the work is written in the male gender. The only women mentioned are those who are acknowledged in the introduction as having helped with researching facts or checking manuscripts. Indeed, the opening remarks of the preface set the rest of the book very firmly in a male context: 'We collected the data on which this book is based and distilled them into eight basic findings. Some readers may say that the findings are motherhoods, but that's not true' (Peters and Waterman 1982, p.xv). Whatever is meant by 'motherhoods', they are clearly something inferior, to be avoided and not considered factors which may contribute to the creation of excellence.

Excellent companies, according to Peters and Waterman, are those which are innovative in continually responding to change of any sort in their environments, thereby ensuring their continued survival and, more importantly, success. The philosophy has clearly derived from the competitive commercial sector, where profitability is of prime importance. The translation to the public sector may at first sight seem inappropriate. Yet, increasingly, the expectation of central government is that local authorities will be able to hold their own in the marketplace. Furthermore, the recent Griffiths report (1988) on care in the community and the Wagner review of residential care (1988) both highlight the role of social services in acting as brokers for services for clients, putting together packages built up from resources in the public, private and voluntary sectors. Some local authorities, to judge by their promotional material and organisational philosophies, clearly see *In Search of Excellence* as providing a sound framework for their activities.

On the surface, it is difficult to argue with the eight attributes of excellence – which include 'close to the customer', 'productivity through people', and 'hands on, value-driven'. I have struggled with why I am uneasy with the concepts, and have found two reasons for my discomfort. Firstly, as already mentioned, women are excluded from the analysis altogether; they or their experiences simply do not figure in the data or conclusions. Secondly, having applied Judi Marshall's framework to the book, I found one telling paragraph:

> Only if you get people *acting*, even in small ways, the way you want them to, will they come to believe in what they are doing . . . . 'Doing things' . . . leads to rapid and effective learning, adaptation, diffusion, and commitment; it is the hallmark of the well-run company. (Peters and Waterman, 1982, p.74)

This very clearly illustrates the agency perspective, described above, at work. This sounds like control, direction, telling and manipulation. Where is the sharing, co-operation, listening and enabling of the communion perspective? To be applied properly and constructively to social services departments, *In Search of Excellence* has to take account of women's lives and experiences – they are the customers – and enable women to participate in the process. There is little evidence so far that departments have taken this on board.

Should the current ethos prevail, the primary task of social services will become that of providing an efficient, effective and economic service, where these three are defined in terms of cheapness, and care and quality of life will be relegated as being of secondary importance. This has major implications for the future of social services; already there are moves towards competitive tendering, where cost will be the prime concern. Such a trend suggests that it is less likely than ever that women will be seen as appropriate managers within social services departments. Yet, by virtue of their experiences of caring for others, the value which they put on it and their emphasis on enabling rather than control, they have a very important contribution to make to management. While men emphasise the importance of the product, women also pay attention to the processes involved. While men strive for independence and autonomy, women encourage inter-dependence and mutual support. Women attempt to share power and to co-operate to achieve goals. This is best summed up by Pam Linn in describing the gender difference which she has experienced in her technology network project:

> Whatever the project, someone has to work at developing relationships, ensuring that everyone has the information, tools and materials they need, keeping the impetus going – the kind of invisible work with people and processes that women workers have learned, from the cradle, to do so well. (in McNeil 1987, p.146)

Both the workforce and the clientèle of social services departments are getting a raw deal by the exclusion of these skills and experiences from the management, either because of the absence of women at this level or because many of those women who are in senior management have had to adopt male values in order to survive.

DIFFICULTIES AND DILEMMAS

How much should women participate in hierarchical management?

One of the dilemmas for feminists is whether to participate in controlling, hierarchical management structures which may reinforce policies oppressive to women. The shift in government policies in recent years towards community care, with a run-down of hospital resources and a squeeze on local authority finances, has resulted in an even greater reliance on informal care providers, who in the vast majority of cases are women. Services are often targeted to people living alone, without the support of a mother, daughter, wife, sister, or niece, so that those who do have family carers available are unlikely to get even a small piece of the cake. Furthermore, male carers are more likely to receive help than females, and at an earlier stage (Equal Opportunities Commission, 1980).

Women are often presented by families as clients and targeted by social workers as the people in families needing to change. While some radical feminists would argue that women should have nothing to do with such an oppressive system and require a total transformation of welfare, there are none the less gains that can be made even within the current system. Active participation by feminists in the management of the welfare system must have a beneficial effect, however small, for all women. Dale and Foster argue that 'feminists must surely keep fighting for reforms to existing welfare institutions, however dispirited they become when met by both overt and covert resistance from those with the power to determine welfare policies and practices' (1986, p.155). This process will be helped by more women being among those who make such decisions.

This responsibility, however, can be an awesome one. Trying to operate from a feminist perspective, in the upper echelons of a male dominated hierarchy, without contributing to the further oppression of other women, black or white, is a very difficult task. There is no doubt that compromises may have to be made. It can be reassuring, therefore, to remember, in the face of adversity, Dale Spender's assertion:

> If we are to have a common feminist framework then it must be all things to all women; it must be able to take account of what all women know and understand of the world, even when they know and understand contradictory things. (Spender 1985, p.4)

Women managers must, therefore, ensure that welfare policy

and practice are not just based on men's assumptions about the world but are informed by women's varied experiences.

While women in senior positions remain in such a tiny minority, however, the task for them can be a daunting one. With few or no female colleagues with whom to share difficulties, work can be an isolating experience. As a 'traveller in a male world' (Marshall 1984) the woman manager may face a variety of difficulties and obstacles and will have to make choices about her own style of management in relation to that of her male colleagues at a time when she may only be beginning to find out what management actually is.

Sexism and sexual harassment

Sexism, overt and covert, may be an ongoing problem and something which may not even be recognised as offensive practice. Sexism is still regarded by many as mildly amusing, not a really dangerous and unjust phenomenon like racism, and is often translated as being the woman's problem because she has lost her sense of humour. I speak from personal experience. Some men just cannot understand why women fail to laugh at their sexist remarks and get exasperated if the offence is brought to their attention. When the perpetrator is in a more senior position, this can make it extremely difficult for the woman to deal with. Should she express her objections and risk being dismissed as a humourless feminist, with consequent crises of credibility in future encounters, or should she allow the matter to pass, thereby letting the man off the hook again and feeling that she has let other women down as well as herself? Appropriate action does depend on the context, to some extent, and it has to be acknowledged that some men will never change. At the end of the day, sexism is a male problem which men have to resolve; women should not, therefore, feel responsible for having to address it. Choosing an opportunity to confront matters in the company of anti-sexist men can, therefore, be an appropriate way of dealing with it, as it takes the issue into the male arena.

Sexual harassment at work is a significant problem and one which is more likely to be experienced by junior or middle managers than those at a very senior level. There is no doubt that power is a very important element of all sexist behaviour, but particularly so when unwelcome sexual advances are concerned. Some authorities include sexual harassment as a disciplinary offence. If the perpetrator is a member of the senior management team of the department, the woman concerned may well think twice about making a formal complaint. Collins and Blodgett (1981) found that the majority of women believed there was nothing they could do to safeguard themselves from sexual harassment at work. It is, therefore, not surprising that few women make use of complaints procedures; if, indeed, they cover sexual harassment at all.

Retaining female values in management

One of the difficulties for the lone woman manager is the feeling that she represents all women and that the future promotion of women to similar positions will rest on her success or failure as a manager. There is, therefore, an added pressure on her to do well, so as not to jeopardise the prospects for other women. The dilemma is that 'doing well' may be defined in terms of male values and expectations. While the woman manager may be striving to establish her credibility and put her management philosophy into practice, in the absence of female role models, she may find the pressure to behave like her male colleagues irresistible. She will certainly find it extremely difficult to pioneer a new style of management. There are parallels here for isolated black people within an organisation, who may also feel a huge responsibility to succeed not only for themselves but in order to secure the future for other black colleagues. Black women face the double jeopardy of representing both their race and their gender.

As a member of a minority within a group, a woman manager will find herself struggling to retain her female values against the influence of the dominant male culture. She can remain as an outsider, with little opportunity to exert power or influence, or take on male values in an attempt to become part of the dominant culture. This clearly has enormous consequences in terms of relationships with other women in the structure, whether at her level or elsewhere in the hierarchy. Kanter (1977) describes members of the minority group as tokens and identifies skewed groups as those which have a large minority of one type of people or another, up to a ratio of about 85:15. A token woman is one who is seen as a symbol of her sexual category, rather than as an individual and, according to Kanter, will never be able to put this to one side in the eyes of the dominant group. This concept is central to women in management. Because of their scarcity, tokens are highly visible. They can, therefore, expect to be judged on more of their total performance than members of the dominant group, who can get away with the occasional weakness. Women, for example, are more likely to be assessed according to their dress than their competence.

The notion of skewed groups helps to explain why those women who do enter senior management roles may have little success in influencing policy or practice, and may fail to meet the expectations of other women that they are paving the way for others to follow in their footsteps. Simply increasing the numbers of women in management posts is not enough on its own to transform male domination of welfare, which is deeply rooted in our social structure. Some gains can be made, however, as part of a planned process, with women clustered together in groups rather than spread around in isolated posts throughout an organisation or department. The fact that there are four women within my immediate work peer group is a source of support and strength, despite the fact that the posts within the group divide along gender lines exactly – area officers are men, hospital managers and the training officer are women.

Kanter's analysis may explain why some women go for developmental posts rather than line management ones. New jobs opening up new areas of work, in a small staff group, may be less likely to be governed by a strong dominant culture; the successful woman candidate may be the first occupant of the post, and therefore not disadvantaged by the knowledge that the job has previously been done by a man; and is less likely to be a token if the team which she is joining is a small one. The disadvantages of these career moves are that the posts may be time-limited, are usually outside the organisation's line management structure, and do not give post holders the recognised responsibilities for staff which they may need to get back into the mainstream work of the department at senior level.

Absence of women in top jobs

The absence of women in senior positions is not only influential in deterring women from applying for promotion, it is a major factor in reinforcing male attitudes about women. Several surveys in industry have highlighted that male resistance to the appointment of women executives is encouraged by their lack of personal experience of working alongside senior women managers (Bayes and Newton 1978; Izraeli *et al.* 1980). It is not only women who feel that women do not belong. The fact that women are absent from the top layers of a hierarchy becomes a confirmation for men that women should not be there.

Cooper and Davidson (1982) advocate training programmes within organisations to try and change male managers' views of their female counterparts, to dispel myths and stereotypes, and to encourage men to be less threatened by women colleagues. Consciousness raising is a long, slow process. If women wish to work for the transformation of welfare from within the system, they have to be prepared to keep on questioning attitudes and procedures, pointing out the sexist assumptions which underpin them, to use opportunities as they present themselves, and not to become too disheartened if their efforts seem to have little immediate effect. I was delighted when, some twelve months after the results of my managment study had been shared in the fieldwork managers group, a male colleague rang me to tell me that he and his district management team had rewritten a job description for a senior social worker to include the supportive and developmental tasks highlighted by the women in my survey. I was even more pleased when a woman was appointed to the post.

Job sharing

Despite the fourteen years since the passing of the Sex Discrimination Act in 1975, little has changed. Women still occupy lower paid, lower status jobs, with men predominating in management. Most authorities and organisations now carry an equal opportunity statement in their job advertisements, yet the reality is that few employers go further than this and implement equal opportunity strategies to improve services or employment prospects for disadvantaged groups, of whom women are one. An example of this is job sharing. This enables employees, usually women, to work a shorter working week, often with flexible hours, and combine paid employment with domestic responsibilities or pursuing other interests. Job sharing has taken a surprisingly long time to become established, yet my experience is that the combined efforts of two people sharing the same job produces more than if one person occupies the post. Care must be taken, of course, to avoid exploitation. It is now fairly commonplace for jobs at basic grade level – social workers, secretaries, clerical assistants – to be job shared, but rare indeed for more senior posts to be job shared. When such suggestions are made, men rehearse their arguments as to why such arrangements are problematic; senior staff have to be available and provide continuity; it will cause confusion to junior staff if there are two different management styles; job sharing would provide endless opportunities for communication failure. All of these potential stumbling blocks can be overcome, provided certain ground rules are established.

It is clearly essential that two people who are going to share a job get on well together and share a mutual understanding of what the job entails. It is, therefore, most important that candidates have an opportunity to meet each other informally at some length, before the formal selection process begins. What would be more appropriate, however, would be for higher managers to give an explicit commitment to senior posts being open to job sharing. This would encourage staff to consider this actively and to seek out potential partners in order to make joint applications, as a package, to job share specific posts. In this context, there is therefore no reason why two people should be less available or provide less continuity than one. The nursing profession has long worked on the basis that in order to cover a seven day week, more than one person must be responsible for a ward or unit. Without denying the individuality of each sister or charge nurse, there is nevertheless a need to establish a shared cohesive management. The same principle applies to job sharing senior management posts and necessitates good communication between the post holders. It should, therefore, not be difficult for junior staff to relate to two people when necessary. Communicating and sharing are tasks which women are good at. Reluctance by male managers to take job sharing on board confirms their views of management as being primarily individualistic and independent.

The greater availability of job sharing in management would enable more women to exercise choice about progression upwards. This would be not only for those women who, given current social arrangements, have to decide between career and family responsibilities – at the stage when women may have accumulated sufficient experience to consider progressing into a senior position, having reared their own families, they may find themselves with elderly relatives to support. It would also enable women who may be breaking new ground by being the first female post holders at a particular level to share that responsibility. The higher salaries might also make job sharing at that level a more realistic possibility. Women would, therefore, feel less isolated and vulnerable and perhaps more willing to move into a stratum dominated by men. The objections which male managers put to job sharing illustrate the weakness of the equal opportunities legislation in improving the position of women. Employers can point to their formal policies – an equal opportunities statement, for example – without changing their underlying attitudes or priorities. Those who have to change are men, and because men occupy the positions of power women are often dependent on their approval or permission before change can take place. Women may, therefore, have to create their own power source within the organisation, or use other sources such as trade union or professional association, in order to effect change. Many local authorities now have equal opportunities committees and their potential for focusing concern and developing strategies should not be forgotten.

STRATEGIES FOR SURVIVAL

Having made a decision to move into managment, given a

commitment to it, overcome the obstacles and actually gained a senior position, a woman manager can adopt certain strategies not only to survive, but also remain true to her female values. One of the most basic, but effective, things she can do is to seek out other women at work. The results of this are twofold. Firstly, she will reduce her own isolation, and that of her female colleagues, by linking up and sharing ideas and problems. This will help to counteract the expectations on her, as a token, to take on the values of the dominant male culture. Secondly, uniting her own energy and creativity with that of other women will have a stronger impact on this culture than the efforts of single individuals struggling alone. More importantly, forming a network of women will provide greater opportunities for tackling issues as they arise. I have found from my own experience that I do not feel strong on every occasion when this may be necessary. Tapping into a network puts me in touch with others, one of whom is almost certainly going to feel able and willing to fight that particular battle at that time. This also has the effect of sharing the responsibility and making it less hard for the issue to be dismissed as trivial, or a 'hobby horse', if it is not the same individual who confronts matters every time. It is important to realise, however, that men see women meeting together as a threat; they, too, recognise that as a group women are more powerful and confident than as individuals. Women should, therefore, be prepared for derisive comments or attempts to block such meetings from their male colleagues. I have heard a group of women talking together, referred to by a senior male member of staff as a 'mothers' meeting'. On a similar theme, Marshall (1984) advocates the use of co-operation to get tasks done, to supplement individual action. This is particularly relevant in a social services department, where there is much crossing over of interests and responsibilities between different client groups and the various settings such as field, domiciliary, residential and day care.

There is no doubt that the woman manager will need to be assertive. Women in senior positions are a threat and risk rough treatment or humiliation if they challenge male supremacy, and even if they don't. Rather than being a domineering, competitive individualistic approach, assertion can be grounded in concern for others. Anne Dickson suggests that being assertive is not about winning or losing:

> The tension and effort needed to win does not allow you to develop a genuine respect for the needs, feelings or rights of others or yourself. This principle of equality is one of the most important hallmarks of assertive behaviour. (Dickson 1982, p.13)

A woman must use assertion skills to ensure that the voice of women is heard on the various working parties and committees of the agency which determine departmental policies. Her first task may, indeed, be to ensure that such working groups include women as workers and as service users as a matter of course. Incredibly, one social services department recently set up a working group to consider violence to staff and did not include any women members in the group. Women managers have to be ever vigilant to safeguard the interests of their gender. This in itself can be a source of stress; at times the feeling of having to take on so many issues at once can be totally overwhelming and emphasises the need again for women to form a network.

Gaining admission to a working group, however, is only half the battle. She may find that she is the only woman, which will make her feel out of place and she will also find that she has difficulty making herself heard. Men interrupt women far more frequently than vice-versa, and woman usually apologise to the men and defer to them when this happens. If women interrupt men, however, they find it difficult to cope and will often either insist indignantly on their right to finish, or make sarcastic remarks. It takes all women's persistence and strength to persevere in putting their view, without engaging in the competitive tactics employed by men. All these difficulties have to be faced and overcome before the subject matter itself – the provision of services within a public sector agency – can be examined and policies to enhance the position of women produced. Small wonder that many women give up the struggle.

CONCLUSION

To summarise, this chapter has considered some of the issues facing women managers in social services departments. My starting point was a management study carried out in my own department which examined the role of the senior social worker from a gender perspective. This study showed that women emphasise different aspects of a senior's supervisory role from men, and that the management model promoted by the management board at that time was a male one – hardly surprising, given the absence of women at that level. From these small beginnings, I have explored the contribution of other writers and researchers, which have confirmed, in greater depth, the tentative findings of my own study. Many women have a different value system in management from men. They usually start from a basis of co-operation and sharing – 'communion', in Bakan's analysis – and look for opportunities to exercise their creativity and developmental skills. The difficulties for women of being tokens within a dominant male culture, supported by a mainly male literature, have been explored and some suggestions made for women to assert themselves and exert influence. Women do have a right to be in management; they have skills and experiences to bring to the management arena which can enable a shift in the balance away from control and emphasis on the product, to co-operation and emphasis on the process; and they have a responsibility to work with and on behalf of other women to bring about policies and practices which will enhance the position of women, not oppress them.

Perhaps the most important task for a woman manager in a social services department is to raise the status of caring. This is to be achieved not only through her own management style of enabling, sharing and encouraging interdependence; she must also use her influence on the policies of the department which affect the working conditions and salaries of paid carers and the services which they provide to support unpaid carers in their tasks of looking after dependent relatives or friends. This must be the ultimate aim of every woman manager within a social services agency.

Bibliography

Abrams, M. (1984) *People in their Late Sixties: A longitudinal study of ageing. Part 1: Survivors and non-survivors,* Mitcham, England: Age Concern Research Unit.

Adams, C. and Lauriekitis, R. (1976) *The Gender Trap,* (3 vols) London: Virago.

Ahmed, S. (1982) 'Some approaches to recruitment and inservice training for multi-racial social work' in Cheetham, J. (ed.), *Social Work and Ethnicity,* London: George Allen & Unwin.

Ahmed, S. (1987) 'Let's break through the barriers to inequality', *Community Care,* 29 October, pp.i–iii.

Ahmed, S., Cheetham, J. and Small, J. (eds) (1986) *Social Work with Black Children and Their Families,* London: Batsford, in association with British Agencies for Adoption and Fostering.

Ahmed, S., Hallett, C., Statham, D. and Watt, S. (1987) 'A code of practice', *Community Care,* 29 October, pp.vi–vii.

Aldred, C. (1981) *Women at Work,* London: Pan.

Aldgate, J. and Simmonds, J. (eds) (1988) *Direct Work with Children: A guide for social work practitioners,* London: CCPP/Batsford.

Althusser, L. (1971) *Lenin and Philosophy and Other Essays,* London: New Left Books.

Amos, V. and Parmar, P. (1981) 'Resistances and responses: The experience of black girls in Britain', in McRobbie, A. and McCabe, T. (eds), *Feminism for Girls,* London: Routledge & Kegan Paul.

Amos, V. and Parmar, P. (1984) 'Challenging imperial feminism', *Feminist Review,* no. 17, pp.3–19.

Angelou, M. (1986) *And Still I Rise,* London: Virago.

Anthias, F. and Yuval-Davis, N. (1983) 'Contextualising feminism: Gender, ethnic and class divisions', *Feminist Review,* no. 15, pp.62–75.

Arber, S., Gilbert, G.N. and Evandrou, M. (1988) 'Gender household composition and receipt of domiciliary services by elderly disabled people', *Journal of Social Policy,* **17**(2), pp.153–75.

Archer, M. (1988) 'Taking the Strain', *Community Care,* 28 July, pp.i–iii.

Arnold, E. (1982) 'Finding black families for black children in Britain', in Cheetham, J. (ed.), *Social Work and Ethnicity,* London: George Allen & Unwin.

Association of Directors of Social Services (ADSS) (1985) *Who Goes Where?: A profile of elderly people who have recently been admitted to residential homes*, London: ADSS.

Association of Directors of Social Services and the Commission for Racial Equality (ADSS/CRE) (1978) *Multi-racial Britain: The Social Services response*, London: CRE.

Audit Commission (1986) *Making a Reality of Community Care*, London: HMSO.

Bailey, R. and Brake, M. (eds) (1975) *Radical Social Work*, London: Edward Arnold.

Bailey, R. and Lee, P. (eds) (1982) *Theory and Practice in Social Work*, Oxford: Blackwell.

Bakan, D. (1966) *The Quality of Human Existence*, Boston, USA: Beacon Press.

Balbo, L. (1987) 'Crazy quilts: Rethinking the welfare state debate from a woman's point of view', in Showstack Sassoon, A. (ed.) *Women and the State*, London: Hutchinson.

Barclay, P. (1982) *Social Workers: Their role and tasks*, London: National Institute for Social Work/National Council of Voluntary Organisations.

Barr, H. (1987) *Perspectives on Training for Residential Work*, CCETSW Study 8, London: Central Council for Education and Training in Social Work.

Barrett, M. (1980) *Women's Oppression Today: Problems in Marxist feminist analysis*, London: Verso Editions.

Barrett, M. and McIntosh, M. (1985) 'Ethnocentrism and socialist feminism', *Feminist Review*, No. 20, pp.23–47.

Bayes, M. and Newton, P.M. (1978) 'Women in authority: A socio-psychological analysis', *Journal of Applied Behavioural Science*, **14**(1), pp.7–20.

Beagley, J. (1988) 'Where's your sense of humour?' *Social Work Today*, 7 April, pp.14–15.

Becker, S. and MacPherson, S. (1986) *Poor Clients: The extent and nature of financial poverty amongst consumers of social work services*, Nottingham University: Benefits Research Unit.

Beechey, V. (1986) 'Women's employment in contemporary Britain', in Beechey, V. and Whitelegg, E. (eds), *Women in Britain Today*, Milton Keynes: Open University Press.

Beechey, V. and Perkins, T. (1987) *A Matter of Hours: Women, part-time work and the labour market*, Cambridge: Polity Press.

Bennett, B. (1980) 'The sub-office: A team approach to local authority fieldwork practice', in Brake, M. and Bailey, R. (eds), *Radical Social Work and Practice*, London: Edward Arnold.

Beresford, P. (1982a) 'Power to the people', *Social Work Today*, **13**(29), pp.9–11.

Beresford, P. (1982b) 'Public participation and the redefinition of social policy', *The Year Book of Social Policy in Britain 1980/81*, London: Routledge & Kegan Paul.

Beresford, P. and Croft, S. (1981) *Community Control of Social Services Departments*, London: Battersea Community Action.

Beresford, P. and Croft, S. (1986) *Whose Welfare: Private care or public services?*, Brighton: Lewis Cohen Urban Studies.

Berridge, D. (1985) *Children's Homes*, Oxford: Blackwell.

Bhavnani, K. and Coulson, M. (1986) 'Transforming socialist-feminism: The challenge of racism', *Feminist Review*, no. 23, pp.81–92.

Birmingham Women and Social Work Group (1985) 'Women and social work in Birmingham', in Brook, E. and Davis, A. (eds), *Women, the Family and Social Work*, London: Tavistock.

Black and In Care (BIC) (1987) 'Report of a conference, 1985', in Ely, P. and Denney, D., *Social Work in a Multiracial Society*, London: Gower.

Boddy, M. and Fudge, C. (eds) (1984) *Local Socialism*, London: Macmillan.

Bolger, S., Corrigan, P., Docking, J. and Frost, N. (1981) *Towards Socialist Welfare Work*, London: Macmillan.

Bond, M. (1982) *Women's Work in a Woman's World*, Bristol: WP25 School of Advanced Urban Studies, University of Bristol.

Booth, T. (1985) *Home Truths: Old people's homes and the outcome of care*, Aldershot: Gower.

Bowlby, J. (1965) *Child Care and the Growth of Love*, Harmondsworth: Penguin.

Brake, M. and Bailey, R. (1980) 'Contributions to a radical practice in social work', in Brake, M. and Bailey, R. (eds), *Radical Work and Practice*, London: Edward Arnold.

Braverman, H. (1974) *Labor and Monopoly Capital*, New York: Monthly Review Press.

Brenner, J. and Ramas, M. (1984) 'Rethinking women's oppression', *New Left Review*, **144**, March/April, pp.33–71.

British Association of Social Workers (BASW) (1982) *Social Work in Multi-cultural Britain*, Birmingham: BASW.

British Association of Social Workers (1988) *A Code of Practice for Social Work*, for consideration at the 1988 Annual General Meeting.

Brittan, A. and Maynard, N. (1984) *Sexism, Racism and Oppression*, Oxford: Blackwell.

Brook, E. and Davis, A. (eds) (1985) *Women, the Family, and Social Work*, London: Tavistock.

Brown, C. (1984) *Black and White Britain*, London: Policy Studies Institute/Heinemann.

Brummer, N. (1988) 'White social workers/black children: Issues of identity', in Aldgate, J. and Simmonds, J. (eds), *Direct Work with Children: A guide for social work practitioners*, London: CCPP/Batsford.

Bryan, B., Dadzie, S. and Scafe, S. (1985) *The Heart of the Race*, London: Virago.

Bulmer, M. (1986) *Neighbours: The Work of Philip Abrams*, Cambridge: Cambridge University Press.
Burgess, G. (1982) 'Steering the safe course', *Community Care*, 29 July, pp.20–1.
Burke, A. (1984) 'The causes of and solutions for rioting in Britain in the summer of 1981', *Journal of Social Psychiatry*, spring, pp.4–8.
Carby, H. (1982) 'White woman listen: Black feminism and the boundaries of sisterhood', in Centre for Contemporary Cultural Studies, *The Empire Strikes Back*, London: Hutchinson.
Central Council for Education and Training in Social Work (CCETSW) (1984) *Teaching Social Work in a Multi-racial Society*, London: CCETSW.
Central Council for Education and Training in Social Work (1987) *The Qualifying Diploma in Social Work: A policy statement* (Paper 20.8), London: CCETSW.
Central Statistical Office (CSO) (1987) *Social Trends* **17**, London: HMSO.
Central Statistical Office (1988) *Social Trends*, **18**, London: HMSO.
Centre for Contemporary Cultural Studies (1978) *On Ideology*, London: Hutchinson.
Centre for Contemporary Cultural Studies (1982) *The Empire Strikes Back*, London: Hutchinson.
Chambers, C.A. (1986) 'Women in the creation of the profession of social work', *Social Services Review*, **60**, pp.1–33.
Chartered Institute of Public Finance and Accountancy, (CIPFA) (1988) *Personal Social Services Statistics 1986–87, Actuals*, London: CIPFA.
Cheetham, J. (1981) *Social Work Services for Ethnic Minorities in Britain and the USA*, London: DHSS.
Cheetham, J. (ed.) (1982) 'Social Work and Ethnicity', *National Institute for Social Work*, no. 43, London: George Allen & Unwin.
Cheetham, J., James, W., Loney, M., Mayor, B. and Prescott, W. (eds) (1981) *Social and Community Work in a Multi-Racial Society*, London: Harper & Row.
Cm 288.II (1988) *The Government's Expenditure Plans 1988–89 to 1990–91*, vol. II, London: HMSO.
Cm 412 (1988) *Report of the Inquiry into Child Abuse in Cleveland*, London: HMSO.
Cockburn, C. (1977) *The Local State*, London: Pluto Press.
Collins, E. and Blodgett, T. (1981) 'Sexual harassment: some see it, some won't', *Harvard Business Review*, **59**(2), pp.76–95.
Collins, T. and Bruce, T. (1984) *Staff Support and Staff Training*, London: Tavistock.
Connelly, N. (1985) *Social Services Departments and Race: A discussion paper*, Discussion Paper no. 12, London: Policy Studies Institute.
Cook, J. and Watt, S. (1987) 'Racism, women and poverty', in Glendinning, C. and Millar, J. (eds), *Women and Poverty in Britain*, Hemel Hempstead: Harvester Wheatsheaf.
Cooper, C. and Davidson, M. (1982) *High Pressure: Working lives of women managers*, London: Fontana.

Cooper, E. and Davidson, M. (1984) *Women in Management*, London: Heinemann.

Coote, A. and Campbell, B. (1982) *Sweet Freedom*, Oxford: Blackwell.

Corrigan, P. (1977) 'The welfare state as an arena of class struggle', *Marxism Today*, March, pp.87–93.

Corrigan, P. and Leonard, P. (1978) *Social Work Practice under Capitalism: A Marxist approach*, London: Macmillan.

Cousins, C. (1987) *Controlling Social Welfare*, Brighton: Wheatsheaf.

Creighton, S. (1984) *Trends in Child Abuse* London: NSPCC.

Cummings, J.E. (1980) 'Sexism in social work: some thoughts on strategy for structural change', *Catalyst*, no. n8, pp.7–31.

Cunningham, D. (1984) 'Women and social work policy', *Scope*, April, pp.4–6.

Cunningham, S. and Page, D. (1984) *For the Rest of their Days? A study of the council's sheltered housing schemes in Hull*, Humberside College of Education: School of Applied Social Studies.

Curran, M. (1985) 'Recruiting gender stereotypes for the office', in *Occupational Segregation by Sex*, EOC Research Bulletin, **9**, spring, Manchester: Equal Opportunities Commission.

Curtis, M. (1946) *Report of the Committee on the Care of Children*, London: HMSO.

Dahl, R. (1956) *A Preface to Democratic Theory*, Chicago: Chicago University Press.

Dale, J. and Foster, P. (1986) *Feminists and State Welfare*, London: Routledge & Kegan Paul.

Dalley, G. (1983) 'Ideologies of care: a feminist contribution to the debate', *Critical Social Policy*, **8**, pp.72–81.

Dalley, G. (1988) *Ideologies of Caring: Rethinking community and collectivism*, London: Macmillan.

Davis, A. (1981) *The Residential Solution*, London: Tavistock.

Davis, A. (1982) *Women, Race and Class*, London: Women's Press.

Deacon, B. (1983) *Social Policy and Socialism: The struggle for socialist relations of welfare*, London: Pluto Press.

Department of Health and Social Security (DHSS) (1987) *Health and Personal Social Services Statistics for England*, London: HMSO.

Department of Health and Social Security: Social Services Inspectorate (1987) *From Home Help to Home Care: An analysis of policy, resourcing and service management*, London: HMSO.

Dex, S. (1985) *The Sexual Division of Work*, Hemel Hempstead: Harvester Wheatsheaf.

Dickson, A. (1982) *A Woman in Your Own Right*, London: Quartet Books.

Dominelli, L. (1979) 'The challenge for social work education', *Social Work Today*, 20 February, **10**(25), pp.27–9.

Dominelli, L. and McLeod, E. (1982) 'The personal and the apolitical: feminism and moving beyond the Integrated Methods Approach', in

Bailey, R. and Lee, P. (eds), *Theory and Practice in Social Work*, Oxford: Blackwell.
Donnelly, A. (1986) *Feminist Social Work with a Women's Group* (Social Work Monograph 41), Norwich: University of East Anglia in association with *Social Work Today*.
Doyal, L., Hunt, G. and Mellor, J. (1981) 'Your life in their hands: migrant workers in the NHS', *Critical Social Policy*, **1**(2), pp.54–71.
Edmonds, (now Cook) J. and Powell, D. (1980) 'Too little: too late', *Multiracial Social Work*, no. 1, pp.55–60.
Edmonds, (now Cook) J. and Powell, D. (1985) 'Are you a racist too?', *Community Care*, no. 580, 19 December, pp.21–3.
Eichenbaum, L. and Orbach, S. (1984) *What do Women Want?*, London: Fontana.
Eisenstein, Z. (1979) *Capitalist Patriarchy and the Case for Socialist-Feminism*, New York: Monthly Review Press.
Elias, M. (1975) 'Sisterhood therapy', *Human Behaviour*, April, pp.56–63.
Ely, P. and Denney, D. (1987) *Social Work in a Multiracial Society*, London: Gower.
Equal Opportunities Commission (EOC) (1980) *The Experience of Caring for Elderly and Handicapped Dependents*, Manchester: EOC.
Equal Opportunities Commission (1988a) *Women and men in Britain: A research profile*, London: HMSO.
Equal Opportunities Commission (1988b) *Local Authority Equal Opportunities Policies: A report of a survey by the EOC*, Manchester: EOC.
Erie, S. and Rein, M. (1988) 'Women and the welfare state', in Mueller, C.M. (ed.), *The Politics of the Gender Gap*, California: Sage.
Ernst, S. and Maguire, M. (eds) (1987) *Living with the Sphinx: Papers from the Women's Therapy Centre*, London: Women's Press.
Fawcett, J. (1988) 'Setting the framework for a long-term project', *Social Work Today*, 31 March, **19**(30), pp.12–13.
Ferns, P. (1987) 'The dangerous delusion', *Community Care*, 8 January, pp.19–21.
Ferns, P. (1988) 'Power and progress in social work education', *Social Work Today*, 21 January, p.18.
Finch, J. (1984) 'Community care: developing non-sexist alternatives', *Critical Social Policy*, **9**, pp.6–18.
Finch, J. and Groves, D. (1980) 'Community care and the family: a case for equal opportunities', *Journal of Social Policy*, **9**(4), pp.487–514.
Finch, J. and Groves, D. (eds) (1983) *A Labour of Love: Women, work and caring*, London: Routledge & Kegan Paul.
Finch, S. with women from Hackney Greenham Group (1986) 'Socialist-feminists and Greenham', *Feminist Review*, no. 23, pp.93–100.
First Key (The Leaving Care Advisory Service) (1987) *A Study of Black Young People Leaving Care*, London: First Key/CRE.
Fisher, M. (ed.) (1983) Speaking of Clients, Sheffield University: Joint Unit for Social Services Research.

Foster, J. (1987) 'Women on the wane', *Insight*, **2**(50), pp.14–16.
Foster-Carter, O. (1987) 'Ethnicity: the fourth burden of black women – political action', *Critical Social Policy*, no. 20, pp.46–56.
Gilbert, J. (1988) 'Fighting racism – an optimist and a realist', (on Bandana Ahmad, Director of Race Equality Unit at NISW), *Social Work Today*, 7 January, **19**(18) , pp.12–13.
Gilligan, C. (1982) *In a Different Voice: Psychological Theory and Women's Development*, Harvard: Harvard University Press.
Ginsburg, N. (1979) *Class, Capital and Social Policy*, London: Macmillan.
Glendinning, C. and Millar, J. (eds) (1987) *Women and Poverty in Britain*, Hemel Hempstead: Harvester Wheatsheaf.
Goldberg, E., Mortimer, A. and Williams, B.T. (1970) *Helping the Aged*, London: George Allen & Unwin.
Gorz, A. (1977) 'The reproduction of labour power: the model of consumption', in Cowley, J., Kaye, A., Mayo, M. and Thompson, M. (eds), *Community or Class Struggle*, London: Stage 1.
Goss, S. (1984) 'Women's initiatives in local government', in Boddy, M. and Fudge, C. (eds) *Local Socialism*, London: Macmillan.
Gough, I. (1979) *The Political Economy of the Welfare State*, London: Macmillan.
Grabrucker, M. (1987) *Gender Stereotyping in the First Three Years of Life: A diary*, London: Women's Press.
Graham, H. (1984) *Women, Health and the Family*, Hemel Hempstead: Harvester Wheatsheaf.
Gregory, J. (1987) *Sex, Race and the Law*, California: Sage.
Griffiths, R. (1988) *Community Care: Agenda for action*, London: HMSO.
Hadley, R., Hugman, R. and Jones, G.M. (1987) *Policy and Practice: A pilot study of perceptions of services for home care and under fives*, Oldham: University of Lancaster.
Hakim, C. (1979) *Occupational Segregation*, Research Paper no. 9, London: Department of Employment.
Hanmer, J. and Statham, D. (1988) *Women and Social Work: Towards a woman-centred practice*, London: Macmillan.
Hartmann, H. (1981) 'The unhappy marriage of Marxism and feminism: towards a more progressive union', in Sargent L. (ed.), *Women and Revolution*, London: Pluto Press.
Hernes, H.M. (1987) 'Women and the welfare state: the transition from private to public dependence', in Showstack Sassoon, A. (ed.), *Women and the State*, London: Hutchinson.
Howe, D. (1986) 'The segregation of women and their work in the personal social services,' *Critical Social Policy*, **15**, pp.21–35.
Hudson, A. (1983) 'The welfare state and adolescent femininity', *Youth and Policy*, **2**(1), pp.5–13.
Hudson, A. (1985) 'Feminism and social work: resistance or dialogue', *British Journal of Social Work*, **15**, pp.635–55.
Hughes, R.D. and Bhaduri, R. (1987a) Part I: *Social Services for Ethnic Minorities*, (1987b) Part II: *Race and Culture in Social Services Delivery*,

Manchester: DHSS Social Services Inspectorate NW Region.
Hunt, A. (1968) *A Survey of Women's Employment*, London: HMSO.
Hutter, B. and Williams, G. (eds) (1981) *Controlling Women: The normal and the deviant*, London: Croom Helm.
Izraeli, D.N., Banai, M. and Zeira, Y. (1980) 'Women executives in multinational corporations subsidiaries', *California Management Review*, XXIII, pp.53–63.
Jervis, M. (1986) 'Areas of racism in social work', *Social Work Today*. 2 June, **17**(38), p.8.
Jones, C. (1983) *State Social Work and the Working Class*, London: Macmillan.
Jones, G.M. (1983) *Report to the Metropolitan Borough of Rochdale on the Walkabout Warden Schemes*, Lancaster: University of Lancaster.
Jones, G.M. (1985) *A Study of Sheltered Housing in the Metropolitan Borough of Rochdale*, Lancaster: University of Lancaster.
Jones, G.M. (1987) 'Elderly people and domestic crime', *British Journal of Criminology*, **27**(2), pp.191–201.
Jones, G.M. (1988) *Criteria of Care Project: Residential care for elderly people in Rochdale*, Manchester: Social Information Systems.
Joshi, H. (1987) 'The cost of caring', in Glendinning, C. and Millar, J. (eds), *Women and Poverty in Britain*, Hemel Hempstead: Harvester Wheatsheaf.
Kamerman, S.B. and Kahn, A. (eds) (1978) *Family Policy: Government and families in fourteen countries*, New York: Columbia University Press.
Kanter, R.M. (1977) *Men and Women of the Corporation*, New York: Basic Books.
King, R.D., Raynes, N.V. and Tizard, J. (1971) *Patterns of Residential Care: Sociological studies in institutions for handicapped children*, London: Routledge & Kegan Paul.
Kitchen, M. (1980) 'What the client thinks of you?', *Social Work Today*, **II**(37), 3 June, pp. 14–18.
Kuhn, A. and Wolpe, A. (eds) (1978) *Feminism and Materialism*, London: Routledge & Kegan Paul.
Land, H. (1987) 'Social policies and women in the labour market', in Ashton, F. and Whitting, G. (eds), *Feminist Theory and Practical Policies: Shifting the agenda in the 1980's*, Bristol: School for Advanced Urban Studies.
Lee, P. and Pithers, D. (1980) 'Radical residential child-care: Trojan horse or non-runner?', in Brake, M. and Bailey, R. (eds), *Radical Social Work and Practice*, London: Edward Arnold.
Lees, R. (1972) *Politics and Social Work*, London: Routledge & Kegan Paul.
Leicestershire Social Services Department (1988) *Children in Care 1st January 1988 to 30th June 1988*, Leicester: Leicestershire County Council.
Leonard, D. and Speakman, M.A. (1986) 'Women in the family:

companions or caretakers', in Beechey, V. and Whitelegg, E. (eds), *Women in Britain Today*, Milton Keynes: Open University Press.

Leonard, P. (1975) 'Towards a paradigm for radical practice', in Bailey, R. and Brake, M. (eds), *Radical Social Work*, London: Edward Arnold.

Leonard, P. (1979) 'Restructuring the welfare state', *Marxism Today*, December, pp.7–13.

Leonard, P. (1982) 'The road to Utopia?', *Social Work Today*, **13**(45), 3 August, pp.8–9.

Leonard, P. (1984) *Personality and ideology*, London: Macmillan.

Lewenhak, S. (1988) *The Revaluation of Women's Work*, London: Croom Helm.

Lewis, J. and Meredith, B. (1988) *Daughters Who Care*, London: Routledge & Kegan Paul.

Lipsky, M. (1980) *Street Level Bureaucracy*, New York: Russell Sage.

Local Government Training Board (LGTB) (1987) *Survey of Manpower and Qualifications in Social Service Departments in England and Wales and Social Work Departments in Scotland*, London: LGTB.

London Edinburgh Weekend Return Group (1980) *In and Against the State*, London: Pluto Press.

Loney, M., Bocock, R., Clarke, J., Cochrane, A., Peggotty, G. and Wilson, M. (eds) (1987) *The State or the Market: Politics and welfare in contemporary Britain*, London: Sage.

Loring, R. and Wells, T. (1972) *Breakthrough: Women into management*, Wokingham: Van Nostrand Reinhold.

Lovenduski, J. (1986) *Women and European Politics: Contemporary feminism and public policy*, Hemel Hempstead: Harvester Wheatsheaf.

Luxton, M. (1980) *More than a Labour of Love*, Toronto: Women's Press.

MacLeod, M. and Saraga, E. (1988) 'Challenging the orthodoxy: towards a feminist theory and practice', *Feminist Review*, no. 28, pp.16–55.

McNeil, M. (1987) *Gender and Expertise*, London: Free Association Books.

Marshall, J. (1984) *Women Managers: Travellers in a male world*, London: Wiley.

Martlew, C., Forrester, C. and Buchanan, G. (1985) 'Activism and office: women and local government in Scotland', *Local Government Studies*, **11**(2), pp.47–65.

Martin, J., Meltzer, H. and Elliot, D. (1988) *The Prevalence of Disability among Adults*, London: HMSO, OPCS Social Survey Division.

Martin, J. and Roberts, C. (1984) *Women and Employment: A lifetime perspective*, London: HMSO.

Marx, K. (1976) *Capital. Vol. I*, Harmondsworth: Penguin.

Miller, E.J. and Gwynne, G.V. (1972) *A Life Apart*, London: Tavistock.

Mishra, R. (1986) 'The left and the welfare state: a critical analysis', *Critical Social Policy*, no. 15, spring, pp.4–19.

Moore, J. (1988) 'The sexist impact of policy', *Social Work Today*, 14 April, **19**(32), pp.16–17.

Murray, N., Cockburn, C. and Mitchell, J. (1981) 'The state as we know it', *Spare Rib*, part 107, pp.22–5.

National Union of Public Employees (NUPE) (1987) 'Council workers in pay boost' *Journal*, no. 8.

New Black Families (NBF) (1983) New Black Families project: video, London.

Nicholson, N. and West, M. (1988) *Managerial Job Change: Men and women in transition*, Cambridge: Cambridge University Press.

Nieborg, S. (1987) *The Role of Women as Clients and Co-producers of Social Services: Women's paid and unpaid work*, mimeo, The Netherlands: Nederlands Instituut voor Maatshchappelijke.

Nissel, M. and Bonnerjea, L. (1982) *Family Care of the Handicapped Elderly: Who pays?*, London: Policy Studies Institute.

Norman, A. (1985) *Triple Jeopardy: Growing old in a second homeland*, London: Centre for Policy on Ageing.

Norris, P. (1987) *Politics and Sexual Equality*, Hemel Hempstead: Harvester Wheatsheaf.

Oakley, A. (1974) *The Sociology of Housework*, Oxford: Martin Robertson.

Penny Young (1988) *The Provision of Care in Supported Lodgings and Unregistered Homes*, London: Office of Population Censuses and Surveys (OPCS).

Parker, G. (1985) *With Due Care and Attention: A review of research on informal care*, London: Family Policy Studies Centre.

Parker, R. (1983) *A Forward Look at Research and the Child in Care*, Report for the SSRC Children in Care Panel, Bristol: Department of Social Administration, University of Bristol.

Parker, R. (1988) 'Residential care for children', in Sinclair, I. (ed.), *Residential Care: The research reviewed*, London: HMSO.

Parmar, P. (1982) 'Gender, race and class: Asian women in resistance', in Centre for Contemporary Cultural Studies, *The Empire Strikes Back*, London: Hutchinson.

Parry, N., Rustin, M. and Satyamurti, C. (eds) (1979) *Social Work, Welfare and the State*, London: Edward Arnold.

Pascall, G. (1983) 'Women and social welfare', in Bean, P. and Macpherson, S. (eds), *Approaches to Welfare*, London: Routledge & Kegan Paul.

Pascall, G. (1986) *Social Policy: A feminist analysis*, London: Tavistock.

Pennie, P. and Williams, W. (1987) 'Black children need the richness of Black family life', *Social Work Today*, 12 February, **18**(22), p.12.

Peters, T.J. and Waterman, R.H. (1982) *In Search of Excellence*, London: Harper & Row.

Phillips, A. and Taylor, B. (1980) 'Sex and skill: notes towards a feminist economics', *Feminist Review*, no. 6, pp.79–88.

Phillipson, J. (1988) Personal Communication, London: NISW.

Phoenix, A. (1988) 'The Afro-Caribbean myth', *New Society*, 4 March, pp.10–13.

Pincus, A. and Minahan, A. (1973) *Social Work Practice: Model and method*, Itasca, Illinois: F.E. Peacock.

Pinker, R. (1982) 'An alternative view', in Barclay Report, *Social Workers: Their role and tasks*, London: NISW/NCVO.

Popplestone, R. (1980) 'Top jobs for women: are the odds stacked against them?', *Social Work Today*, **12**(4), 23 September, pp.12–15.

Poulantzas, N. (1973) *Political Power and Social Classes*, London: NLB Sheed & Ward.

Prottas, J. (1979) *People Processing*, Lexington: Lexington Books.

Ramazanoglu, D. (1986) 'Ethnocentrism of socialist feminist theory: a response to Barrett and McIntosh', *Feminist Review*, no. 22, pp.83–6.

Randall, V. (1987) *Women and Politics*, London: Macmillan.

Rapoport, R., Fogarty, M. and Rapoport, R.N. (eds) (1982) *Families in Britain*, London: Routledge & Kegan Paul.

Raynes, N., Pratt, M. and Roses, S. (1979) *Organisational Structure and the Care of the Mentally Retarded*, London: Croom Helm.

Rein, M. (1985) 'Women, employment and social welfare', in Klein, R. and O'Higgins, M. (eds), *The Future of Welfare*, Oxford: Blackwell.

Residential Child Care Association (RCCA) (1965) *Change and the Child in Care*, Proceedings of the Annual Review of the RCCA.

Riska, E. (1987) *The Role of Women as Clients and Co-producers of Social Services*, mimeo, Abo, Finland: Sociology Department, Abo Academy.

Rocheron, Y. (1988) 'The Asian mother and baby campaign: the construction of ethnic minorities health needs', *Critical Social Policy*, no. 22, pp.4–23.

Rolston, B. and Smyth, M. (1982) 'The spaces between cases: radical social work in Northern Ireland', in Bailey, R. and Lee, P. (eds), *Theory and Practice in Social Work*, Oxford: Blackwell.

Rooney, B. (1981) 'Active mistakes: grass roots report', in Cheetham, J. *et al.* (eds), *Social and Community Work in a Multi-racial Society*, London: Harper & Row.

Rooney, B. (1982) 'Black social workers in white departments', in Cheetham, J. (ed.), *Social Work and Ethnicity*, London: NISW/George Allen & Unwin.

Rooney, B. (1987) *Racism and Resistance to Change: A study of the black social workers' project, Liverpool Social Services Department*, Liverpool: Merseyside Area Profile Group, Department of Sociology, University of Liverpool.

Rose, H. and Rose, S. (1982) 'Moving right out of welfare: and the way back', *Critical Social Policy*, **2**(1), pp.7–18.

Rosser, J. and Davies, C. (1987) 'What would we do without her? Invisible women in national health service administration', in Spencer, A. and Podmore, D. (eds), *In a Man's World*, London: Tavistock.

Rowbotham, S., Segal, L. and Wainwright, H. (1979) *Beyond the Fragments*, London: Merlin Press.

Rutter, M. (1981) *Maternal Deprivation Reassessed*, Harmondsworth: Penguin.

Sabel, B. (1983) 'Community and social services', in Jordan, B. and Parton, N. (eds), *The Political Dimensions of Social Work*, Oxford: Blackwell.

Seebohm Report (1968) *Report of the Committee on Local Authority and Allied Personal Social Services*, Cmnd 3703, London: HMSO.

Sharpe, S. (1976) *Just Like a Girl*, Harmondsworth: Penguin.

Sharron, H. (1985) 'Rob the Poor: Give to the rich', *Social Work Today*, 11 March, **16**(27) pp.6–7.

Showstack Sassoon, A. (ed.) (1987) *Women and the State: The shifting boundaries of public and private*, London: Hutchinson.

Siltanen, J. and Stanworth, M. (1984) *Women and the Public Sphere*, London: Tavistock.

Simpkin, M. (1983) *Trapped within Welfare*, London: Macmillan.

Small, J. (1986) 'Transracial placements: conflicts and contradictions', in Ahmed, S., Cheetham, J. and Small, J. (eds), *Social Work with Black Children and Their Families*, London: Batsford/BAAF.

Spender, D. (1985) *For the Record*, London: Women's Press.

Stanworth, M. (1983) *Gender and Schooling*, London: Hutchinson.

Statham, D. (1978) *Radicals in Social Work*, London: Routledge & Kegan Paul.

Stone, I. (1988) *Equal Opportunities in Local Authorities*, Equal Opportunities Commission Research Series, London: HMSO.

Stubbs, P. (1985) 'The employment of black social workers: from "ethnic sensitivity" to anti-racism?', *Critical Social Policy*, no. 23, pp.6–27.

Taylor-Gooby, P. (1985) *Public Opinion, Ideology and State Welfare*, London: Routledge & Kegan Paul.

Thomas, R. (1988) 'Feminism: the anti-sexist male's response', *Social Work Today*, 21 April, **19**(33), pp.20–1.

Thomas, S. (1977) 'Theory and practice in feminist therapy', *Social Work* (USA), **22**, pp.447–54.

Tonkin, B. (1987a) 'State of the art', *Community Care*, 12 March, pp.17–19.

Tonkin, B. (1987b) 'Where the town hall sets the pace', *Community Care*, 29 October, pp.iii–iv.

Tonkin, B. (1988) 'Homes from home', *Community Care*, 28 July, pp.iv–v.

Ungerson, C. (1987) *Policy is Personal: Sex, gender and informal care*, London: Tavistock.

Vaux, G. and Divine, D. (1988) 'Race and poverty', in Becker, S. and MacPherson, S. (eds), *Public Issues, Private Pain*, London: Social Services Insight.

Wagner, G. (1988a) *Residential Care: A positive choice*, report of the Independent Review of Residential Care, NISW, London: HMSO.

Wagner Report (1988b) *Residential Care: The research reviewed,* Literature surveys commissioned by the Independent Review of Residential Care, ed. by Ian Sinclair, NISW, London: HMSO.

Walker, A. (ed.) (1982) *Community Care: The family, the state and social policy,* Oxford: Blackwell & Robertson.

Walker, A. (1984) *Social Planning: A strategy for socialist welfare,* Oxford: Blackwell.

Walker, J. (1988) 'Women, the state and the family in Britain: Thatcher economics and the experience of women', in Rubery, J. (ed.), *Women and Recession,* London: Routledge & Kegan Paul.

Webb, A. and Wistow, G. (1987) *Social Work, Social Care and Social Planning: The personal social services since Seebohm,* London: Longmans.

Webster, B. (1985) 'A women's issue: the impact of local authority cuts', *Local Government Studies,* **11**(2), pp.19–46.

Weir, A. (1974) 'The family, social work and the welfare state', in Allen, S., Sanders, L. and Wallis, J. (eds), *Conditions of Illusion,* Leeds: Feminist Books.

Westwood, S. and Bachu, P. (1988) 'Images and realities', *New Society,* 6 May, pp.20–22.

Whitehouse, A. (1982) 'What united us was stronger than what divided us', *Community Care,* 9 December, pp.22–3.

Willcocks, D., Peace, S. and Kellaher, L. (1987) *Private Lives in Public Places,* London: Tavistock.

Williams, F. (1987) 'Racism and the discipline of social policy: a critique of welfare theory', *Critical Social Policy,* no. 20, pp.4–29.

Williams, Professor Lady (ed.) (1967) *Caring for People: Staffing residential homes,* London: Allen & Unwin.

Williams, R. (1988) 'The black experience of social services', *Social Work Today,* 14 January, **19**(19), pp.14–15.

Wilson, E. (1974) 'Sexist ideology and casework', *Case Con.,* vol. 15, pp.1–20.

Wilson, E. (1977) *Women and the Welfare State,* London: Tavistock.

Women's Studies Group, Centre for Contemporary Cultural Studies (1978) *Women Take Issue: Aspects of women's subordination,* London: Hutchinson.

Workforce Planning and Training Need (1987) *An Interim Report by Working Group on Workforce Planning in the Personal Social Services,* Chaired by Prof. Adrian Webb, London: CCETSW.

Yeandle, S. (1984) *Women's Working Lives,* London: Tavistock.

Young, K. and Connelly, N. (1981) *Policy and Practice in the Multi-racial City,* London: Policy Studies Institute.

Index

Business Information and the Public Library

Business Information and the Public Library

K. G. B. Bakewell MA FLA MBIM
Principal Lecturer and Deputy Head
School of Librarianship and Information Studies
Liverpool Polytechnic

Gower

Published by
Gower Publishing Company Limited
Gower House
Croft Road
Aldershot
Hants GU11 3HR
England

Gower Publishing Company
Old Post Road
Brookfield
Vermont 05036
USA

British Library Cataloguing in Publication Data
Bakewell, K.G.B.
Business information and the public library.
1. Business — Information services — England.
2. Public libraries — England I. Title.
026'.658 HD30.36.G7

Library of Congress Cataloging-in-Publication Data
Bakewell, K.G.B.
Business information and the public library.
Bibliography: p.
Includes index.
1. Public libraries — Great Britain — Services to business and industry. 2. Business — Information services — Great Britain. 3. Business libraries — Great Britain. 4. Public libraries — Services to business and industry. I. Title.
Z675.B8B34 1986 025.5'27769 86-14901

ISBN 0 566 03537 5

Printed and bound in Great Britain at
The University Press, Cambridge

Typeset and artwork by FD Graphics, Fleet, Hampshire, U.K.

Contents

Illustrations

Preface

Some of the material for this book derives from an investigation of business information services in public libraries in London, the North-West of England and the county of Clwyd in Wales, sponsored by the British Library Research and Development Department. Interviews were held with librarians in 49 public libraries and with 47 users/potential users of public library business information services; the views of a further 58 users/potential users were obtained by means of questionnaires. The results of the investigation were published as *Business Information Services in Public Libraries*, and I am most grateful to the British Library Board for permission to quote extensively from this report. Some new material has been added, as well as a directory of some important business information sources.

Part I of the book examines the nature of business information, how to find and meet users' needs, and methods of presenting business information. Part II considers the organisation and promotion of business information services in public libraries, cooperation and links with other services and some problem areas. Part III is the directory of sources.

I am grateful to the representatives of the 49 library services who participated in the original investigation and to the 105 individuals who were either interviewed or completed questionnaires. I am also grateful to the following people for giving up their time to talk to me during the preparation of this book and/or for giving me permission to reproduce material: Roy J. Collis (Buckinghamshire County Library), Nick Fox (Hampshire County Library), David King (British Library Science Reference and Information Service), Nicola King (Swansea Centre for Trade and Industry's Business Facts Service), Peter R. Labdon (Suffolk County Information and Library Service), Mike Mears (Bristol & Avon Enterprise Agency), Lawrence Tagg (Newcastle-upon-Tyne City Libraries), Fiona Trott (formerly Suffolk County Information and Library Service) and W. Gwyn Williams (Clwyd Library and Museum Service). Last, but by no means least, I am grateful to my publishers and especially to Sue McNaughton for advice and encouragement – and for her patience and forbearance!

K. G. B. Bakewell Liverpool

Part I: Business Information

1 What is Business Information?

Who makes yachts in Yugoslavia?
Whose trade name is Tranistray?
What is the capital of Capital Gearing?
Is there a market for paint in Portugal?
What's been written recently on fast food franchising?

These questions were all put to, and answered by, one public business library (Belfast) and details of how to find the answers are given in Belfast Central Library's publicity leaflet entitled *For Your Business Information Needs*. These answers could be crucial to the businessmen posing the questions, and it is fortunate that they knew the public library's potential as a good source of information.

Similar questions were put to Gateshead's Business Information Office:

Can you give me a list of electrical wholesalers in Milan and Turin?
What US standards are there covering low-temperature alloy steels?
What companies in the EEC supply heat-calendered nylon fabric?
What's been written about quality circles?

All these questions fall within the brief and broad definition of business information offered to the author by Malcolm Campbell, librarian of London's City Business Library: 'Anything the businessman requires to further the day to day running of his business.'[2] Some years earlier, Campbell had defined business information as 'information which assists in the means of buying and selling of goods and services and the means – through the application of economics and management techniques – of their production.'[9] This is a useful definition, since it excludes the *scientific* and *technical* operations involved in the production process. This book is concerned exclusively with *business* information, as exemplified in Campbell's definition, although a number of the librarians participating in a British Library sponsored survey of public library business information services in London, the North-West of England and Clwyd[2] (hereinafter referred to as the Bakewell/Roper Report) did include such information within their definition.

A number of librarians quoted in the Bakewell/Roper Report defined a business information service as 'a service provided to support the economic life of the community', and pointed out that this includes services to trade unions, job hunters, welfare organisations and consumer groups as well as services to businesses; a point also made in a stimulating article by Christine Reid.[40] Others stressed that public libraries have a particular responsibility to small businesses and startups, which do not have an information service of their own. It is worth bearing in mind that many small businesses are a direct result of unemployment forced on the people starting up – something which Clwyd Library Service discovered following the closure of the Shotton Steel Works. Business Start Points are now being developed in seven Clwyd libraries (see Figure 1).

This point is also demonstrated by the 'OWL' (Opportunities for Work and Leisure) publicity developed by Suffolk County Information and Library Service (SCILS) (see Figures 2 and 3). Although not designed specifically for business information, this material does clearly identify information for someone starting up in business as a particular category of business information.

An anonymous reviewer of the Bakewell/Roper Report in *Business Information Review* (October 1984, p. 47) criticised the inclusion of comments from a chimney sweep in Clwyd. This seems like a very unfortunate example of intellectual snobbery. Chimney sweeps have as much right to information as large companies, and the fact that at least one chimney sweep appreciates the need for information in order to build up his business and knows that the public library is a good place to obtain this information should surely be welcomed.

Small firms' information needs

What are the special information needs of small firms? A recent issue of *In Business Now* reported that, according to the first European Bankers' Small Business Seminar held in Brussels, the prime reasons for small business failure in Europe are: marketing problems, lack of business management skills and poor financial control. These three broad areas cover a large number of specific topics which the small businessman needs to understand including planning and

Figure 1 Poster advertising business start points, Clwyd Library Service

forecasting; knowledge of the environment (political, economic, etc.); budgeting; book-keeping and accounting; knowledge of possible competitors and their activities; marketing research and consumer attitudes; advertising and promotional methods; trading standards and ethics; exporting and importing; public relations; and taxation. Any good business

Figure 2

OWL (Opportunities for Work and Leisure) brochure, Suffolk County Information and Library Service

LOOKING FOR A JOB?	Job Adverts, Keep in Touch, Keep up to Date, How to Apply, Interviews, Working Abroad, Government Schemes, Lists of Firms, Who can Help?
MADE REDUNDANT?	What it Means, Legal Rights, Redundancy Payments, Tax and Benefits, Tribunals, Appeals, Job Sharing, Support Groups, Who can Help?
TIME TO USE?	Hobbies, Clubs and Societies, Voluntary Work, Activities, Arts, Films, Music, Crafts, Sports, Who can Help?
CHANGE OF DIRECTION?	Self Assessment, Careers, Special Skills, Retraining, Courses, Grants, Qualifications, Evening Classes, Open University, Who can Help?
MONEY SHORT?	Living on Less, Self Sufficiency, DIY Skills, Investment, House-Buying, Rent Rebates, Benefits, Tax, Family Budgeting, Working at Home, Who can Help?
STARTING YOUR OWN BUSINESS?	Deciding What to Do, Where to Start, Special Skills, Finance, The Law, Market Information, Grants, Premises, Cooperatives, Who can Help?
YOUR BUSINESS NEEDS HELP?	Government and Special Grants, Business, Market and Technical Information, Trade Unions, Common Market, Workers-Cooperatives, Who can Help?

HOW CAN WE HELP?

BOOKS
On all subjects with over one million in stock.

INFORMATION
On what you need to know, provided through the printed word, leaflets, posters, and sometimes computers.

NEWSPAPERS AND MAGAZINES
Local and national, popular and specialist, with back-files available.

LISTS
Of all sorts, including businesses, clubs, societies, organizations, government departments, charities, etc.

CONTACTS
We can tell you who can help.

LEISURE
Videos, Records, Cassettes, Plays, Music, Displays, Events, as well as our wide range of leisure reading.

MEETING PLACES
Some libraries have rooms that can be used for meetings.

STAFF
Always ready to help in any way they can. Suffolk County Information and Library Service can be used in many ways, and if your library does not have what you need, just ask the staff.

Figure 3 OWL (Opportunities for Work and Leisure) poster, Suffolk County Information and Library Service

library/information service has a wealth of information on these and similar topics.

Before becoming established, the small businessman needs to obtain capital and, again, a librarian/information officer is able to advise on likely sources. If he is applying for a grant or a loan, he will need to demonstrate that he has thought carefully about such matters as the need for his business; any gaps it may fill; marketability of his product or service; pricing strategy; and anticipated profits.

The European Communities Commission is concerned to help small businesses. Its background report ISEC/87/85, *Encouraging the Small Business*, of 28 March 1985, states that 12 per cent of people wanting work in the European Communities in 1985 were unemployed. The paper lists a number of possible sources of finance within the Communities and states that the Commission is revising its *Handbook for Small Businesses*.

There is a wealth of published information to help small business (see p. 248) and much of this should be available in public libraries. Speaking at the Library Association Annual Conference in 1983, however, John Bradley of the Department of Trade and Industry's Small Firms Service mentioned two constraints on the use of this information by the people who need it: ignorance and lack of time.[2] Small businessmen tend to work from 8am to 5pm and then 'do the books' in the evening. They do not have time for reading and they do not see books as being relevant to business. Although they often lack knowledge, they may not know that they lack this knowledge and that much of it is freely available in the public library. Bradley recommended that the need for knowledge and the value of the public library service should be taught at sixth form level and continued in polytechnic courses. He also drew attention to the three greatest areas of commercial ignorance: financial matters, marketing, and how to make a realistic plan and work to it – points remarkably similar to those made at the European Bankers' Small Business Seminar.

Company information

Twenty-seven of the 49 London and north-western libraries participating in the Bakewell/Roper survey (55 per cent) quoted company information as a frequent subject of enquiries. This figure is more than the 34 per cent quoted by Averil Osborn and Leslie Smyth in a survey of the use of Manchester Commercial Library in July 1972,[37] and the 15 per cent of the 182 enquiries logged by Suffolk County Information and Library Service up to January 1985 as part of its study of the information needs of small firms.[56] The information requested ranges from reasonably straightforward requests for addresses, telephone numbers, lists of directors, details of subsidiaries and capital, through identification of trade names, to more detailed financial and investment information, information about British or European company law and details of mergers. Henderson has identified the reasons for needing company information including: the fact that one is selling to or buying from a company; the need to study one's competitors; and selecting prospects for a sophisticated sales effort or test marketing.[30] To this list information on job hunting or consumer research might be added. Edwin Fleming has pointed out that no organisation can trade safely without access to reliable company information, [23] but the need is not confined to organisations.

Company information topped the list of subjects quoted by users/potential users of business information services participating in the Bakewell/Roper investigation, 41 of the 105 participants listing it among their needs.

Marketing information

Surprisingly, only one of the 59 London and north-western libraries participating in the Bakewell/Roper survey quoted marketing information as a subject of enquiries, although 22 per cent of the enquiries received in Manchester Commercial Library in July 1972 were for market information,[37] as were 24 per cent of the enquiries received during Suffolk County Information and Library Service's study.[57] Of the 105 users/potential users participating in the Bakewell/Roper investigation, 18 quoted marketing and markets information among their needs, 4 quoted market research, 3 quoted exporting and export promotion, 2 quoted international trade and there was 1 citation each for advertising, consumer product marketing, European companies and markets, and retailing.

As previously stated, inadequate knowledge of marketing has been suggested as a major reason for failure by small firms. Firms must be able to identify potential markets; assess the present and future needs of their customers; understand the most effective methods of advertising and promoting a product or service; appreciate the value of correct packaging; know about surveys of market research, advertising and readership; be aware of organisations providing market research services; know about prices of comparable products; understand export documentation; be aware of exhibitions, conferences, transport and freight regulations and mailing lists; and be aware of any moral or legal obligations with regard to marketing and advertising.

Statistics

Statistics are a major element of both company and market information, providing a useful yardstick for estimates and comparisons of production, sales, etc. There is a wide range of official statistics (published by national governments and international and supra-national organisations like the United Nations, the Organisation for Economic Cooperation and Development and the European Communities) and unofficial statistics (published by such bodies as trade associations and private companies). There are many journals devoted entirely to statistical information, while production and trade statistics on particular trades and industries often appear in relevant specialist journals.

Financial information

This broad category includes information on a wide range of topics cited by participants in the Bakewell/Roper investigation – raising capital, revenue expenditure, taxation, accounting, budgeting, exchange rates, share prices, banking, insurance information, investment advice, company balance sheets, credit ratings and interest rates.

Employment information

Employers need to know about employment legislation, manpower and personnel policies, trends in wages and salaries, industrial relations practices, trade unions, security, accident prevention, fire precautions, pensions and fringe benefits, holiday entitlements, training methods and many other matters relevant to the recruitment and management of staff.

Other categories of business information

It is perhaps surprising that only seven librarians interviewed for the Bakewell/Roper survey answered 'everything' when asked what type of business enquiry was received in their library, since a public library is 'fair game' for any enquiry, and there are many others which fit into the 'business information' category including product information, standards and specifications, patents and licences, legal information, information about management skills and techniques, choosing locations and premises, government regulations, information about countries, deciding when to use a computer and how to choose and install it.

The following subjects, which do not fit neatly into the categories used above (company information, marketing information, statistics, financial information, employment information) were cited by the 105 users/potential users participating in the Bakewell/Roper investigation:

addresses
bibliographical information
biographical information
British Standards
business personalities
business practice
census data
computers
current awareness
design
drugs registration
economic background
economic forecasts
economic trends
engineering
food and drink
government reports
historical information
industries
land registry
local developments
local government
locating manufacturers and merchants
location of industry

location of suppliers
management information
manufacturing
matching trademarks to manufacturers
matters of protocol
natural resources
office management
organisations' addresses, etc.
parliamentary matters
performance indicators in chemical industry
performing arts
planning
policy formulation
population data
population forecasting
press cuttings
press information
product development
product information
public services
quick reference information (e.g. telephone numbers)
quotations
research
routine directory information
social/community information
sources of supply, particularly in small quantities
strategic information
supplying companies
technical developments

So much information

The 1984/85 annual report of Project North East, a Newcastle upon Tyne-based company which aims to develop new approaches to business and job generation, includes the following comment:

> The vastness of the unemployment problem and the fact that so much new ground is being broken around the country by many different organisations in local economic development means that there is so much information to be digested.

There *is* a great deal of information, and the real problem is that insufficient use is made of it. The Project North East annual report emphasises the importance of information exchange – the need for organisations providing information to share their ideas and experience with each other. This theme is taken up in Chapter 6.

'A successful firm is a well-informed firm', states Norfolk Library Service's publicity leaflet, *The Library Means Business*. The information is available for those who wish to use it, and the public business library, for its part, must be prepared to answer enquiries on a wide range of subjects. Some of the enquiries (e.g. requests for addresses and straightforward company information) can be answered very quickly; others, such as more complex enquiries about companies, some statistical queries and enquiries about 'trends' or performance indicators, may take very much longer.

2 Finding and Meeting Users' Needs

During the well-known Hillingdon Project on library effectiveness, it was found that *users* of libraries were more likely than *non-users* to *disagree* with the following comment: 'I would expect libraries to be able to provide such information as businessmen might require'.[3] This is rather disquieting, suggesting as it does that (a) non-users are aware that the library provides business information but do not bother to use it; and (b) library users do not know that business information is there for the asking. No doubt Hillingdon Libraries have done something about the latter point; indeed there is now a policy to designate all libraries in the borough as 'Library and Information Service', so that residents should be aware that the library is the place to go for information of all kinds.

Malcolm Campbell, Librarian of London's City Business Library, is responsible for two major books on business information services. *Business Information Services*[6] contains no entries in its index under 'users'. The index to *Manual of Business Library Practice*[7] contains one entry under 'Users of business libraries, analysis', referring to just under a page of a chapter by Leslie Smyth on the organisation and administration of the business library. Smyth states that there have been few objective studies of the use and users of business libraries and suggests that the most notable are Meyer and Rostvold's now very out-of-date study of the information needs of business and industry in two medium-sized Californian communities[34], and the Aslib Research Department's surveys of certain London libraries[47] and Manchester Commercial Library.[37]

Campbell is a very experienced business librarian, probably the doyen of British business librarians, and the apparent neglect of the user in his books certainly does not mean that he is unaware of the importance of gearing a local information service to the needs of the business community which it serves. He knows very well the needs of his own clients, and he would be the first to agree that it is essential to study potential users as the service develops. Angela Allott's chapter in *Manual of Business Library Practice*, on the pattern of business information provision in the twentieth century, says little about the user; Ms Allott appends no fewer than 107 bibliographical references to her contribution, so this is a sad indictment of the tendency of information providers to forget the user.

There have, in fact, been other studies of users in addition to the ones mentioned by Smyth. In 1971 the South Carolina Library Association sponsored a workshop to consider the library needs of business and industry.[39] The workshop was preceded by a survey aimed at evaluating these needs and the extent to which they were being met. Two sets of questionnaires were mailed – one to members of the business community (selected from directories) and one to librarians. Completed questionnaires were returned by 178 companies and 61 libraries (25 public, 24 college and university, and 12 technical education centres). One of the workshop's recommendations was that librarians, or groups of librarians in a coordinated effort, should survey business information needs in the local community and exert every effort to meet those needs. As a minimum, the library could inform the members of the community about the services and materials available to them, and another step might be to help members of industry to identify their needs.

Judith Collins, in a questionnaire survey of Aslib members in 1978, [15] found that the main difficulties of users were: identifying and locating statistics; market research information; and foreign company information. Problems identified by information seekers included: isolation from adequate library sources; pressure of time on acquisition of information; and inadequate training for business information workers.

More recently, the British Library Research and Development Department has funded a number of studies of business information needs and use in the United Kingdom. Capital Planning Information has examined, by means of interviews, the awareness and use of information services in 50 manufacturing firms each employing between one and 500 people, in Oxfordshire, West Glamorgan, Lothian and Tyne and Wear.[10] Among the key conclusions were:

> the information needs of small firms are closely related to day-to-day problems, and facts are needed to make decisions at short notice;
>
> nevertheless, the manager is often unable to define or understand his problems and the consequent information needs;

small firms are a difficult target for national initiatives and centralised services: local initiatives relying on local contacts are more likely to prove useful and to be used;
small firms cannot readily identify agencies which may be appropriate to them;
the needs of those establishing new businesses may be different from those of established firms.

One of the recommendations of the Capital Planning Information report was that funded 'Business Information Officers' should be established in selected public library systems with a remit to seek out potential small firm users in the area and identify their information needs. In February 1984, the British Library Research and Development Department awarded a two-year grant to Suffolk County Information and Library Service to investigate the information needs of small firms and the relevance of public information services.[56,57] The aim was to achieve a sample of 45 firms – 15 urban manufacturing, 15 rural manufacturing and 15 county-wide service firms – and the initial list of firms to be approached was selected following consultation of general company directories, the Ipswich & Suffolk Chamber of Commerce members' list, local press sources and the County Planning Department's trade directory, and on-site visits to local industrial estates. Recruitment of firms began in June 1984; and 43 had been recruited by the end of April 1985. Reasons for firms refusing to join the project included: lack of sufficient demand for the purposes of the project; unwillingness; a network of contacts already established; access to resources of a professional or trade association; information requirements 'too specialised'; and existing access to a company information unit. One firm misunderstood the aims of the project and some gave no reason for not joining. A number of managers asked why they should approach the library and speak to a library assistant who would not understand the enquiry when they could telephone a technical contact (e.g. trade association or fellow manufacturer) and get an immediate, reliable answer. When asked at the initial interview whether they had ever made use of the public library, 42 per cent said they had (though generally infrequently); while 35 per cent said they had not considered using the public library for any but leisure purposes.

The firms were instructed to direct all their enquiries to the research officer (a chartered librarian with a commercial library background) so that the types of enquiry could be monitored and the information needs of industry established. Contact was made easier if there was an existing enquiry at the time of visiting; the services available could then be demonstrated immediately, further enquiries could be generated as expectations were satisfied, and confidence in the system would rise. Between June 1984 and July 1985, 350 enquiries were made and one very positive result was the announcement by one of the firms that, following the information received, they would probably need to employ another person to cope with the increased demand and output. This is a very clear demonstration of the value to the community of a business information service.

Capital Planning Information has also examined the information use and needs of retailing and service industries in the city of Birmingham, the city of Leicester and the county of West Glamorgan.[13] In each area interviews were held in four businesses representing each of four retailing groups (do-it-yourself/hardware, new and second-hand booksellers, electrical goods, stationery/office supplies) and each of four service industries (vehicle repairs/garages, graphic designers/typesetters, estate agents, business services/employment agencies) – a total of 96 firms (32 in each area). The study was carried out between November 1983 and July 1984. Twenty-three per cent of the 96 firms indicated that they had had some contact with public libraries, but only half of these regarded the contact as important. Eight per cent used other types of library, mostly college and university, especially in Leicester. The Commercial Information Department of the Birmingham Reference Library was praised by 'those who had discovered it, sometimes after using other sources such as the chamber of commerce'. In Leicester, the information centre was used by four firms, 'though it was clear from their responses that they were not aware that the centre is part of the public library'. Indeed 'clear evidence was found of people using a library service yet not being aware that it was the public library because it was referred to as an information centre'. The main reasons for using public libraries were to seek names and addresses or to trace unusual products and fittings; some were looking for illustrations and archives for artwork or maps for current legislation.

Twenty-seven per cent said they had no particular problems, though it is pointed out that this does not necessarily mean that they do not need information – they may need it but have learned what contacts to make and where to go for the answers. Some pointed out that the range of problems encountered was very diverse, or specific to the set of circumstances found within a particular business, or that what may seem a major problem to one person is all part of the day's work to another. The following are some of the problems identified, with the percentages citing them:

cash flow (31%)
some aspect of marketing (22%)
promotion methods (13%)
improving sales (12%)
new markets (11%)
competition from major sources and multiples (10%)
costing (7%)
finding sources of finance (5%)

Many more manufacturing firms were concerned with finding sources of finance; also more than half of the manufacturing firms surveyed were concerned about premises, a topic which worried few retailing and service industries – clear indications that different types of firm have different needs.

The recommendations of the report are concerned with coordination and greater exploitation of information services. These topics are dealt with in Chapters 5 and 6.

Of course, it takes time to investigate information needs, and it is difficult for a library to carry out such an investigation unless, like Suffolk, it receives a special grant for the purpose. Only 21 of the 59 public libraries participating in the Bakewell/Roper investigation[2] (14 in London and 7 in the north-west) had been able to make 'conscious efforts to ascertain business information needs within their locality', though a further four London libraries had undertaken such an investigation 'to a limited extent' or 'of a half-hearted nature'.

Methods of investigating business information needs

The obvious method of investigating needs is the one used by Suffolk County Information and Library Service – visiting firms and encouraging them to send their enquiries to the library. Visits to firms were mentioned by six libraries participating in the Bakewell/Roper survey as methods of investigating needs, while other methods included surveys of the area (5 libraries); surveys of the use of stock and enquiries received (4); links with chambers of commerce, industrial development departments and similar organisations (10); use of *Market Location Index*[33] (2); and the establishment of a user council (1).

The two major north-western libraries, Liverpool and Manchester, had not carried out formal surveys of business information needs but do take careful note of users' suggestions and comments on the stock. Both libraries maintain close contact with the business community but mainly those who use the library. The value of more market research among the non-users is appreciated.

A five-week survey of the use of directories was carried out in Bromley's Central Reference Library during the autumn of 1982. By far the highest usage (30 per cent) was of business, financial, trade, media and professional directories. The questionnaires completed by users confirmed the staff view that there was a broad band of professional and business interests active in the community and using the library. Comments from these users provided helpful guidance for the staff on how to encourage more effective use of the library, including the need to display more prominently the copy of *Current British Directories* annotated with class marks of holdings; the desirability of regular displays on how to find material; the need for better guiding and more publicity for new additions; and the need to guide readers more effectively towards the most appropriate kind of reference work for their enquiry.

Lambeth Public Libraries' lively reference and information service has used two MSc theses by students from The City University, London, to help gear its services towards user needs. One of these was a survey of the valuable LINK (Lambeth Information NetworK), and the other was concerned with the information needs of small firms.

The development of an on-line information service at the Lancashire Library owes much to the expressed needs of firms in the county, while a demonstration of Prestel at Sefton's Crosby Reference Library provided an opportunity to consider the information needs of the nine organisations represented. Unfortunately, so little use was made of the Prestel service that it has now been withdrawn.

The Stockport Industrial Development Council is very keen to ensure that the local business community has access to, and makes effective use of, business information. One of the 50 suggestions in an unpublished paper was that libraries are an important resource not yet fully exploited by business despite the circulation of the STOCKLIBRIS newsletter (an irregularly published bulletin containing details of acquisitions and information about various aspects of the reference and information service).

The establishment by Cumbria County Library of a User Council for its industrial information service, consisting of representatives of industry and the county council and also of other organisations which give advice to industrialists such as enterprise agencies and CoSIRA (the Council for Small Industries in Rural Areas) is an interesting development. The purpose of the council is to monitor and advise the industrial information service and to ensure that bridges are built between it and similar services.

User councils can be relevant to non-public libraries too. The British Institute of Management has recently set up an Information and Advisory Services Committee. This is a standing committee of the Institute's Council whose responsibilities include advising Council on issues concerned with the provision of information and advisory services to members of the Institute and to other managers; monitoring and carrying out regular reviews of such information and advisory services in order to ensure that they are appropriate, efficient and cost-effective; and advising and supporting staff in such information and advisory services' activity in the implementation of policy.

Clwyd Library Service's Business Start Points (see Figure 1) are an excellent method of assessing business needs and providing information to meet those needs. There are Business Start Points in several libraries, offering advice and information to large and small firms as well as those starting up in business. Computer access is provided to the County's Industrial Directory and a database of vacant industrial sites. The scheme is run by the County's Industrial Development Division and the Library and Museum service. The Business Start Points scheme is linked to the County's NEWTECH Innovation Centre at the Deeside Industrial Park, which will be North East Wales's centre for applied research, development, innovation and technical advice. Two management support centres, offering more specialist advice including the services of a commercial management consultant on site, have also been established by the county council.

All library service points in Sunderland have been designated Business Start Points in a cooperative scheme between the library service and the Industrial Development Office. Prospective entrepreneurs or those already in business are invited to approach BORU (Business Opportunities Research Unit), which is housed in Washington Town Centre Library. This Unit, which is financed by the Industrial Development Department, makes extensive use of the library facilities. Gateshead is another library which operates a Business Start Point scheme.

A further example of identifying needs and showing how the library can meet those needs is the Business Advice Day held at Coalville Library, Leicestershire, for people considering starting a small business or wishing to look at the new technology available. Similar initiatives are described in Chapter 5.

There are some methods which any library can use to establish needs without spending a great deal of money or staff time. Newsletters like Lambeth Reference and Information Service's *LINK*, Lewisham Library Service's *COMTECH*, Harrow Library Service's *Business News Sheet* and Luton Information Service's *LUTIS Newsletter* not only provide publicity for the information service but also act as vehicles to invite users to provide information about their requirements. In every locality there are newspapers or magazines issued by such organisations as development agencies, small business clubs and chambers of commerce, and the public library can scan these to get some idea of what information is needed by the businesses which it is trying to serve. The annual reports of these agencies also provide useful information. Hammersmith and Fulham Economic Development Unit has produced a brochure, *Finance and Advice for Small Businesses*, which lists Hammersmith and Fulham Libraries as a useful source of information but also provides the libraries with a clear indication of the kind of information which small firms may need.

In addition to the publications of agencies such as these, any good business librarian will also have regular personal contact with the staff of such agencies. Newcastle's Commercial and Technical Librarian has, for example, emphasised the importance of his contacts with enterprise trusts, action resource centres, small business clubs and chambers of commerce.[53] He enjoys a close working relationship with Project North East, an independent initiative designed to find new sources of employment and wealth-creation in depressed regions. It surprised me very much to learn that the director of an enterprise agency in the West of England, with whom I spoke when gathering information for this book, had received no approach from his local library although he made a point of referring enquirers to the reference library because he was aware of the information available there.

Several national newspapers and magazines help the business librarian to know what information businesses need – not only such obvious sources as *Financial Times*, *British Business* and *Employment Gazette* but also free publications like British Rail's *Business Express* and the Department of Trade and Industry's *In Business Now*. The latter includes an occasional 'Your Questions Answered' feature; many of the questions it prints could be answered from public library reference sources.

Also helpful as guides to business needs are the pamphlets issued by the Department of Trade and Industry's Small Firms Service and publication like Colin Barrow's *Small Business Guide* (see p. 248). On an international scale, journals like the European Communities Commission's *Europe* (again free) are useful.

It was stated in Chapter 1 that small firms are frequently unaware of their information needs but this does not only apply to *small* firms. One well-known insurance company refused to participate in the Bakewell/Roper survey because 'it had access to its own information sources and never needed to use a public library'. It became clear to the present writer in 1984, when the company took six months to meet a routine claim for storm damage to a roof, that this company needed information about management methods and customer relations – particularly as one of the company's offices admitted to having lost the claims form! The result was that the company, which was clearly unaware of its need for information, lost a client.

3 Kinds of Material: Methods of Presenting Business Information

When he opened Manchester Commercial Library in 1919, L. Stanley Jast referred to the need for the library to collect any and every kind of commercial information which may be obtained from printed matter and such additional information as can be obtained from public or private sources. The implication was that business information can be presented in a very wide range of formats, and if that was true in 1919 it is even more true today with a tremendous variety of printed and non-printed sources.

Taking just one important area of business information, company information, as an example, several libraries have produced charts showing the different kinds of sources which might be used including directories, annual reports, indexes, newspapers, periodicals, loose-leaf services, handbooks, online services and outside sources like banks, agencies, investors' services and, of course, the Companies Registration Office. The chart included in Hampshire County Library's leaflet on information for business is reproduced as Figure 4.

Full details of the items listed in this chapter are given in Part III (pp. 137-265). The object of this chapter is simply to indicate the *variety* of formats available.

Directories

Directories of various kinds are perhaps the most common form of material in a business library. They may list individuals (e.g. *Directory of Directors* and voters' lists); companies (e.g. the Kompass series of directories and *Key British Enterprises*) or societies and other organisations (e.g. *Directory of British Associations and Associations in Ireland*, *Encyclopedia of Associations*). They may be concerned with a particular trade, industry or profession (e.g. *The Bankers' Almanac and Yearbook*, *Ryland's Directory* (engineering)) or with a particular locality (e.g. *Kelly's Post Office London Business Directory*). There are telephone directories, trade directories, telex directories, directories of market research,

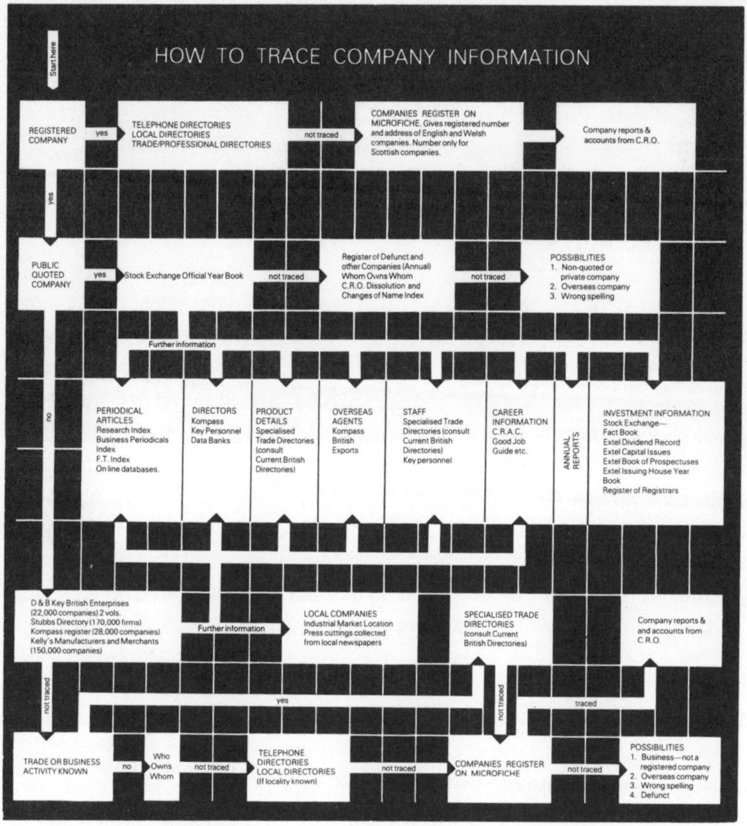

Figure 4 'How to trace company information' chart from HANTSLINE (Hampshire County Library) 'Information for business' brochure

directories of trade marks and trade names, directories of chambers of commerce and stock exchanges. As long ago as 1969, Manchester Commercial Library contained 4000 directories, [45] and both the Science Reference Library[4] and the Statistics and Market Intelligence Library[49] have produced brief guides to the directories in their stock. More detailed guides are listed on p. 174-6. *AEBIG News*, contributed each month by the Aslib Economics and Business Information Group to *Aslib Information*, contains useful notes on new directories and occasional warnings about spurious or unreliable directories. Alan Armstrong & Associates' *Library and Information News* and *New Editions: Directories, Annuals & Reference Books* are also useful guides. Garry Humphreys has pointed out that trade directories may not provide much detail about companies – often only addresses and telephone numbers; [31] for more detailed financial information it may be necessary to turn to other sources such as annual reports or special reports such as the ICC Business Ratio reports.

Handbooks

Handbooks, providing comprehensive treatment of particular subjects, have an obvious place in the business library. There are many examples, including Euromonitor's *European Market Data & Statistics* and *East European Manufacturing Handbook; Handbook of Management Games; Business Location Handbook; the Gower Handbook of Management;* and the Dartnell series of handbooks on marketing, direct mail, sales management, advertising, office administration, public relations, sales promotion and personnel administration, published by Dartnell in Chicago and marketed in Europe by Alan Armstrong & Associates.

Encyclopaedias and dictionaries

There are encyclopaedias on many subjects which are important to the business library, e.g. *Encyclopaedia of Occupational Health and Safety, Encyclopaedia of Management Development Methods* and *Encyclopedia of Management*. There is also a need in the business library for more concise dictionaries and, of course, bilingual dictionaries.

Loose-leaf services

In a rapidly developing field like business, loose-leaf services, which can be updated at regular intervals, have obvious advantages in spite of the irritation caused to library staff who have to file the new pages and withdraw the old ones. Several encyclopaedias and handbooks are published in loose-leaf form (e.g. *Croner's Reference Book for the Self-Employed and Smaller Business, New Encyclopaedia of Employment Law and Practice* and *Complete Guide to Managing Your Business*). The French work *Informations Internationales* contains information, in English, on a wide range of companies and the service is updated monthly; it is particularly useful for its coverage of many Japanese companies. Extel Statistical Services publish cards containing company information in a number of series, including UK Quoted Companies, UK Unquoted Companies, Analysts, Australian Companies, European Companies and North American Companies, and McCarthy Information Services reproduce press comments in paper form and microfiche, again in a number of series – Australian, Banking, Energy, European, Industry, North American, Property, UK Quoted and UK Unquoted.

Trade literature

The term 'trade literature' includes company annual reports, house journals and product literature such as catalogues, data sheets and price lists – i.e. any information published by a company about its performance and/or employees and/or products or services. Although annual reports will take care to exclude information which may be helpful to competitors, they often do contain useful information about a company's performance, plans and products; the National Coal Board annual reports, for example, include detailed statistical information covering many years.

There are broadly three kinds of house journal: the first may contain information on research and other activities and some product information without giving much away to competitors; the other two kinds are the 'glossy' journal containing general interest articles and the 'staff' publication confined mainly to social news and information about employees. There is an extensive trade literature collection at the Science Reference and Information Service, details of which are given in *Trade Literature in British Libraries*,[18] together with information on collections in 29 other libraries.

Statistical publications

As stated in Chapters 1 and 2, statistical enquiries abound in the business library. Published statistical information is not always easy to use because of the variations in methods of presentation, but the Department of Trade and Industry's

Statistics and Market Intelligence Library has produced a very useful guide to the use of trade statistics.[50] David Mort, formerly Manager of the Warwick Statistics Service, has written a helpful article on non-official statistics[35] and Leona Siddall has reported on the publication of UK non-official statistics, their holdings in British libraries and their role in business information.[44] Ms Siddall found that 41 per cent of the titles identified were providing original data not available elsewhere; that non-official sources are valuable to the business user; and that few non-official sources are held in the general library. Following a recommendation in Siddall's report, the Warwick Statistics Office has produced a guide to non-official statistics which is maintained in computer form in Warwick and regularly updated. It is planned to revise the hard copy version of the guide every two to three years. Many statistics are 'hidden' in trade and professional journals, and Birmingham Public Libraries publishes a monthly index of these.[51] Joan Harvey has written a useful review of statistical publications for business and management.[29]

Official publications

Publications of government bodies and international or supra-national organisations form an important part of any business library. These include legislative documents, statistics, annual reports and accounts of government departments, parliamentary debates, House of Commons papers and command papers (i.e. papers presented to Parliament by command of the Monarch or (in practice) by command of the Minister named on the title page). Publications of foreign central governments, particularly the United States and the member states of the European Communities, may be of interest to the businessman, as may be publications by British local government jurisdictions. Publications of other countries may be of interest to businessmen in specific industries – for example, managers in the oil industry will obviously be concerned about what is happening in the Middle East. Documents from the United Nations and its agencies (for example, the International Labour Organisation and the Food and Agricultural Organisation), the European Communities, the Council of Europe, the North Atlantic Treaty Organisation and the Organisation for Economic Cooperation and Development may all contain information of interest to the businessman. There are several useful guides to official publications (see pp. 220-2).

Standards and specifications

Standards of production and design, and codes of practice, are important sources of business information. Standards of financial reporting are also desirable, and have been facilitated in the United Kingdom and Ireland by the development of accounting standards by an Accounting Standards Committee containing representatives of the six major accountancy bodies (Institute of Chartered Accountants in England and Wales, Institute of Chartered Accountants of Scotland, Institute of Chartered Accountants in Ireland, Association of Certified Accountants, Institute of Cost and Management Accountants and Chartered Institute of Public Finance and Accountancy). In the United States, the Financial Accounting Standards Board is responsible for accounting standards, and there are also international accounting standards, the object of which is to promote worldwide acceptance and observance of standards in the presentation of audited accounts and financial statements. The good business library will contain a complete collection of standards published by the British Standards Institution and other bodies such as the International Organisation for Standardisation and the National Information Standards Organization (formerly the American National Standards Institute). Hampshire County Library's poster 'Is your work up to Standard' (see Figure 5) lists some of the standards available.

Patents and trademarks

Patent specifications are probably regarded as 'technical' information rather than business information but they can be of undoubted value to the businessman attempting to assess the commercial viability of an invention. Identification of trade marks is a regular problem for the business librarian/information officer and, in spite of such sources as *Trade Marks Directory* and the weekly *Trade Marks Journal*, one that is not always easy to answer. Lawrence Tagg has described the online trademark searching service provided by Computer Patent Annuities of St Helier, Jersey.[54]

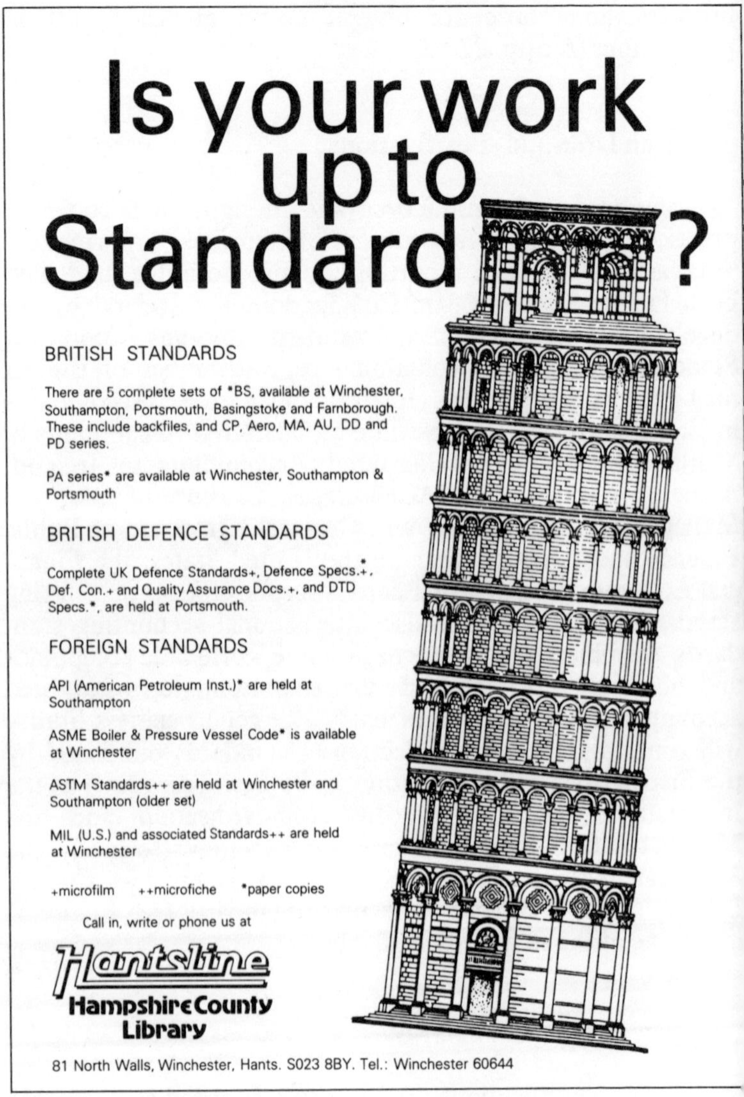

Figure 5 'Is your work up to standard' poster (HANTSLINE – Hampshire County Library)

'Grey' literature

Grey literature is a term used to describe literature which cannot readily be acquired through normal bookselling channels and which may, therefore, be difficult to identify and obtain. Some official publications may be classified as grey literature, as may reports, theses, working papers, discussion and policy documents and conference papers. In an effort to improve access to such material, the European Communities and the British Library Lending Division (now British Library Document Supply Centre) have set up SIGLE (System for Information on Grey Literature in Europe), and there are now SIGLE offices in Belgium, the Federal Republic of Germany, France, Great Britain and Ireland, Luxembourg, Sweden and the European Communities.

From the point of view of business information, market research reports and surveys are the most important examples of grey literature. There are several indexes to help identify such reports (see pp. 208-11) but locating them in libraries is quite another matter because of their tremendous cost – anything from £60 to £200 or more per report. The Bakewell/Roper Report[2] recommended that funds be made available to the British Library Document Supply Centre specifically to enable it to improve its holdings of market research reports. David King has produced a useful review of market research reports.[32]

Development plans are another example of grey literature, and the Department of Trade and Industry's Statistics and Market Intelligence Library has published a list of such plans which it holds.[48]

Periodicals

In a fast-moving and rapidly developing area, periodicals are a particularly important source of information. For example, *Acquisitions Monthly* provides a much more up-to-date survey of international mergers and acquisitions than any book could do and *What to Buy for Business* (10 issues per annum including occasional special reports) is a current guide to equipment and suppliers with very critical comments on such topics as photocopiers, word processors, microcomputers, stationery, telephones, business travel, typewriters, delivery services, health insurance and dictation equipment. In addition to the many journals published by commercial publishers, like *Business Week*, *The Economist* and *Fortune*, important titles are published by governments (e.g. *British Business*, *Business Monitor*, *Employment Gazette*); banks (e.g.

Bank of England Quarterly Bulletin, Barclays Bank Review); trade and professional associations (e.g. *Management Services, Marketing*); academic institutions (e.g. *Harvard Business Review*); chambers of commerce and similar organisations. Many journals, like those mentioned, are of general interest while there are many others concerned with specific industries or trades. An important journal for the business information worker is *Business Information Review*.

Many periodicals, such as those issued by banks and chambers of commerce, may be available free of charge. Others are distributed on a 'controlled circulation' basis, the publishers relying for their revenue on advertisements for their products and services. Such journals can be a valuable source of business information; for example, *Business Systems and Equipment* and *Mind Your Own Business* contain much useful data on developments in office machines, computers, ergonomics, word processing, etc.

In 1969, Manchester Commercial Library was receiving 1250 periodicals, of which more than 400 were being bound for permanent preservation.[45] The City Business Library's publicity leaflet, *Mind Your Own Business*, states that some 850 titles are taken there. Clearly there is a wide range to choose from, and some guides to selection are listed on p. 236.

Newspapers

The information provided in daily newspapers is obviously even more topical than that in weekly and monthly periodicals. *Financial Times* is an obvious source of information for British businessmen, but business news also appears in other dailies such as *The Times, The Guardian* and *The Daily Telegraph*, as well as the business supplements produced every Sunday by *The Observer* and *The Sunday Times*.

Important overseas newspapers include *Echo de la Bourse, Le Monde, International Herald-Tribune, New York Times* and *Wall Street Journal*. Although *Wall Street Journal* is now available in a European edition, the Bakewell/Roper investigation[2] found that only five public libraries in London and the North-West of England (Camden, City Business Library, Islington, Manchester and Westminster) were subscribing to it in 1983.

Keesing's Contemporary Archives, another loose-leaf service, provides summaries of information in newspapers. There are also services providing online access to information in newspapers, such as Textline and World Reporter (see pp. 222-9).

The Bakewell/Roper Report suggested that there was insufficient coverage of newspapers by public libraries, bearing in mind their importance as sources of business information. Urgent implementation was recommended of the 'Newsplan' system for the cooperative storage and microfilming of newspapers, as proposed by Stephen Green at the Library Association's 1983 Annual Conference.

Press releases and circulars

'Ephemeral' material, such as press releases and circulars, can be very helpful to the businessman. Much of the information in such sources is eventually published in newspapers and periodicals, but not all of it.

Bibliographies

Bibliographies are perhaps of limited value as sources of business information because they are out of date as soon as they are published, if not before. However, there are some useful sources, one of the most valuable being Lorna Daniells' *Business Information Sources*, the first edition of which was found by Bakewell and Roper to be held in only nine libraries in London and the North-West of England. *Information Sources in Management and Business*, edited by K. D. C. Vernon, is helpful although expensive and poorly indexed. *The Good Book Guide to Business* is an interesting selection of '600 essential books for the international manager', the selection being made by *The Economist* and *The Good Book Guide*.

Abstracting and indexing journals

As Leslie Smyth has so rightly said:

It is not possible for even the most avid reader to read

> more than a small proportion of the trade and commercial periodicals published throughout the world. To limit oneself to periodicals specifically dealing with one's particular interests often means that important articles which may appear in unlikely publications can be overlooked. The problem can be solved to a certain extent by the use of periodical indexing and abstracting services, of which almost fifty can be consulted in the [Manchester] Commercial Library.[45]

Abstracting and indexing journals are particularly useful, supplemented by union catalogues or location lists and photocopying services, for providing access to material not held in a particular library. Yet the Bakewell/Roper investigation found that only one indexing service, *Research Index*, was taken by more than half of the public libraries of London and the North-West of England; the invaluable Anbar abstracting journals on management were taken by only 20 libraries (38 per cent of the total), while the excellent Predicasts indexes fared very much worse – only two libraries (the City Business Library and Manchester) received *F&S Index Europe*, *F&S Index International* and *F&S Index United States* in hard copy form and only Manchester received *PROMT*, though some other libraries could access them online.

Indexes to individual newspapers and periodicals are also important. One librarian participating in the Bakewell/Roper investigation described the *Financial Times Index*, published since 1981, as 'a godsend', yet only nine of the libraries investigated (Bromley, Camden, City Business, Cumbria, Liverpool, Manchester, Tameside, Waltham Forest and Westminster) were subscribing to it. This is a staggeringly low figure in spite of the faults mentioned by Pamela Foster in a penetrating analysis, such as high cost, idiosyncratic indexing and poor reference structure.[28] The City Business Library was the only public library in London and the North-West to subscribe to *Wall Street Journal Index* in 1983.

There are also publications which reproduce contents pages of journals such as the Manchester Business School Library's *Contents Pages in Management*.

Pamela Foster has provided a buyer's guide to management indexing services.[26]

Timetables and travel information

Travel is an increasingly important feature of a businessman's life, so that rail, air, sea, bus and coach timetables are essential sources of information. So too are town guides, which often contain useful information on industrial and commercial activity in a locality, and hotel accommodation lists. Other useful sources of travel information are the British Overseas Trade Board's *Hints to Exporters* series (a separate pamphlet for most countries of the world), the Confederation of British Industry's *West European Living Costs*, the *Financial Times* publication *Business Travel Costs* and the monthly journal *Business Traveller*.

Maps, atlases, town plans, gazetteers

These publications are again essential for the travelling executive but are also needed by several categories of businessman including market researchers, exporters, transport managers and insurance assessors.

Microforms

Microform is used for the presentation of some important categories of business information including telephone directories and publications of the Companies Registration Office. These appear on microfiche (flat microfilm), as does the *Financial Times* MIRAC (Microfilmed Reports and Accounts) series. Graham and Trotman now publish *Major Companies of Europe* and *Major Companies of the Arab World* on microfiche. Newspapers, periodicals, theses, reports and archives are also frequently published in microform. A useful account of the value of microform publishing has been provided by Pamela Foster.[27]

Audio-visual materials

The printed word is by no means the only method of communicating business information. Business cassettes are becoming increasingly popular, an example being the monthly

Management Tape, produced by the Audio Magazine Company in collaboration with the British Institute of Management. *Business Information Review* has included a reference to another monthly cassette allegedly published by the Audio Magazine Company and entitled either *Personal Training Bulletin* or *Personnel Training Bulletin* – *Business Information Review* could not make its mind up and a letter to the Audio Magazine Company requesting information produced no response!

Films and videos are invaluable training aids and there are a number of guides to selection (see p. 148); particularly useful is Management Update's *Know Your Training Films*, with its critical reviews. Gower TFI's Enterprise Series, developed by PBS (the American equivalent of the BBC) and the Learning Corporation of America, under the auspices of the Harvard Business School, provide a series of real case studies indicating various aspects of business.

Care does need to be taken in the selection of audio-visual materials. For example some of the Holdsworth cassettes, such as that on team management, contain some very unconvincing role playing and may produce some hilarity in training sessions.

Online information services

Online information services are the greatest growth area for the presentation of business information: the number of online searches by Cheshire Information Service grew from 200 in 1979 (when there were 70 databases available) to 600 in 1982/83 (when there were more than 500 databases available). Surprisingly, however, only nine libraries participating in the Bakewell/Roper survey (18 per cent of the total) reported use of online databases to answer enquiries; four of these libraries were in London (representing 13 per cent of the total) and the other five were in the North-West (26 per cent of the total); two additional London libraries had access to online databases via the polytechnic library but one of these had never needed to make an online search. The report recommends that libraries should respond to the online challenge, perhaps on a cooperative basis.

Traditionally, only bibliographical information (i.e. details of publications) was available online, and one of the arguments sometimes put forward against online services for the business library was that businessmen tend to need hard data rather than references for further reading. Now, however, there are a large number of non-bibliographic databases (or *databanks*), which provide factual data such as numeric or statistical information. There are also 'full-text' databases containing the complete text of newspapers, periodicals or directories. 'News' databases can be valuable for company information, stockbrokers' reports, country information (e.g. economic trends, political developments, overseas subsidiaries), industry information (especially trends and 'gossip'), news about people (e.g. new appointments) and political and social developments.

The following online databases or 'hosts' (i.e services providing access to a number of databases) were quoted by the libraries participating in the Bakewell/Roper study as being particularly useful:

ACOMPLINE (developed by the Greater London Council's Research Library and covering a wide range of subjects including Europe and the EEC, industrial relations, regional planning, air pollution, small businesses, energy and transport)	3
POLIS (Parliamentary Online Information Service)	3
DIALTECH-IRS (a 'host' service)	2
PREDICASTS (providing access to the Predicasts range of indexes)	2
Textline (providing access to a wide range of newspapers, press releases, news tapes, corporate financial services, etc.)	2
Datastar (a 'host' service)	1
DIALOG (the largest 'host' service)	1
ECHO (providing access to European contracts for tender)	1
ESA (European Space Agency)	1
QUESTEL (European patents)	1
URBAMET (complements ACOMPLINE for Third World urban planning)	1

Some users/potential users of public libraries also commented on the value of online services, two of them paying particular tribute to the Science Reference and Information

Service's online service and one to that provided by Liverpool City Libraries. The following services or hosts were mentioned by users/potential users:

Textline	4
Datasolve/World Reporter (providing access to BBC Summary of World Broadcasts and external news service and complete texts of *The Economist* newspaper and other sources)	2
Datastar	2
BLAISE (British Library Automated Information Service)	1
Datastream (providing access to a wide range of current and historical data including accounts, share holdings, interest rates, prices, economic data)	1
DIALOG	1
HARFAX Industry Data Sources (marketing and financial statistics)	1
MicroExstat (balance sheet and profit and loss account data on British companies)	1
PIRA (abstracts on management and marketing)	1
Predicasts	1
SCIMP (European Index to Management Periodicals)	1

One user commented that not enough UK company data are available online. This situation is improving, and F. J. Ryan has said, in a useful guide to such databases, that 1984 could go down as the 'Year of the Online British Company Database'.[41]

An online terminal was introduced into the Quick Reference and Commercial Information Department of Birmingham Public Libraries in the summer of 1984, the arrival of the terminal coinciding with 'a deluge of business information databases'.[22] Company databases which have proved particularly useful include ICC (Inter Company Comparisons), Jordan's, Dun and Bradstreet's Key British Enterprises, the Companies Registration Office Directory and Industrial Market Locations. Good use is also made of World Reporter, Textline and the Guardian Business Information Service.

Some important online 'host' services and databases, and some guides to such services, are listed on pp. 222-31.

Videotex

Computer-based Videotex systems like British Telecom's Prestel, the BBC's Ceefax and Independent Television's Oracle provide access to a wide range of business information at the flick of a switch. The television systems are also known as Teletext, while systems like Prestel, which utilise telephone lines linked with one or more central computers, are also known as Viewdata. Information on companies, travel, financial organisations and services, exchange rates, share prices and many other business topics are available via such sources.

Although more libraries participating in the Bakewell/Roper survey were using Videotex for business information than were using online services (17 in London and 7 in the North-West), there were many criticisms of the service including poor indexing, too many 'blind alleys', too many closed user groups and insufficent data available. One librarian said that Prestel was useful for the latest Retail Price Index, though 'not much else was on'. Another librarian stated, however, that the Retail Price Index which he had found on Prestel during a twelve-month trial in his library was two months behind the figure in *Employment Gazette*. This librarian felt that 'Prestel did not add information' to what was available in printed sources.

The following subjects and information providers (IPs) were quoted as being particularly useful:

timetables/fares/travel information (one librarian particularly quoted the Irish Republic)	5
stock exchange information	4
Datastream	3
exchange rates	3
parliamentary information	3
financial information	2
gold prices	2
statistical information	2
commodity information	1
company accounts	1
currencies	1
Economist country profiles	1
employment law	1
FT surveys	1

government information	1
information about firms	1
list of market research organisations	1
loan rates	1
Retail Price Index	1
share prices	1
tax	1
training	1

Bexley Public Libraries have found tremendous interest in Viewdata-compatible online and accesses POLIS (the Parliamentary Online Information Service) via Videotex-compatible fields. This provides full online indexing of current parliamentary publications, together with some non-parliamentary and some EEC material. It is particularly valuable for tracing questions in Parliament under subject, speaker or date.

Suffolk County Information and Library Service has found that a subscription to ICC Viewdata enables basic financial information for companies on the database to be provided at a cost less than that charged by banks and other credit companies.[57]

Users' views on Videotex also tended to be somewhat negative, but there were a few more positive comments:

> 'The City Service, ferry timetables and stock market prices on Prestel are useful. Share prices, commodity prices and news are useful on Ceefax and Oracle. Some users are "turned on" by Prestel.'

> 'Prestel is useful for Intercom Videotex (prices of commodities, precious and base metals, London International Futures Exchange), Reuters, Extel tapes, City Service'.

> 'Prestel is occasionally used for company information – e.g. FINTEL, Datastream, Jordan's.'

Some sources of information on Videotex are listed on pp. 263-4.

Personal and telephone services

The final method of presenting business information to be mentioned is the personal or telephone service. For example, Dun & Bradstreet's DunsTel provides access to the company's computer databank via any telephone. The caller can find out whether a company is on Dun & Bradstreet's files and request either a report on critical information or a complete readout of assets, liabilities, legal judgments and other strategic information.

Jordan's is one company which provides 'namewatch' services, checking on company names which may infringe those of its clients.

A service currently available only in the London area is British Telecom's Citycall phone-in information service, which offers a choice of six separate bulletins, updated continuously throughout the business day:[14]

STOCK MARKET REPORT 0066 66061 (key price movements, stories and indexes)
LEADING SHARES 0066 66062 (the latest prices of 30 leading companies)
COMPANY NEWS 0066 66063 (results and announcements)
ACTIVE SHARES 0066 66064 (the most notable price movements of the day)
FOREIGN EXCHANGE 0066 66065 (dollar and sterling rates against major currencies)
WORLD MARKETS 0066 66065 (latest indexes from London and major international markets)

The next step from these 'instant information' services is the fully-fledged fee-based information service, which will provide detailed information, advice or research for a fee, often using the media described in this chapter. Examples of such services (and guides to such services) are given on pp. 185-91.

Part II: The Public Library's Role

4 Organising the Business Library

Selection of stock

Vernon has rightly said that no textbook can teach stock-selection and acquisition.[59] Much depends on the local business community, but the emphasis in a public library will be on basic directories and periodicals, material to help small firms, and material to supplement the holdings of company libraries where they exist. Smyth pointed out some years ago that 100 firms might wish to consult a Philippines directory once, but that none would wish to purchase it; they would rely on the public library.[46]

The Bakewell/Roper Report[2] included the results of a survey of the holdings of 161 reference sources in the libraries investigated, and it is disturbing to find that only four London libraries (Camden, City Business Library, Ealing and Westminster) and two north-western libraries (Liverpool and Manchester) contained 50 per cent or more of the titles. Some librarians stated why they did not hold a particular title, and this again demonstrated the need to consider local circumstances, the value of each title, and the holdings of other libraries when making the decision whether or not to purchase a particular item. For example, Tower Hamlets stopped purchasing *Census of Production* and *Key British Enterprises* because the frequency of their use did not justify their cost; Camden did not subscribe to McCarthy cards because they were available at the nearby Science Reference Library; and Camden did not possess *World Directory of Multinational Enterprises* because it was considered that it duplicated other directories.

Only six of the titles in the list were taken by all 53 libraries investigated – *Annual Abstract of Statistics*, *Directory of British Associations and Associations in Ireland*, *Kelly's Manufacturers and Merchants Directory*, *Kompass UK*, *The Stock Exchange Official Yearbook* and *The Times* – together with the UK telephone directories; while 116 titles (71 per cent) were taken by fewer than half the libraries. Manchester Commercial Library held 86 per cent of the titles, while the other public libraries in Greater Manchester jointly held 49 per cent. Similarly, Liverpool City Libraries held 71 per cent of the titles, while the other Merseyside libraries jointly held 33 per cent. Clearly great reliance is placed on these two major libraries for business information, and two librarians stated that they made no real effort to stock foreign directories because of their close proximity to Manchester.

Although all the libraries contained United Kingdom telephone directories, only 22 London libraries and 11 north-western libraries contained telephone directories for one or more overseas countries. Location of such directories in London is eased by the publication of two guides – *Checklist of USA Telephone Directories Held by Libraries in the London Area* (3rd ed – US Embassy, 1981) and *Union List of Telephone Directories Held by Inner London Reference Libraries* (Bethnal Green Reference Library, 1982).

Only one of the 22 abstracting and indexing journals in the list (*Research Index*) was taken by more than half the libraries and the important Anbar abstracting journals on management were taken by less than 40 per cent. One librarian, whose library clearly provided a very good information service, first confessed ignorance of the Anbar journals and then stated that abstracts would be regarded as rather academic by his library's users, who wanted information immediately. It is true that many business enquiries are very urgent (and many are for factual information which is more likely to be answered from directories than from abstracts or indexes); however, libraries ought to provide guides to the literature which, supplemented by union lists, inter-library loans procedures and photocopying services, could lead enquirers to the information being sought.

Expense is obviously a major reason for failure to acquire many items, yet only five London libraries and one north-western library contained *Prices and Earnings Around the Globe* which, according to Campbell,[6] is available free from the Union Bank of Switzerland in Zurich.

Having criticised the holdings of some libraries, it should be stated that the checklist used for the Bakewell/Roper investigation was not without its eccentricities (one librarian described it as 'bizarre') and that exploitation of a few basic directories can provide the answer to many business enquiries; for example, much company information can be obtained from the Kompass directories, and *Directory of British Associations and Association in Ireland* can frequently point to an appropriate source.

Aids to selection

In spite of the notorious delay in recording many items, the *British National Bibliography* is a useful selection tool, particularly for out-of-the-way, non-commercial items. Campbell has pointed out that its classification numbers are not infallible and has also drawn attention to some omissions, notably market research reports, which are not deposited under legal deposit regulations.[6]

Alan Armstrong & Associates produce a number of items which should be perused regularly by the business librarian selecting stock, including *Buying for Libraries, Library and Information News, New Business Books* and *New Editions*.

Journals like *Nature, The Engineer, British Business* and *Employment Gazette* are useful for their listings of reports and other significant items as well as for book reviews.

A large amount of literature is published by trade and professional organisations, and their journals are important sources.

Accessions lists and bulletins issued by business libraries (for example, the London and Manchester Business Schools) should be perused regularly. The British Institute of Management's monthly *Management News* includes lists of items added to the Institute's Library as well as reviews of books and audio-visual materials.

The catalogues of publishers with a known reputation in a particular field can be helpful; for example, CBD Research and the Gale Research Company for directories.

Catalogues such as those issued by Her Majesty's Stationery Office (HMSO) and the United States Government Printing Office are essential for government publications, and Key Facts' *Business and Government* is invaluable. Journals like *British Business, Employment Gazette* and *Management in Government* also list papers and reports issued by government departments and agencies. HMSO publications are listed selectively on Prestel a day in advance of publication.

The regular columns on business information in journals like *New Library World* and *Aslib Information* are useful sources, as is the Gower periodical, *Business Librarian*.

Because of their cost, very careful consideration needs to be given to the selection of periodicals, particular attention being paid to the holdings of other libraries especially those nearby. The lists issued by libraries like the City Business

Library, the British Institute of Management and the London and Manchester Business Schools can be helpful aids to selection and the coverage of indexing, abstracting and online services should also be considered, Embassies and consulates may provide useful advice on foreign journals.

Audio-visual materials present an even greater selection problem – they are costly and there are fewer guides to selection. Apart from the catalogues of producers, indexes like *Know Your Training Films* and *Films and Videograms for Managers* can be helpful.

The process of selection includes perusal of newspapers and periodicals not only for details of publications but also for news items to be added to the library's own information files.

Details of some aids to selection are given in Part III.

Acquisition methods

Too many public libraries are tied to bureaucratic methods which require that all publications, even those which ought to be ordered direct from the publisher, be ordered via a particular bookseller; for this reason, many items are not acquired as quickly as they should be. There is much to be said for ordering as much as possible from a bookseller who specialises in business literature, such as Alan Armstrong & Associates' Business Bookshop.

It is helpful if items on order are included in the catalogue so that users are aware that the item will be coming. The record can easily be changed to a catalogue entry when the document is received.

A number of booksellers and periodical suppliers are now geared to receiving orders by computer. Examples include Blackwell's PEARL system, covering books and periodical subscriptions (details from the Marketing Support Manager, Blackwell Technical Services Ltd, Beaver House, Hythe Bridge Street, Oxford, OX1 2ET) and Martinus Nijhoff's Journal Subscriptions Service (PO Box 269, 2501 AX The Hague, Netherlands and 190 Old Derby Street, Hingham, MA 02043, USA). Serials Management System (SMS) claims to merge Wm. Dawson and Sons' 175 years' experience in subscription service with a major investment in the latest computer and database technology to bring total serials control direct to the librarian's desk (details from Serials

Management Services Ltd, Cannon House, Folkestone, Kent CT19 5EE). The library cooperatives normally offer an acquisitions service, an example being BLCMP's BOSS acquisitions system (details from BLCMP Library Services Limited, Main Library, University of Birmingham, Birmingham B15 2TT). CLSI's LIBS 100 Book Acquisition Module includes functions for pre-order searching, ordering materials, claiming, cancelling, receiving, routing materials, producing management reports, maintaining vendor and fund accounts, producing financial reports and keeping statistics (details from CLSI Limited, Regent Arcade House, 252–260 Regent Street, London W1R 5DA or CL Systems Inc., 1220 Washington Street, West Newton, MA 02165, USA).

Presentation of stock

A major problem with regard to presentation of the business library's stock is its diversity – books, statistical publications, patents, standards and specifications, trade literature, periodicals, timetables, press cuttings, loose-leaf and card services, maps, newspapers, electoral registers and audio-visual materials may need to be arranged in different sequences and possibly using different methods. Trade catalogues, for example, may be arranged alphabetically by manufacturer, patents and standards numerically, and statistics by country or by Standard Industrial Classification number.

Conventional classification schemes such as Dewey may be inappropriate for the business library except, perhaps, for its small collection of handbooks. Eight of the users interviewed during the Bakewell/Roper investigation felt that better signposting and/or display was needed in many libraries and one made the comment that the arrangement of libraries is often more geared to the needs of the librarian than to those of the user. A market analyst would have liked material to have been displayed under such headings as *STATISTICS* and *COMPANY INFORMATION*, which is surely not too much to ask. This is done very effectively at Holborn Reference Library, Camden, where material is grouped helpfully under such headings as *COMPANY & FINANCIAL INFORMATION, DIRECTORIES & ANNUALS, GUIDES, HOTELS* and *TIMETABLES*.

The City Business Library's publicity leaflet, *Mind Your Own Business*, states that 'the open arrangement of the library is designed to make self-help simple with the main sections clearly labelled and adequate guides to the contents of the shelves'. A special classification has been developed in the library for the arrangement of the directories, and this classification, or a variation of it, is also used in a number of other libraries. Special classification schemes like this are useful if an index is supplied for the public, as is done in the City Business Library and Manchester Commercial Library but not in all libraries using this or similar systems.

Smyth comments on the value of the browsing facility provided by an open access public library, which has great potential for creative thinking.[46] Businessmen visiting the library usually prefer 'self-service' techniques which enable them to browse or to obtain specific items quickly without troubling the staff. They may not welcome signs such as the following in a London reference library:

> **Annuals and Directories**
>
> If you wish to consult an annual or directory please ask the staff at the reference counter. Thank you.

On the other hand, one respondent in the Bakewell/Roper investigation would have liked more items on closed access because of the tendency for material to be stolen. He welcomed Liverpool City Libraries' decision to remove British Standards from the open shelves for this reason. Nevertheless it can be irritating to have to ask at the counter for something like the British Rail timetable, particularly in a busy library staffed by only one or two people, and one wonders why it is necessary if there is an automated security system. If it must be done, there should at the very least be a notice at the *TIMETABLES* section indicating the fact. In one library which I visited when carrying out research for this book, a member of staff did not even know where the British Rail timetable was!

The following features of two other libraries visited by the author when writing this book – one English and one Welsh – should *not* feature in a well-organised business library:

1. The display of several notices, but not one about Small Firms Local Enterprise Week, which was taking place soon.
2. Poor guiding – only DIRECTORIES and OVERSIZE BOOKS clearly labelled.
3. A tendency towards prohibitive guides, for example:
   PLEASE DO NOT REFILE EXTEL CARDS
   PLEASE DO NOT PUT MAPS ETC. BACK IN CABINET
4. Microfiche copies of the Companies Registration Office index and the Stock Exchange List available, but no guidance on their use.
5. The heading ABSTRACTS AND INDEXING SERVICES above three bays of telex and other directories and electoral registers.
6. All periodical titles filed together, e.g. *Evangelical Magazine of Wales* filed next to *Engineering*.

One of these libraries did have the address and telephone number of the local Small Firms Centre displayed on the notice board, and this kind of information is something which could be developed.

Cataloguing and indexing

Traditional cataloguing methods are not always conducive to the provision of business information. How many businessmen, for example, are likely to seek publications of the Central Office of Information or the Department of Employment under 'Great Britain' or 'United Kingdom'? Cataloguing should be kept as simple as possible, but it is advisable to catalogue everything unless material can easily be located by some other method. The Bakewell/Roper investigation found, surprisingly, that three London libraries did not take *The Post Office London Directory*, but this may have been due to inability to locate the title in the catalogue.

Some libraries do not catalogue government publications, British Standards and publications of international organisations such as the United Nations and its agencies, the Organisation for Economic Cooperation and Development and the European Communities. This is fine if the publications lists of these bodies are displayed prominently near the catalogue, though it does mean that documents may be lost to somebody searching the catalogue for items on a particular subject.

The use of marked copies of *Current British Directories* (as, for example, at Bromley and Manchester Public Libraries) is an effective method of indexing directories.

It is helpful if users are given direct access to catalogues, rather than their being kept behind the counter for staff use only as happens in one library visited by the author.

The use of 'dog-eared' and overcrowded card catalogues does not convey the impression of efficiency which the business person has the right to expect.

Some 'self-indexing' material, such as town guides, trade catalogues and maps, may not need to be catalogued, but it may be helpful to maintain indexes to the contents of some of this material. For example, trade catalogues may conveniently be arranged alphabetically by the name of the manufacturer, but indexes under products, trade names, etc. may assist exploitation.

Many libraries provide very effective visible indexes to sections of their stock such as directories, periodicals and statistical publications. Examples include Manchester, Camden, the City Business Library and Bristol (part of Avon County Library).

A distinguished business librarian said to the writer, when discussing plans for investigating public library provision of business information services, 'You should ask what internal indexes are maintained; if there aren't any, then a business information service is not being provided.' This seems a little harsh, and somewhat unfair to the libraries which do provide an effective service without such indexes. At Bromley, for example, it had been found unnecessary to maintain any internal indexes since the improvement of *The Times Index*, the publication of an index to *Financial Times* and the introduction of Prestel.

Sixteen of the libraries investigated by Bakewell and Roper were not maintaining any internal indexes. The following are the kinds of indexes quoted by other respondents, with the number of libraries quoting them:

organisations	10
local information file	10
local firms	6
news cuttings	4

community information file	3
periodical articles	3
buildings index	2
'hard-to-find' file	2
anticipated enquiries index	1
chairmen of committees	1
directories index	1
EEC index	1
HMSO cards	1
index to *Financial Times* special reports	1
index to government reports by chairmen and subject	1
index to statistics	1
index to *Current British Directoories* and *Guide to Official Statistics*	1
law reports and journals	1
LINK index on cards	1
local liquidated companies index	1
maps index	1
market research reports index (including those not in stock)	1
price source index	1
ranking lists	1
special reports from daily papers, *Economist, Geographical Magazine*	1
street plans	1
strip indexes on law, directories (including analytical entries for items in other documents	1
trade directories indexed by contents	1
trade index	1
'useful contacts' file	1

Several libraries use the new technology to store their information files. Cheshire and Clwyd have online retrieval systems using STAIRS (Storage And Information Retrieval System), an IBM computer package. Lewisham has LIBINFO, a computerised database of key articles in periodicals, and also maintains a file of local societies on computer. Kingston-upon-Thames includes information about local firms and societies on its Kingtel Viewdata system.

HERTIS (Hertfordshire Technical Information Service) has developed a business databank of companies on a DEC PDP 11/70 in Hatfield Polytechnic's Computer Centre.[24] The databank is used by HERTIS Industrial Service and Hertfordshire Libraries' Commercial Information Service to answer enquiries about companies. A monthly printout is produced as a reference tool, but the library staff can also carry out a keyword search for a specific firm via the library's computer terminal. The databank was published in 1984 as *The Hertfordshire Industrial and Commercial Register*, and is also available on the HERTS288 Prestel gateway system.

Another example of the kind of service which could be adopted by public libraries is INDIS (Industrial Information System), a computer-based directory of all the manufacturing and service companies in Mid-, South and West Glamorgan as part of the County Council's programme to help local industry. The system lists all suppliers of a raw material or component needed for the production process and potential purchasers of a product.

Much material in the business library consists itself of indexes, for example Extel cards, McCarthy cards and microfiche records of companies. Such material does not need indexing, but it is desirable to label it adequately and to provide reasonable guides to its use.

There are a nmber of tools to assist in the choice of subject headings for indexing, such as *PAIS Subject Headings*[38] and *The London Classification of Business Studies*.[58]

Weeding

Out-of-date town guides, maps, directories, etc. may be very helpful for historical research but are useless for current information; their presence in the business library does more harm than good. Regular weeding of stock is essential, and items such as the following, found on the shelves of two business libraries during 1985, should be removed:

Janes's Major Companies of Europe 1979/80
Caribbean Yearbook 1979/80
Accommodation Guide 1983
ABC Rail Guide 1983

Enquiry records

Many enquiries received in the business library are of the 'quick reference' variety and can be answered very quickly. However straightforward an enquiry, it is desirable to maintain some record if only to demonstrate the use being made of the service. Twelve librarians interviewed for the Bakewell/Roper investigation were unable to indicate the extent to which firms were using the library because enquirers do not always identify themselves. It is difficult for these libraries to show how valuable their service is to the community and, although anybody may use a public library reference service without being asked to identify himself, it is helpful for the library to be able to answer such questions as the following:

> Was the information being sought for personal use or on behalf of a firm or other organisation?
> What kind of firm or organisation?
> Had the enquirer used the service before?
> Was the information provided a full answer to the enquiry?

For enquiries involving more prolonged research, an enquiry form should be used which can include the answers to questions such as those listed above, as well as an indication of sources consulted and an *aide memoire* of possible sources.

The computer

Some examples of the use of the computer for internal indexes were given on p.53. The number of online services available in the area of business information has increased dramatically during recent years, though only nine of the 49 libraries participating in the Bakewell/Roper investigation were making regular use of such services (see p.36).

A flowchart demonstrating the use of online services by Clwyd Library is reproduced as Figure 6 and the library service's Information Communications Network is demonstrated at Figure 7. Online searches can be expensive, and it is important to obtain a precise statement of the user's needs (exact subject, level etc.). Clwyd's online enquiry form is reproduced as Figure 8.

Figure 6

Online service chart, Clwyd Library Service

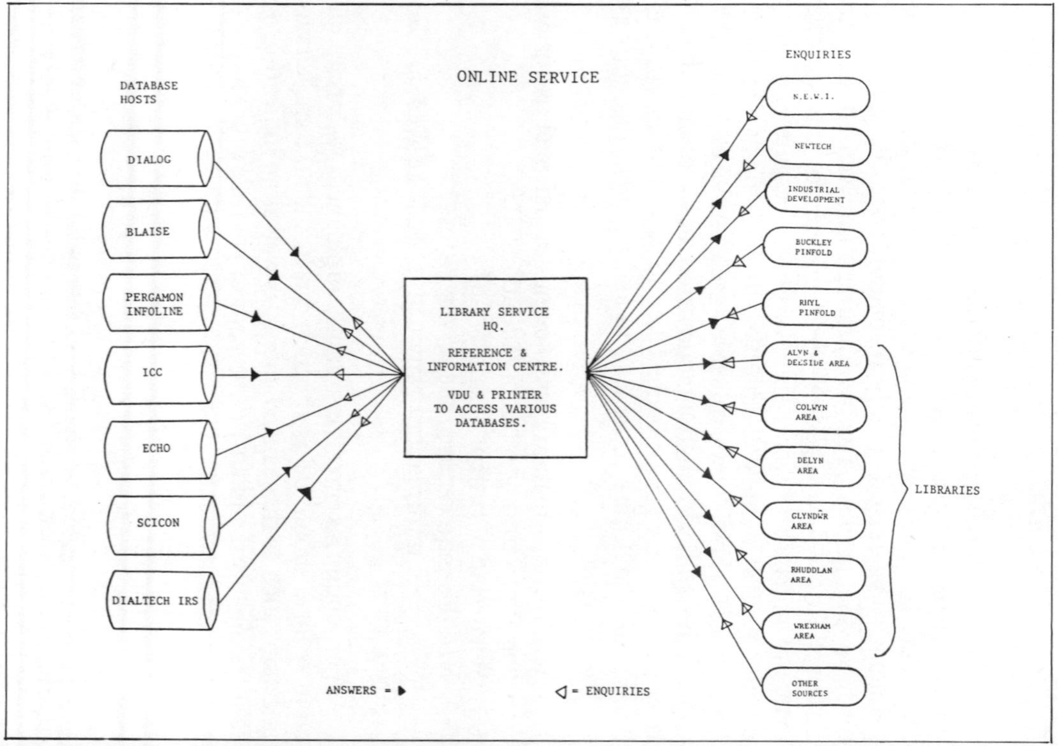

Figure 7

Information communications network chart, Clwyd Library Service

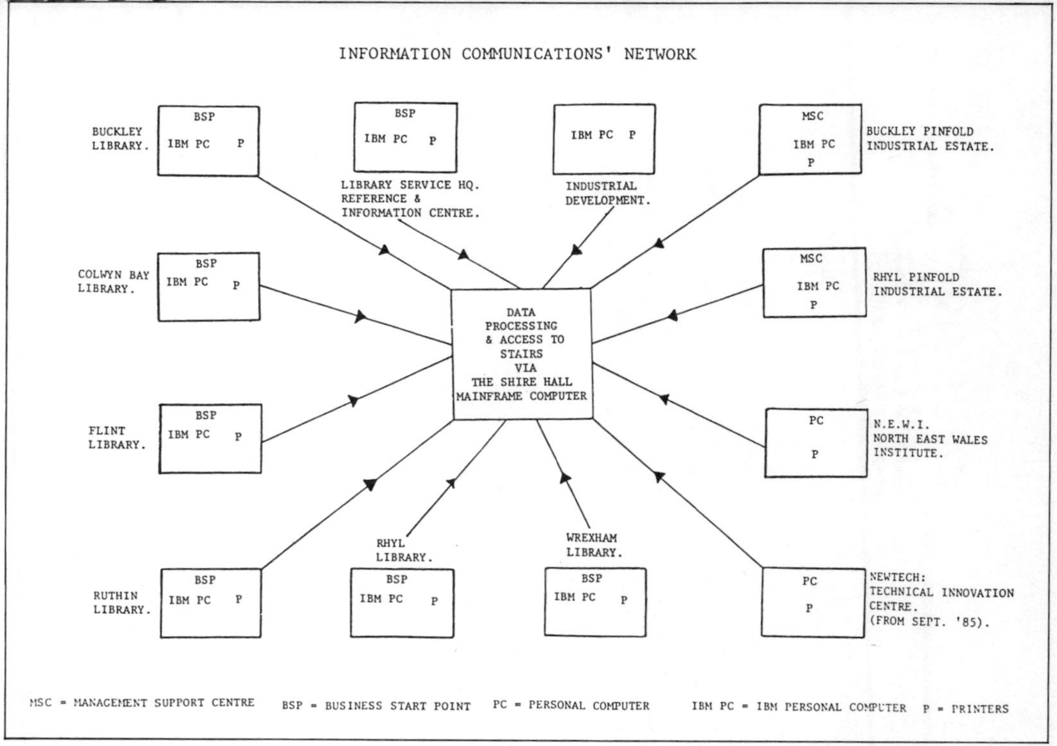

ONLINE
ENQUIRY FORM

Name:

Address:

Tel: Home: Business:

* Status: Child (Age)/Student/Adult

Subject: (precise definition – not more than 50 words)

Appropriate Keywords:

Purpose of Enquiry:

Level of Interest: *Elementary/Intermediate/Advanced

Scope of Reply: *(i) Date Range – Current Year/Previous Years/No Limit

(ii) Acceptable Language(s) – (other than English)

*(iii) Citation Order Required – Author/Title/Date/Other
(Please specify one only)

(iv) Last Date of Use

Sources already consulted by enquirer:

AN ONLINE SEARCH WILL BE MADE AT THE DISCRETION OF THE REFERENCE LIBRARIAN, OTHERWISE A NORMAL MANUAL LITERATURE SEARCH WILL BE CARRIED OUT.

CL99 *Delete as appropriate

Figure 8 Online enquiry form, Clwyd Library Service

Online services have not by any means superseded the printed word, but they are useful to complement printed sources. Buckinghamshire County Library's guide, *Commercial Information*, states that increased use of online services has necessarily reduced the libraries' holdings of periodical indexes and abstracts in hard copy form but that the Anbar abstracting publications on management, *Business Periodicals Index*, *Research Index* and *Current Technology Index* are

TO BE COMPLETED BY STAFF

A. Area: D
Branch: FL
Date: 2/8/84
Staff Interviewer: MISS N.E. STAFF

B. Date
(i) Sent to Area: 4/8/84
(ii) Sent to Headquarters Information Centre: 10/8/84

C. Sources already consulted by staff:

BNB
PERSONAL COMPUTER NEWS BACK TO DECEMBER 1982

D. Librarian's Comments:

i. BRANCH LIBRARIAN
Very unlikely to find the information required in one single source.
I would - - - - - - - - - - -

ii. AREA LIBRARIAN
I would like to -

ON COMPLETION, FORM TO BE FORWARDED TO HEADQUARTERS INFORMATION CENTRE, LIBRARY AND MUSEUM SERVICE, COUNTY CIVIC CENTRE, MOLD.

examples of titles immediately available.

Videotex services (Prestel, Ceefax and Oracle) were not particularly highly regarded by librarians or users interviewed for the Bakewell/Roper investigation (see p.39), but there is great potential for such services.

Business Information in Birmingham Central Library refers to the large amount of business information provided and updated daily on Prestel, Ceefax and Oracle, including stocks and share prices, foreign currency, company information, commodity prices and foreign statistics.

Bakewell and Roper found that Ceefax and Oracle were available in all the main Cumbria libraries (Barrow, Carlisle, Kendal and Whitehaven) and were being used heavily for business and other information. A twelve-month experiment with Prestel at Whitehaven showed that:

1. Answers to enquiries existed in hard copy in approximately half of the cases examined, but the relevant tools were not available in Whitehaven and were often unavailable in other libraries in the county.
2. Theoretically, Prestel should also score on speed and currency, but its notorious indexing makes some searches unnecessarily tortuous. However, 'this weakness is recognised and efforts are being made to improve matters'.
3. Currency, while better than that of a year-old directory, was disappointing on occasions.

The recommendations in the internal report on the experiment, dated 2 August 1983, were:

1. That Prestel be retained in Whitehaven.
2. That staff make a more determined effort to familiarise themselves with its contents and to use it spontaneously in enquiry work.
3. That a proper publicity campaign, aimed at individuals and small businesses alike, be undertaken as soon as cheaper charges are introduced.
4. That other libraries take advantage of the system and pass unresolved queries to Whitehaven.

The private Viewdata systems used for internal indexes by Bexley and Kingston-upon-Thames also serve as electronic mail devices for receipt and answering of enquiries.

Lending

The public business library's main responsibility is to answer enquiries and provide information for reference. Where it is possible to lend material to business organisations, however, this should be done with a minimum of formality:

one librarian responding to the Bakewell/Roper investigation expressed concern that a member of her staff had insisted on a firm's representative 'joining the library' before being allowed to borrow a book.

Five users also identified borrowing as a particular constraint. Two of these were concerned about frequent inflexibility towards organisations as such and the need to become individual members of the library in order to borrow. Another suggested that a business lending library is needed in London to complement the City Business Library's excellent reference service.

Use of backup libraries

The opinions of the British Library Lending Division ((BLLD now British Library Document Supply Centre (BLDSC)) expressed by librarians interviewed for the Bakewell/Roper investigation were mixed. One north-western librarian said that BLLD was used as a backup library for references obtained as a result of online searches – mainly journal articles but also some market research reports. This librarian praised BLLD's service as 'good and speedy, and the best service offered by any section of the British Library'. Another said, 'BLLD is excellent for articles identified from services such as *Business Peridicals Index* and the Anbar abstracting journals'; thus reinforcing the argument in favour of library subscriptions to indexing and abstracting services. But others were less enthusiastic: criticisms were made of delay, lack of urgency, a tendency to come back for sources of obvious items, and inability to supply books or market research reports.

SCOCLIS (the Standing Conference of Cooperative Library and Information Services) has expressed concern about 'less than adequate provision of business information by the British Library Lending Division'. Criticisms raised in a letter from SCOCLIS's chairman, Angela Allott, to BLLD included lack of availability of market research reports; out-datedness of some marketing reports; unacceptable delays because of requests returned to verify references; poor coverage of popular business journals; and lack of awareness of BLLD's business information role.

Since BLLD's correspondence with SCOCLIS, Malcolm

Bradbury has provided a guide to what the BLDSC will lend in the business field. This was published in *Interlending and Document Supply*, vol. 12, no. 3, 1984, and summarised as follows in *Aslib Information*, vol. 13, no. 3, 1985:

> market research reports are usually only purchased on demand because of their high cost; applicants are asked to give reasons justifying the purchase of reports costing more than £100;
>
> a large number of trade journals are taken, principally those which also contain technical articles;
>
> house journals containing research reports or articles of wider interest are taken; there is a good reference collection at the Science Reference and Information Service;
>
> BLDSC has a large number of business journals from throughout the world and can also route photocopy requests through to the Science Reference and Information Service's collection;
>
> BLDSC is looking into statistical publications; it collects books and journals about statistics and the major national and international statistical publications, but relies on the Science Reference and Information Service for statistical series on individual industries in specific countries;
>
> BLDSC has a good collection of official publications published by HMSO, the EEC and the United States Congress; it is beginning to collect US Government Printing Office publications comprehensively but does not have much from other countries;
>
> there is a good collection of legal information in official publications and legal serials; few loose-leaf works have been acquired but some have been obtained on demand;
>
> for a number of categories of business information BLDSC relies on the reference collections maintained at the Science Reference and Information Service; these include company information services like Extel and McCarthy cards, trade directories, manufacturers' cata-

logues, company annual reports and patents; newspapers are not collected in view of the extensive holdings of the Reference Division's Newspaper Library.

Bakewell and Roper recommended that funds be made available specifically for the acquisition of market research reports by BLDSC. As with the other recommendations in the report, however, no action has been taken or appears imminent.

One library participating in the Bakewell/Roper investigation did not use BLLD because of its (the local library's) policies with regard to inter-library loans. Every request had to be channelled via LASER (London and South Eastern Regional Library System) staff and the forms were dealt with once a week only. Clearly this situation is intolerable in the business world, where information is usually needed urgently.

Comments made to Bakewell and Roper on the Business Information Service provided by the Science Reference and Information Service were also mixed. Some librarians described the service as very good or very helpful, while others criticised the absence of market research reports and the difficulty of access by telephone. Libraries in the North-West tended to regret the absence of loan facilities and one said that the needs north of Watford Gap were almost always second-class if not third or somewhat lower. Two of the users interviewed felt that the service was particularly useful for locating market research reports, one said that it was very good and quick, and another that it was good. One, however, compared it unfavourably with the City Business Library, stating that it was far too slow to react to requests for company reports and marketing information. Another person was impressed with the service at the Science Reference Library but contrasted this with the Official Publications Library in Great Russell Street, which houses many statistics and which is 'far less accessible and less geared to the needs of business'.

Many backup libraries and organisations were quoted by librarians interviewed for the Bakewell/Roper investigation:

City Business Library	23 citations
Manchester P.L.	10
Statistics and Market Intelligence Library	9
Liverpool P.L./LADSIRLAC	6
Westminster P.L.	5
Camden P.L.	4

British Institute of Management	3
chambers of commerce	3
Lewisham P.L.	3
Birmingham P.L.	2
Ealing P.L.	2
government department libraries	2
Hammersmith P.L.	2
local firms	2
Aslib	1
Bolton P.L.	1
British Overseas Trade Board	1
British Standards Institution	1
Croydon P.L.	1
Economic Development Unit	1
embassies	1
Haringey P.L.	1
Institute of Chartered Accountants in England and Wales	1
London Business School	1
Middlesex Polytechnic	1
National Library of Wales	1
Newcastle upon Tyne P.L.	1
Polytechnic of the South Bank	1
Salford University	1
special libraries	1
Thames Polytechnic	1
trade associations	1
Welsh Office, Cardiff	1

The large number of citations for the City Business Library (CBL) is significant, though several librarians reported difficulty in trying to reach it by telephone. The CBL staff would doubtless respond that the main purpose of the Library is to serve the City of London.

Equally significant are the number of citations for Liverpool and Manchester by librarians in the North-West. Daily use of Liverpool was reported by one Merseyside library and LADSIRLAC's excellent service was commended. One north-western library admitted relying on Manchester's holdings, particularly of foreign directories, as a backup service, but felt that it would have to review its policy because Manchester too is suffering from financial cutbacks and having to evaluate its holdings. Another library made much use of Manchester two years before the survey but was now making much less use because 'it was getting better and Manchester was getting worse'. Bury tends now to refer readers to Bolton before Manchester because Manchester is so busy. This is good policy, provided there is a fair chance of the enquirer obtaining his information at Bolton, as is the policy of using other libraries because particular resources are known. Thus, Kingston-upon-Thames uses Croydon for the Companies Registration Office microfiche directory, Bromley uses Westminster for EEC information, and Ealing uses Hammersmith's Metropolitan Special Collection on law.

The City Business Library reported referral to many libraries, such as the Institute of Chartered Accountants in England and Wales, the Science Reference and Information Service, the British Institute of Management, London Business School, Statistics and Market Intelligence Library, company libraries, insurance libraries and bankers' libraries.

Bromley's reference library staff referred to their wide range of personal contacts and to the value of the SEAL (South East Area Libraries Information Service) union list of periodicals, which is used extensively. Greenwich also mentioned the value of SEAL, while Newham hoped that the development of ELBIN (East London Business Information Network) would reduce the pressure on the City Business Library.

Should reference librarians approach other libraries or organisations on behalf of their clients or should they refer their clients to these organisations? Practices reported to Bakewell and Roper varied, but there were two reasons why librarians sometimes preferred simply to act as a referral agency: the fact that enquirers are more likely to put their problem adequately direct to an appropriate agency than would an intermediary acting on their behalf and the problem of reaching the City Business Library by telephone. A few librarians pointed out that residents of commuter areas have easy access to libraries like Westminster and the City Business Library.

Knowsley's practice is to refer clients to Liverpool for more extensive queries but to use a direct approach by telephone for straightforward ones.

Many libraries also cooperate with other organisations as distinct from simply *using* them. This is dealt with in Chapter 6.

Charging for services

Only four of the librarians interviewed for the Bakewell/Roper investigation were in favour of making any kind of charge for business information services. Two of these favoured charging for businesses but not for individuals; some librarians wondered, however, how one would differentiate between businesses and individuals.

One of the librarians who supported charges said that businesses ought to be able to pay for a regular and bulky service, otherwise there was the possibility of one user dominating a free service.

The following arguments were put forward against the introduction of charges:

- businesses pay rates, sometimes very high ones;
- administrative problems;
- no staff available to cope with the extra work that might come as a result of charges;
- many 'slippery customers' would evade charges;
- information should be kept free and available in whatever form – printed, online or Prestel;
- on what basis should one charge?
- if charges are necessary, they should be made for lending popular fiction rather than for reference services.

Malcolm Campbell has suggested the possibility of charging for certain types of information, for a greater depth of service, and for answering enquiries received from beyond the local authority's own boundaries.[8] As librarian of London's City Business Library, Campbell is particularly aware of the last problem. Bakewell and Roper considered Campbell's solution of charges for users from outside the area but felt that such a system would be difficult to operate. Instead, they recommended that central government should consider providing additional funds for local public libraries which acted as regional reference libraries, being heavily used by other libraries and by individuals, firms and organisations outside their local government boundaries. Examples identified in the survey were Camden, the City Business Library, Liverpool, Manchester and Westminster.

Some cooperatives, such as LADSIRLAC, make a charge to member organisations which covers the cost of additional services and perhaps staff. The County Librarian of Cumbria is, in principle, opposed to charges, but a report to the Archives, Libraries and Leisure Committee dated 21 January 1983 put forward a proposal from the Economic Development Initiatives Team (EDIT), a group of county council officers looking at employment initiatives in the county, that a charge of £10 per annum be made for belonging to an Industrial Information Association, which would allow one free search per year with a charge of £10 for each additional search.

Most libraries would pass on a charge made to the library, for example the cost of company information obtained from a search agent, and many would charge when an enquirer was given a photocopy or a Prestel printout in answer to an enquiry. It is also common practice to pass on the cost of an online search, though there is a view that an online database is simply an alternative information source to a book, periodical or abstracting service and that the cost of online searches may be offset by cancelled subscriptions to indexing and abstracting services in hard copy form. Some libraries charge if the enquirer requests an online search but not if the library decides that an online search is necessary to answer the enquiry.

At the end of its British Library sponsored investigation of the information needs of small firms, Suffolk County Information and Library Service considered three possible options for continuing the service (and rejected a fourth – that no special service should be provided for industrial users but that they should remain exactly the same as any other user group, personally exploiting the stock by visiting the library themselves or telephoning requests to the relevant library department). They decided, for a trial period, to set up a wholly commercial arrangement whereby the library authority contracts out the provision of an industrial information service to a qualified freelance information agent or licensee for the authority. At the end of the trial period the licence will either be renewed or provision will be made within the budget for additional expenditure for an industrial information service. Trott and Martyn suggest that this solution is both economically and politically attractive, since

> no potential user who is unwilling to pay for service is deprived of any rights of access to information that he or she already enjoys; no additional costs accrue to the

authority; stock and services already provided for the public are more fully exploited for the economic benefit of the community; and those who are desirous of an enhanced, personalised and speedy information service can have it at a reasonable price.

They also point out that, if other authorities adopt a similar approach to that pioneered in Suffolk, there could be opportunities for about 350 small-business information officers.[57]

Staffing

When he commented on Bakewell and Roper's draft research proposal, Leslie Smyth, then Commercial Librarian and Information Officer at Manchester Public Libraries, wrote: 'One point which I would particularly like to stress is that an effective business information service is as much dependent on the abilities of the staff as on the stock provided and too much emphasis can be laid on holdings of business literature in assessing a service.' There is no doubt that the success of a business information service depends to a very great extent on the staff's ability to exploit resources and their knowledge of other sources of information, and this was brought out in the Bakewell/Roper survey. Staff unawareness was criticised by a marketing consultant; a marketing analyst said that staff are not always properly trained for answering enquiries; a researcher complained that she sometimes had to guide a member of staff through an Extel or McCarthy card over the telephone; and an information officer said that telephone enquiries were usually abortive because assistants often lacked the in-depth knowledge to answer queries, as opposed to finding publications, and most assistants were not trained to use *Business Monitors*.

Malcolm Campbell suggests that a business library should only employ people with previous relevant experience because it does not have time to provide the necessary training for 'new librarians fresh from library school'.[6] Carried to its logical conclusion, this would mean that ultimately there would be no staff in business libraries because there would be nobody with relevant experience. Campbell is, in fact, being unfair on library schools and their graduates. In spite of Angela Allott's rather negative comments in Campbell's other major work,[1] some British library schools take business information very seriously indeed. Allott states that the library schools have been 'somewhat slow to develop in-depth courses on business information', but that The City University (London), Leeds, Birmingham, Manchester and Loughborough provide a significant business information content in their programmes. To this list can most certainly be added Liverpool and probably some other schools.

Campbell is right to suggest that a good background in general reference work is desirable for the business librarian. The ideal business librarian needs to have a somewhat unusual mixture of qualities not easily found in one person. A good telephone manner is vital if the service is to retain credibility, and an extrovert personality if the librarian is to sell the service in the manner suggested in the next chapter. The librarian must be able to talk to enquirers and outside experts, have a high sense of commitment and not be prone to panic when a difficult enquiry has to be answered yesterday if not before. He or she must be able to 'skim' and assimilate vital information from regular reading of such sources as *Financial Times*, *The Economist* and *British Business*. The methodical mind associated with the cataloguer is also necessary: order is important in the business library; different kinds of material have to be dealt with; systematic indexing may be necessary; index cards have to be filed and loose-leaf services kept up-to-date; enquiries have to be carefully recorded. Above all, staff must understand the general business environment (kinds of companies, banks and their services, finance houses, industrial relations, the economic situation, etc.) and the local business community.

Most of the librarians interviewed for the Bakewell/Roper report stated that their staff had degrees in arts or sciences and/or qualifications in librarianship with a general public library background, but there were some interesting exceptions. The qualified staff of the City Business Library in London have a variety of experience, including work in market research and insurance. At Brent, a part-time business librarian took a MA degree at The City University which had involved interviewing local businessmen on the value of directories and had worked with the Employment Development and Training Group at Brent. The head of Sutton's industrial library service has had considerable industrial library experience. Other respondents had worked for the civil service, Beechams and the BBC Reference Library.

However well a library school graduate has been educated in business information, this education needs to be supplemented by on-the-job training. Training in several of the libraries include one or more modules on business information in their general induction course. Lambeth has general in-service training for all staff and specific training for appropriate assistants in the requirements of LINK (the Lambeth Information NetworK). Clwyd provides intensive training for staff involved in its business startup schemes. A number of libraries provide training in specific aspects of business information, such as company information and the use of Prestel or specific reference works such as Kompass.

At Manchester there is an interchange of staff between the Public Commercial Library, the CWS Library and Information Unit and the Manchester Business School Library one day a week. A similar scheme is in operation at Newcastle upon Tyne involving the Public Library and the libraries of the Polytechnic, the University, the College of Arts and Technology and ICI. Bakewell and Roper suggested that this kind of cooperative staff training could usefully be developed elsewhere.

An internal procedure manual can be a valuable staff training tool as well as acting as a communication medium and ensuring uniformity and consistency.

Ideally, in-service training should be supplemented by attendance at courses organised by outside bodies, though 19 libraries participating in the Bakewell/Roper investigation made very little use of such courses, partly because of time constraints but mainly because of cost constraints. One librarian described course fees as 'exorbitant', and another referred to the problem of finding good courses at the right price. This librarian thought the Aslib and Alan Armstrong courses were too expensive, as did another librarian whose library made 'considerable use' of external courses. Two other librarians commented on the expense of Aslib courses. One librarian was looking for 'short, one day, inexpensive courses'.

Courses do not have to be concerned with libraries to be of value to the business information staff. At Harrow, for example, staff are sent on courses provided at the Civic Centre on such subjects as interviewing and leadership.

Visits to suitable libraries and other organisations are an inexpensive method of broadening the knowledge of staff.

5 Promoting the Service

> Public libraries have the information. They need to get out and tell people – particularly the small firm; they are the people who really need you and generally never use you. Get out and sell the service. Word-of-mouth is the best publicity.

> My two local libraries are excellent and must be able to serve the local business community, but I wonder how well they are publicised? I've never seen any publicity but maybe local firms and businesses are contacted.

> If businessmen made proper use of libraries, more support would be forthcoming. Library staff are always willing to help and know the right sources. There is room for marketing but there must be a need and a response to the need.

The above comments were made by three users who responded to the Bakewell/Roper survey of business information services in public libraries. Businessmen and women are busy people and will not visit the library unless they know it is going to be of use to them. They may not want to *visit* at all, and the library's publicity should indicate that a visit is often not necessary.

Thirty-one (63 per cent) of the libraries participating in the Bakewell/Roper investigation provided some form of publicity for their business information service. Another library included publicity for the business information service in its general publicity. The others provided little or no publicity.

Reasons for not promoting the service

Three libraries participating in the Bakewell/Roper survey deliberately did not publicise the business information service because they knew they would not be able to cope with the extra demand which such publicity might be expected to generate. Some of these stated that there is little point in publicising unless one is able to 'deliver the goods', while another deliberately kept publicity low-key because of the need to appoint a commercial librarian in the borough – it was felt that publicity for the service might suggest that the appointment was no longer necessary! It is, of course, important not to raise expectations which cannot be met, but it should also be borne in mind that businesses will do all in their power to ensure the maintenance of the service if they know what they can gain from it.

Two librarians said that publicity had been reduced because of expenditure cuts: one said that publicity was 'sporadic, low-key and *ad hoc*' and tended to be linked with particular topics such as Prestel; another did not publicise regularly but as the need arose.

The City Business Library in London produces some very good publicity but also believes in adopting a fairly low profile because its primary responsibility is to the business community of the City of London and this community makes sufficient use of the service without publicity.

Lawrence Tagg uses several publicity methods at Newcastle upon Tyne but has also reported that he approached the matter with caution because much additional stock was acquired several months *after* the opening of the new Information Unit in 1982, and 'the worst thing that could have happened would have been user expectations not being met because the resources were not available to answer their enquiries'.[53]

Publicity methods

The following publicity methods were used by respondents to the Bakewell/Roper survey:

publications
newspaper articles
press releases
local radio
circulation of LOGA (*Local Government Annotations*) to Council members and chief officers
contributions to chamber of commerce newsletters
exhibitions or displays
seminars, meetings and talks
visits to firms

visits from organisations to the library
personal contacts, the 'grapevine'
links with other bodies (e.g. chambers of commerce, economic planning units, employment development organisations, industrial liaison or development officers, planning departments, productivity associations, small business associations)
via local cooperative schemes (e.g. CICRIS, ELBIN, LADSIRLAC)

Television was not mentioned, but at least one library (Newcastle upon Tyne) has made good use of its regional TV networks.

Publications

Publications quoted by respondents to the Bakewell/ Roper survey included leaflets, circulars, library guides, bulletins, newsletters and booklists or other publications on specific topics such as taxation and small business. The following are examples of publications obtained during the Bakewell/Roper investigation and since.

Belfast Central Library's *For Your Business Information Needs* explains that the business library provides (a) an enquiry service to users in person and by telephone, telex or post; (b) immediate access without formality to the largest collection of business literature in Northern Ireland; (c) a 'while you wait' photocopying service. It then gives examples of enquiries which can be answered by the library (see p.3), which is probably more effective than describing reference sources.

Bexley Libraries and Museums' *Facts for Firms: What You Can Find Out Locally, How to Look Further Afield* is a brief guide to sources of information on sales, purchasing, companies, new technology and management, with notes on building up contacts and use of the library including Prestel and photocopying services.

Birmingham Public Libraries' *Business Information in Birmingham Central Library* concentrates on describing the location and contents of the library departments and services of interest to the businessman under the following headings: QUICK REFERENCE AND COMMERCIAL INFORMATION DEPARTMENT; SOCIAL SCIENCES DEPART-

MENT; SCIENCE AND TECHNOLOGY DEPARTMENT; LOCAL STUDIES DEPARTMENT AND ARCHIVES; ONLINE SERVICES FOR BUSINESS AND INDUSTRY; LIAISON AND COOPERATION. An appendix lists standards available in the Science and Technology Department. The A4 format and the 'local government image' of this publication perhaps make it less appealing to the business community than the more handy leaflets of other libraries.

Birmingham also publishes *Statistics and Market Research: A Guide to Current Periodical Articles*, which not only provides a service by filling a previous gap in the literature but is also a source of publicity and funds for the library.

Buckinghamshire County Reference Library's *Commercial Information* again concentrates on sources using the following headings: BOOKS AND PAMPHLETS; GOVERNMENT PUBLICATIONS; LEGISLATION; TRADE DIRECTORIES AND YEARBOOKS; TRADE NAMES; TELEX/TELEPHONE DIRECTORIES; ELECTORAL REGISTERS; PERIODICALS; ONLINE COMPUTER SEARCHES; NEWSPAPERS; COMPANY INFORMATION SERVICES; STATISTICAL INFORMATION; DICTIONARIES AND ENCYCLOPAEDIAS; MAPS, ATLASES, GAZETTEERS, TOWN PLANS, TIMETABLES AND TRAVEL INFORMATION; PRESTEL; STANDARDS; OTHER SERVICES (photocopying, study carrels, a directory of library and information resources in Buckinghamshire, national contacts). The addresses, telephone and telex numbers and opening hours of the three libraries providing business information (Aylesbury, High Wycombe and Milton Keynes) are listed on the back of the leaflet.

Buckinghamshire's poster (see Figure 9) is also effective.

A number of leaflets – *Cheshire Information Service: What It Can Do For You; Cheshire Agricultural Information Service; Cheshire Community Information Service; Cheshire Local Government Information Service; Cheshire Information Service: Public Reference Libraries*; and a guide to online services – were included in an envelope labelled 'Cheshire Business Information' with a covering note from the Chief Executive addressed to the managing director of each firm to which the leaflets were sent. Cheshire County Council's Industrial Development Group has also produced a leaflet, *What's Your*

Figure 9

Poster, Buckinghamshire County Library

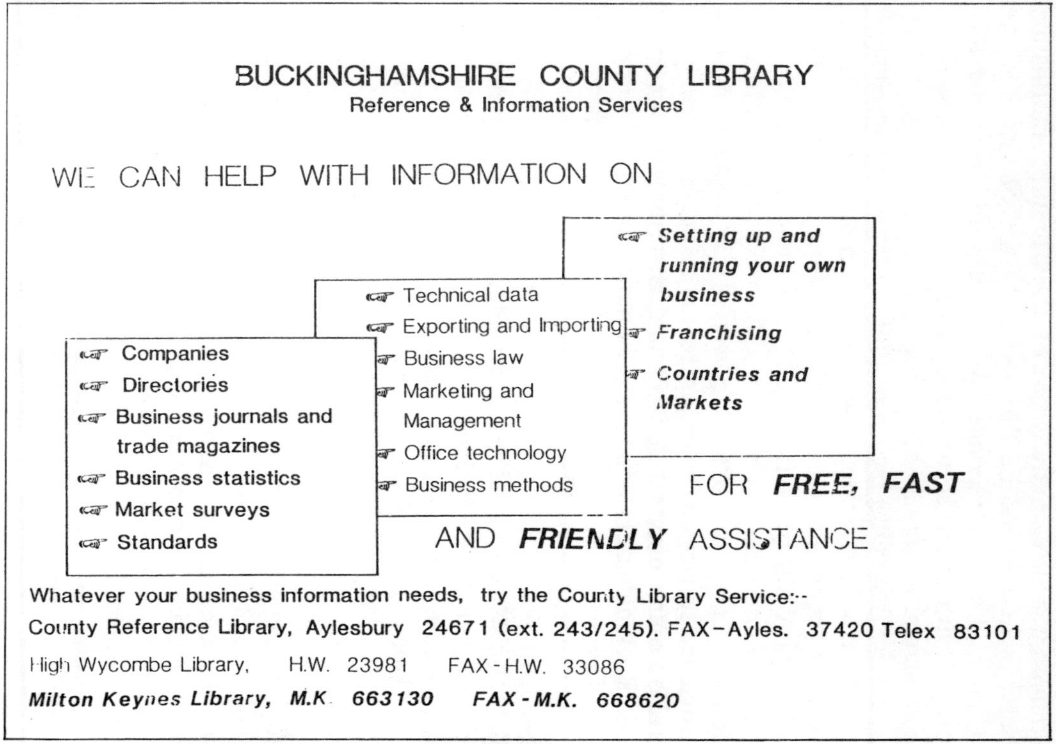

Problem?, which briefly describes the Cheshire Information Services as well as the Business Advisory Service and the 'Contact Cheshire' service, which aims to bring together people with expertise or money to invest to create a viable commercial venture.

Mind Your Own Business with Help From the City Business Library is a brief guide to the library's resources and services with a floor plan of the library and a 'how to get there' map. This important branch of the City of London Libraries also publishes regularly updated guides to company information and market research sources, as well as *City Business Courier*, a twice-yearly newsletter listing recent acquisitions and summarising the library's services and describing (critically if necessary) new developments and publications.

Cumbria County Library's *Information for Industry* is a leaflet introducing Cumbria's information service and its head, accompanied by a bookmark. Cumbria also publishes *Cumbria Monthly Intelligence*, an information bulletin listing books, pamphlets, journal articles and reports on the management and services of local government.

Dorset Library and Information Service's *Profit from Our Services: Business Information* explains how the service can help with starting up, vital addresses, the technical side, keeping up-to-date, tackling the law, advertising and marketing, selling abroad and other business problems. The leaflet, which incorporates the library logo on its front cover, lists the addresses, telephone numbers, telex numbers, Fax numbers and opening hours of the main reference libraries (Bournemouth, Poole and Dorchester) on the back.

Enfield Library Services' *Information for Industry* is a duplicated A4 sheet highlighting companies data, directories, timetables, market data, British standards, telephone directories, legal information, government publications, microforms and photocopying services. The same library's *Introducing Your Library Service* shows locations of all libraries and includes a section on reference and information services but does not refer specifically to business information.

Gateshead Libraries and Arts Department's leaflet for the unemployed, *Out of Work?*, includes a section on using the library to start one's own business. The Business Information Office's own leaflet explains the services and information available, with examples of typical requests (see p.3).

Greenwich Public Libraries' *Reference and Information*

Services is a general guide with some headings of interest to business, for example Directories and Yearbooks, British Standards, Statistics, Economic Information, Newspapers and Periodicals, Prestel.

Hampshire County Library produces a wide range of publications normally bearing one of two names – HANTSLINE, the 'brandname' of the County Library information services or HATRICS, the acronym for the county's business and technical information cooperative, the Hampshire Technical Research Industrial Commercial Service. Publications which are particularly relevant to business include *Information for business*, a summary of services such as directories, online search service, company reports, timetables, town guides and street plans, government publications, statistics, technical standards, technical and trade journals and including a very useful chart on how to trace company information (see Figure 4); *Information about patents; Starting a small business*, consisting of two parts – Book 1 is a reading list and Book 2 a guide to sources of advice in Hampshire, with a checklist of 20 questions to ask before starting in business; a duplicated guide to *Sources for statistics and market research*; a poster on standards entitled *Is your work up to standard* (see Figure 5) and a leaflet on the online information services.

Harrow Library Services' *Business Information* is a duplicated guide to finding the address of a company, who makes what, financial information, details of parent and subsidiary companies, the 'real' name behind a trade name, more details about directors, background information, recent information, small business information, how to start a business in Harrow, and business statistics. Reference is also made to the City Business Library and the Statistics and Market Intelligence Library. The same library's *Business News Sheet* contains information on a wealth of topics of interest to the local business community including the Harrow Enterprise Agency, VAT, organisations providing assistance with marketing, how to obtain sites and premises for business, loans for small firms, robots, courses for businessmen, support for innovation, computers in business, and seminars run by the London Chamber of Commerce and Industry and the London Enterprise Agency.

Hounslow Library Services' *Reference and Information News* is not confined to business information but items have been listed under several headings of interest to business including Quangos, Trade/Export, Periodicals for Business, Finance for Industry and Prestel. Hounslow marked Information Technology Year (1982) by publishing *Tomorrow's Technology is Here in Your Library Now*, an introduction to online services, Prestel and teletext. *Working Together: How the London Borough of Hounslow Can Help Industry and Commerce* is a directory of services, beginning with the library service.

Humberside Leisure Services' *Business News Letter* and *Occasional Business Bulletin* include notes on books added to the library and other information of interest to the business community such as notes on patents, trade marks, standards, the Data Protection Act, EEC documents and the services of HULTIS (the Humberside Libraries Technical Interloan Scheme).

LINK: Lambeth Information Network for Businesses is a bi-monthly bulletin circulated to nearly 600 local businesses and other organisations. Topics covered in the bulletin have included job sharing, small business insurance, trade with Japan, maps for business people, sick pay, sources of finance, the Employment Promotion Office in Lambeth, robots, safety with printing machinery, government assistance schemes, employment of disabled people, trading as a company, how to buy software, help for expatriates, unfair dismissal, VAT, help for redundant workers, the Data Protection Act, the Design Assistance Scheme, the Youth Training Scheme and improvement grants for Streatham. This is an interesting blend of purely local news and national and international information which is particularly relevant to Lambeth businesses. Additional features of the bulletin are LINK members' news, lists of additions to the reference library, notes on new publications, and details of forthcoming courses.

The Lancashire Library's *Information for Industry and Commerce* is a brief guide covering government publications, legal information, online sources, statistics, patents, directories, company information, abstracts and indexes, standard reference works, yearbooks, periodicals, language dictionaries, telephone and telex directories and EEC information.

COMTECH: A Review of Commercial and Technical Information for Local Industry is a bi-monthly bulletin from Lewisham Library Service listing journal articles and other information items in a section called 'Datafile' and beginning with 'What's New?', a selective guide to new developments which affect all business enterprises from the smallest to the largest. Much of the information in 'What's New?' is obtained by exchange of information with Lambeth Reference and Information Services and is simultaneously published in *LINK*; topics have included finding money for your business, technical advice for small firms, a report highlighting Lewisham's attractions for business, business relocation and 'hot line' information. *COMTECH* is circulated free to companies operating within the Borough of Lewisham and also (via SEAL) to selected companies in Bexley, Greenwich, Southwark and Kent.

The June 1985 issue of Luton Information Service's *LUTIS Newsletter* was devoted almost entirely to a complete listing of newspapers and periodicals available in Bedfordshire County Library, of which Luton is a part. The first two pages of the newsletter consist of news items, with information about market reports, advertising statistics, business information training days, availability of *Financial Times* and its index, *Directory of Hong Kong Industries*, and new files available online.

Manchester: The Optimum Choice for Information: Ten Reasons Why is a leaflet listing nine queries which can be answered by Manchester Commercial Library including 'Where are the bars in Barbados?', 'Who makes poms for Australians?', 'How does the Rank Organisation rank?' and 'What's the fare to the Faroes?' They admit they can't answer 'What's going to win the Derby?', but draw attention to the worldwide statistical forecasts available in such publications as *Predicasts* and *Worldcasts*.

In 1969 A.L. Smyth, then Librarian of Manchester Commercial Library, produced the third edition of *Commercial Information: A Guide to the Commercial Library*, a 32-page listing of the library's stock and services. Although too detailed for the average businessman, this booklet was a boon to other librarians and to students of business information work. Seventeen years later it still has some value as a guide to what a business library can do, though many of the comments on individual titles are no longer relevant and there are now many major omissions particularly, of course, in the area of information technology.

Newcastle upon Tyne City Libraries has published an attractive four-page leaflet briefly describing the stock and services of the Business and Technical Library with a map on

Figure 10 Library guide, Business and Technical Library, Newcastle upon Tyne City Libraries

The Business and Technical Library provides a reference service for the business community and the general public.

- Up to date directories provide answers to a wide range of enquiries.

  Addresses.
  Details of manufactured products.
  Names of directors.
  Turnover.
  Profits.
  Names of Subsidiary companies.

- Access to the major business and technical trade journals.
- World Wide coverage of business and technical literature through indexing and abstracting services and computerised on-line retrieval facilities.
- Exporters can carry out desk research from directories, periodicals, statistics and comprehensive news cutting files for all foreign countries.
- Our patent collection can reveal the latest technological developments in your own product field, show how your product might be improved, indicate how your competitors may be developing their products, save expensive duplication of research and alert you to possible infringements of the patents you use.

Company Information

Extel and McCarthy card services provide detailed and up-to-date financial information on all British quoted companies plus many private companies. European and American enterprises are also well represented in these card services which are complemented by a large collection of directories.

A monthly cumulation of live companies registered with Companies House is received and updated weekly.

Comprehensive records, including newspaper cuttings and locally produced directories on businessess based in the North East.

Statistics

All UK government statistical series together with major OECD, UN and certain national series relating to production and import/export data.

Directories

Telephone and trade directories for the whole of the UK, Europe and the majority of other countries.

Standards

Complete sets of British Standards, ACI, AISC, ASTM, BASEEFA, DEF, IMCO, IP, MIL, OCMA, SAE and access to many more.

Patents

Newcastle is one of the seven provincial patent depository collections which hold UK, USA, European and PCT patent specifications.

NETWORK

The Business and Technical Library is a member of NETWORK, the information co-operative serving the business community in the North East of England. It is based in the central public libraries of the region with the backing of Universities and Polytechnics in the area. It is the mechanism by which you can borrow a book, journal, standard or other document from the resources of the Business and Technical Library -those of the region and the nation.

Figure 10 (continued)

the back showing the location of the Central Library (see Figure 10), as well as three amusing and effective posters (see Figures 11–13). Newcastle is part of NETWORK, a cooperative information service provided by the public and academic libraries of Northumberland, Durham, Newcastle upon Tyne, Gateshead, North Tyneside, South Tyneside and Sunderland, which has its own publicity leaflet (see Figure 14) and business card (see Figure 15).

Newham Library Services' leaflet, *Information for Business and Industry*, highlights town guides, telephone directories, voters' lists, timetables, standards, maps/plans/atlases, trade directories, statistics, official publications, legal handbooks, newspapers, magazines, indexes, Prestel and photocopying services.

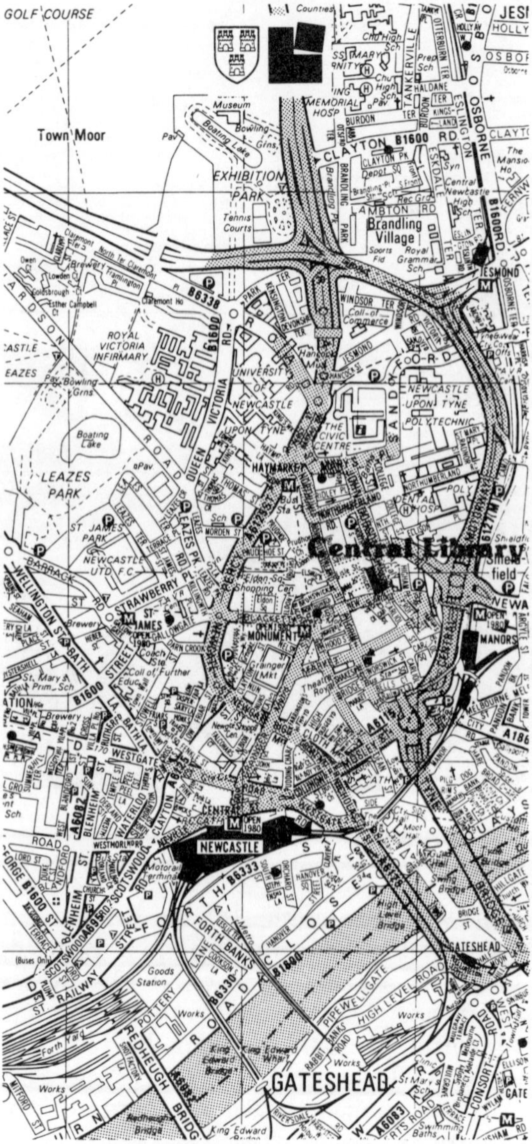

Business and Technical Library, Floor C,
Newcastle Central Library, Princess Square,
Newcastle upon Tyne, NE99 1MC.
Telephone (0632)610691, ex. 215 or 617339
Telex 53373 (LINCLE G)

Figure 10 (continued)

Figure 11 Poster, Business and Technical Library, Newcastle upon Tyne City Libraries

Norfolk Library Service's *The Library Means Business* is a very brief guide to the range of material available in the main reference libraries at Norwich, Great Yarmouth and King's Lynn. Telephone numbers of these libraries are given but not addresses. For addresses and telephone numbers of other Norfolk libraries, the user is referred to the entries under

Figure 12 Poster, Business and Technical Library, Newcastle upon Tyne City Libraries

'Libraries' in the alphabetical and classified telephone directories.

Richmond-upon-Thames Library Service has published a classified bibliography for small businesses with a list of useful addresses.

Rochdale Libraries' *Information for Industry: Introducing*

Figure 13 Poster, Business and Technical Library, Newcastle upon Tyne City Libraries

the Commercial and Technical Information Service is a leaflet outlining the stock and listing some typical enquiries, while *Handbook for Users of Corporate Loan Scheme* is a guide for registered users of the corporate loan scheme giving addresses and hours of service points and highlighting major sources of information such as *Key British Enterprises*, *Kompass*, *Research*

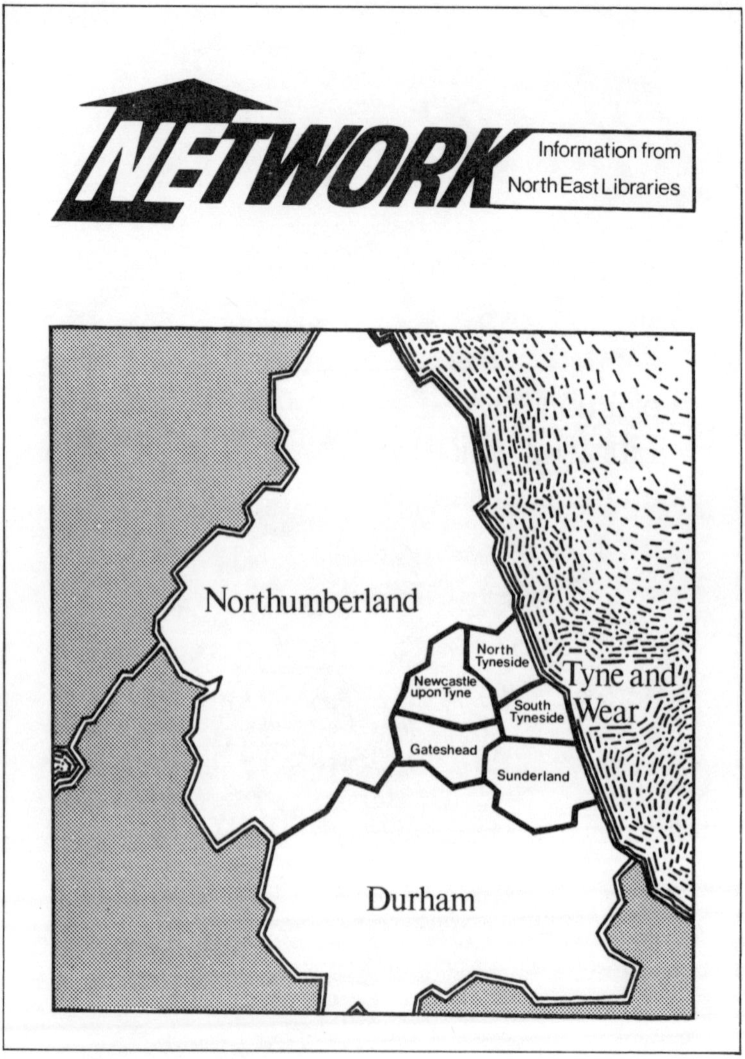

Figure 14 NETWORK Leaflet

Index, *Ryland's Directory*, standards and statistics sources.

Sheffield City Libraries' *Information Business* summarises the services available to the business community and the general public, with special reference to company information, trade names, statistics and directories. The address, telephone and telex number and opening hours of the Business Library and Science and Technology Library are given, together with a map showing their location.

NETWORK

Information from North East Libraries

What is it?
NETWORK is a cooperative organisation of Public & Academic Libraries which provides an information service for YOUR benefit.

WHAT CAN NETWORK OFFER YOU?

1. **Commercial, scientific and technical information.**
2. **Specialist enquiry services.**

In this area alone NETWORK has at its disposal:

... many thousands of books, data handbooks and encyclopaedias. Loans are arranged and photocopies supplied.

... over 10,000 different periodical titles, with indexes and abstracts to help trace information. Computerised on-line sources are available. Also Prestel.

Figure 14 (continued)

Shropshire Libraries' *Information Service for Business and Industry* begins by explaining that the Information Service provides a quick reference service for the business community and the general public from a wide range of published courses and that trained staff will give information by telephone, telex, letter or in person at the library. Examples of stock are given under the following headings: COMPANY INFORMATION, DIRECTORIES, STATISTICS, GOVERNMENT

... hundreds of British and foreign trade, commercial and telephone directories which enable addresses, manufacturers and trade names to be traced.

... large collection of foreign language dictionaries.

... company information sources including Extel and McCarthy card services (updated daily).

... large collections of British and overseas statistical material.

... current economic data on overseas countries.

... complete sets of Government Publications (HMSO) and EEC documents.

... depository collections of British, European, PCT, and American patent specifications.

... complete sets of British Standards and large collections of standards and specifications issued by other bodies eg. ACI, AISC, ANSI, API, ASME, ASTM, BASEEFA, DEF, DIN, IMCO, IP, ISO, OCMA, SAE.

... newspaper cuttings extracted from local and national newspapers.

... large collections of maps, photographs and illustrations featuring the North East of England.

... hotel guides and air, bus, rail and shipping timetables for Britain and overseas countries.

NETWORK is also able to obtain information and publications from many other sources throughout the country.

If you require further details please do not hesitate to contact any of the libraries listed. Suggestions for improvement of the service will also be most welcome.

Figure 14 (continued)

PUBLICATIONS, PERIODICALS, INDEXES AND ABSTRACTS, TRAVEL.

Stockport Libraries have produced a duplicated bulletin, *STOCKLIBRIS*, since January 1980. Issue number 1 provided a brief introduction to the reference and information service and a list of recent acquisitions. Later issues provided lists of acquisitions and highlighted specific aspects of the service such as directories, Prestel and teletext, standards and timetables.

NETWORK has no single headquarters, being based on the central public libraries of the region with the backing of universities and polytechnics in the area.

If you need addresses, telephone numbers, trade names, company information, literature on a particular subject, or if you need to borrow a book, journal, standard or other document, contact the NETWORK service point in your area. Just ask for the NETWORK LIBRARIAN.

Northumberland Area
County Library Headquarters,
The Willows,
MORPETH,
Northumberland
NE61 1TA.
Tel. Morpeth 512385
Telex 53439 NCLMPH G

Durham Area
Durham City Branch Library,
Reference Department,
South Street,
DURHAM,
Co. Durham
DH1 4QS.
Tel. Durham 64003

Newcastle Area
Central Library,
Princess Square,
NEWCASTLE UPON TYNE
NE99 1MC.
Tel. Newcastle 610691, Ext 38
617339
Telex 53373 LINCLE G

North Tyneside Area
Central Library,
Northumberland Square,
NORTH SHIELDS,
Tyne and Wear
NE30 1QU.
Tel. North Shields 582811
Telex 53134 NSLIB G

Gateshead Area
Central Library Headquarters,
Prince Consort Road,
GATESHEAD, Tyne and Wear
NE8 4LN.
Tel. Gateshead 773478
Telex 537379 GATLIB G

South Tyneside Area
Central Library,
Catherine Street,
SOUTH SHIELDS,
Tyne and Wear
NE33 2PE.
Tel. South Shields 568841

Sunderland Area
Town Centre Library,
Independence Square,
WASHINGTON,
Tyne and Wear
NE38 7RZ.
Tel. Washington 466066

NETWORK

Figure 14 (continued)

Trafford Library Service's *Business Information: Save Time; We're Only a Phone Call Away* is a leaflet giving typical queries, addresses, opening hours and telephone numbers of libraries, and major sources.

Waltham Forest Public Libraries' *Reference and Information Service* is a general guide showing the location of the central library at Walthamstow, giving addresses and telephone numbers of all libraries, and highlighting aspects of the

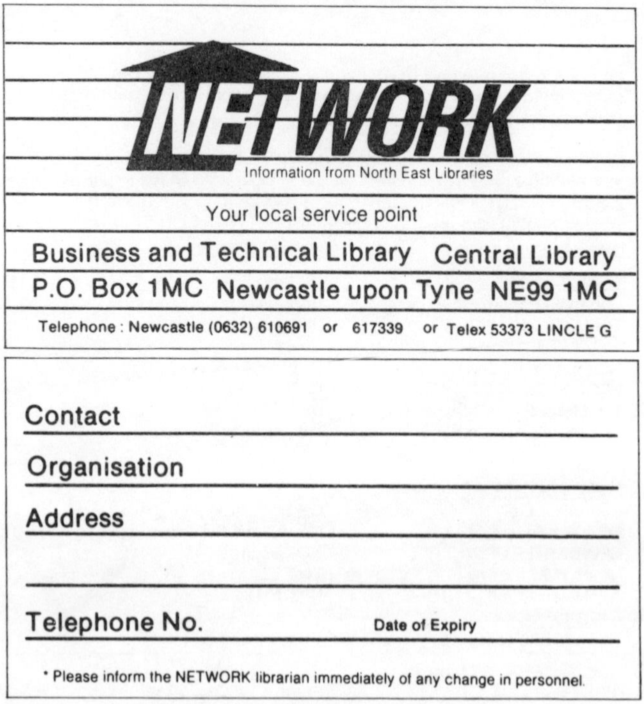
NETWORK
Information from North East Libraries

Your local service point

Business and Technical Library Central Library

P.O. Box 1MC Newcastle upon Tyne NE99 1MC

Telephone: Newcastle (0632) 610691 or 617339 or Telex 53373 LINCLE G

Contact

Organisation

Address

Telephone No. Date of Expiry

* Please inform the NETWORK librarian immediately of any change in personnel.

Figure 15 NETWORK Business Card

service including Prestel, Ceefax and Oracle, government publications, telephone directories and trade directories.

Business Partner was an excellent example of cooperation between two London boroughs (Hackney and Islington). This occasional news bulletin contained items about such matters as job developments, services to small firms, courses, exhibitions and new government services or publications for business. A list of useful contacts was given, including details of the library services in Hackney and Islington. Unfortunately less space was given to the libraries when responsibility for the publication was taken over by Islington's Employment Office and there have been no issues since February 1983. Thus was an outstanding initiative for business by two library systems killed.

The right kind of publication can certainly be helpful, and the usefulness is likely to increase with the brevity of the publication. Publications should be eye-catching and with a positive approach for the recipient – 'This is what the library has done for other businessmen and can do for you' should be the message. A distinguished business librarian (from the special library sector) wrote to the author some years ago: 'Do not waste time describing services; describe typical enquiries and answers.' This is done in the leaflets issued by Belfast, Dorset, Gateshead, Manchester, Rochdale and Trafford and in some newsletters such as Lambeth's *LINK* and Lewisham's *COMTECH*.

Cumbria has used bookmarks for its publicity. There are few other examples, but this does seem to be a useful method. Swansea's 'Business Facts' service is publicised in many ways including bookmarks (see Figure 16). Another simple technique employed by this service, which could be adopted by public libraries, is the use of a 'sticker' which can be affixed on or near to the businessman's telephone:

NETWORK's business card is another method likely to appeal to the business community.

Distribution of publicity

If publications are to be truly effective, some means have to be devised to ensure that they reach the right people. If they are simply displayed in the library, they may only be read by the converted. Mailing shots can be used, but it is important to get the right contact if material is not to end up in somebody's wastepaper basket, and, of course, to see that the mailing-lists are kept up-to-date with names of contacts, addresses and telephone numbers changed as necessary.

Trafford Library Service circulates its leaflet to all businesses with the annual rate demand, thus demonstrating something positive that is available to the business community in return for the rates which they pay. Wirral Libraries' publicity leaflet is made available to all adult evening classes and to chambers of commerce, while Enfield Library Services hand theirs out at places where businessmen are likely to

A matter of fact............

Business Facts

A major new innovation in the services offered by Swansea Centre for Trade & Industry to the Business Community.

Business Facts is now available at the Trade Centre, Singleton Street. Entirely free of charge, local business people can use this NEW facility to:-

- ☐ RESEARCH PRODUCT INFORMATION
- ☐ LOCATE SOURCES OF SUPPLY
- ☐ IDENTIFY IMPORTANT, PERSONALCONTACTS. ADDRESSES, ETC.
- ☐ FIND OUT ABOUT GRANTS, LOANS
- ☐ IN ANY AREA WHERE UP TO THE MINUTE INFORMATION IS VITAL

Make sure that your business decisions aren't made without having all the facts -

Phone
Business Information Officer
Tel. (0792) 476666
Telex 48393 City HQ
or call at the
Trade Centre, Singleton Street,
Swansea. SA1 3QH

Do you know where to go for assistance and information to advance your business venture?

At the Swansea Centre for Trade and Industry we point the way to local businessmen, with our Business Information Service.

For up-to-date business information contact:

Business Facts

at the Trade Centre,
Singleton Street

Opening Hours:

8.30 a.m. - 5.30 p.m.
Monday to Friday

9.00 a.m. - 1 p.m.
Saturday

Figure 16 Bookmark, Business Facts, Swansea

congregate such as conferences and the Enfield Town Show. Birmingham Public Libraries' leaflet is displayed in chambers of commerce, small firms centres and citizens' advice bureaux.

Harrow Library Service's newsletter used to be mailed with the London Industrial Centre's newsletter to 200 Harrow businessmen until LIC became the Greater London Enterprise Board (GLEB). The chamber of commerce refused to mail it, but Harrow's Planning Department has now taken over responsibility for its production and distribution.

The media

Clwyd Library Service is publicised on Radio Clwyd and a backup service is also provided to Marcher Sound Local Radio, set up by some redundant steelworkers. Other libraries which have used radio publicity include Birmingham, Cheshire, HATRICS (Hampshire), Kent, Liverpool and Newcastle upon Tyne. Newcastle's Business and Technical Library has been publicised on Tyne Tees Television's news magazine programme and its patent service was featured in a BBC regional series, *Eureka*.[53]

Many libraries have been publicised via newspapers, including Birmingham, Bradford, Cheshire, HATRICS (Hampshire), Islington, Liverpool, Sheffield and Shropshire. The *Belfast Business Telegraph* for 20 August 1985 featured an interview by John Kane with Derek Flack, in charge of Belfast Public Libraries' Business Library, entitled 'Get in the Picture for Overseas Markets: Use Your Library'. The article mentioned the value of the library for company and marketing information and described a few major sources such as the Extel and McCarthy services, Keynotes and the Euromonitor reports. It was stated that the library is used twice a week by the Small Firms Agency for its small firms counselling service.

A brief note about Jennifer Woeller, Sutton Library's Head of Commerce, Science and Technology, appeared in Sutton's *Guardian*, 16 December 1982, under the heading 'Sutton's Most Calculating Woman'. The note explained that Ms Woeller planned to use computers to help the local business community and referred to the three-day computer fair at the library in January 1983.

Articles on Newcastle upon Tyne's Business and Technical Library have appeared in the 'Northern Businessman'

CYNGOR SIR
CLWYD
COUNTY COUNCIL

NEUADD Y SIR · YR WYDDGRUG · CLWYD
SHIRE HALL · MOLD · CLWYD · CH7 6NB

PRESS NOTICE

Issued by the Chief Executive

TEL MOLD 2121

MINISTER LAUNCHES BUSINESS START POINTS. 29th April, 1985.

Parliamentary Under Secretary of State, Mr. Wyn Roberts, M.P., will officially launch Clwyd County Council's network of Business Start Points at Wrexham Library on 3rd May, 1985.

This new service, which is jointly run by the County's Industrial Development Division and the Library and Museum Service is believed to be the first scheme of its kind in Wales.

Seven Clwyd libraries now house Business Start Points where a comprehensive range of advice and information is available to large and small firms together with those wishing to start up in business.

Two Management Support Centres have been established in units on the County Council's Pinfold Workshops at Rhyl and Buckley. These have Business Start Point facilities but offer more specialist advice each with a commercial management consultant on site.

In addition to books, pamphlets, periodicals and newspapers, each Business Start Point has the facility of an IBM personal computer, printers and associated business software. This means there is access to computerised business information including the County's Industrial Directory and details of available industrial sites.

Advice available from Business Start Points includes information in Government financial assistance, finding suitable premises, sources of supply and markets, exporting, technical research, training, recruitment and employment legislation.

P.T.O.

Figure 17 Press release, Clwyd Library Service

supplement in *The Journal* newspaper, but Lawrence Tagg points out that those references to the service which appear without any prompting from the library can be more valuable. For example, on 7 November 1984 the export executive of a small firm was quoted in a half-page article on winning a successful export order as saying: 'It all required a great deal of research and I must pay tribute to the Central Library in Newcastle which is full of information to help the exporter'.[53]

- 2 -

The Business Start Points scheme is linked to the County's NEWTECH Innovation Centre on the Deeside Industrial Park. NEWTECH will become North East Wales' new centre for applied research, development, innovation and technical advice.

The cost of providing the computer equipment is grant aided by the Welsh Office Urban Aid programme.

Chairman of Clwyd County Council, Councillor Jim Espley said: "Here we have the library service and industrial development division working together to make available a wealth of information for those wishing to start up in business and to existing businessmen in Clwyd.

"Today there are several agencies at local and national level offering useful information and advice to budding businessmen and with this new scheme we hope to bring together this network of professional advice. Using the latest technology, information and help will be easily available for those wishing to set themselves up in business".

The seven libraries housing Business Start Points are:- Colwyn Bay; Rhyl; Flint; Ruthin; Buckley; Wrexham and the Reference Library and Information Centre at the Civic Centre, Mold.

NOTE TO EDITORS:

The launch ceremony begins at 2.15 p.m. at Wrexham Library on 3rd May, 1985 and you are cordially invited to send your representatives to cover the event.

Figure 17 (continued)

An article on Gloucestershire County Library's Business Information Service was published in the *Gloucestershire Echo's Industrial Review '84* supplement under the heading 'An Information Bonanza'.

Clwyd Library Service makes good use of press releases which result in newspaper publicity (see Figure 17).

It is probably not the fault of Birmingham Public Libraries, but there did seem to be a major omission in the advertisement headed 'The Businessman's Guide to Birmingham' which appeared in *The Guardian*, 8 July 1985. The value to the businessman of Aston Science Park, three major theatres, the Town Hall, the Museum and Art Gallery, the engineering industry, the Bank of England, the Stock Exchange, the Birmingham International Airport, the National Exhibition Centre, Britain's only inland freeport, the two universities (Birmingham and Aston) and the Polytechnic were all mentioned but there was nothing at all about the public library which provides one of the finest business information services in the country. Such missed opportunities are, unfortunately, all too frequent.

Articles which appear in journals read by businessmen can be effective. For example, an article on Liverpool Commercial Library was published in the Merseyside Chamber of Commerce and Industry's journal, an article on Cumbria's Information Service appeared in *CoSIRA Bulletin* and a number of articles on Sheffield City Libraries' business information service have been published in local journals. The September 1985 issue of *BRAVE*, the journal of the Bristol and Avon Enterprise Agency, includes a short note about Bristol Central Library's services for small industry.

Prestel and private Viewdata systems like Bextel (Bexley), Gatel (Gateshead) and Kingtel (Kingston-upon-Thames) are further examples of media publicity. Public libraries which provide information about their services on Prestel include Birmingham, Leicestershire and Staffordshire. The British Library is also a Prestel Information Provider with several page numbers including *50523£ for Business and Commerce and *50510020£ for BISTEL, a list of new publications acquired by the Science Reference & Information Service's Business Information Service. LASER (the London and South Eastern Library Region) acts as an umbrella information provider for community information, published mainly by local authorities; the LASER Annual Report for 1984–85 notes that in March 1985, 31 organisations were purchasing space on Prestel from LASER to publish community and local information. LASER is also responsible for L-VIS, an information and consultancy service on Viewdata and related topics, set up with financial support from the British Library Research and Development Department.

'Events' and links with other organisations

Some of the above examples indicate the publicity which can result from links with other organisations in the community, but such links present the possibility of other promotional channels as well as journal articles. Examples include Clwyd Library Service's contributions to North Wales Exporters' Club Open Days and to the 'Be Your Own Boss' seminars run by the Industrial Development Office in Theatre Clwyd; Cheshire Libraries and Museums' participation in Business Advice Nights; Hampshire County Library's participation in the Southampton Business Show; the Small Business Sessions contributed by Harrow Library Service to the Adult Education Week organised in conjunction with Harrow Enterprise Board Agency; Lambeth Information Network's participation in the Business to Business Workshop; and the many fruitful links maintained by Lawrence Tagg at Newcastle upon Tyne.[53]

The Gloucestershire County Librarian's Annual Report for 1984/85 mentions the participation of the Business Information Service in several 'Be Your Own Boss' sessions, the Gloucestershire Businessman's Exhibition and the Three Counties Show at Malvern. Several examples of similar activities are included in the Kent County Library Annual Report for the same year: links with the Medway and Gillingham Enterprise Agencies and the chambers of commerce at Ashford, Medway and Gillingham; an open day for information and advice on employment at Broadstairs; and participation in various trade exhibitions such as the Ashford Exhibition for Commerce and Industry. The information officer appointed to develop Cumbria's Information Service has spent a great deal of time and effort in cultivating contacts with local business organisations.

It could be argued, however, that not all libraries make the most of such opportunities. Did public libraries do a great deal to promote Small Firms Local Enterprise Week in May 1985 or Industry Year 1986 and to emphasise their role in such activities?

Visits

Visits to firms, such as those carried out in connection

with Suffolk's research project and as part of the development of Cumbria's Information Service, are an invaluable method of promotion. They are very time-consuming, however, and out of the question as a regular activity for most established services, which are generally understaffed.

The library image

It is sometimes felt that the 'municipal image' of the public library may act as a disincentive to some businessmen, and it is significant that many libraries now emphasise 'information' in their titles (e.g. Suffolk County Information and Library Service, producing the acronym SCILS; Cambridgeshire Libraries and Information Service; Lambeth Information Network (LINK)). Lawrence Tagg recalls a day when he did a great deal to promote Newcastle upon Tyne Public Libraries' business information service, speaking to a large audience of managers at Durham University Business School at 9am; a group of redundant executives at the Caterpillar Tractor Factory in Birtley at 11am; two groups of young unemployed people attending a course at the College of Arts & Technology on how to form a business at 2pm; and a Small Business Club meeting at 6.30pm. At each engagement he was introduced not as a librarian but as an information expert or analyst. 'The description "librarian" for me is a liability', he says 'It conjures up all the traditional images of book custodian, stamping out books etc.'[53]

The personal touch

'Word of mouth is the best publicity', said one of the people quoted at the beginning of this chapter, and the examples of Lawrence Tagg's multifarious activities quoted above are all examples of 'word of mouth'. Talks to groups are invaluable, but informal contacts can also be very effective. The Industrial Liaison Officer of Greater Manchester Economic Development Corporation (GMEDC) became aware of the vast amount of business information available in public libraries because he sat next to Leslie Smyth, then Manchester's Commercial Librarian and Information Officer at a luncheon. This conversation made him appreciate the tremendous lack of knowledge among businessmen of the amount of information that is available to help them. The original edition of the GMEDC brochure on assistance for firms available in Greater Manchester, produced before the Industrial Liaison Officer's meeting with Leslie Smyth, contained no reference to libraries. The revised version contains information about the services available at Manchester Public Library, the John Rylands University Library of Manchester, UMIST (the University of Manchester Institute of Science and Technology) Library and the Manchester Business School Library. Because the GMEDC Industrial Liaison Officer appreciates the value of libraries, he tells other people, and this is a natural result of good personal contact. Personal recommendation is often the most potent form of publicity.

Businessmen do like to have a known contact, however. Professor Tom Wilson once said that if everyone who answered the telephone at the Sheffield City Library called himself or herself Angela, this might help to overcome the difficulty that every public information service faces in trying to project itself to its clients as a trusted personal contact.[5] Too much publicity misses the opportunity to name names – even the name of the business librarian is often not given, let alone his or her staff. The 'municipal image' again?

Effectiveness of publicity

Is it possible to assess the effectiveness of publicity? Twelve of the libraries surveyed for the Bakewell/Roper Report thought it was not, while two libraries considered publicity to be generally ineffective. Bexley's press release on company information generated many enquiries, and Harrow had evidence that the news-sheet was used – people telephoned with enquiries after receiving it and also if it had not been received. Lambeth found that the increase in membership of LINK demonstrated the success of its publicity and also found participation in the Business to Business Workshop to be effective. Liverpool had statistical evidence to show that the Business Library services had become steadily busier during recent years and Cheshire's enquiries had risen from approximately 3000 in 1979 to more than 16,000 in 1982, partly as a result of publicity. Havering, Lancashire, Manchester, Rochdale, Trafford, Upper Norwood, Westminster and Wirral all found publicity to be effective, but Wirral felt that they were often preaching to the converted. Lawrence Tagg states that the impact of a TV programme on the Newcastle upon Tyne patents collection was remarkable – many telephone calls were received and the next day it was literally standing room only in the patents collection. The long-term effect was such that the programme was remembered by thousands of people, many first-time users recalling it when asked how they became aware of the collection.[53]

If the publicity is presented to the right people in the right form it will be effective. As Lawrence Tagg states, lesson 1 is 'get out into the marketplace'.

6 Cooperation and Links with Other Services

The need for cooperation

No matter how good its stock and the ability of its staff to exploit this stock, it is unlikely that any business information service will be able to answer *every* enquiry put to it. Sewell uses the term 'resource sharing' as 'a strategy for linking a user community with the information and documents it requires' rather than 'library cooperation', which emphasises inter-institutional activities and assumes the existence of libraries.[43] This is particularly important in the business context, since the business library must cooperate with many types of organisation, not solely with libraries.

Sewell quotes the resolution on networking of the White House Conference on Library and Information Services, 1979, which, as he says, puts the case for resource sharing concisely: 'resource sharing is now mandated by the information explosion, the advance of modern technology, the rapidly escalating costs of needed resources, and the wide disparity between resources available to individuals by reason of geographical location or socio-economic position'.[60] He also points out that the library resources to be shared 'include not only books and other communications media, but also the expertise of their staff, their technical and physical facilities and the systems and networks of which they form a part'. Cooperative provision and use of online services was one of the recommendations of the Bakewell/Roper Report. Bakewell and Roper also recommended that resource sharing should be considered as a possible method of combating expenditure cuts while ensuring coverage of basic, though sometimes expensive, directories and other reference materials.

The cost of market research reports, which puts them beyond the reach of many libraries, suggests that they are an area where cooperative purchase might be justified. Only one of the users interviewed for the Bakewell/Roper investigation mentioned the problem of newspaper holdings; although a complete collection of British newspapers exists at the British Library's Colindale site, Bakewell and Roper considered that newspapers are sufficiently important for business information to require more complete coverage. They recommended the urgent implementation of the Newsplan system, a south-western experiment in cooperative storage and microfilming of newspapers, on a national basis, as suggested by Stephen Green at the Library Association's 1983 Annual Conference.

One of the recommendations of a workshop sponsored by the South Carolina Library Association in 1971 to consider the library needs of business and industry was:

> Close coordination is necessary between libraries at the local, regional and state levels to assure the fullest utilisation of funds. Duplication of acquisitions should be avoided where possible. Highly specialised and expensive materials need not necessarily be available at all libraries. Union lists and simple, rapid inter-library loan procedures are necessary to assure the efficient inter-change of materials.[39]

Christine Reid has suggested that real and effective cooperation could do much to improve the availability of business information in Scotland and thereby help libraries to respond better to the needs of industry. Among her suggestions are greater publicity both locally and across Scotland for expensive business sources which have been acquired by specific libraries; cooperative purchase of acquisitions; regular meetings of business librarians from all kinds of libraries; and the public library playing a coordinating/signposting role, linking the various information providers.[40]

Methods of cooperation

All librarians participating in the Bakewell/Roper investigation agreed about the importance of cooperation and some very active schemes were mentioned. A few, however, claimed to *cooperate* with libraries when they really meant that they *made use* of these libraries. Referring clients to, or obtaining information from, the City Business Library, the British Library Business Information Service or Liverpool City Libraries is not really cooperation. Fourteen libraries told Bakewell and Roper that they cooperated with other libraries (e.g. college, polytechnic and university libraries) on an informal basis, while cooperation with the following types of organisation, scheme or system were cited by the number of libraries stated:

chambers of commerce	9
CICRIS (Cooperative Industrial Commercial Reference and Information Service)	9
industrial coordination/development/liaison officers	9
planning departments	7
librarians/information officers in other council departments	6
SEAL (South East Area Libraries Information Service)	6
LADSIRLAC (Liverpool and District Scientific, Industrial and Research Library Advisory Council)	4
local government information bulletin	4
union lists of periodicals	4
economic development units	3
London Reference Librarians Group	3
small firms agencies	3
careers service	2
ELBIN (East London Business Information Network)	2
employment development organisations	2
enterprise agencies	2
exchange of microfiche catalogues	2
area health authorities	1
chief executive's office	1
citizens' advice bureaux	1
COSIRA (Council for Small Industries in Rural Areas)	1
discussions with other libraries re journals	1
exchange of newsletters	1
Greater Manchester Reference Librarians Group	1
jobcentres	1
Leisure Directorate cuttings service	1
LOGA (*Local Government Annotations Service*)	1
Merseyside County Council	1
North-West Regional Library System	1
SASLIC (Surrey and Sussex Libraries in Cooperation)	1
social services departments	1

Town Hall	1
unemployment offices	1
Wigan Metropolitan Corporation	1

Local/regional information networks

CICRIS is a well-established cooperative scheme and its nine citations in the Bakewell/Roper Report were not surprising, although one librarian described it as 'moribund' and regretted its poor publicity. Its directory of members, edited by Philip Colehan (Borough Librarian of Hillingdon) and published in 1980, was mentioned by a number of respondents as an invaluable source.

The liveliness of SEAL was demonstrated to the author of this book and the initiator of the Bakewell/Roper investigation when he discussed that investigation at a SEAL meeting in March 1983. Subsequent interviews confirmed this liveliness.

The fact that SASLIC was mentioned by only one librarian participating in the Bakewell/Roper survey was surprising, since interviews were conducted in four libraries which had formed part of Surrey before the reorganisation of public libraries in London.

ELBIN would almost certainly have been cited by more than two libraries (Newham and Tower Hamlets) had interviews not taken place in the other constituent libraries (Hackney and Waltham Forest) before the formation of the network. This has developed into a very active organisation, with (like CICRIS and SEAL) college libraries among its members as well as the four public libraries mentioned. A directory of resources was published in 1985.

Sewell[42] and others have suggested, unfairly, that LAD-SIRLAC is not really a cooperative scheme because of too great reliance on one library (Liverpool) so that the four citations in the Bakewell/Roper report were interesting. Liverpool itself reported that cooperation was 'very active, but more often in providing information than receiving it'.

Reference was made (p.81) to NETWORK, the cooperative organisation of public and academic libraries in the North-East which is based on the central public libraries of seven areas: Durham (Durham area), Gateshead (Gateshead area), Morpeth (Northumberland area), Newcastle upon Tyne (Newcastle area), North Shields (North Tyneside area), South

Shields (South Tyneside area) and Washington (Sunderland area). (See Figure 14 page 86 for further information about NETWORK's services. Reference has also been made to LINK (the Lambeth Information Network) (see p.78).

HATRICS (Hampshire Technical Research Industrial Commercial Service) is one of the largest and most active library and information cooperatives in the country with a membership of well over 300 ranging from the smallest firms to multinationals. More than 17,000 enquiries were handled in 1984/85 by the main HATRICS referral points at Portsmouth, Southampton and Winchester Reference Libraries, almost 80% of them being satisfied locally within a week. For their £20 annual subscription members also receive a directory of resources, allowing them to make direct contact with each other, and a quarterly news bulletin. They may also attend occasional courses, seminars and visits at low cost. HATRICS has now expanded into neighbouring Dorset with the opening of a new centre at Poole Central Library. The HATRICS services are summarised at Figures 18 and 19.

Other local and regional networks include the Aberdeen and North of Scotland Library and Information Co-operative Service (ANSLICS), Birmingham Libraries Information Network (B-LINK), Bradford Scientific, Technical and Commercial Service (BRASTACS), Coventry and District Information Group (CADIG), Calderdale and District Information Service for Business and Industry (CALDIS), Cornwall Information Service (CIS), Essex Technical Library Service (ETLS), Gloucestershire Technical Information Service (GTIS), Hertfordshire Technical Library and Information Service (HERTIS), Humberside Libraries Technical Information Service (HULTIS), Kirklees Information Exchange (KIE), Libraries in North Staffordshire and South Cheshire in Co-operation (LINOSCO), Library Information Service for Teesside (LIST), Luton and District Information Service (LUTIS), Manchester Commercial, Scientific and Technical Information Service (MANTIS), MISLIC (formerly Mid-Staffordshire Libraries in Co-operation), Nottingham and Nottinghamshire Technical Information Service (NANTIS), Norfolk Information Exchange Scheme (NINES), Sheffield Interchange Organisation (SINTO), Wandsworth Public, Educational and Technical Library Services (WANDPETLS), West Midlands Library and Information Network (WESTLINK) and Wiltshire Libraries in Co-operation

Modern business depends on information. Information means getting things right: staying one jump ahead of the competition. Throughout the process: research and development, product design, materials, manufacturing standards, company and financial information, marketing; we have the information to help you make the right decisions.

What is Hatrics

A business and technical information co-operative set up by members of the library and information profession in Hampshire to promote and offer fast access to the vast amount of technical and business information held by organisations in the region. The resources of the major public and academic libraries are supplemented by those of specialist companies from every industrial sector, as well as research establishments, with the backing of national information networks. The present membership numbers about 340, ranging from small firms to industrial giants.

How does it work

Members are encouraged to make their enquiries to one of the three biggest public reference libraries in Hampshire in the first instance. There, trained and experienced staff will identify the information required, answering immediately if possible, or arranging the supply of documents or other material from within or outside the Hatrics network by the fastest available means.

What information is available

The range is too comprehensive to detail, but amongst the most requested items are British and foreign standards, regulations and codes of practice, technical books, journals and conference papers, reports, company and financial information, legal texts, economic news, and patent information.

At the 'front end' of this activity, of course, is the crucial process of finding a source for the information required. The techniques used here range from searching in indexes and abstracting journals, using computers to interrogate international data bases, and consulting a variety of expert contacts.

What does it cost

The annual membership subscription is £20 (1985/6) and there should be no further major charges for enquiries, but some contributing members reserve the right to charge for photocopies, postage and online computer searches on a cost recovery basis.

Anything else

Yes. In the interests of improving information handling techniques, Hatrics offers courses and visits at low cost to members. There is also a Directory of Members and their interests, a quarterly news bulletin and other occasional publications. Surplus stock is offered for exchange or sale.

How can I find out more

Telephone Winchester 60644 and ask for Hatrics, or write to Hatrics, 81 North Walls, Winchester, SO23 8BY (Telex 47121 Fax 56615) — we'll do our best to answer all your questions.

We think Hatrics offers unbeatable value for money and we'll be happy to discuss your information problems.

Figure 18 Extract from HATRICS 'Need information? Your company needs Hatrics'

HATRICS offers speedy help with

Books

members will send books to you by post. For titles unobtainable within the organisation, your request will be forwarded through established inter-library lending procedures, most probably to the British Library.

Journal Articles

many thousands of periodical titles are available through Hatrics. Given correct references it is usually possible to obtain photocopies within days.

Standards

Hampshire County Library has 5 sets of British Standards and a further set is held at Poole, so it is unusual not to be able to supply the standard you want directly. ASTM, Mil(US), UK Defence Standards & Specs, and the ASME Boiler & Pressure Vessel Code are all available in stock, and most other standards can be borrowed for you.

Patents

abridgments/abstracts of British patents are available from stock. Portsmouth Central Library is a National Patents Information Network Centre, and full British specifications, foreign patents, documents,journals, forms and information are available to order.

Official Publications

HMSO publications are stocked at Winchester, Portsmouth & Southampton Central Libraries and can be quickly obtained by Poole Reference Library. Acts of Parliament, statutory instruments and EEC regulations are available.

Conference Proceedings

no-one can afford to buy many of these, but it is usually possible to borrow them for you or obtain photocopies of a given paper.

Reports

are always difficult to find out about and then obtain. We do our best through established library channels, research establishments, government departments, etc.

Maps and Town Plans

for the United Kingdom, Europe and the United States are sometimes available for short loan. Other travel information (timetables, fares) can often be obtained immediately.

Company Information

all four Hatrics centres can help with company information. Combined resources include trade & telephone directories, both UK and foreign; Extel cards; CRO microfiche; and business news databases. Addresses and telex numbers are readily available for most companies here and abroad, with information on trade names & products.

Statistics

economic and social statistics are in stock, including UK Business Monitors and EIU Quarterly Economic Surveys of foreign countries. Information about inflation, gdp, balance of payments and forecasts is immediately available for most countries.

Online Databases

computer searches of commercially available databases can be performed at Portsmouth Polytechnic or Southampton University for a fee, or at the Hampshire Library centres. Millions of references can be searched quickly for the few relevant to your needs.

Local Contacts

With over 340 members (1985), Hatrics offers a wide range of local contacts for those unexpected queries or problems. The Directory of Resources — free with membership — puts all participants in the picture about local expertise and advice.

Hatrics

is the public sector and the private sector working together to support the free flow of information in the region, thereby contributing to the economic health of local industry.

Figure 19 Extract from HATRICS brochure 'Need information? Your company needs Hatrics'

(WILCO). Further details of these organisations can be found in *SCOCLIS Directory of Members* (Rev. edn, SCOCLIS 1983), available from Mr C. Attenborough, Essex County Library Headquarters, Goldlay Gardens, Chelmsford, Essex and also in *SCOCLIS Guide to Libraries for Industry* on the British Library's Prestel service at p.505335. SCOCLIS is the Standing Conference of Co-operative Library and Information Services.

Five of the users/potential users interviewed for the Bakewell/Roper investigation made comments about cooperatives or networks:

> We are likely to be supporting ELBIN to share experiences, records, wider service. (An industrial development officer)
>
> Progress is expected following the inauguration of the Camden Cooperative Scheme. (Manager of an information unit)
>
> We belong to CICRIS and, as members, we get good service from a number of libraries. (An industrial librarian)
>
> Cooperatives like LADSIRLAC are valuable and at least get large companies involved. (A government librarian)
>
> LADSIRLAC is very helpful. (A company director)

One of Bakewell and Roper's recommendations was that formal cooperative schemes like LADSIRLAC, CICRIS and SEAL should be developed where they do not exist.

Diana Edmonds has provided a very useful survey of the library cooperatives, with particular reference to their ability to provide business information, though she overlooks ELBIN.[19] A map showing the geographical location of UK cooperatives, included with her article, indicates gaps in Scotland, the extreme North-West, Wales and the South-West.

Modular cooperation

It is possible to have effective cooperation without the organisation of formal schemes, as has been seen in a number of areas but most particularly Newcastle upon Tyne. Here a joint working party representing the public, university, polytechnic and other libraries has stimulated informal cooperation in a number of spheres of librarianship and information work including business information.

Exchange of catalogues

The use of microform has facilitated the exchange of catalogues and lists of periodicals, as is done at Newcastle upon Tyne between the public and polytechnic libraries. At Barrow (Cumbria) there is a great deal of local informal cooperation and the microfiche catalogue covers Cumbria County Library, Barrow College of Further Education and the West Cumbria College.

Joint publications

Reference was made on p.90 to *Business Partner*, a short-lived joint publication by Hackney and Islington borough councils. There is considerable scope for similar publications and for other efforts like the cooperation between Lambeth and Lewisham (p.79), resulting in simultaneous publication of news items in *COMTECH* and *LINK*.

Staff exchanges

Reference was made on p.70 to staff exchanges between libraries in Manchester and Newcastle upon Tyne, a useful form of cooperation.

Coordination of information services

The 1984/85 annual report of Project North East, the Newcastle upon Tyne-based company (see p.13), states:

> The need to get results fast in order to retain public and private sector interest and support means that groups working in this field must learn from each other.

Sometimes this is difficult because organisations are in competition for limited resources. Nevertheless, PNE believes it must share its ideas and experiences with others – and in turn, the Project has been greatly assisted by the generosity with which others have given their information.

One of the organisations with which Project North East collaborates is the public library – PNE is one of several organisations mentioned by Lawrence Tagg in his excellent article.[53]

As the Capital Planning Information report on retailing and services points out, the emphasis should be on *collaboration* rather than *competition*:

> It is essential that all initiatives should be tailored to local circumstances, with emphasis on collaboration rather than competition between agencies, and better promotion using the new channels of communication now available to the business sector.[13]

The Project North East annual report gives many examples of ways in which PNE has contributed to the information exchange in local economic development, including:

- distributing three issues of its newsletters to approximately 300 people per issue;
- contributing 23 articles for LEDIS (Local Economic Development Information Service) run by the Planning Exchange;
- assisting Channel 4 in the production of a six-part series, *I Could Do That*, about young people going into business;
- speaking at more than a dozen conferences around the country including three organised by the Planning Exchange; the annual conference of the Institute of Economic Development Officers; the Charitable Trusts' Directors' conference; and several TVEI residential conferences;
- contributing chapters to Business in the Community Enterprise Agency guidelines on youth enterprise and

business competitions;

- participating in the national Education for Enterprise Network;
- taking part in various exhibitions and conventions;
- giving talks to courses, rotary clubs, etc.

Another non-library organisation which provides a great deal of information to business and industry is Business Facts, set up by the Swansea Centre for Trade and Industry (see Figure 16, p.92). As well as helping the business community to locate sources of supply, identify personal contacts, find out about grants, etc., this body offers talks to local organisations and has given seminars on a wide range of topics including franchising; the Business Expansion Scheme; patents, trademarks and licensing; company law; organising; exporting; and book-keeping and accounts.

Public libraries could usefully become involved in initiatives of this kind and some of the activities could be added to the promotional methods described in the previous chapter. Several examples of such links are mentioned in the Bakewell/Roper report, and one of the recommendations is that cooperation with business organisations to establish business information needs and to increase awareness of the public library's potential as an information source should be developed.

Clwyd Library Service cooperates with several organisations including the North East Wales Institute, small firms agencies and centres and the Welsh Development Agency. The Business Start Points, administered in conjunction with the county's Industrial Development Division and linked to the county's NEWTECH Innovation Centre at Deeside Park, were described on p.21. There is a job display point at Chirk Library, with a telephone link to the local Job Centre. The British Overseas Trade Board refers its Welsh enquiries to Clwyd Library Service because of the library's large holdings of directories.

Sunderland Libraries' cooperation with the Industrial Development Department, resulting in the designation of all library service points as Business Start Points, was mentioned on p.22, as were Gateshead's Business Start Point scheme and Coalville (Leicestershire) Library's Business Advice Day. The latter was organised in conjunction with the Economic

Development Unit and the local Industrial Development Officer, with representation from the Small Firms Service, government bodies, educational establishments and local companies.

Brent Library Service has links with the Employment Development Service, the Planning and Social Services Departments and the Brent Cooperative Development Agency, while Bromley Public Libraries has close links with most departments of the council.

Enfield Library staff attend meetings of the Enfield Employment Group by invitation, and Newham Library staff attend relevant meetings such as those of the advice centres and unemployment pressure groups.

At Bexley the Economic Development Unit produced a brochure on what the Council (including the library) can do for business, and a similar venture at Hounslow was mentioned on p.78.

At Harrow, the library is represented on the Research and Intelligence Group, an internal committee of the Borough Research Office concerned with publicity about Harrow.

Oldham Public Libraries cooperated with the Estates Office when the Office had a member of staff advising on the development of business. Lancashire Library cooperates with all county council departments, especially in the field of online information services.

A discussion group at a seminar on information and the small manufacturing firm agreed that few small firm agencies have all available information, so that cooperation or referral is essential, including signposting through the provision of lists, for example of premises available within an area.[11] The same discussion group also agreed that cooperation is in itself time-consuming, that a considerable continuing effort is required, and that personal contact is the key.

The Capital Planning Information report on intermediary services for small firms[12] stated that several agencies were quick to indicate their reluctance to become involved with any formal scheme of cooperation because they value their own independence, but the same organisation's report on the information needs of retailing and service firms[13] stresses the case for coordinating all the information resources to satisfy the demand within a given area. As Malcolm Stacey has pointed out, the public library is the obvious organisation to perform this coordinating role.[11]

Finally, another example of a missed opportunity. 1986 was declared Industry Year, and various bodies were involved in organising activities. Working groups were set up to represent churches, design, education, industry, museums, publicity and women. Whatever happened to libraries and information services?

7 Some Problem Areas

More than 50 'problem areas' were identified by the librarians participating in the Bakewell/Roper investigation,[2] with the cost of resources easily topping the list. The following is the complete list, with the number of citations for each problem:

cost of resources (materials, staff, etc.)	26
need for specialist staff	14
awareness/apathy by public	9
company information	5
marketing and publicity	5
nature of locality	5
regional information centres needed	4
reports, especially market research reports	4
absence of regional services	3
identifying needs	3
locating information about small firms	3
fragmentation of London resources	2
obtaining up-to-date information	2
secrecy; government restrictions on information	2
staff assistance needed by most users	2
acquiring membership lists	1
background information about small and medium-sized companies	1
business information consultants	1
changing pattern of dissemination	1
communicating with business	1
Companies Registration Office unwilling to give information over the telephone	1
company registration information and trade names difficult to locate	1
company reports	1
'competing' bodies like chambers of commerce	1
credibility of service	1
'downmarket' service coping with 'upmarket' needs	1
duplication of holdings	1

duplication of information in different directories	1
dynamic nature of business information – it must be modified as needs of locality change and librarian must be aware of such changes	1
ephemeral nature of much business information	1
financial problems of local authorities	1
future of the free library service	1
government (i.e. civil service) attitude to libraries – e.g. closure of the trade names index without notice	1
identifying business information	1
'information vs. advice' problem	1
justifying cost of service in times of cutbacks	1
keeping up-to-date	1
library use by people from outside the locality	1
local directories – more needed	1
locating property companies and service companies	1
monitoring enquiries – some small businesses channel queries via the local lending libraries	1
need to train staff for online services contrasts with team philosophy	1
overseas companies	1
picking up expertise in business information services	1
privatisation	1
'restricted circulation' periodicals	1
self-service users	1
specialised online services	1
staff training – library schools tend to neglect traditional reference work	1
statistics interpretation	1
tax and financial management advice	1
unpublished materials	1
unsatisfied requests unknown	1
wide range of possible resources	1

Some of the points listed are repetitive; for example, 'the need for specialist staff', 'the need for staff assistance' and 'duplication of holdings' are all part of the resources problem, and there is an overlap between 'business information consultants', 'the future of the free library service' and 'privatisation'. Nevertheless a wide range of problems was mentioned by librarians.

Malcolm Campbell, Librarian of the City Business Library, referred Bakewell and Roper to Part 3 of his book *Business Information Services*,[6] which consists of three chapters on 'Some Problem Areas of Business Information'. The problem areas discussed are company information, market research sources, stock market transactions, the European Community, earnings and the cost of living. Campbell suggested that the number of problems is falling.

Cost of resources

The following comments were made by librarians to Bakewell and Roper about the cost of resources:

> We cannot afford marketing data reports but there is a need for them.
>
> The expense of many sources leads to the problem of what to buy and what to stop.
>
> The City Business Library is under-financed and undermanned.
>
> To provide a business information service we would need a room for a separate service, extra book fund and a qualified librarian experienced in business information. The senior management do not regard business information as a priority; there is an historical emphasis on the lending function and the community information bandwagon.
>
> Because of cost, we need to reduce our basic stock by subscribing alternate years to some directories and eliminating some titles.

Some users/potential users also mentioned the problem of resource constraints:

> It would be a fine thing for libraries to have budgets to enable them to keep their business directories current. (Chamber of Commerce Secretary, London)

There is an expenditure cuts problem. Some material is out of date. (Marketing assistant, Manchester)

Public libraries are tending to economise on their directories. (Industrial librarian, London)

Financial problems mean that public libraries may not have overseas material – e.g. the latest Malaysian statistical information at the City Business Library is 1981 and at the Statistics and Market Intelligence Library is 1982. Files often don't go back far enough. Long runs of newspapers are lacking in public libraries – e.g. *Western Mail* was wanted for November 1982, but the City Business Library only held it for five weeks and Holborn for two months; *The Scotsman* is held by the City Business Library for four weeks and Holborn for two months; the *Liverpool Daily Post* by the City Business Library for four weeks. (Commercial librarian, London)

Directories are not always up to date. (Small Industries organiser, Preston)

More funds are needed in public libraries to allow them to develop their services. (Researcher in charge of Information Unit, London)

There is a lack of resources in public libraries and a need for coordination of resources. Perhaps centralisation? Perhaps regional/national support for local libraries? (Information scientist, London)

Malcolm Campbell drew attention to some problems of cost in 1978[8] – *World Copper Statistics Since 1950* at £400, for example, and *World Metal Statistics* for 1978 at £250 (having been £40 in 1975). And this was eight years ago! Today Alan Armstrong & Associates do us a great service by indicating price increases in their monthly *New Editions: Directories, Annuals & Reference Books*, and here are a few examples from the December 1985 issue:

Annual Review of the World Lead & Zinc Industries 1986 £75 (an increase of 25 per cent on the 1985 price, £60).

Chemist & Druggist Yearbook & Directory 1986 £44 (an increase of 16 per cent on the 1985 price, £37).

Directory of City Connections 1986 £87.50 (an increase of 15 per cent on the 1985 price, £75).

Directory of Management Consultants in the UK 1986 £27.50 (an increase of 28 per cent on the 1985 price, £21.50).

International Cargo Handling Coordination Association Reference Book and Buyer's Guide 1986 £25 (an increase of 34 per cent on the 1985 price, £16.50).

Kompass Register: France 1986 £130 (an increase of 27 per cent on the 1985 price, £95).

Retail Trade International 1986 £290 (an increase of 22 per cent on the 1985 price, £228).

Unfortunately the book funds of very few libraries are increasing by anything like 20 per cent. The trend is rather for them to remain static or even to decrease.

According to Lawrence Tagg, however, it is always possible to get extra money for a business information service: 'You have just got to put up a case, demonstrate your skills – and as far as I am concerned, you can attain any goal'.[53] Perhaps also you need a persuasive manner like Lawrence Tagg's, a supportive authority, and the ability to convince industrialists of the value of the service.

Clwyd Library Service is a good success story. Clwyd was formed from two counties (Denbighshire and Flintshire) which had given a low priority to business information. A technical/commercial librarian was appointed in 1975 as part of a remit to promote links with firms in the county. The post became vacant and was frozen after a year, during which time demands had been created and links developed with bodies like chambers of commerce. Cuts in the book fund led to the service being run down during the next four years, but close links were developed with the County's Industrial Development Department, which provided £6000 from the Welsh Office's Aid to Industry grant for the purchase of relevant directories. Support from the Industrial Development Department has increased, and this has been a very important factor in the development of the service. This is a very real example of a business information service being seen as an important part of a library's service to the community and being helped by a small amount of financial support.

Clwyd Library Service was also the recipient of a grant of £262,000 from the European Economic Community Development Fund for use on the new Rhyl Library complex, which includes information facilities for local business services. This is believed to be the first grant to a library from this Fund, which is obviously another potential source for other libraries to consider.

Library staff

The following were some of the comments made about the staffing problem by librarians participating in the Bakewell/Roper investigation:

> There are not enough staff to provide a proper service. Too many relief assistants who don't know the job.
>
> Staff ignorance is a problem in a medium-sized general reference library – e.g. the difference between a private and public company is often not understood.
>
> Staffing does not allow implementation of a proper service. Materials are not being exploited as they should be.
>
> The business enquirer needs more help than the library staff are able to give.

Five users/potential users also had some harsh things to say about staff:

> Enquiries by phone are usually abortive as assistants often lack the in-depth knowledge to answer queries as opposed to finding publications. Most assistants are not trained to use *Business Monitors*, so that I usually have to make a personal visit rather than phone. (Information officer, Teddington)
>
> Staff are not always properly trained for answering enquiries. (Marketing analyst, London)
>
> Public library staff are not properly trained in business. (Marketing assistant, Manchester)
>
> Much depends on the particular assistant – there can be

marked differences in the same library. (Marketing consultant, Banbury)

I sometimes have to guide a member of staff through an Extel or McCarthy card over the phone. (Researcher in charge of an Information Unit, London)

As stated on p.68, staff are as important as stock in a business library. A good staff can do a great deal to exploit to the full a minimum stock, while poor staff can negate the value of an impressive range of materials. Unfortunately, public library conditions and salaries are not always good enough to attract staff with a business background and appropriate qualifications. Good training schemes can help, but these are haphazard or non-existent in many libraries and external courses can be very expensive.

Awareness

The following comments were made to Bakewell and Roper about the 'awareness' problem:

People in industry don't know what they don't know and are not articulate when they ask questions.

Getting people to use the service is a problem. It is an expensive service, which needs to be used.

An 'awareness' policy is needed as well as the 'holdings' and 'access' policies referred to in the 1982 LISC report.[17]

Small firms do not appreciate the need for, or value of, information.

Thirteen users/potential users also expressed concern about the 'awareness' problem. A researcher in London had referred several colleagues and clients to public libraries; they had usually got the answer to their problem, but were surprised to do so. Other comments included the following:

A businessman wouldn't think of going to the public library and tends not to take seriously information which he hasn't paid for. (Consultant, London)

> Public libraries are an excellent source of business information, but sadly neglected by the commercial world. It doesn't occur to businessmen to go outside their own speciality. (Information officer, Liverpool)

> As a market researcher specialising in desk research, I am always surprised by the lack of knowledge of information sources and how to go about finding them – but as that's how I make my living I shouldn't really complain. (Market researcher, London)

Some promotional methods used in an attempt to stimulate awareness were considered in Chapter 5. A number of users/potential users suggested to Bakewell and Roper that education is a good way of creating awareness. An industrial librarian in Hammersmith referred to a proposal to run seminars locally to publicise information services to businessmen and businesswomen, and a government librarian felt that public libraries could arrange seminars jointly with chambers of commerce, the British Overseas Trade Board and the numerous small firms agencies. A director wrote:

> Although smaller businesses can't spare staff to be trained in the use of information, imaginative course programmes, suitably scheduled, could help to promote the use of libraries.

Three respondents felt that the formal educational system could do much to increase awareness of the public library's informational role. The director of a small firms' advisory service said that his knowledge and awareness of the value of libraries stemmed from the project work he did in libraries during his schooldays. A chamber of commerce information officer pointed to the need for polytechnics and other institutions of higher education to include modules on information in their courses. A director of a small firm lamented the fact that he had obtained an engineering degree at Cambridge without ever using a library; he had discovered the value of public libraries some years ago when he had used standard reference works to help solve a marketing problem.

These various comments were incorporated in Bakewell and Roper's recommendation 6.3.8 on the 'awareness' problem:

> Public libraries should strive to make businesses more aware of the services available and increase credibility by means of publicity schemes and seminars, working wherever possible in conjunction with local business organisations. They should encourage the inclusion of information/library skills in school and higher education courses. A great deal can be achieved by personal contact, as demonstrated at Manchester [see p.98]. It is important not to raise expectations which cannot be met, but it is likely that businesses will ensure the maintenance of the service if they know what they can gain from it.

Another aspect of the 'awareness' problem was mentioned on p.55 – the librarian's lack of awareness of who is using the library.

Liverpool's Commercial Librarian, Edwin Fleming, fully appreciates the awareness problem but struck a positive note:

> As communications improve and become cheaper, and more and more information is organised on user-friendly electronic databases, the message will get through to many more people that they can use information and that they can obtain it. Business information is a prerequisite of successful business; the library's problem is to keep abreast/ahead of the business community.

Company information

One librarian told Bakewell and Roper that finding information about firms, particularly small firms, is a problem and added that the Companies Registration Office is not cooperative and is too far away. Edwin Fleming's single-handed campaign to persuade the Companies Registration Office to be more cooperative is well known amongst librarians and, with the help of Dale Campbell-Savours, MP, he was ultimately successful in forcing the Office to fulfil its obligations and supply company records by post at reasonable cost. The long battle has been well documented by Fleming, and in the same article he demonstrates the importance of company information not only to the business community but to the public at large – for example, an elderly lady living in a terraced house had been cheated by a worthless company which claimed incorrectly to have put in a damp-proof course for her; and potential interviewees frequently want to check up on the company which is going to interview them.[23]

Quite apart from any shortcomings in connection with the Companies Registration Office, company information can sometimes be very difficult to trace. Judith Collins found in 1977 that many businessmen had difficulty in obtaining company information, especially foreign company information.[15] More recently Garry Humphreys has provided some very useful advice on how to make the best use of some of the many sources which exist without wasting too much time in the process.[31]

The Business Information Service at the British Library's Science Reference and Information Service has found several examples of general company directories not answering seemingly simple enquiries. For example, the address of Linkbelt Ltd could not be traced in the Companies Registration Office microfiche directory or such general directories as *Kompass*, *Key British Enterprises*, *Sell's* and *Kelly's*. The answer was eventually found in a specialised directory, *Construction Plant and Equipment International Annual*, traced via *Current British Directories*. It turned out to be an American company, Link-belt Inc., with a UK agent.

Market research reports

Market research reports and other aspects of marketing information were mentioned as specific problems by two users/potential users interviewed for the Bakewell/Roper investigation:

> The high cost of market research reports means that public libraries are unlikely to be able to afford them. (Information officer, London)
>
> There is a lack of consumer market information – e.g. MINTEL is not always up to date. Information is not always available on new markets – e.g. solariums. It is difficult to obtain information about some countries – e.g. India, Japan. (Marketing intelligence officer, Liverpool)

Again, this problem was identified some years ago by Judith Collins, who found that more people had difficulty in identifying market research reports than was the case with any other category of business information and an even greater number had problems in gaining access to the reports when they had identified them.[15] More recently, Martin Stoll has discussed eight problems connected with the handling of market research information: the information providers are production driven rather than marketing driven; client needs, particularly with regard to timing, are not always easily met; client needs can be very specific; comparability of information is not always easy; availability and access can be difficult; there are time-lags with regard to availability and publication; credibility can be stretched; and data presentation is not always helpful.[52]

Stoll suggests that online services should help with the problem of timing to some extent but that 'it's never quite as helpful as it seems'. Traute Enters feels that much has been achieved with regard to the availability of market research information online, but that much still remains to be done such as improving contents or presentation. Priority needs to be given to the promotion of user-oriented systems.[21]

Nature of locality

The staff of Hillingdon Borough Libraries stressed to Bakewell and Roper the need to provide what the public wants, which they were trying to do following the publication of *The Effective Library*.[55] There was little point in duplicating the libraries provided by large industries, such as EMI and Heinz, and the proximity of Brunel University needed to be borne in mind. The HMSO selective service was regarded as a contribution to the good of the community as a whole because most London libraries have dropped it.

Lewisham Library Service was concerned about the need to justify the cost of a business information service in view of the decline of business over the past few years. Small businesses were developing, partly because of the unemployment problem, and these needed to be catered for. The scattered nature of the borough presents a problem; the main business collection and service is provided at Deptford.

Brent too is a scattered borough, with no central library,

and this affects services to business. The social problems – housing, unemployment, transport, absence of a natural centre, mixed community – are also relevant. There are some large industries and some light small industries. Brent is well known for its outreach services, and these include services to factories, which have sometimes led to criticisms from managers.

Ealing Library Service had a problem during the Bakewell/Roper investigation which was solved with the opening of a new central library at Ealing Broadway in 1984 – the reference stock was split between Ealing (Arts and Humanities) and Acton (Commerce, Technology and Science). Expenditure cuts and the movement of industry have had an impact on the business information service.

Regional information centres

Four librarians participating in the Bakewell/Roper investigation felt that the solution to many of the problems might lie in the establishment of regional information centres:

> The British Library should support regional business information centres.
>
> There is a demand for business centres – some form of suburban service is needed.
>
> Business information is an area which needs special resources because of the cost of resources (e.g. expensive directories and specialist staff). Three or four regional centres are needed in London: the existing London boroughs are too diverse. Small is not beautiful for business information.
>
> It is better to support existing information outlets rather than duplicating resources.

Public libraries not always geared to business needs

The concern of one librarian and two users that representatives of firms should be expected to 'join the library' before being allowed to borrow a book was noted on p.61. Other users/potential users participating in the Bakewell/

Roper investigation commented on various aspects of public libraries not being geared to the needs of business, including occasional inability to supply information quickly:

> There always seems to be an obvious conflict or lack of appreciation (except in the City Business Library) of time constraints and the needs of business. I usually want the answer to a question and not a possible source from which I might find it. This is probably because there is a huge bias in training courses towards public library/mass reading provision. (Commercial librarian, London)
>
> Public libraries are not generally geared to business information. (Commercial librarian, London)
>
> Public libraries are not always geared to the need for urgency. (Academic librarian, London)
>
> Public libraries have an important but largely unfulfilled role in making information available to business. They have unrivalled resources of buildings, communications, bookstock and staff but, with a few honourable exceptions, do not apply them with any deep insight. The factor chiefly lacking is counselling between public libraries and businessmen rather than resources. (Information Unit manager, London)
>
> Public libraries are not geared to speed. Apart from Westminster and the City Business Library, they tend to look down on the commercial world. (Consultant, London)
>
> There is a problem when information is needed quickly. (Marketing assistant, Manchester)
>
> Public libraries are not geared towards the needs of industry and commerce. They should increase their enquiry services and not their bookstocks. (Marketing analyst, London)
>
> From my days as an industrial librarian, I found an abysmal lack of understanding of the needs of industry in some public libraries. The main complaints were out of date information and staff awareness. (Marketing consultant, Banbury)
>
> Public libraries have difficulty in providing information

> tailored to the needs of industry. They are not very well geared to the storage of trade literature and 'ephemeral' literature. (Industrial liaison officer, Stockport)
>
> Public libraries are not always geared to business information or don't advertise. People don't think of using public libraries for business information. (Professional association librarian, London)
>
> The public library's information role needs to be developed. (Professional association librarian, London)

Signposting, absence of a welcoming atmosphere and poor display of stock (e.g. absence of headings like STATISTICS and COMPANY INFORMATION) were criticised by some respondents.

Needs north of Watford

It is surprising that so few of the librarians from the North-West who participated in the Bakewell/Roper investigation commented on the problems of meeting needs North of Watford – though, as stated on p.63, one librarian did say of the British Library Business Information Service that the needs north of Watford Gap were almost always second-class if not third or somewhat lower. Speaking at the joint conference of Aslib, the Institute of Information Scientists and the Library Association in 1980 Diana Edmonds, who did so much to develop a lively business information service at Aberdeen City Libraries, commented on three broad problem areas for those north of the border: lack of back-up support (e.g. the absence of anything like the Statistics and Marketing Intelligence Library in the provinces); limited access to company files; and problems in relation to the new technology in Scotland.[20]

More recently Christine Reid has also drawn attention to some problems of business information provision in Scotland, but she suggests that awareness, inadequate exploitation and lack of cooperation are the real difficulties.[40] She laments the closure of Glasgow's Commercial Library and the absence of a public outcry about this. She also states that the British Library Business Information Service has not really helped librarians or business people in Scotland and regrets that the

Scottish Science Reference Library, announced in April 1983 by the Trustees of the National Library of Scotland, is likely to concentrate solely on science and technology and to make no provision for business information.

Allan Foster pointed out at the same conference at which Diana Edmonds was speaking in 1980, that, the development of online services means that ultimately being 700 or even 1000 miles from London will make little difference to the quality of business information supply.

Praise for public libraries

It is perhaps out of place in a chapter on problem areas, but it will help to end on a positive note if some favourable comments made to Bakewell and Roper about public libraries are quoted:

> Public libraries are a useful standby when we need information on subjects outside our own area. (Librarian of a research organisation, London)
>
> Public libraries are an excellent source of business information. (Information officer, Liverpool)
>
> I find that public libraries form a useful backup service to our own library and other specialist sources. Unfortunately not all areas are as well served as the City [of London] in this respect. (Commercial librarian, London)
>
> The unpredictability of information needs makes the public library particularly important as a backup service. (Researcher in charge of an Information Unit, London)

The general manager of a Small Firms Advisory Service in Liverpool frequently refers enquirers to public libraries, which he finds 'generally excellent and an obvious source of reference information'. He worries, however, about possible pressure on library staff, who might be inundated with enquiries, and he wonders if they stick pins into an effigy of him!

A government librarian in London commented that some public libraries (such as Liverpool and Manchester) provided an excellent service but that all public libraries suffer from two major problems (ignoring cash constraints): (1) lack of knowledge of what they could provide in the community; (2) lack of credibility because businessmen do not expect public libraries to have the answer to their problems. Back to problems again!

The following comments were made about specific libraries:

> Very positive. Good results from Aberdeen, Barrow, Liverpool and Manchester. (Information officer, Barrow-in-Furness)
>
> Personal contact at Birkenhead is very helpful. (Manager of a Small Firms Advisory Service)
>
> Public library service is excellent. Bury is good up to certain limits but does not have a good commercial section – only basic directories. Rochdale is intermediate and answers 90 per cent of enquiries. Manchester is useful for commercial information. (Director of a Small Firms Advisory Service, Bury)
>
> Camden has very good stock and very helpful. Westminster have potential to be good but not always so helpful. (Information officer, London SW1)
>
> Camden excellent, Westminster less good. (Director, Liverpool)
>
> City Business Library excellent. (Commercial librarian, London EC4)
>
> City Business Library usually very good. (Commercial librarian, London EC4)
>
> City Business Library provides good service. (Chamber of Commerce Secretary, Hackney)
>
> Clients starting new business generally found the information needed in the City Business Library. The main difficulty was in finding market information relevant to their needs. (Managing director of a Small Firms Advisory Service, London E1)
>
> The City Business Library is very good on commercial information. The Guildhall Library is occasionally useful for esoteric reference information. (Commercial librarian, London EC2)

The City Business Library is very good with very experienced staff. The staff at Westminster and Swiss Cottage are of variable quality; it is difficult to know what they are prepared to do for you. (Commercial Librarian, London EC1)

The City Business Library is outstanding, mainly due to the energy and professionalism of Malcolm Campbell. (Consultant, London W11)

The City Business Library is generally very good – though range is better served than depth. (Information Services manager, London EC3)

Clwyd's Reference Librarian is of great assistance in all enquiries. (Chimney sweep)

Ealing Library is excellent. (Chamber of Commerce President)

Very good. All our members' queries solved. We are satisfied with the library service at Harrow. (Chamber of Commerce Secretary)

The evening and Saturday opening at Holborn is useful. (Information officer, London WC1)

Holborn's online service is excellent. Speedy service. (Information officer, London WC1)

Hounslow is helpful but the information is not always available. (Chamber of Commerce Secretary)

Excellent. Lewisham have very cooperative and informed staff. It is a great pity they are not used more by local industry. (Director)

Liverpool is generally good, but difficult to find one's way around. Closed access might be better. (Director of a small firm)

Liverpool is used frequently to check the register of companies – courteous and efficient service. (Chamber of Commerce Secretary, Chester)

Liverpool's service is valuable and much appreciated – 99.9 per cent satisfaction. (Chamber of Commerce Secretary, Southport)

Liverpool is excellent – very comprehensive service. But there is a lack of awareness of the service by colleagues in other departments. A tour of the library demonstrated its value to me and this kind of service could be developed. (Planning officer)

Liverpool and Manchester Public Libraries are very valuable. The staff are always helpful. (Manager of a Small Firms Centre, Liverpool)

Liverpool Public Library is normally the first port of call. It is a great timesaver and the staff are very good at referral if the information is not available. We cancelled our subscription to a commercial information service because of the superior service available from the public library. (Marketing intelligence officer)

Liverpool is excellent. It is used mainly for two purposes: business registered offices and trademarks. Also for some specialised directories. We sometimes refer non-members. (Chamber of Commerce information officer)

Signposting poor at Liverpool and no welcoming atmosphere. (Marketing officer)

Manchester is generally useful. In all instances the information required was available. (Area manager of an Action Research Centre)

Manchester is a particularly good library and I have a good relationship with the librarian. Many companies are not so lucky because local services are often not as good as those in Manchester. (Manager of a Library and Information Unit)

99.5 per cent excellent – very low failure rate. Newham is (and should be) proud of its library service. (Chamber of Commerce Secretary).

We get good results from Richmond for certain types of material – e.g. sets of *Business Monitors, Research Index*, government publications, international telex directories. But the staff do not always know their way around and publicity could be better. (Information scientist)

Richmond is useful for basic reference materials and Saturday morning opening. (Information officer who works in London and lives in Richmond)

St Helens is developing its service and is keen to help. (Director)

Always satisfactory. Sale and Wythenshawe (Manchester) have very good general reference libraries. (Consultant)

We would tend to use the Chamber of Commerce enquiry office at Liverpool first because they are oriented towards industrial and commercial matters. The local reference library [Warrington] is, however, very good in many respects. (Chamber of Commerce Secretary)

Westminster and Camden staff are always good when working under pressure. (Publisher's editor, London WC1)

I am very fortunate in the quality of public libraries to which I have access [Westminster and the City Business Library]. Their stock provides an invaluable backup to our own. (Head of Information and Advisory Service, professional association, London SW1)

The Westminster staff are not properly trained for answering enquiries. There is a lack of communication between different departments. (Marketing analyst, London NW1)

Westminster and the City Business Library are very good. (Marketing consultant, Banbury)

Westminster is handy and good for trade information. (Information scientist, London SW1)

Two respondents complained that the City Business Library closes at 5.30pm, and six commented that it was virtually impossible to reach the library by telephone because all the lines were always busy. Only one of these was employed by a company paying rates to the City of London, the other postcodes being NW1 (2), SW1 (2) and WC1. A consultant said that she never had any problems reaching the City Business Library by telephone from Dulwich.

There were two significant and unsolicited comments:

Liverpool Public Library provides a regional/national service on the local rates.

Manchester is providing a regional service on local funds.

One of the last librarians to be interviewed was the doyen of British business librarianship, Malcolm Campbell, Librarian of the City Business Library and author of so many books and papers on business information. He was concerned about the fragmentation of resources in London and the possible duplication of holdings. Like many other librarians, he was worried about the awareness problem – how to persuade businessmen to use public libraries and how to publicise services without raising false expectations. But he concluded on an optimistic note:

> Nationally, public library business services have improved tremendously over the past twelve years.

Part III: Some Major Sources

Sources

Inevitably there will be omissions from the sources listed in this chapter, but it is hoped that the list will be helpful to the business librarian/information officer, student and businessman or woman.

In the case of sources checked by Bakewell and Roper for their investigation of business information services in public libraries in London, the North-West of England and Clwyd, an indication is given of the number/percentage of holdings.

Abstracting and indexing services

ABI/Inform, 620 South Fifth Street, Louisville, Kentucky 40202, USA.

An online database of abstracts from about 550 journals (mainly English-language) on management, accessible via Data-Star, DIALOG and SDC. Incorporates abstracts in the Anbar journals (q.v.) of articles which were originally published in foreign languages.

Accountants' Index see **Accounting**

Accounting + Data Processing Abstracts, Anbar Management Publications, London.

Published in association with the Institute of Chartered Accountants in England and Wales. Taken by 38 per cent of the public libraries investigated by Bakewell and Roper (13 in London, 6 in the North-West and Clwyd). *See Anbar Management Publications* below for annotation and address.

Accounting Articles see **Accounting**

American Statistics Index see **Statistics**

Anbar Management Publications (Anbar Publications Ltd, PO Box 23, Wembley, HA9 8DJ, UK).

Publish four abstracting journals on specialist aspects of management:

Accounting + Data Processing Abstracts
Marketing + Distribution Abstracts
Personnel + Training Abstracts
Work Study + O and M Abstracts

and a fifth which collects those abstracts which it is felt should be drawn to the attention of top managers:

Top Management Abstracts

There are eight issues of each abstracting journal per annum and they are published at approximately six-weekly intervals. Each journal contains something like 100 abstracts from the 215 journals covered by the service. Each abstract is identified by a reference number and if, as frequently happens, an abstract appears in more than one of the five journals, it bears the same number each time. The abstracts are normally published within two months of the receipt of the journals containing the original articles in the Anbar office. A feature of the abstracts is that they often contain abstractors' opinions of articles as well as factual summaries, such opinions being printed in italics. At the end of the year the abstracts are collected in one sequence in an annual volume, *The Compleat Anbar,* available separately or as an optional extra. Bakewell and Roper found that 9 London public libraries, 3 north-western public libraries and Clwyd Library Service were receiving *The Compleat Anbar* in 1983.

Foster has said that the arrangement of the abstracts – in alphanumeric order with a classified index supported by an alphabetical keyword register – is 'both confusing and cumbersome',[26] but that is an opinion not shared by the present writer or many of his students. A joint index to the five abstracting journals is published annually (taken by only 23 per cent of the public libraries investigated by Bakewell and Roper – Camden, City Business Library, Clwyd, Ealing, Harrow, Lambeth, Lancashire, Liverpool, Manchester, Southwark, Stockport and Westminster). A fully annotated cumulative index, updated by Anbar's in-house computer, is available as an optional extra.

In the same article, Foster criticises Anbar's evaluative nature, stating that 'its policy of selectivity is a strength in theory but a weakness in practice'. Most managers, however, welcome the fact that Anbar does not abstract articles which merely repeat what has been said before.

Anbar is not available online, but there is a person-to-person Telephone Retrieval Support Service which allows users to speak to a member of the editorial staff and 'explain their requirements in plain English'. They are then asked to ring back to receive answers in the form of references to the abstracts which they have on their shelves. Anbar aim to give this information within one hour and certainly after no more than two hours.

Foster describes Anbar as 'the best-known UK abstracting service' but 'somewhat idiosyncratic in its approach'. This author considers it to be undoubtedly the *best* abstracting service in management, which really ought to be available in far more public libraries.

Business Information Review see **Information Sources**

Business Periodicals Index, H. W. Wilson Co., 950 University Avenue, Bronx, New York 10452

US monthly with quarterly and annual cumulations. Indexes 60,000-70,000 articles annually from some 300 English-language journals. Heavy emphasis on US. 'A good deal of the American sources indexed are of little relevance to British business,' writes Pamela Foster,[26] but this seems a little harsh. Taken by only seven (15 per cent) of the libraries investigated by Bakewell and Roper – Camden, City Business Library, Ealing, Lancashire, Lewisham, Liverpool and Manchester.

Business Publications Indexes and Abstracts, Gale Research Company, Detroit, Mich.

US monthly with annual cumulations. Particularly interesting because it is a printed version of an abstracting service which was originally only available online as *Management Contacts*. The reasons for producing a printed version are (i) the high cost of online searching; (ii) difficulties in gaining access to online systems; (iii) the special searching skills required for online retrieval. There is a heavy US bias, with only about 10 per cent of the sources listed being British publications.

Daily Press Index Service, Press Index Ltd, 16 Brune Street, London E1 7NJ.

An alphabetical listing of each company, institution and

trade union mentioned in *The Times*, *Financial Times*, *The Guardian* and *The Daily Telegraph*, which is delivered to subscribers by 0930 on the morning of the newspapers' publication.

Economic Titles/Abstracts, Martinus Nijhoff, 9-11 Lange Voorhout, PO Box 269, The Hague, Netherlands.

Compiled by the Documentary Research and Information Department of the Netherlands Foreign Trade Agency. Contains abstracts of monographs, reports, government publications and periodical articles on trade (markets, industries, country regulations and the business climate), management problems and economics. Since January 1982 it has been possible to subscribe at a frequency of one, four or twelve times a year; each issue contains all references since the beginning of the year, so that there is no need to refer to earlier issues of the same year. Also available on microfiche and online. Taken by only one of the libraries surveyed by Bakewell and Roper – Manchester.

Financial Times Index see **Newspapers**

Foreign Language Index, Public Affairs Information Service Inc., 11 West 40th Street, New York, NY 10018.

US quarterly with annual cumulations. Companion index to *Public Affairs Information Service Bulletin* (q.v.), covering books, periodical articles, pamphlets and reports on economics and public affairs published in French, German, Portuguese and Spanish. Available online as *PAIS International*.

Index to Business Reports see **Reports**

Management and Marketing Abstracts, Pergamon Press, Oxford, monthly.

Compiled by the Information Section of PIRA. Aims to 'inform management and marketing executives of worldwide developments in the theoretical and practical areas of their activities'. Available online via Pergamon Infoline. Taken by none of the public libraries investigated by Bakewell and Roper.

Market Research Abstracts see **Markets/Marketing/Market Research**

Marketing + Distribution Abstracts, Anbar Management Publications, London.

Published in association with the Institute of Marketing. Taken by 38 per cent of the public libraries investigated by Bakewell and Roper (13 in London, 6 in the North-West and Clwyd). See *Anbar Management Publications* for annotation and address.

Marketing Information Guide see **Markets/Marketing/Market Research**

Personnel + Training Abstracts, Anbar Management Publications, London.

Published in association with the Institute of Personnel Management. Taken by 38 per cent of the public libraries investigated by Bakewell and Roper (13 in London, 6 in the North-West and Clwyd). *See Anbar Management Publications* above for annotation and address.

Predicasts F&S Index Europe, Predicasts Inc., Cleveland, Ohio.

US monthly with quarterly and annual cumulations. Arranged in three sections – Industry, Company Name and Country. Available online. Printed version taken by only two of the libraries investigated by Bakewell and Roper – City Business Library and Manchester.

Predicasts F&S Index International, Predicasts Inc., Cleveland, Ohio.

US monthly with quarterly and annual cumulations. A companion volume to the above. Also taken only by the City Business Library in London and Manchester in the North-West.

Predicasts F&S Index United States, Predicasts Inc., Cleveland, Ohio.

US monthly with quarterly and annual cumulations. Companion volume to the above titles. Also taken only by the City Business Library in London and Manchester in the North-West.

PROMT, Predicasts Inc., Cleveland, Ohio, USA.

PROMT = Predicasts Overview of Markets and Technology. More than 9000 concise digests monthly covering international developments in all industries and culled from more than 1000 sources including trade journals, newspapers, government publications, company news releases, bank newsletters and association papers. The only public library in London and the North-West to take it in 1984 was Manchester.

Public Affairs Information Service Bulletin, Public Affairs Information Service Inc., 11 West 40th Street, New York, NY 10018.

Twice monthly plus an annual bound volume. Covers 'books, pamphlets, government publications, reports of public and private agencies and periodical articles relating to economic and social conditions, public administration and international relations published in English throughout the world'. Nearly half of the sources are business journals or reports and the index is far less biased towards the United States than is *Business Periodicals Index*, yet only six (11 per cent) of the libraries investigated by Bakewell and Roper took the printed version – Camden, City Business Library, Liverpool, Manchester, Newham and Westminster. Available online as *PAIS International*. *See also Foreign Language Index*.

Reports Index see **Reports**

Research Index, Business Surveys Ltd, PO Box 21, Dorking, Surrey, RH5 4EE, twice monthly.

Indexes articles in 150 British newspapers and periodicals. Section 1 (on pink pages) deals with industrial and commercial news not concerned specifically with a particular company under 200 subject headings and cumulates into *Research Index Industries Amalgamation*. Section 2 (on blue pages) indexes individual companies and cumulates into *Research Index Companies Amalgamation*. Taken by 58 per cent of the libraries investigated by Bakewell and Roper – 23 in London and 8 in the North-West.

SCIMP: European Index to Management Periodicals, Manchester Business School, Booth Street West, Manchester, M15 6PB, ten issues per annum.

Distributed by Manchester Business School for the European Business School Librarians Group. Tends to be somewhat theoretical and academic. Articles listed in broad subject groups with indexes by author, company and subject. Available online. (SCIMP = Selective Cooperative Index of Management Periodicals.)

Statistics and Market Research: a guide to current periodical articles see **Statistics**

The Times Index see **Newspapers**

Top Management Abstracts, Anbar Management Publications, London.

Published in association with the British Institute of Management. Taken by 36 per cent of the libraries investigated by Bakewell and Roper (13 in London, 5 in the North-West and Clwyd). *See Anbar Management Abstracts* above for annotation and address.

Urban Abstracts, Technical Communications, 100 High Avenue, Letchworth, Herts SG6 3RR.

Published monthly in two series: Policy (Government; Planning; Industry and Employment; Transport; Housing and Social Policy) and Technical (Architecture; Construction; Civil Engineering; Energy; Environmental Sciences).

Wall Street Journal Index see **Newspapers**

Work Study + O and M Abstracts, Anbar Management Publications, London.

Published in association with the Institute of Management Services. Taken by 38 per cent of the libraries investigated by Bakewell and Roper (13 in London, 6 in the North-West and Clwyd). *See Anbar Management Abstracts* above for annotation and address.

For information about other indexing and abstracting services see:

Abstracting and Indexing Services Directory, Gale Research

Company, Detroit (MI) 1982 –

Alexander, Basil A., *Abstracting and Indexing Periodicals in the Science Reference Library,* 3rd edn, Science Reference Library, London, 1985.

British Library. Science Reference Library, *Abstracting and Indexing Services for the Business User,* Science Reference Library, London, 1984 (Aids to Readers, no. 30).

Useful (and free) duplicated guide, listing and describing 25 general services and 27 services for specific industries.

Ulrich's International Periodicals Directory, Bowker, New York and London annual, vol. 1.

Accounting

Abstracting and Indexing Services:

Accountants' Index, American Institute of Certified Public Accountants, 1211 Avenue of the Americas, New York, NY 10036, USA.

Attempts to cover all material published in English and includes references to sections of books and to articles in journals not specifically concerned with accounting. Available online. Quarterly.

Accounting + Data Processing Abstracts, Anbar Management Publications, London. *See* **Abstracting and indexing services.**

Accounting Articles, Commerce Clearing House Inc., 4025 W. Peterson Avenue, Chicago, IL 60646, USA.

Loose-leaf service covering books, articles and pamphlets, monthly.

Handbooks, etc.:

Fanning, David (ed.), *Handbook of Management Accounting,* Gower, Aldershot, 1983.

Comprehensive and up-to-date exposition of management accounting techniques from both a theoretical and a practical viewpoint with contributions from 16 experts in their respective fields.

Seidler, Lee J. and Carmichael, D. R. (eds.), *Accountant's Handbook*, 6th edn, Ronald Press, New York 1981, 2 vols.
Very comprehensive work with contributions by 57 authorities. Good bibliographies and detailed index.

Wilson, R. M. S., *Cost Control Handbook*, 2nd edn, Gower, Aldershot, 1982.
Standard work with a useful glossary.

Periodicals:

Accountancy: the journal of the Institute of Chartered Accountants in England and Wales, PO Box 433, Moorgate Place, London EC2P 2BJ, monthly.

The Accountant, Tolley Publishing Co., London, weekly.

Accountants' Record: the official journal of the Society of Company and Commercial Accountants, 40 Tyndalls Park Road, Clifton, Bristol BS8 1PL, bi-monthly.

Accounting and Business Research, Institute of Chartered Accountants in England and Wales, London, quarterly.

Management Accounting: journal of the Institute of Cost and Management Accountants, 63 Portland Place, London W1N 4AB, monthly.

World Accounting Report, Financial Times Business Information, London, monthly.

Administrative Management

Handbooks:

Heyel, Carl, *Handbook of Modern Office Management and Administrative Services*, McGraw-Hill, New York and London, 1972.
Comprehensive work, though now obviously dated particularly on computing and data processing.

Minor, Robert S. and Fetridge, Clark W., *The Dartnell Office Administration Handbook*, 6th edn, Dartnell, Chicago, 1983 (distributed by Alan Armstrong & Associates, Reading).
Comprehensive handbook though, according to Daniells,[16] this edition contains only minor changes from the 5th edn, 1975.

Periodicals:

British Journal of Administrative Management, 205 High Street, Beckenham, Kent BR3 1BA, monthly.

The Office: magazine of management, equipment, automation, Office Publications Inc., 1600 Summer Street, Stamford, CT 06904, USA, monthly.

Office Administration and Automation, Geyer-McAllister Publications Inc., 51 Madison Avenue, New York, NY 10010, USA, monthly.

Incorporates *Administrative Management* and *Word Processing and Information Systems*.

ADP see **Automation; Computers**

Advertising (*see also* **Markets/Marketing/Market Research**)

Directories:

Advertisers' Annual, Thomas Skinner Directories, East Grinstead.

Very useful guide to advertising agencies, media, etc. and to advertising services.

Advertising Statistics Yearbook, Advertising Press, Henley-on-Thames, annual.

Contains many tables of statistics and comparisons, e.g. advertising expenditure compared with gross national product and consumers' expenditure.

BRAD Directories and Annuals, British Rate and Data, London, annual.

Gives details of publications which carry advertising (rates, format, etc.).

European Advertising Review & Forecast, Advertising Press, Henley-on-Thames, annual.

Comprehensive guide to advertising expenditure trends in Europe over the next decade.

Standard Directory of Advertisers, National Register Publishing Co., Skokie (IL), annual with monthly cumulated supplements.

Directory of 17,000 US companies that advertise

nationally, arranged by industry with alphabetical index of companies. Taken by only six (11 per cent) of the libraries investigated by Bakewell and Roper – Cheshire, City Business Library, Hackney, Hammersmith, Manchester and Rochdale.

Handbooks, etc.:

Baker, Michael (ed.), *The Macmillan Dictionary of Marketing and Advertising*, Macmillan, London, 1985.

Comprehensive dictionary of terms commonly used in marketing and advertising, including thumbnail sketches of key concepts and ideas, compiled by the staff of the Marketing Department of the University of Strathclyde.

Barton, Roger (ed.), *Handbook of Advertising Management*, McGraw-Hill, New York and London, 1970.

Comprehensive but obviously dated, with contributions by 37 authorities. Includes a glossary of advertising terms.

Stansfield, Richard H., *The Dartnell Advertising Manager's Handbook*, 3rd edn, Dartnell, Chicago 1982; distributed by Alan Armstrong & Associates, Reading.

Includes many case histories and a glossary. According to Daniells,[16] there are few changes from the 1969 edition.

Periodicals:

Brad: British Rate & Data, 76 Oxford Street, London W1N 9FD, monthly.

Gives advertising rates, circulation figures, etc. of all UK newspapers and magazines published more than once a year.

Brad (British Rate & Data) Advertising and Agency List, British Rate & Data, 76 Oxford Street, London W1N 9FD, quarterly.

Guide to advertisers, audio-visual equipment and services, brand names, direct mail, exhibitions, sales promotion organisations, publicity groups, radio and TV, etc. Taken by 51 per cent of the libraries investigated by Bakewell and Roper – 19 in London and 8 in the North-West.

Campaign: the national weekly of the communications industry embracing advertising, marketing, newspapers and magazines, film and television, Marketing Publications Ltd, 22 Lancaster Gate, London W2 3LY.

Includes an annual list of the 'top 250 spenders' taken from MEAL (Media Expenditure Analysis Ltd) data.

International Journal of Advertising: the quarterly review of marketing communications, Holt, Rinehart & Winston Ltd, 1 St Anne's Road, Eastbourne, East Sussex BN21 3UN for the Advertising Association and the CAM Foundation.

Authoritative journal, which replaces *Journal of Advertising*. Regular features include book reviews, an annual index of media rates and annual statistics of advertising expenditures.

Africa *see* **Countries**

Albania *see* **Europe**

Annuals *see* **Directories**

Asia *see* **Countries**

Associations *see* **Organisations**

Audio-visual materials

Bibliographies and other Sources:

Anbar Management Services Bibliography, Anbar Management Publications, London, annual.

Includes references to films, videos, training packages, tape/slides, etc.

Audiovisual Market Place, Bowker, New York and London, annual.

British Catalogue of Audiovisual Materials, British Library, London, 1979 and supplements 1981 and 1983.

British National Film & Video Catalogue, British Film Institute, London, quarterly.

British Universities Film & Video Council Catalogue, 3rd edn, BUFVC, London, 1985.

Descriptions of more than 5000 video cassettes, films, tape/slide programmes, audio cassettes, computer software and video discs arranged in classified order with title and subject indexes. The addresses and telephone numbers of 440 UK distributors are listed in a separate booklet.

Films and Videograms for Managers, British Film Institute, London, 1984 (*British National Film & Video Catalogue* Subject Listing No. 2).

Lists over 900 films and video cassettes on management and related topics under alphabetical subject headings, drawn from the published records of the *British National Film & Video Catalogue* for 1980-83 with updated distribution details. Subjects covered include automation; computers and information technology; financial management; health and safety; industrial relations; marketing and sales; personnel management; and security. Indexes of subjects and titles and alphabetical listings of British production companies' and distributors' addresses.

Industrial and Commercial Training, MCB University Press, Bradford, bi-monthly.

Includes reviews of films and other audio-visual materials.

Industrial Relations Training: catalogue of audio-visual materials, rev. edn, Employment Relations Ltd, Resource Centre, Cambridge, 1981.

Journal of European Industrial Training, MCB University Press, Bradford, 7 issues per annum.

Includes reviews of films and other audio-visual materials.

Know Your Training Films: directory & reviews of business & management training films, videos & audio visual training aids, Management Update, London, 1985, 2 vols. Vol. 1, *Index;* Vol. 2, *Reviews*.

An extremely useful guide to about 1250 films, videos, audio-visual training packages and filmstrips dealing with a broad range of subjects in the industrial, commercial and public service field with the emphasis on management and supervisory training, with detailed reviews of 280 of them. There is a title index and a broad subject index using 28 subject headings; a more specific subject index would be helpful. There are three very useful checklists in volume 1 – on planning training programmes, what to do on the day of the meeting, and how to evaluate training programmes. It is planned to produce further editions, revised index volumes and further review volumes to provide an ongoing information service.

Media Monitor, Financial Times Business Information, London, weekly.

A news briefing service reporting on the latest trends and developments in the media markets supplemented by regular studies on specific sectors of the market (Key Issue Briefs) on such topics as cable TV, satellite broadcasting, video, videotext and teletext, online services, radio and home computers.

New Media Markets, Financial Times Business Information, London, twice monthly.

Covers trends in cable TV, radio satellites, video, programme and file production and videotex.

Provan, Jill and Glogowski, Maryuth Phelps (eds), *An Annotated Guide to Commercially Available Audiovisual Programs*, Gale Research Company, Detroit (MI), 1982.

Training and Development Journal, American Society for Training and Development, Washington (DC), monthly.

Useful for reviews of American audio-visual materials.

Video Source Book, 4th edn, National Video Clearinghouse, Syosset (NY), 1982; published in the UK by Penguin Books as *The Penguin Video Source Book*.

World AV Programme Directory compiled by the Videofilm Centre, London and New York, Bowker, New York and London, 1979–.

Microfiche records with regular updatings.

Producers and distributors of audio-visual materials include:

Audio Magazine Co. Ltd, Didasko House, Warboys, Huntingdon, Cambs PE17 2TU.

Producers of *The Management Tape*, which incorporates the previously separate tape, *Sound Business*, on behalf of the British Institute of Management.

Gower TFI Limited, Gower House, Croft Road, Aldershot, Hants GU11 3HR.

Their Enterprise Series is a series of videotaped case studies developed under the auspices of the Harvard Business School by PBS and the Learning Corporation of America. Subjects include the Boeing Company, the chief executive, the Thomas Bata Shoe Manufacturing Company, starting up in business, video computer games, international banking, entrepreneurship, staff buyouts and unemployed executives.

Holdsworth Audio-Visual, 18 Malbrook Road, London SW15 6UF.

Melrose Film Productions Ltd, 8-12 Old Queen Street, London SW1H 9HP.

Recent titles include films and videos of best-selling books *In Search of Excellence* by Thomas H. Peters and Robert H. Waterman Jr, and *The One Minute Manager* by Kenneth Blanchard and Spencer Johnson.

Rank Aldis Training Films, Rank Audio Visual Ltd, PO Box 70, Great West Road, Brentford, Middlesex TW8 9HR.

Have produced a number of amusing and instructive videos featuring well-known performers such as Arthur Lowe, John Alderton and Penelope Keith.

Scottish Film Council Industrial Service, 74 Victoria Crescent Road, Glasgow 12.

Team Video Productions, 2 Ridgemount, Ridge Road, London NW2 2QX.

Have produced reasonably priced videos on new technology, the media, health and safety and industrial relations.

Training Films International, 14 St Mary's Street, Whitchurch, Shropshire.

Video Arts Limited, Dumbarton House, 68 Oxford Street, London W1N 9LA.

Have produced a wide range of amusing and instructive videos on such subjects as interviewing, computers, leadership, communication, meetings procedure, finance, data protection, customer relations and selling skills featuring such well-known names as John Cleese, Timothy West and James Bolam. Also useful are the 'Briefcase Booklets', prepared to accompany the films and videos but which can also be used independently, and the seminar kits.

Viscom Limited, Park Hall Road Trading Estate, London SE21 8EL.

A group of companies offering a range of services including a full production capability in film, video and AV, specification and supply of AV equipment, and consultancy on audio-visual services.

Austria *see* **Europe**

Automation (*see also* **Computers**)

Abstracting and Indexing Services:

Accounting + Data Processing Abstracts see **Abstracting and indexing services**

New Literature on Automation, Centre for Informatics, Stadhouderskade 6, 1054 ES Amsterdam, Netherlands, 11 issues per annum.

Abstracts are in English or German with brief English summaries of those in German.

Directory:

Robotics CAD/CAM Market Place 1985, Bowker, New York and London, 1985.

Covers reference materials, organisations, industrial research laboratories, manufacturers, etc. on the mechanisation of work. Includes technical, social, economic, political and human aspects.

Periodicals:

Automated Factory, Financial Times Business Information, London, twice monthly.

Number 4 in the FTBI FinTech series.

Electronic Office, Financial Times Business Information, London, twice monthly.

Number 2 in the FTBI FinTech series.

Banks and Banking

Handbooks, Directories, etc.:

The Bankers' Almanac and Yearbook, Thomas Skinner Directories, East Grinstead, 2 vols.

Comprehensive guide to banks, financial institutions, etc. Vol. 2 consists of indexes of countries and towns, giving the location of over 104,000 bank branches and offices around the world. Taken by 91 per cent of the libraries investigated by Bakewell and Roper – 33 in London, 14 in the North-West and Clwyd.

Dicks, G. R. (ed.), *Sources of World Financial and Banking Information*, Gower, Aldershot, 1981.

Identifies some 5000 sources of data, comment and interpretation from more than 150 countries together with those with international coverage.

Gilpin, Alan, *Dictionary of Economics and Financial Markets* *see* **Encyclopaedias, handbooks, dictionaries, etc.**

Who Owns What in World Banking, Financial Times Business Information, London, annual.

Who's Who in Banking in Europe 1984/85, Vallancy International, PO Box 280, Guernsey, 1984, 3 vols.

World Banking, Financial Times Business Information, London, annual.

Includes a comprehensive table of multinational and consortium banks and a league table of the top 300 banks.

Periodicals:

Bank of England Quarterly Bulletin, Bank of England, Economics Division, London EC2R 8AH.

Taken by 64 per cent of the libraries surveyed by Bakewell and Roper – 25 in London and 9 in the North-West.

The Banker, Financial Times Business Information, London, monthly.

Authoritative journal containing information on market and monetary trends, reviews, etc. Four important surveys are published annually: The World's Top 500 Banks (June); London as a Financial Centre (November);

New York as a Financial Centre (February); Arab Banking and Finance (December). Taken by only twelve (23 per cent) of the libraries surveyed by Bakewell and Roper – Camden, Cheshire, City Business Library, Ealing, Hammersmith, Lewisham, Liverpool, Manchester, Sutton, Wandsworth, Westminster and Wirral.

International Banking Report, Financial Times Business Information, London, twice monthly.

Briefing on international banking news, results and appointments. Quarterly cumulative index.

NB also the journals and reviews issued by the major banks.

Belgium *see* **Europe; Exporting**

Bibliographies *see* **Information sources**

Booksellers

Booksellers which specialise in business books include:

Alan Armstrong & Associates Ltd, 2 Arkwright Road, Reading, Berks, RG2 0SQ; Suite 501, 5827 Columbia Pike, Falls Church, VA 22041, USA.

Publishers of *Library and Information News*, *New Business Books* and *New Editions: Directories, Annuals & Reference Books*.

The Barbican Business Book Centre, 9 Moorfields, London EC2Y 9AE.

Publishers of the bimonthly *Barbican Business Book News*.

The Business Bookshop, 72 Park Road, London WC2N 6EE.

Run by Alan Armstrong & Associates.

The Economists' Bookshop, The Old Piano Factory, 43 Gloucester Crescent, London NW1 7DL.

Brazil *see* **Countries**

Britain *see* **Europe**

Bulgaria *see* **Europe**

Business Climate (*see also* **Companies; Countries; Europe;**

Fee-based information services; Industries; Markets/ Marketing/Market research; Online services)

Publications include:

Bank of England Quarterly Bulletin, Bank of England, London.

The Banker, Financial Times Business Information, London.

British Business see **Periodicals**

Business International journals and reports *see* **Periodicals**

Daily Press Index Service, Press Index Ltd, 16 Brune Street, London E1 7NJ.

Economic Titles/Abstracts see **Abstracting and indexing services**

Employment Gazette see **Industrial relations**

Foreign Language Index see **Abstracting and indexing services**

North American Weekly Report, Predicasts Inc., Cleveland, Ohio, USA.

Overseas Weekly Report, Predicasts Inc., Cleveland, Ohio, USA.

Predi-Briefs, Predicasts Inc., Cleveland, Ohio, USA, monthly.

Predicasts F&S Index Europe see **Abstracting and indexing services**

Predicasts F&S Index International see **Abstracting and indexing services**

Predicasts F&S Index United States see **Abstracting and indexing services**

PROMT see **Abstracting and indexing services**

Public Affairs Information Service Bulletin see **Abstracting and indexing services**

Urban Abstracts see **Abstracting and indexing services**

World Business Cycles, The Economist, London, 1983.

N.B. also Ceefax, Oracle, Prestel.

Business Forecasts *see* **Forecasts**

Business Games *see* **Management games**

Business Information *see* **Information sources**

Business Law *see* **Law**

Business Mergers *see* **Companies**

Business Schools *see* **Training**

Business Travel *see* **Travel**

Canada *see* **Countries; Exporting**

Capital Markets *see* **Financial information/management**

Caribbean *see* **Countries**

Cassettes *see* **Audio-visual materials**

Ceefax *see* **Videotex**

China *see* **Countries**

Companies (*see also* **Fee-based information services; Inter-firm comparisons; Law; Multinationals; Newspapers; Online services**)

Guides to sources include:

Business Firms Master Index, ed. Jennifer Mossman and Donna Wood, Gale Research Company, Detroit, 1985.

A guide to sources of information on approximately 110 companies in the United States with some Canadian and foreign firms. Alphabetical listing with location and sources in books and periodical articles, mainly North American. Concentrates on communication industries, but it is planned to expand the subject coverage.

Company Information Sourcebook, Headland Press, Hartlepool, 1985- (loose-leaf).

An in-depth evaluation of company information sources including directories, online databases and press services, with guides to the types of company, the use of company information, company accounts and company law. Updated twice yearly. A must for the business library.

How to Find Information About Companies, 2nd edn, ed. Lorna M. Daniells, Beth Gibber and Dina L. Biblin, Washington Researchers, 918 16th Street NW, Washington, DC 20006, USA, 1981.

Norkett, Paul, *Guide to Company Information in Great Britain*, Longman, Harlow, 1986.

A reference guide on how to find and interpret company information, published in association with the ICC Group. Divided into three main sections: Registration of UK Companies; Interpreting Accounts and Assessing Performance; How to Use a Financial Database.

Reid, Tony (ed.), *Legal Industrial Espionage see* **Information sources (general)**

Some directories, periodicals, etc.:

Acquisitions Monthly, Tudor House Publications Ltd, 39 Addlestead Road, East Pecham, Kent, TN15 5DP.

America's Corporate Families and International Affiliates, Dun & Bradstreet, New York and London, annual.

Multinational companion volume to *America's Corporate Families: the billion dollar directory*.

America's Corporate Families: the billion dollar directory, Dun & Bradstreet, New York and London, annual.

Includes data on over 8000 US ultimate parents and 44,000 subsidiaries and divisions. Shows corporate family linkage and ownership of subsidiaries and divisions.

Anglo-American Trade Directory, distributed by Alan Armstrong & Associates, Reading, for the American Chamber of Commerce (United Kingdom), London.

A major reference work listing all companies in the UK or USA known to have some sort of transatlantic link whether as agents, distributors, licensors, parent or subsidiary companies. Taken by 64 per cent of the libraries surveyed by Bakewell and Roper – 23 in London, 10 in the North-West and Clwyd.

Billion Dollar Directory see America's Corporate Families: the billion dollar directory.

Bottin International: international business register, Didot-Bottin, 28 rue du Docteur-Finlay, 75015 Paris, France, annual (?), 2 vols.

Volume 1 covers the countries of the world except Europe and volume 2 covers Europe. Taken by 55 per cent of the libraries surveyed by Bakewell and Roper – 18 in London and 11 in the North-West. However, the latest edition traced in the Science Reference and Information Service and in Liverpool and Manchester Public Libraries in January 1986 was 1983.

Britain's Privately Owned Companies: the second 2000, Jordan, London, annual.

Britain's Privately Owned Companies: the top 2000, Jordan, London, annual.

Include league tables listing the top (or bottom) 20 companies in 12 categories (e.g. highest pre-tax profit; highest UK wages; greatest increases in turnover; greatest decrease in turnover). Financial section, the main body of the works, lists companies in descending turnover order. *The Top 2000* was taken by 64 per cent of the libraries surveyed by Bakewell and Roper – 21 in London, 12 in the North-West and Clwyd.

Britain's Top 1000 Foreign Owned Companies, 4th Ed. Jordan, London, 1982.

Taken by 36 per cent of the libraries investigated by Bakewell and Roper – 12 in London, 6 in the North-West and Clwyd.

Business Monitor series *see* **Statistics**

Canadian Key Business Directory, Dun & Bradstreet, New York and London, annual, 2 vols.

Companies Registration Office publications:

Alphabetical Index of Companies, monthly with daily cumulated updates. Microfiche index giving name and registered number of all companies registered in England, Scotland Wales and Northern Ireland.

Directory of British Companies, quarterly with weekly updates of new companies and newly-published annual returns and accounts. Microfiche records giving name and address of registered office, company number, date of incorporation accounting reference date, registered date of last annual return, and registered date of latest set of accounts.

Directory of Scottish Companies, available from Companies Registration Office, 102 George Street, Edinburgh.

Dissolutions and Changes of Name Index. Annual microfiche records listing all dissolutions and changes of name of English and Welsh companies since 1963. Can be supplemented by using the weekly issues of the Companies Supplement to the *London Gazette.*

Apart from the *Directory of Scottish Companies,* these CRO publications are available from the Companies Registration Office, Crown Way, Maindy, Cardiff CF4 3UZ, or Companies House, 55 City Road, London EC1.

Directory of Directors, Skinner, East Grinstead, annual.

Taken by 99 per cent of the libraries surveyed by Bakewell and Roper – 34 in London, 17 in the North-West and Clwyd.

Europe's 15,000 Largest Companies, Dun & Bradstreet, London, annual.

Dun & Bradstreet also publish: *Austria's 10,000 Largest Companies; Belgium's and Luxembourg 3000 Largest Companies; Denmark's 3000 Largest Companies; Dutch Companies and their Financial Details; Finland's 3000 Largest Companies; France's 30,000 Largest Companies; Italy's 2000 Largest Companies; Market Guide – Continental Europe; Norway's 7000 Largest Companies; Portugal: Dun's PEP* (covering the top 3500 companies); *Sweden's 4000 Largest Companies.*

Extel Cards, Extel Statistical Services Ltd, 37/45 Paul Street, London EC2A 4PB.

Bakewell and Roper found the following holdings of the various series:
Analysts: Cheshire, Liverpool, Manchester.
Australian Company Service: Manchester.
Book of Prospectuses and New Issues: City Business Library, Liverpool, Manchester, Westminster.
Capital Gains Tax Service: 19 per cent (9 in London but only Manchester in the North-West).
European Company Service: City Business Library, Liverpool, Manchester, Redbridge, Stockport.

Handbook of Market Leaders: 38% (17 in London and 3 – Liverpool, Sefton and Stockport – in the North-West).
International Bonds Service: City Business Library.
Monthly New Issues and Placings: City Business Library, Manchester.
North American Card Service: City Business Library, Liverpool.
Quoted Company Service: 23 per cent (6 in London, 6 in the North-West).
Registrar's Service: Bolton.
Unquoted Companies Service: 23 per cent (5 in London, 6 in the North-West and Clwyd).

The Facts on File Directory of Major Public Corporations in the USA, Facts on File, New York and Bicester, annual.
Gives information about major public corporations whose securities are traded on the New York Stock Exchange, the American Stock Exchange, the Regional Stock Exchanges and those listed on the NASDAQ Market Quotations System.

FT Mergers and Acquisitions, Financial Times Business Information, London, quarterly.
Records all mergers, acquisitions and buyouts reported in *Financial Times*.

Growth Companies Register, Growth Data Services, London, 1985.
Tabulates 1000 British private companies with minimum profits of 50,000 according to profits growth. Expensive (£95) but well received by *Financial Times* (23 January 1985).

Guide to Canadian Manufacturers, Dun & Bradstreet, New York and London, annual.

Hambro Company Guide, Hambro Bank, London, annual.

Handbuch der deutschen AG/Das Spezial-Archiv der deutschen Wirtschaft, Verlag Hoppensted & Co., Havelstrasse 9, D-6100 Darmstadt 1, West Germany.
Covers almost 3000 German companies in weekly parts.

Industrial Companies, Longman, Harlow, annual.
A Financial Times International Year Book. Gives information about some 800 companies throughout the world, including three year coverage of financial results.

Arranged alphabetically by company with indexes by industry sector and geographical location.

Informations Internationales, DAFSA, Division Entreprises, 7 rue Bergère, 75009 Paris, Cédex 02, France.

Covers 800 companies from 19 countries, each represented by an individual folder – international in scope but with emphasis on Europe, USA and Japan. Brief information but with useful charts, maps and statistics. Updated monthly. Only two libraries surveyed by Bakewell and Roper were subscribing – Cheshire and Manchester.

International Directory of Corporate Affiliations (Who Owns Whom), National Register Publishing Company, 3004 Glenview Road, Wilmette, Il 60091, USA, annual.

'The family tree of major corporations in the world.' Bakewell and Roper found it in only five libraries – Camden, City Business Library, Kingston-upon-Thames, Manchester and Redbridge.

Jordans (Jordan & Sons Ltd, Jordan House, Brunswick Place, London N1 6EE) publish a range of information services including reports and accounts, general company reports, conveyancing searches, a company namewatching service and industry surveys. Jordan Line Services and Jordanwatch provide immediate access to information on every limited company in the UK and there is also a shareholder information service. *Jordans Journal,* published from Jordan & Sons Limited, 15 Pembroke Road, Bristol BS8 3BA, contains news of recent developments, publications, etc. Services are available online via Pergamon Infoline.

Kelly's Manufacturers and Merchants Directory, Kelly's Directories Ltd, East Grinstead, annual.

Taken by every public library system in London and the North-West of England and by Clwyd Library Service.

Key British Enterprises: the top 20,000 British companies, Dun & Bradstreet, London, annual, 2 vols.

Taken by 91 per cent of the libraries surveyed by Bakewell and Roper – 30 in London, 17 in the North-West and Clwyd. Lewisham had dropped it, mistakenly they felt, because they thought all the information contained in it would be available via Prestel; Tower Hamlets had dropped it because it was not used sufficiently to justify its cost.

Kompass Registers, published annually for many countries, Kompass Publishers Ltd, East Grinstead; also addresses in Australia, Austria, Belgium, Brazil, Denmark, France, Federal Republic of Germany, Indonesia, Italy, Luxembourg, Morocco, Netherlands, Norway, Pakistan, Singapore, Spain, Sweden, Switzerland, Tunisia and the USA.

Kompass UK is taken by all public library systems in London and the North-West of England and by Clwyd Library Service. Bakewell and Roper found that 81 per cent of the libraries surveyed held volumes for one or more countries outside the UK – 30 in London, 12 in the North-West and Clwyd. Data for UK, Belgium, Denmark, France, Italy, Luxembourg, Netherlands, Norway, Spain, Sweden, Switzerland and West Germany are available online via KODA Online. The availability of an additional volume for the UK on financial data was reported in *City Business Courier*, no. 32, Autumn 1985.

London Gazette, HMSO, London, 4 times weekly.

Contains notices relating to bankruptcies and partnership dissolutions.

Longman USM Directory, Longman, Harlow, 1986.

A complete listing of all companies trading on the Unlisted Securities Market on 31 December 1985. Arranged alphabetically by company, with indexes by industry sector, professional advisers, subsidiaries and associates.

Macmillan's Unquoted Companies: financial profiles of Britain's top 10,000 unquoted companies, Macmillan, Basingstoke, 1985.

Major Companies of Argentina, Brazil, Mexico & Venezuela, Graham & Trotman, London, annual.

Major Companies of Europe, Graham & Trotman, London, annual, 3 vols.

Vol. 1: EEC countries excluding UK (more than 2500 companies; 20,000 directors and top executives listed by job title). Vol. 2: UK (1500 companies; 10,000 directors and top executives listed by job title). Vol. 3: Non-EEC countries (1500 companies; 10,000 directors and top executives listed by job title). Non-current directories (from 1979) are available on microfiche.

Major Companies of Nigeria, 4th edn, Graham & Trotman, London, 1983.

Major Companies of Scandinavia, Graham & Trotman, London, 1985.

Contains details of the 1200 largest companies in Denmark, Finland, Norway and Sweden.

Major Companies of the Arab World, Graham & Trotman, London, annual.

Covers more than 6000 companies in 20 Arab countries. Non-current directories (from 1975) are available on microfiche.

Major Companies of the Far East, 3rd edn, Graham & Trotman, London, 1986, 2 vols.

Vol. 1: South-East Asia (Brunei, Indonesia, Malaysia, Philippines, Singapore, Thailand). Vol. 2: East Asia (People's Republic of China, Hong Kong, Japan, Korea, Taiwan).

Major Companies of the USA, Graham & Trotman, London, annual.

Covers 4000 companies and lists 120,000 directors and senior executives by job title.

Marketing Guide to Ireland, Dun & Bradstreet, London, biennial.

McCarthy Information Services, McCarthy Information Limited, Manor House, Ash Walk, Warminster, Wilts BA12 0JP.

Provides the following press comment services:

Australian Service: Taken by only two of the libraries surveyed by Bakewell and Roper – City Business Library and Liverpool.

Energy Service: Taken by none of the libraries surveyed by Bakewell and Roper.

European Service: Taken by three of the libraries surveyed by Bakewell and Roper – City Business Library, Liverpool and Manchester.

Industry Service (monitors more than 60 areas of industrial activity, allowing individual researchers to compare the performance and development of individual companies in their field of operation): Taken by two of the libraries surveyed by Bakewell and Roper – City Business Library and Manchester.

International Banking Service: Taken by none of the libraries surveyed by Bakewell and Roper.

North American Service: Taken by two of the libraries surveyed by Bakewell and Roper – City Business Library and Liverpool.

Property Service: Taken by one of the libraries surveyed by Bakewell and Roper – Manchester.

UK Quoted Company Service: Taken by four of the libraries surveyed by Bakewell and Roper – City Business Library, Liverpool, Manchester and Westminster.

UK Unquoted Company Service: Also taken by City Business Library, Liverpool, Manchester and Westminster.

Sheets for the UK Quoted Company Service are despatched daily and those for the other services are despatched weekly. There is also a selective service, allowing a part subscription to be taken out to any of the services. An online service was launched in February 1986.

McRae's Industrial Directory, McRae's, 817 Broadway, New York, NY 10003, USA, annual, 5 vols.

Formerly *McRae's Blue Book*. America's pioneer directory 'serving the original equipment market (purchasing, design, plant, production)'. Vol. 1: Corporate Index, Trade Name Index; Vols. 2-5: Classified Listing. Taken by 17 per cent of the libraries surveyed by Bakewell and Roper – Cheshire, Hackney, Hammersmith, Lambeth, Liverpool, Manchester, Redbridge, Westminster and Wirral.

Mergers and Acquisitions see *FT Mergers and Acquisitions* above.

MicroEXSTAT, Extel Statistical Services Limited, 37-45 Paul Street, London EC2A 4PB.

A database of company financial information offered on a set of floppy discs for use with an Apple II or IBM pc microcomputer. Contains detailed balance sheet and profit and loss account data on well over 2000 British companies and is updated regularly. Linked with MicroEXSTAT is the Extel Financial Statement Analysis System (Final), which allows a user to search the MicroEXSTAT database for a company or group of companies satisfying predetermined financial criteria and to produce a range of standard reports with a minimum of effort. The standard reports include balance sheet statement, income statement, ratio analysis and cash flow analysis. It is also possible for a user to input his own information or to modify the MicroEXSTAT data as required.

Million Dollar Directory, Dun & Bradstreet, New York and London, annual, 5 vols.

Vol. 1 identifies the top 50,000 companies, after which companies are arranged alphabetically in vols. 1-4. Vol. 5 provides a master index and cross-references information geographically and by industry.

MIRAC Service, McCarthy Information Limited, Manor House, Ash Walk, Warminster, Wilts BA12 8PY

Microfiche copies of the reports and accounts of approximately 3000 major UK public companies. Taken by none of the libraries surveyed by Bakewell and Roper. (MIRAC = Microfiched Reports & Accounts.)

Moody's Investors Service Inc., 99 Church Street, New York, NY 10007, USA, publish a number of directories containing information about more than 34,000 corporations and municipal bodies in the USA including history; income accounts and balance sheets; financial and operating data; capital structure; revenue breakdown; business and product descriptions; subsidiaries, plans and properties; dividends paid; officers and directors; number of stockholders and employees; and corporate offices. European agents are Dun & Bradstreet Limited, 26-32 Clifton Street, London EC2P 2LY. The following are the holdings of the annually published manuals in the libraries surveyed by Bakewell and Roper:

Banks & Finance: City Business Library, Manchester.
Industrial Manual: City Business Library, Liverpool, Manchester, Westminster.
Municipal & Government: No holdings identified.
OTC [Over the Counter] Industrial Manual: City Business Library, Liverpool, Manchester.
Public Utilities: Manchester.
Transportation: Manchester.

Principal International Businesses: the world marketing directory, Dun & Bradstreet International, New York and London, annual.

A world marketing directory presenting up-to-date information on approximately 50,000 companies in 133 countries. Section I: Businesses Geographically; Section II: Businesses by Product Classification; Section III: Businesses Alphabetically. Taken by 43 per cent of the libraries surveyed by Bakewell and Roper – 14 in London, 8 in the North-West and Clwyd.

Reference Book of Manufacturers, Dun & Bradstreet, New York and London, annual.

Lists all manufacturing establishments in the USA. Published in April (2 vols.), updated in October (2 vols.).

Ryland's: the directory of the engineering industry, Guardian Communications Limited, Albany House, Hurst Street, Birmingham B5 4BD, annual.

Includes listings of companies alphabetically, by geographical location and by products; brand names and trade names; employers' and trade associations and trade unions. Taken by 91 per cent of the libraries surveyed by Bakewell and Roper – 31 in London, 16 in the North-West and Clwyd.

Scotland's Top 500 Companies: Jordan Surveys, London, annual.

Standard & Poor's Register of Corporations, Directors and Executives, Standard & Poor's, 25 Broadway, New York, NY 10004. USA annual, 3 vols.; distributed in UK by Alan Armstrong & Associates.

A major US directory. Vol. 1 gives important details about some 45,000 companies, arranged alphabetically; vol. 2 lists 70,000 key executives; vol. 3 contains corporate family index, classified industrial index, geographical index, new individuals, new companies and obituaries. Taken by four of the libraries surveyed by Bakewell and Roper – Camden, City Business Library, Manchester, Westminster.

The Stock Exchange Official Year-Book, Macmillan, London, annual.

Comprehensive directory of companies trading on the London Stock Exchange. Taken by all the public library systems of London, the North-West and Clwyd Library Service.

Thomas's Register of American Manufacturers and Thomas Register Catalog File, Thomas Publishing Co., New York, annual, 19 vols.

The major US directory of companies. Vols. 1-11 cover products and services under 50,000 headings with detailed product data provided via illustrated advertisements; vols. 12-13 have profiles of 120,000 US manufacturers, identifying over 100,000 brand names; vols. 14-19 contain supplier catalogues. Taken by 62 per cent of the libraries surveyed by Bakewell and Roper – 23 in London, 9 in the North-West and Clwyd.

The Times 1000, Times Books, London, annual.

Includes the top 50 world companies; newcomers and departures; 20 years' record table; acquisitions and mergers; the top 500 European companies; the top 100 American companies; the top 30 Canadian and South African companies; the top 20 Australian, Irish, Hong Kong and Malaysian/Singaporean companies. Taken by 87 per cent of the libraries surveyed by Bakewell and Roper – 31 in London, 14 in the North-West and Clwyd.

Tookey, Douglas, *Directory of British Importers,* 4th edn, Trade Research Publications, Berkhamsted, 1984.

Compiled with the support and assistance of the British Importers' Federation. Lists more than 2700 importing firms in the UK. Taken by 58 per cent of libraries surveyed by Bakewell and Roper – 23 in London, 7 in the North-West and Clwyd.

Tookey, Douglas, *Key Personnel: an organisation guide to large UK business firms,* Trade Research Publications, Berkhamsted, 1980- (loose-leaf).

Taken by 30 per cent of the libraries surveyed by Bakewell and Roper – 12 in London and 4 in the North-West.

UK Kompass Management Register 1985/86, Kompass, East Grinstead, 1985, 7 vols.

Gives names of directors, executives and departmental contacts. Arranged in seven regional sections.

Who Owns Whom: Australasia and Far East, Dun & Bradstreet, New York and London, annual.

Who Owns Whom: Continental Europe, Dun & Bradstreet, New York and London, annual, 2 vols.

Taken by 77 per cent of the libraries surveyed by Bakewell and Roper – 27 in London, 13 in the North-West and Clwyd.

Who Owns Whom: North America, Dun & Bradstreet, New York and London, annual.

Who Owns Whom: United Kingdom and Republic of Ireland, Dun & Bradstreet, London, annual with quarterly supplements.

Sections 1 and 2 list over 6000 parent companies with details of their domestic and foreign subsidiaries and associates. Section 3 gives details of parent companies registered outside the UK and the Republic of Ireland but having subsidiaries or associates in the UK or Republic of Ireland. Section 4 lists consortia with their members. Vol. 2 provides a complete alphabetical index of over 100,000 subsidiaries and associates listed in vol. 1, showing their parent companies. Taken by 98 per cent of public library systems in London, the North-West and Clwyd.

See Humphreys[31] for a useful comparative evaluation of Extel cards, *Kompass, Key British Enterprises, Kelly's Manufacturers' and Merchants' Directory* and the *Companies Registration Office Directory*.

Note also that much company information is available via Prestel and that telephone directories are useful for locating addresses.

Computers (*see also* **Automation; Microcomputers; Online services; Videotex**)

Guides to sources of information:

Computer Books & Serials in Print, Bowker, New York and London, annual.

Deighton, S. *et al.* (eds.), *Computers and Information Processing World Index,* Gower, Aldershot, 1984.

Covers books, journals, research centres, libraries, user groups, trade and professional institutions, learned societies and manufacturers.

The Microsystems Centre, National Computing Centre, 11 New Fetter Lane, London, EC4A 1PU, provides information, training, publications and consultancies for business computer users. A monthly *Microsystems Centre Software Directory* is published.

Abstracting and indexing services:

Accounting + Data Processing Abstracts see **Abstracting and indexing services**

Computer Abstracts, Technical Information Company, PO Box 59, St Helier, Jersey, Channel Islands, monthly.

Computing Journal Abstracts, National Computing Centre, Oxford Road, Manchester M1 7ED, weekly.

New Literature on Automation see **Automation**

Small Computer Program Index, ALLM Books, 21 Beechcroft Road, Bushey, Herts WD2 2JU.

Some periodicals:

Computer Management, ECC Publications Ltd, 196-200 Balls Pond Road, London N1 4AQ, monthly.

Computers and People, Berkeley Enterprises Inc., 815 Washington Street, Newtonville, MA 02160, USA, bi-monthly.

Data Processing: the international journal for computer managers, Butterworth Scientific, Guildford, 10 issues per annum.

Media Monitor see **Audio-visual materials**

Some guides to selection, handbooks, etc.:

Computer Survey, United Trade Press Ltd., UTP House, 33-35 Bowling Green Lane, London EC1R 0DA.

Six marketing reports on computers per annum.

Computers and People: Computers Directory and Buyers' Guide Issue, Berkeley Enterprises Inc., 815 Washington Street, Newtonville, MA 02160, USA, bi-annual.

August issue of *Computers and People.*

Computing Marketplace: a directory of computing services and software suppliers for word processors, micros, minis and main-frames, 2nd edn, Gower, Aldershot, 1983.

A comprehensive guide published in association with the Computing Services Association.

Dilloway, Cliff, *Purchasing Computer Software Products*, Gower, Aldershot, 1985.

Consists mainly of a commentary on the Institute of Purchasing and Supply's Model Form of Licence Agreement for the Use of Computer Software Products, aimed at ensuring clear contractual agreements and complete fulfilment of purchasers' requirements.

Evans, Alastair and Korn, Anthony, *How to Comply with the Data Protection Act: policies, practices and procedures*, Gower, Aldershot, 1986.

One of many guides to the Data Protection Act 1984 – a workbook designed to guide the user through the registration processes written and published in association with PERCOM Limited, an independent software house in the personnel field. Appendices include TUC guidelines on data protection negotiations; the APEX model agreement on data protection; company union agreements on data protection; and codes of practice on data protection.

ICP Software Directory, International Computer Programs Ind., 9000 Keystone Crossing, Indianapolis, IN 46240, USA.

Published in six editions, each semi-annual: *Business Management: Cross-Industry; Business Management: Industry-Specific; Data Processing Management; Information Product and Service Suppliers; Mini-Small Business Systems; Cross-Industry; Mini-Small Business Systems; Industry Specific*.

The Software Encyclopedia 1985/86, Bowker, Ann Arbor & London, 1985, 2 vols.

Lists more than 20,000 programs from 3000 publishers under 100 applications. Vol. 1 consists of a title index and guide to applications, vol 2 of an expanded applications index. Publishers' index in each volume.

Stokes, Adrian V., *Concise Encyclopaedia of Information Technology*, 2nd edn, Gower, Aldershot, 1985.

Defines more than 2500 computer terms with appendices containing a list of acronyms and abbreviations used in information technology and the ASCII and EBCDIC character sets.

Which Computer?, EMAP, Durrant House, 8 Herbal Hill, London EC1R 5JB, monthly.

Consultants *see* **Management consultants**

Contents lists

Contents Pages in Management, Manchester Business School, Booth Street West, Manchester M15 6PB, fortnightly.

Bakewell and Roper found that Manchester was the only public library in London and the North-West to take this, but it was not available in Manchester in January 1986.

Management Contents: the bi-weekly compilation of tables of contents from business magazines, journals & proceedings, 2265 Carlson Drive, Suite 5000, Northbrook, IL 60648, USA.

Corporations *see* **Companies**

Cost Accounting *see* **Accounting**

Cost of Living

Guides include:

Business Traveller see **Travel**

Hints to Exporters see **Countries**

Lucas, Alison, *Business Travel Costs,* Financial Times Publishing, London, 1981.

West European Living Costs, Confederation of British Industry, Centre Point, 103 Oxford Street, London WC1A 1DU, annual.

Taken by 42 per cent of the libraries surveyed by Bakewell and Roper – 17 in London and 5 in the North-West.

Note also banks, chambers of commerce, embassies, Prestel, Ceefax, Oracle.

Countries (*see also* **Development plans; Europe: Fee-based information services; Markets/Marketing/Market research; Newspapers; Online services; Travel**)

Some general and specialist guides:

Blauvelt, Euan and Durlacher, Jennifer (eds.), *Sources of*

African and Middle-Eastern Economic Information, Gower, Aldershot, 1982, 2 vols.

A comprehensive guide. Vol. 1 covers the Middle-East and vol. 2 covers Africa. Index of sources and subjects.

Blauvelt, Euan and Durlacher, Jennifer, *Sources of Asian/Pacific Economic Information*, Gower, Aldershot, 1981, 2 vols.

Business Traveller see **Travel**

Charles, S., *Caribbean Economic Handbook*, Euromonitor, London.

Economic Information, Gower, Aldershot, 1981, 2 vols.

Business Traveller see **Travel**

Charles, S., *Caribbean Economic Handbook*, Euromonitor, London, 1985.

Presents economic data on 17 major countries in the Caribbean, preceded by an overview of the Caribbean in a world context and a regional overview. Includes a statistical factfile.

Countries of the World and their Leaders Yearbook: a compilation of US Department of State reports on contemporary political and economic conditions, government personnel and policies, political parties, religions, history, education, press, radio and TV, climate, and other characteristics of selected countries of the world; together with travel alerts, passport and visa information for travelers, customs and duty tips for returning residents, and world climate highlights, Gale Research Company, Detroit, annual, 2 vols.

Europa Yearbook: a world survey, Europa Publications, London, annual.

Hints to Exporters series, British Overseas Trade Board, 1 Victoria Street, London SW1H 0ET.

Taken by 87 per cent of the libraries surveyed by Bakewell and Roper – 32 in London, 13 in the North-West and Clwyd.

Hodd, M., *African Economic Handbook*, Euromonitor, London, 1985.

An overview of 45 countries, showing trends in economic performance, demographics, government and society. Includes economic forecasts and a statistical factfile. Excludes countries north of the Sahara.

International Business Reports, Macmillan, London, 1985-

A series of expensive reports on market conditions and how to do business in a number of countries. The first ten reports cover South Korea, Indonesia, Brazil, Saudi Arabia, Thailand, Egypt, Mexico, Malaysia, the People's Republic of China and India. Backup includes a Client Enquiry Service providing access to advice and assistance from InterMatrix consultancy.

The Middle East and North Africa, Europa Publications, London, annual.

North American Weekly Report, Predicasts Inc., Cleveland, Ohio.

Overseas Weekly Report, Predicasts Inc., Cleveland, Ohio.

Summarise developments in the chemical, paper, plastics, fibres, rubber, petroleum and related industries.

The Statesman's Yearbook: statistical and historical annual of the states of the world, Macmillan, London.

Note also chambers of commerce; embassies; Prestel.

Cyprus *see* **Europe**

Czechoslovakia *see* **Europe**

Data Processing *see* **Automation; Computers**

Databanks *see* **Online services**

Databases *see* **Online services**

Denmark *see* **Europe; Exporting**

Desktop Computers *see* **Microcomputers**

Development plans

Handbook of National Development Plans, 2nd edn, Graham & Trotman, London, 1985.

Summaries of plans for over 70 countries, compiled by the Metra Consulting Group. Half-yearly supplements available.

Statistics and Market Intelligence Library, *Development Plans*

Available in the Statistics and Market Intelligence Library, 3rd edn, Statistics and Market Intelligence Library, 1-19 Victoria Street, London SW1H 0ET, 1984.

Lists 132 plans for 75 countries.

Dictionaries see **Encyclopaedias, handbooks, dictionaries, etc.**

Directories

Directories of particular subjects are listed under the appropriate subject heading (e.g. **Companies**). Useful sources for directories include:

Current African Directories: incorporating African companies: a guide to sources of information, ed. I. G. Anderson, CBD Research, Beckenham, 1972.

Taken by 21 per cent of the libraries surveyed by Bakewell and Roper – Bexley, Bromley, Camden, City Business Library, Ealing, Hounslow, Lewisham, Liverpool, Manchester and Redbridge.

Current Asian and Australasian Directories: a guide to directories published in or relating to all countries in Asia, Australasia and Oceania, edited by I. G. Anderson, CBD Research, Beckenham, 1978.

Current British Directories: a guide to directories published in the British Isles, ed. C. A. P. Henderson, 10th edn, CBD Research, Beckenham, 1985.

An essential work, used by some libraries (e.g. Bromley, City Business Library, Liverpool and Manchester) as a finding list for directories in stock. The 9th edition or an earlier one was taken by 96 per cent of the libraries surveyed by Bakewell and Roper – 32 in London, 18 in the North-West and Clwyd.

Current European Directories: annotated guide to international, national, city and specialised directories and similar works for all countries of Europe excluding Great Britain and Ireland, ed. G. P. Henderson, 2nd edn, CBD Research, Beckenham, 1981.

Another indispensable tool, also used as a finding list in some libraries. Taken, however, by only 64 per cent of the libraries surveyed by Bakewell and Roper – 25 in London, 8 in the North-West and Clwyd.

Directory of Directories: an annotated guide to business and industrial directories, professional and scientific rosters, and other lists of all kinds, ed. James M. Ethridge and Cecilia Ann Marlow, 3rd edn, Gale Research Company, Detroit, Mich., 1985.

Emphasises American publications. First or second edition taken by 19 per cent of the libraries surveyed by Bakewell and Roper – City Business Library, Kensington and Chelsea, Lancashire, Liverpool, Manchester, Newham, Redbridge, Southwark, Sutton and Westminster.

Directory of Scientific Directories: a world bibliographic guide to medical, agricultural, industrial, and natural science directories. Consultant editor, Anthony P. Harvey, 4th edn, Longman, Harlow, 1986.

An international guide covering approximately 1250 published and forthcoming directories. Arranged geographically, then by subject, and indexed by publisher, directory title and editor/compiler.

New Editions: Directories, Annuals & Reference Books, Alan Armstrong & Associates, London, monthly.

The best way to keep up to date. Not only an annotated guide to new editions but also indicates price increases (or, occasionally, decreases).

Statistics and Market Intelligence Library, *Directories in SMIL,* Department of Trade and Industry, Statistics and Market Intelligence Library, 1 Victoria Street, London SW1H 0ET, 1985 (SMIL Readers' Guide 1985/1).

Very useful brief guide to directories of companies manufacturing a particular product; importers; British exporters; top companies; parent, associate and subsidiary companies; British companies overseas/overseas companies in Britain; finding information on a particular company; trade marks and trade names; trade associations; government departments; retail directories; telephone and telex directories.

Top 3000 Directories & Annuals, Alan Armstrong & Associates, Reading, annual.

Originally (1980) *Top 1000 Directories & Annuals,* then *Top 2000* . . . Indispensable guide.

Trade Directories of the World, Croner Publications, New York, loose-leaf with monthly supplementary pages.

Lists some 3000 titles with indexes of trades/professions and countries.

Trade Directory Information in Journals, 5th edn, Science Reference Library, London, 1985.

Contains 250 entries detailing journals held by the Science Reference and Information Service which regularly include trade directory information.

Frank critiques of new directories appear regularly in AEBIG News, the Aslib Economic and Business Information Group's contribution to the monthly *Aslib Information.* See, for example, Garry Humphreys' review of *Register of Commercial Directories* (List Surveys, Bridge House, Great Missenden, Bucks) in vol. 10 no. 10 (October 1982); it was definitely not recommended!

Telephone directories are useful sources of business information. Bakewell and Roper found that UK telephone directories were available in all public library systems in London, the North-West and Clwyd; selections of overseas telephone directories were taken by 22 London libraries, 10 north-western libraries and Clwyd.

Another important directory for British libraries is:

Kelly's Post Office London Business Directory, Kelly's Directories Ltd, East Grinstead, annual, 2 vols.

Vol. 1: alphabetical sequence by streets and names/organisations; vol. 2: classified listing. Formerly *The Post Office London Directory*. Bakewell and Roper found that it was available in all north-western public library systems and Clwyd but, surprisingly, only in 30 of the 34 London library systems.

Dissertations *see* **Grey literature; Research**

Distribution *see* **Markets/Marketing/Market research; Physical distribution management; Retailing**

Earnings *see* **Remuneration**

East Europe *see* **Europe**

East Germany *see* **Europe**

Economic Forecasts *see* **Forecasts**

Education and Training *see* **Training**

EEC *see* **Europe**

Egypt *see* **Countries**

Eire *see* **Europe; Exporting**

Employee Relations *see* **Industrial relations**

Employers' Associations *see* **Organisations**

Encyclopaedias, handbooks, dictionaries, etc.

Encyclopaedias, handbooks, dictionaries, etc. on specific subjects are listed under the appropriate subject heading. The following are examples of encyclopaedias, etc. dealing with business or management in general:

Anderson, R. G., *A Dictionary of Management Terms,* Macdonald and Evans, London, 1983.

Useful brief definitions of everyday management terms.

Baxendale, Anne (ed.), *Management Information Manual,* Croner Publications, New Malden, Surrey, 1980- (loose-leaf).

Bittel, Lester R. *et al.* (eds.), *Encyclopaedia of Professional Management: an authoritative guide to the profitable practice of management,* McGraw-Hill, New York and London, 1978.

Articles are arranged alphabetically, with a useful subject locator guide bringing together the main articles within each broad management field.

Bull, George (ed.), *The Director's Handbook,* 2nd edn, McGraw-Hill, London and New York, 1977.

Contains clear and concise articles by recognised experts, with a useful glossary of business terms.

Company Administration Handbook, 5th edn, Gower, Aldershot, 1982.

Standard handbook covering the constitution and conduct of companies; accounting and finance; commercial functions; office administration; employment law and practice; and the management of physical assets. Contains 34 chapters, each by a recognised expert in the field.

Complete Guide to Managing Your Business, Managing Your Business Ltd, London 1979- (loose-leaf).

Elliott, Gerry (ed.), *The Manager's Guidebook*, Kluwer Publishing, London, 1981-, 3 vols. (loose-leaf).

One of Kluwer's many loose-leaf compilations, updated biannually. Organised under nine headings: the manager; personal skills; using numbers; corporate planning; project management; marketing; operations; finance; personnel. Described by Rus Gandy in *Management Monitor*, vol. 14, no. 2 (Winter 1985) as 'simple, basic, practical, down-to-earth and a bit old-fashioned'.

Finch, Frank, *A Concise Encyclopedia of Management Techniques*, Heinemann, London, 1976.

An outstanding guide, with alphabetically arranged articles and a classified sequence listing techniques by user. Becoming a little dated.

French, Derek and Saward, Heather, *Dictionary of Management*, 2nd edn, Gower, Aldershot, 1983.

Defines about 4000 terms on management and related disciplines such as government, law, statistics, psychology and economics. Includes many terms originating in the USA and continental Europe, and carefully distinguishes transatlantic variations of spelling and usage. One of the works used for the selection of terms is *The London Classification of Business Studies*, but it's a pity the authors do not know that a second edition of this was published in 1979.

Gilpin, Alan, *Dictionary of Economics and Financial Markets*, 5th edn, Butterworths, London, 1985.

Originally published as *Dictionary of Economic Terms*, its new title reflects more accurately its comprehensive coverage of industry, marketing, banking, insurance and current affairs.

Harvard Business Review Library, Harvard Business School, Boston, MA 02163, USA; marketed in Britain and Europe by Heinemann, London.

Articles from the number one business journal published in various subject groupings.

Heyel, Carl (ed.), *The Encyclopedia of Management*, 3rd edn,

Van Nostrand-Reinhold, New York, 1982.

Probably the best management encyclopaedia, but with a definite American bias.

Huczynski, Andrzej, *Encyclopaedia of Management Development Methods,* Gower, Aldershot, 1983.

Describes 300 methods with bibliographical references.

Johannsen, Hano and Page, G. Terry, *International Dictionary of Management,* 3rd edn, Kogan Page, London, 1986.

An excellent dictionary with brief, readable definitions and including acronyms and organisations. Published in the US by Prentice-Hall as *The International Dictionary of Business.*

Lock, Dennis and Farrow, Nigel (eds.), *The Gower Handbook of Management,* Gower, Aldershot, 1983.

A detailed compendium covering all aspects of management with contributions by more than 60 experts grouped under the following ten headings: principles, policy & organisation; financial management; marketing & sales management; research & development; purchasing & inventory management; production management; warehousing & distribution; administration; human resource management; the skills of management.

Rosenberg, Jerry M., *Dictionary of Business and Management,* 2nd edn, Wiley, New York and London, 1983.

Includes some 10,000 definitions and a summary of major US business and economic events from 1776 to 1983 – an indication of its American bias.

Stiegeler, S. E. (ed.), *Dictionary of Economics and Business,* Gower, Aldershot, 1985.

Includes definitions of important terms in banking, accounting, insurance, commodity dealing, shipping, transport, commercial law, statistics, computing, government and industrial relations.

Energy

Some useful published sources:

Energy for Industry and Commerce, Energy Publications, Cambridge, annual.

Energy Manager's Workbook: a practical guide for boosting profits by improving energy efficiency, Energy Publications, Cambridge, 1982.

European Energy Report, Financial Times Business Information, London, twice monthly.

The FT Energy Economist, Financial Times Business Information, London, monthly.

How to Cut Energy Costs, Anbar Management Publications, London, 1981.

Whiteside, R. (ed.), *Major Energy Companies of Western Europe*, Graham & Trotman, London, 1985.
Gives details of more than 600 companies involved in the energy business.

World Energy Directory, Longman, Harlow, Essex, 1985.
Lists and describes 3000 industrial, official, academic and independent organisations and laboratories conducting or promoting research and development work in non-nuclear energy.

World Nuclear Directory, Longman, Harlow, Essex, 1985.
Lists and describes 1500 organisations and laboratories conducting or promoting research, development or substantial manufacturing work in the atomic energy field.

Europe (*see also* **Countries; Development plans; Fee-based information services; Markets/Marketing/Market research; Online services; Travel**)

Some useful published sources:

Blauvelt, Euan and Durlacher, Jennifer (eds.), *Sources of European Economic Information*, 4th edn, Gower, 1983.
Well-established directory of sources containing some 6000 entries indexed by country and subject.

Budd, Stanley A., *The EEC: a guide to the maze*, INBRO Press, 11 Dean Park Mews, Edinburgh EV4 1EE, 1985.
Includes a comprehensive directory of sources of information.

Business Eastern Europe: a weekly report to managers of East European operations, Business International SA, 12-14 Chemin Rieu, CH-1211, Geneva, Switzerland.

Business Europe: weekly report to managers of European operations, Business International SA, 12-14 Chemin Rieu, CH-1211, Geneva, Switzerland.

Surveys the current European scene and future scenarios. Taken by six (11 per cent) of the libraries surveyed by Bakewell and Roper – Cheshire, City Business Library, Hammersmith, Manchester, Westminster and Wigan.

EC Index, Europe Data, Maastricht, Netherlands; UK agents: Thompson, Henry Limited, London Road, Sunningdale, Berks SL5 0EP, monthly with quarterly and annual cumulations.

Records the published output of the European Communities.

Economic Bulletin of the Deutsches Institut für Wirtschaftsforschung, Hamburg, monthly; distributed in UK by Gower, Aldershot.

Authoritative guide to the German economy produced by the German Institute for Economic Research. Also covers East European economic plans.

EEC Contacts, 2nd edn, Eurofi (UK), Northill, Beds, 1985.

Lists relevant organisations under alphabetically arranged subject headings (e.g. product liability, consumer safety, competition policy, company law, transport, energy, agriculture). Excludes EEC institutions and committees. The first edition was well received by *British Business*, *Achievement*, *Export Times* and other journals.

EEC Update, Eurofi (UK), Northill, Beds, 1985- (loose-leaf).

Summarises European Commission proposals for legislation and policy guidelines. Updated every two months.

Europa Yearbook: a world survey, Europa Publications, London.

European Business Report, Financial Times Business Information, London, monthly.

European Business Reports series, Eurofi, Northill, Beds, 1985-.

A series of reports on the economic background, markets, industries, financial incentives, investment opportunities, business ethics and practices, trade regulations, employment law, industrial relations, salaries, costs of living, contacts, etc. of EEC countries. Volumes for

Spain and Portugal published in 1985; reports on Italy, France, Netherlands, Belgium & Luxembourg and Germany to follow.

European Digest, Technical Communications, 100 High Avenue, Letchworth, Herts SG6 3RR, monthly.

Guide to EEC and European affairs, produced in the GLC Research Library. Summarises key issues concerned with urban and local government interests from official sources, newspapers and journal articles.

European Marketing Data & Statistics see **Markets/Marketing/Market research**

European Trends, Economist Intelligence Unit, London, quarterly.

Guide to European Community Grants and Loans, 6th edn, Eurofi (UK), Northill, Beds, 1985/86 and updating service.

Basic manual and binder to be published each August, updating service each November, February, May. More detailed information for individual enquirers available on request and a special alerting service is available when the Commission publishes its Calls for Research Proposals.

Hints to Exporters series *see* **Countries**

Hopkins, Michael (ed.), *European Communities Information: its use and users*, Mansell, London, 1985.

Part 1 considers the nature of European Communities information with contributions by senior EC officials. Part 2 focuses on those who use the information and the way in which Community membership has affected the needs of various groups in society including businesses, local authorities, universities and polytechnics.

Ireland: a directory 1985, Euromonitor, London, 1985.

A complete guide to public, economic, political and commercial life, compiled by the Institute of Public Administration. Described by the *Irish Times* as 'a most impressive achievement'.

Predicasts F&S Index Europe see **Abstracting and indexing services**

Smith, A., *East European Economic Handbook*, Euromonitor, London, 1985.

A consideration of East Europe in a world context and a

regional overview are followed by comprehensive economic overviews of Bulgaria, Czechoslovakia, East Germany, Hungary, Poland, Romania and Yugoslavia. The work concludes with a statistical factfile containing the latest data on all socio-economic trends.

The Statesman's Yearbook: statistical and historical annual of the states of the world, Macmillan, London.

Note also chambers of commerce, embassies; Prestel

Exchange rates (*see also* **Living costs; Travel**)

Exchange Rate Outlook, Gower, Aldershot, monthly.

Concerned with the economic and monetary factors determining key exchange rates. Each issue includes projections (over 6 and 12 months) for the US dollar, pound sterling, deutschmark and yen.

Useful sources for current exchange rates are newspapers, Ceefax, Oracle, Prestel and, of course, banks and embassies.

Exporting (*see also* **Countries; Europe; Markets/Marketing/Market research**)

Some useful handbooks, directories and other sources:

British Exports, Kompass, East Grinstead, annual, 2 vols.

Vol. 1: Products Section (16,500 different products available for export from the UK with names and addresses of exporters). Vol 2: Data pages (illustrations and technical data concerning specific products for some suppliers, arranged alphabetically by company name; trade names section; exporters section (alphabetical list).

Croner's Reference Book for World Traders: a guide for exporters and importers, Croner Publications, New York, 1983- (3 vols., loose-leaf).

Vol. 1: General information. Vols. 2 and 3: Information by countries. Kept up-to-date by monthly supplements but the author was unable to trace any supplementary pages later than 1984 in the Science Reference and Information Service in January 1986.

The Directory of Export Buyers in the UK, 3rd edn, Trade Research Publications, Berkhamsted, 1985.

Gives details of approximately 800 export buyers with

indexes of products, countries and foreign firms bought for. Also includes a list of UK trade exhibitions and inward buying missions and an article on how to sell to export buyers in the UK.

The Export Development Advisory Service (EDAS), Anne Mallach, 38 Blenheim Avenue, Gants Hill, Ilford, Essex IG2 6JQ, has been set up with the support and encouragement of the Institute of Export to help companies to maximise their export potential by introducing them to the best independent assistance and advice.

Export Finance Service, Financial Times Business Information, London, quarterly.

Provides up-to-date information on the terms on which export credits are insured and financed in ten major exporting countries – USA, Japan, West Germany, UK, Canada, France, Italy, Switzerland, Belgium, Netherlands.

Export Handbook, 6th edn, British Overseas Trade Board, London, 1982.

Exporters' Encyclopedia: a world marketing guide, Dun & Bradstreet, New York and London, annual.

The International Directory of Importers, Trade Research Publications, Berkhamsted.

Lists more than 100,000 importers with separate volumes for Europe (rev. edn, 1985/86); USA and Canada (1984/85); Asia/Pacific (1984/85); Middle East (1984/85); South and Central America (rev. edn, 1985/86); Africa (rev. edn, 1985/86).

Kelly's UK Exports to Europe, Kelly's Directories Ltd, East Grinstead, annual.

Products & Services Section lists firms under 13,000 classified headings with translations in French, German and Italian. Company Information Section consists of an alphabetical list of leading British exporters to the European Communities.

Sell's British Exporters, Sell's Publications, Epsom, annual.

World Trade Intelligence Limited (140 Tabernacle Street, London EC2A 4QJ) publishes a series of twelve annual guides to exporting to Belgium and Luxembourg, Denmark, France,

Greece, Ireland, Italy, the Netherlands, Norway, Spain, Sweden and West Germany.

Facsimile Transmission *see* **Telecommunications**

Far East *see* **Countries**

FAX *see* **Telecommunications**

Fee-based information services (see also *Online services*)

Many public librarians distrust fee-based information services and regard such services as competitors. Some fee-based services may obtain their information free of charge from public libraries and then repackage it for sale to their clients. Many businesses will, however, be glad to pay for a speedy service, and in some cases a fee-based information provider will be appropriate to their needs. Certainly the business librarian should be aware of such services and able to guide an enquirer to a suitable service where necessary.

The following are examples of fee-based services:

BBC Data Enquiry Service, Room 3, The Langham, Portland Place, London W1A 1AA.

Provides 'fast, confidential information' on political, economic and social events; biographies; business; political affairs; world statistics; industrial information; speeches; company information; and reviews.

Capital Planning Information, The Grey House, Broad Street, Stamford, Lincs PE9 1PR.

Particularly prominent in the field of business information.

DISCLOSURE Inc., 5161 River Road, Bethesda, Maryland 20816, USA.

Active in the field of company information. Has an arrangement with the Financial Times Business Information Service (q.v.), whereby details of the financial structure, trading activities and properties of public companies registered with the American Securities and Exchange Commission can be made available to subscribers. This covers 12,000 companies, including all companies registered on the New York Stock Exchange,

American Stock Exchange and Over-the-Counter Market.

Esmerk Information, Esmerk Ltd, Sydenham Road, Croydon, Surrey CR20 2EF.

A Scandinavian-based firm offering clients daily reports according to their particular requirements, which may be in the areas of marketing, business development, research, current awareness, management services, monitoring of competitors, briefings and updates on finance. Available online via the Press Association.

FACTFINDER Service, Technical Information Centre, GEC Mechanical Engineering Laboratory, Cambridge Road, Whetstone, Leics LE8 3LH.

Provides various information packages: full subscription service consists of *Technology Update* (a weekly information bulletin), a quick-reference enquiry facility and access to an up-to-date computer link. Other packages include news cuttings (supplied daily or weekly), information searching and retrieval on any subject, and consultancy on all aspects of library and information work.

Financial Times Business Information Service, Bracken House, 10 Cannon Street, London EC4P 4BY.

A division of Financial Times Business Information Limited (FTBI). Provides information on companies, industries, markets and statistics. Has an agreement with the US company DISCLOSURE Inc. (q.v.). FTBI also produces a number of major publications.

Henley Centre for Forecasting, 2 Tudor Street, Blackfriars, London EC4Y 0AA.

INFOMAT (UK) Ltd, Information House, The Forty, Cholsey, Wallingford, Oxon OX10 9NA.

Provides daily computer printouts of industrial and marketing intelligence information according to specifications predetermined with individual subscribers. Sources for information include Reuters and other specialised wire and telex services, international business newspapers, trade and professional journals, international banks and stockbrokers. A 'Red Alert' service is available for a small additional charge, whereby details of important items are telephoned to clients within ten minutes of receipt.

Information Resources Limited (Louise Connors, M.I.Inf.Sc.), Research Centre, Gothard House, Henley-on-Thames, Oxon RG9 1AJ.

Provides guidance on the efficient and effective management of information, including setting up and developing information services; alerting services; bibliographical services; catalogue compilation; commodity information; company accounts services; company profiles; indexing; industrial surveys; literature searches; market studies; press cuttings service; product data; translations and word processing. Has a separate Biotechnology Advancement Division.

Instant Information Ltd, Somerset House, Temple Street, Birmigham B2 5DP.

Provides a comprehensive range of reporting services on companies, nationally and internationally, including credit analysis reports, a debt recovery service, address tracing service and Companies House information. UK reports are normally despatched within seven working days or three working days (priority service) or 24 hours (telex priority service). European reports are normally despatched within 15 working days and reports from other countries within 25 working days, with a priority service available in both cases.

Inter Company Comparisons Ltd.

Companies House information is available, normally within 24 hours of request, via the company search service at ICC Company Information Services, 51 City Road, London EC1Y 1AY. The ICC Database, 81 City Road, London EC1Y 1BD, provides online access to directory details on all companies registered in England, Wales and Scotland and, additionally, information extracted from the Directors Reports and Accounts of approximately 60,000 companies. Details of other services and publications providing information and analysis of companies and sectors of British industry are obtainable from ICC Information Group Ltd, 28-42 Banner Street, London EC1Y 8QE.

nternational Business Unit, University of Bradford, Management Centre, Emm Lane, Bradford, West Yorkshire BD9 JL.

Jordan's Business Information Service, Jordan & Sons Ltd, *see* **Companies.**

LBS Information Service, London Business School, Sussex Place, Regent's Park, London NW1 4SA.

Library facilities are available to outside business users via the Corporate Subscriber Service. Fees are based on research time per hour plus additional charges for online searching, photocopying, postage and delivery. Approximately half the enquiries are for company information, while the other half are for a range of information on industries, markets, current affairs, business techniques, etc.

Management Consultancy Information Service, 38 Blenheim Avenue, Gants Hill, Ilford, Essex IG2 6JQ.

A central source of information on management consultancy in the UK, established and operating with the support and encouragement of the Confederation of British Industry. Services available include preparing shortlists of appropriate consultants to match client needs; providing information on consultants, including client references; preparing shortlists of appropriate subcontractors or associates to match consultants' needs; providing samples of consultancy fee rates and terms of working; a newsletter; a salary survey; and a directory of management consultants. No charge is made for quick enquiries.

Mintel Publications Ltd, 7 Arundel Street, London WC2.

Maintains an extensive library of data on markets, products, manufacturers, retailers, etc., and the Client Report Service undertakes market analysis on an *ad hoc* basis tailored to the needs of individual clients. Also publishes a range of reports, digests, etc.

Predicasts Inc., 11001 Cedar Avenue, Cleveland, Ohio 44106, USA; 199/201 High Street, Orpington, Kent BR6 0PF.

Publishes a range of indexing and abstracting services (*see under* **Abstracting and indexing services**), newsletters, statistical services, industry studies and international market reports, and will also undertake a custom market search on a specific topic for a fee.

Searchline

The logo of Extel Statistical Services Ltd's company

search service which offers automatic updating of company files. Details available from Extel Statistical Services Ltd, 37-45 Paul Street, London EC2A 4PB; Extel Statistical Services Ltd, Arthur House, Chorlton Street, Manchester M1 3FH.

Warwick Statistics Service, University of Warwick Library, Coventry CV4 7AL.

Guides to fee-based information services include:

Kruzas, Anthony T., Thomas, R. C. and Gill, Kay (eds.), *Business Organizations and Agencies Directory* see **Organisations.**

Maranjian, Lorig and Boss, Richard W., *Fee-Based Information Services*, Bowker, New York and London, 1980.

Marketing Business Information, Business Research Services, 27 Antrobus Road, London W4 5HY, 1983.

Contains detailed reviews of more than 60 information suppliers in the UK and USA. However, at £150 this report is probably beyond the reach of most public libraries.

Films *see* **Audio-visual materials**

Financial information/management (*see also* **Accounting; Banks and banking; Taxation**)

Guides to sources include:

Campbell, Malcolm J. (ed.), *Financial Directories of the World*, Vallancy International, Guernsey, 1982.

Gives details of nearly 2000 financial and business directories with a comprehensive subject index.

Dicks, G. R. (ed.), *Sources of World Financial and Banking Information see* **Banks and banking.**

Some handbooks, directories, etc.:

Bricault, G. C. and Carr J., (eds.) *Sunday Telegraph Business Finance Directory 1985/86: the guide to sources of corporate finance in Britain*, 2nd edn, Graham & Trotman, London, 1985.

Part 1 consists of nine articles by financial experts, part 2 of a directory of more than 600 institutions providing finance and financial advice for business. Three indexes: (i) comprehensive alphabetical index of all institutions; (ii) alphabetical index of all institutions by category; (iii) classified index, grouping institutions by category of service.

Broyles, Jack, Cooper, Ian and Archer, Simon, *Financial Management Handbook*, 2nd edn, Gower, Aldershot, 1983.
Provides a comprehensive summary of financial management concepts for use in any size or type of organisation.

Directory of City Connections, Crawford Publications, London, annual.

Mason, Stan, *The McGraw-Hill Handbook of British Finance and Trade*, McGraw-Hill, Maidenhead, 1983.

Taylor, A. H. and Pocock, M. A., *Handbook of Financial Planning and Control*, Gower, Aldershot, 1981.
Comprehensive and practical guide with contributions from experts in corporate finance, tax, pricing, multinational accounting problems and other topics.

Walmsley, Julian, *Macmillan Dictionary of International Finance*, 2nd edn, Macmillan, London, 1985.

Whiteside, R. (ed.), *Major Financial Institutions of Continental Europe*, Graham & Trotman, London, 1985.
Contains details of more than 400 of the largest continental European companies in the fields of banking, finance, investment and insurance.

Some periodicals:

Business International Money Report: weekly report to international financial executives, Business International Corporation 1 Dag Hammarskjold Plaza, New York, NY 10017, USA.

Euromarket Letter, Financial Times Business Information London, weekly.
Reports on international loan markets.

Finance and Development, International Monetary Fund and World Bank, Box A-102, Washington, DC 20431, USA quarterly.

Financial Ideas, Predicasts, Cleveland, Ohio, bi-weekly.

Financial Times and *Financial Times Index see* **Newspapers**

The FT Euro-Bond Letter, Financial Times Business Information, London, weekly.

Investors' Chronicle, Financial Times Business Information, London, weekly.

Journal of Business Finance and Accounting, Basil Blackwell, Oxford, quarterly.

Managerial Finance, MCB University Press, Bradford, quarterly.

Stock Exchange Daily Official List, Council of the Stock Exchange, London EC2N 1HP.

Taken by seven (13 per cent) of the libraries surveyed by Bakewell and Roper: Bolton, Camden, City Business Library, Hammersmith, Liverpool, Manchester and Westminster. Also available on microfiche. Part of the Stock Exchange Fact Service providing information on the Stock Exchange and the securities industry. Also published are: *Stock Exchange Companies*, biannually; *Stock Exchange Quarterly; Stock Exchange Fact Sheet*, a statistical and analytical backup to *Stock Exchange Quarterly*, published monthly; *Stock Exchange Survey of Share Ownership;* and *Financial Times–Stock Exchange 100 Share Index*.

Tolley's Personal Finance Letter, Tolley Publishing Co., Croydon, monthly.

Independent practical advice on personal finance, edited by Louise Botting, presenter of BBC Radio 4's Money Box programme and Managing Director of Douglas Deakin Young, financial consultants.

Wall Street Journal and *Wall Street Journal Index see* **Newspapers**

Finland *see* **Europe**

Forecasts

Guides to sources include:

Cyriax, George, *World Index of Economic Forecasts*, 2nd edn, Gower, Aldershot, 1981.

Gives details of more than 370 forecasting groups in 107 countries, including coverage, method and published output. Also has a section covering forecasts derived from industrial survey work.

Economic Forecasts, Financial Times Business Enterprises, London, 1983.

Fildes, R., Dews, D. and Howell, S., *A Bibliography of Business and Economic Forecasting*, Gower, Aldershot, 1981.

Comprehensive guide to material relevant to the problem of selecting the best forecasting model for a particular problem.

Some periodicals:

Economic Outlook, Gower, Aldershot, monthly.

A rolling, four-year business forecast of the UK Economy prepared by the Centre for Economic Forecasting of the London Business School.

Futures: the journal of forecasting and planning, Butterworth Scientific Ltd, Guildford, 6 issues per annum.

National Institute Economic Review, National Institute of Economic and Social Research, 2 Dean Trench Street, Smith Square, London SW1P 3HE, quarterly.

France *see* **Europe; Exporting**

Games *see* **Management games**

Germany *see* **Europe; Exporting**

Government *see* **Public administration**

Government Publications *see* **Official publications**

Great Britain *see* **Europe**

Greece *see* **Europe; Exporting**

Grey Literature (*see also* **Reports; Research**)

British Reports, Translations and Theses, British Library Document Supply Centre, Boston Spa (West Yorkshire), monthly.

SIGLE (System for Information on Grey Literature in Europe), British Library Document Supply Centre, Boston Spa, Wetherby, West Yorkshire LS23 7BQ; offices also in Belgium, Federal Republic of Germany, France and Ireland.

Health & safety (*see also* **Industrial relations**)

A very useful guide to sources is:

Pantry, Sheila, *Health and Safety: a guide to information*, 2nd edn, Capital Planning Information, Stamford (Lincs.) 1985. (CPI Information Review, no. 6).

A selective and evaluative review of information on all aspects of health and safety at work by the Head of Library and Information Services at the Health and Safety Executive. Contains chapters dealing with legislation; periodicals; bibliographies; key texts and reference books; organisational sources of information throughout the world; libraries and information services; audio-visual and microfiche services; standards and specifications; and computerised services.

Sources include:

Chandler, P. A. (comp.), *Croner's Health and Safety at Work*, Croner Publications Ltd, New Malden, Surrey (loose-leaf).

Encyclopaedia of Health and Safety at Work: Law and Practice, Sweet & Maxwell, London, 3 vols. (loose-leaf).

Encyclopaedia of Occupational Health and Safety, 3rd edn, International Labour Office, Geneva 1983, 2 vols.; available from International Labour Office, 96/98 Marsham Street, London SW1P 4LY.

A practical, very well-reviewed encyclopaedia containing concise articles by international experts. Well indexed.

Health & Safety Information Bulletin, Industrial Relations Services, London, fortnightly.

A distillation of major trends and legislation.

Miller, C. J. (ed.), *Product Liability & Safety Encyclopaedia*, Butterworths, London (loose-leaf).

Safety and Health Practices of Multinational Enterprises, International Labour Office, Geneva, 1984.

Scicon Limited *see* **Online services**

The Health and Safety Executive Library and Information Services has three Public Enquiry Points staffed by professional information staff between 10 am and 3 pm: HSE Library and Information Service, Broad Lane, Sheffield S3 7HQ (0742 752539, ext. 3113 and 3114); HSE Library and Information Services, St Hugh's House, Stanley Precinct, Trinity Road, Bootle L20 3QY (051 951 4381); and HSE Library and Information Services, Baynards House, 1 Chepstow Place, Westbourne Grove, London W2 4TF (01 229 3456, ext. 6721 and 6722). The HSE Prestel Service (lead frame number 575) provides information on health and safety law; the Health and Safety Commission and Executive; hazards information; news releases from HSE Press Office; and new publications. It has 'talkback' facilities to enable the user to send messages to the Executive and a free leaflet ordering service is provided. For the online service, HSE-LINE, *see* **Online services.**

Hotels *see* **Travel**

Hungary *see* **Europe**

Iceland *see* **Europe**

Indexing Services *see* **Abstracting and indexing services**

India *see* **Countries**

Indonesia *see* **Countries**

Industrial Health and Safety *see* **Health & safety**

Industrial relations (*see also* **Personnel management; Remuneration; Trade unions**)

Guides to sources include:

Industrial Relations Training: catalogue of audio-visual materials, rev. edn, Employment Relations Ltd, Resource Centre, Cambridge, 1981.

Social and Labour Bulletin, International Labour Office, Geneva, quarterly.

A current awareness bulletin highlighting labour legislation, industrial relations; collective agreements; personnel management; employment, training and migration; impact of new technologies; working environment; social security; multinational enterprises; women workers and equality of opportunity; social and economic policy. Annual index by subject and country.

Useful encyclopaedias, handbooks, etc. are:

Croner's Reference Book for Employers, Croner Publications, New Malden, Surrey, 1975- (loose-leaf).

Updated monthly. Covers health and safety; manpower; pay; employment protection; social security and EEC directives; recommendations, etc.; impact of the Data Protection Act.

New Encyclopaedia of Employment Law and Practice see **Law**

Payne, D., *Employment Law Manual*, Gower, Aldershot, 1976- (loose-leaf).

Time Rates of Wages and Hours of Work, Department of Employment, Watford.

Loose-leaf binder with amendments, available from the Department of Employment, Statistics Division (A4), Orphanage Road, Watford, Herts. WD1 1PJ. Taken by 72 per cent of the libraries surveyed by Bakewell and Roper – 29 in London and 9 in the North-West.

World Labour Report, International Labour Office, Geneva 1984-85, 2 vols.

Vol. 1 (1984) covers the employment problem; trends and problems in income and wages; social security in industrialised countries; impact of technology on employment; working conditions and industrial relations. Vol. 2 (1985) covers labour relations; trade unions and employers' organisations; freedom of association; industrial relations; training for employment; working conditions; women workers.

Some important periodicals:

British Journal of Industrial Relations, London School of

Economics and Political Science, London, 3 issues per annum.

Employee Relations, MCB University Press, Bradford, 5 issues per annum.

Consists of four journal issues plus a monograph examining a specific topic in greater detail each year. Covers health and safety at work; collective bargaining; communications; employee participation; industrial relations and employment protection law; equal opportunities; disclosure of information; quality of working life; shop steward training.

Employment Gazette, HMSO, London, monthly.

Published for the Department of Employment. Essential guide to employment legislation and statistics – e.g. offical figures on employment and unemployment; vacancies; industrial disputes; earnings; retail prices and household spending. Includes an index of regularly published statistics. Taken by 92 per cent of the libraries surveyed by Bakewell and Roper – 31 in London, 17 in the North-West and Clwyd.

Industrial Relations Journal, Industrial Research and Publications Unit, Department of Adult Education, Nottingham, quarterly.

Industrial Relations Law Reports, Eclipse Publications, London, monthly.

Industrial Relations Legal Information Bulletin, Eclipse Publications, London, fortnightly.

Industrial Relations News, MCB University Press, Bradford, fortnightly.

Contains news of current developments in industrial legislation, pay settlements, safety, government reports, employee participation, etc. Includes details of conferences, workshops and new publications.

Industrial Relations Review and Report, Eclipse Publications, London, fortnightly.

A distillation and analysis of major developments in the field of industrial relations and training, including research studies into terms and conditions of employment; interpretations of the law of unfair dismissal, trade union rights, contracts of employment, equal pay and discrimination; case studies on new collective bargaining developments; and trends in health and safety and personnel policy. Taken by five (9 per cent) of the libraries surveyed by Bakewell and Roper – Camden, City Business Library, Liverpool, Manchester and Tameside.

International Labour Review, International Labour Office, Geneva, bi-monthly.

Long-established journal, scholarly and practical.

Labor Law Journal, Commerce Clearing House Inc., Chicago, monthly.

Industrial Safety *see* **Health & safety**

Industrial Training *see* **Training**

Industries

Some useful sources:

Business Monitor see **Statistics**

Directory of Industry Data Sources, US and Canada: a HARFAX Directory, 2nd edn, Ballinger, Cambridge, Mass., 1983.

Directory of Industry Data Sources, Western Europe: a HARFAX Directory, Ballinger, Cambridge, Mass., 1983.

Economic Titles/Abstracts see **Abstracting and indexing services**

FINDEX: the directory of market and company research reports see **Reports**

HARFAX Industry Data Sources see **Online services**

Jordan's Industrial Surveys, Jordan Business Information Services, Jordan & Sons Ltd, London.

Cover a wide range of industries. Originally Jordan's Dataquest Service. Taken by four (6 per cent) of the libraries surveyed by Bakewell and Roper – Camden, Cheshire, City Business Library and Liverpool

Key Note Reports, Key Note Publications, 28/42 Banner Street, London EC1Y 8QE.

More than 150 titles, encompassing a wide range of UK

industrial and commercial market sectors. Each report surveys the industry structure, examines market size and trends, reviews recent developments, considers future prospects, provides a financial data table and financial appraisal, and lists recent press articles and further sources. Taken by six (11 per cent) of the libraries surveyed by Bakewell and Roper – Camden, City Business Library, Hammersmith, Liverpool, Newham (some) and Westminster.

London Directory of Industry and Commerce: a guide to all aspects of industry & commerce in Greater London, Kemps Group, Birmingham, annual.

Sponsored by the Greater London Enterprise Board to prevent the loss of jobs in London and strengthen the capital's industrial base. Outlines offers available to enterprises including finance, help with property and equipment, technology and commercial advice.

Predicasts Indexes see **Abstracting and indexing services**

PROMT see **Abstracting and indexing services**

Reports Index see **Reports**

Research Index see **Abstracting and indexing services**

Information Brokers *see* **Fee-based information services**

Information Services *see* **Fee-based information services; Online services**

Information sources (general). (For information sources on a particular subject *see* subject, e.g. **Online services**)

Some useful titles are:

Alan Armstrong & Associates Ltd's Annual Exhibition Catalogue, 72 Park Road, London NW1 4SH.

Anbar Management Services Bibliography, Anbar Management Publications Ltd, London, annual.

A classified listing of books and audio-visual materials with author index. Includes references to reviews. Taken by eleven (21 per cent) of the libraries surveyed by Bakewell and Roper – Camden, City Business Library, Clwyd, Ealing, Lambeth, Lancashire, Liverpool, Manchester, Southwark, Sutton and Westminster.

Bakewell, K. G. B., *How to Organise Information: a manager's guide to techniques and sources, with a checklist for secretaries and assistants*, Gower, Aldershot, 1984.

Includes a classified but unannotated guide to sources.

Barbican Book News, Barbican Business Book Centre, 9 Moorfields, London EC2Y 9AE, 6 issues per annum.

British Business see **Periodicals.**

Business Information Pocketbook 1985/86, Headland Press, Hartlepool, 1984.

Useful free guide to the leading business directories, publishers, booksellers, indexes, databases, etc.

Business Information Review, Headland Press, Hartlepool, quarterly.

Published since 1984, this journal has already become established as an invaluable source of up-to-date business information, with informative and stimulating articles, abstracts, reviews and news items.

Business Librarian, Gower, Aldershot, quarterly.

A quarterly guide to recently published and forthcoming books and information services.

Buying for Libraries: the international guide to products and services for the information world, Alan Armstrong & Associates, London, twice yearly.

Very valuable (and free) guide to publications, online services, software, microforms, etc.

Campbell, Malcolm, J., *Business Information Services: some aspects of structure, organisation and problems*, 2nd edn, Bingley, London, 1981.

The outstanding British guide to business information services and sources.

Campbell, Malcolm, J. (ed.), *Manual of Business Library Practice*, 2nd edn, Bingley, London, 1985.

Contains 13 contributions covering the pattern of business information provision in the late twentieth century; organisation and administration of the business library; special considerations of company libraries; directories and company information sources; statistics and market research sources; management literature; periodicals, newspapers and 'other ephemera'; special services of business libraries; the use of external sources of information; and the impact of information technology. Uneven but useful.

City Business Courier: news letter of the City Business Library, London, City Business Library, Gillett House, 55 Basinghall Street, London EC2V 5BX, twice yearly.

Lists new additions to the stock of the City Business Library and includes notes about new publications and services.

Daniells, Lorna M., *Business Information Sources*, rev. edn, University of California Press, Berkeley, 1985.

An outstanding comprehensive guide by the Business Bibliographer at the Harvard Business School's Baker Library. Free from the American bias usually associated with works emanating from the United States, yet only nine of the libraries surveyed by Bakewell and Roper (17 per cent) had the first edition – Camden, Cheshire, City Business Library, Hammersmith, Manchester, Sutton, Tameside, Westminster and Wigan. The author was only able to find the second edition in two libraries in January 1986 – Aslib (the Association for Information Management) and Liverpool Polytechnic. He did not check every library but he was surprised not to find it in the British Library (Library Association Library) or Science Reference and Information Service, Liverpool City Libraries and Manchester Public Libraries.

Dare, Gillian A. and Bakewell, K. G. B. *The Manager's Guide to Getting the Answers*, 2nd edn, Library Association Publishing, London, 1983.

Includes 29 case-studies demonstrating typical problems and how to solve them, a list of basic books for managers and a directory of useful addresses and telephone numbers.

The Good Book Guide for Business, The Good Book Guide, 91 Great Russell Street, London WC1V 3PS, 1984.

More than 600 titles, with annotations, selected by *The Good Book Guide* and *The Economist*. Classified arrangement, with indexes of authors, titles and subjects.

Grant, Mary McNierney and Berlant-Schiller, Riva (eds.),

Directory of Business and Financial Services, 8th edn, Special Libraries Association, Chicago, 1984.

Covers printed and online sources. Extensive indexing under investment consultants, publishers, geographical areas and subjects. Emphasis on USA and Canada but with reasonable UK coverage.

Kingston, Irene and Benjamin, William A., *Directory of European Business Information Sources*, Ballinger, Cambridge, Mass., 1979.

Was a very useful source, though obviously dated now. Surprising, nevertheless, that it was only available in six (11 per cent) of the libraries surveyed by Bakewell and Roper – Barnet, Camden, Cheshire, City Business Library, Liverpool and Manchester.

Library and Information News, Alan Armstrong & Associates Ltd, London, monthly.

A very useful bulletin of developments in the information world, with particular reference to business information, and reviews of new books.

Management Bibliographies and Reviews, MCB University Press, Bradford, quarterly.

Each issue evaluates the literature of a particular management subject – e.g. *Products and Strategies* by Christopher J. Bart and Douglas T. Brownlie; *Marketing Applications of Operational Research Techniques* by Arthur Meidan; *Library Management Development* by Janet Shuter.

Management Checklists, British Institute of Management, Corby, Northants.

Checklists of points to consider about certain management problems, supported by brief reading lists. There are checklists on a variety of management topics.

Management Information Notes and Topics (MINT) series, British Institute of Management, Management Information Centre, Corby, Northants, monthly.

An alerting device to new additions to the Management Information Centre. Each issue contains details of books and articles on a particular topic with a brief introductory survey of the topic. Vol. 1 no. 1 (October 1985) covered stress.

New Business Books, Alan Armstrong & Associates Ltd, London, monthly.

Includes brief annotations.

New Editions: Directories, Annuals & Reference Books, Alan Armstrong & Associates, London, monthly.

Includes brief annotations and indications of changes in prices since the previous editions.

Reid, Tony (ed.), *Legal Industrial Espionage: a sourcebook and guide to finding company information,* Eurofi, Northill, Beds, 1985.

Chapters cover statutory information; published sources; online databases; patents; specialised services including advertising agencies, stockbrokers, trade associations, freelancers and chambers of commerce; market research reports and services; libraries as sources of information. Includes contributions from Doris Palmer.

Sigel, Efrem, *The Business Information Markets 1984–88,* Knowledge Industry Publications, White Plains, New York, 1984.

Covers the size and structure of the business information market; general business periodicals; trade periodicals; newsletters and loose-leaf services; databases; business books, research reports and research services; audio-visual services; leading companies; and profiles of 34 'leading representative business information companies'. At £975 for 175 spiral-bound pages, there may be a problem in finding a market for this and it is not likely to be found in many public libraries!

Smith, Gerry, *Business Information Sourcebook,* rev. edn, Headland Press, Hartlepool, 1985– (loose-leaf).

An invaluable 'buyer's guide' providing evaluations of directories, statistics, periodicals, books, indexes, forecasts, publishers, booksellers, online services, information services, courses, small business services and libraries. Updated quarterly.

SRIS News, British Library (Science Reference and Information Service), 25 Southampton Buildings, London WC2A 1AW. Formerly *SRL News*.

An occasional newsletter which includes useful guides to publications and other sources of information on science and technology including business. The Science Reference and Information Service also publishes a series of *Aids to Readers* on a range of subjects, which are regularly revised and available free of charge – e.g. *Business Literature at the Science Reference Library* (Aids to Readers, no. 28, revised May 1985) and *Trade Directories at the Science Reference Library* (Aids to Readers, no. 27, revised July 1985).

Vernon, K. D. C. (ed.), *Information Sources in Management and Business*, 2nd edn, Butterworths, London, 1984.

Useful guide with contributions by experts, but expensive and poorly indexed. Particularly helpful chapters on online services (by Allan Foster), market research reports (David King), company information (G. P. Henderson) and statistical publications (Joan Harvey).

Wasserman, Paul (Managing Editor), *Encyclopedia of Business Information Sources: a detailed listing of primary subjects of interest to managerial personnel, with a record of sourcebooks, periodicals, organizations, directories, handbooks, bibliographies, on-line data bases, and other sources of information on each topic*, 5th edn, Gale Research Company, Detroit, Mich., 1983.

A useful directory but with a strong American bias. Four of the libraries surveyed by Bakewell and Roper (9 per cent) had the 4th edn (1980) – Camden, Lancashire, Liverpool and Manchester.

Insurance

Sources include:

City Financial Insurance Register, Kluwer Publishing Ltd, Brentford, annual.

A guide to companies, intermediaries and people within the insurance industry providing corporate and financial data.

Company Insurance Handbook edited by the Association of Insurance and Risk Managers in Industry and Commerce (AIRMIC), 2nd edn, Gower, Aldershot, 1984.

Part I examines the various methods of managing, buying and administering insurance and explains the legal terms and implications. Part II provides a comprehensive guide to insuring specific risks. Glossary included.

The FT London Policy Guide, Financial Times Business Information, London, monthly.

Analyses insurance policies available in the UK.

Gilpin, Alan, *Dictionary of Economics and Financial Markets see* **Financial information/management**

World Insurance, Longman, Harlow, annual.

A Financial Times Year Book, presenting detailed corporate and financial information on more than 1100 insurance companies worldwide. Arranged geographically with indexes by name of company and class of insurance.

World Insurance Report, Financial Times Business Information, London, twice monthly.

Interfirm Comparisons

Sources include:

Business Ratio Reports, ICC Business Ratios, 28-42 Banner Street, London EC1Y 8QE.

Ratios published on a range of industries at regular intervals. Taken by three (6 per cent) of the libraries surveyed by Bakewell and Roper – Hammersmith, Liverpool and Manchester. A fourth, Croydon, accessed it via Prestel.

Centre for Interfirm Comparison, 25 Bloomsbury Square, London WC1A 2PJ; 7 West Stockwell Street, Colchester, Essex CO1 1HN.

Westwick, C. A. (ed.), *Sources of British Comparative Performance Data*, Institute of Chartered Accountants in England and Wales, London 1981.

Investment *see* **Banks and banking; Financial information/management**

Ireland *see* **Europe; Exporting**

Italy *see* **Europe; Exporting**

Japan *see* **Countries; Exporting**

Journals *see* **Abstracting and indexing services; Periodicals**

Korea *see* **Countries**

Labour Relations *see* **Industrial relations**

Law

Sources on business law include:

Business Law Brief, Financial Times Business Information, London, monthly.

Incorporates *Eurolaw Commercial Intelligence* and *Commercial Law Reports*. Covers all aspects of European law.

Business Law Handbook, ed. J. H. Thompson and others, Kluwer, Brentford, 1978– (loose-leaf).

Business Law Review, Graham & Trotman, London, monthly.

Short, practical contributions 'by lawyers for lawyers'. Regular features include 'Infobank', covering recent developments in business law; 'In Perspective', consisting of in-depth reviews of recent developments in a particular area of business law; international newsletters; 'Profile', consisting of features on topical individuals; city news, book reviews.

Company Law Digest, Tolley Publishing Company, Croydon, quarterly.

Provides in-depth discussions and news updates with case law and commentaries and practical articles.

Croner's Employment Law, Croner, New Malden, Surrey (loose-leaf).

Encyclopaedia of Health and Safety at Work: Law and Practice, Sweet & Maxwell, London, 3 vols. (loose leaf).

European Law Centre Limited, 4 Bloomsbury Square, London WC1A 2RL.

Provides an information service on anti-trust law.

Industrial Relations Law Reports see **Industrial relations**

Industrial Relations Legal Information Bulletin see **Industrial relations**

International Financial Law Review, Euromoney Publications Ltd, Nestor House, Playhouse Yard, London EC4V 5EX, monthly.

Ivamy, E. R. Hardy, *Encyclopedia of Shipping Law Sources (UK)*, Lloyd's of London Press, Colchester, 1985– (loose-leaf).

Arranged in four sections with a comprehensive index: Statutes; Statutory Instruments; Miscellaneous Rules; Cases (all major cases since 1983). Quarterly supplementary services.

Journal of Business Law, Sweet & Maxwell Stevens Journals, London, quarterly.

Labor Law Journal, Commerce Clearing House, Inc., Chicago, monthly.

Lee, Eric H., *Encyclopedia of Arbitration Law*, Lloyd's of London Press, Colchester, 1985– (loose-leaf).

Covers all the leading English cases on arbitration and the relevant statutory provisions.

Managerial Law, MCB University Press, Bradford, bimonthly.

Consists of six separate monographs on such topics as trade union democracy, balloting for closed shops, the Companies Act, contracts of employment, discrimination and collective agreements.

Meinhardt, P., *Company Law in Europe*, 3rd edn, Gower, Aldershot, 1981.

Covers Austria, Belgium, Denmark, France, Germany, Italy, Jersey, Liechtenstein, Luxembourg, Netherlands, Sweden, Switzerland. Separate sections for each country with detailed index and bibliographies.

The New Encyclopaedia of Employment Law and Practice, ed. Frank Walton, Professional Publishing, London, 1985– (loose-leaf).

Guide to all aspects of employment legislation in the UK kept up-to-date by quarterly amendment service.

Payne, D., *Employment Law Manual*, Gower, Aldershot, 1976– (loose-leaf).

Sizer, Richard and Newman, Philip, *The Data Protection Act*, Gower, Aldershot, 1985.

One of many books published to assist in the interpretation and implementation of the Data Protection Act 1984. This one summarises and explains the Act; considers its implications for managers and professionals; and provides two appendices outlining some legal facts associated with computers and some relevant technical facts associated with computers.

Living Costs *see* **Cost of living**

Local Government *see* **Public administration**

Location of industry

Business Location Handbook, Beacon Publishing, Jubilee House, Billing Brook Road, Weston Favell, Northampton NN3 4NW, annual.

Very well-reviewed guide containing detailed information and advice on choice of location, transport costs, sources of finance including grants, etc.

Luxembourg *see* **Europe; Exporting**

Magazines *see* **Periodicals**

Malaysia *see* **Countries**

Malta *see* **Europe**

Management Accounting *see* **Accounting**

Management consultants

Sources include:

Consultants & Consulting Organizations Directory, 5th edn, Gale Research Company, Detroit, 1982; supplemented by *New Consultants*.

Directory of Management Consultants in the UK, Alan Armstrong & Associates, London, annual.

Gives details of about 1000 consultants with indexes by key areas of specialisation, geographical location, directors, etc.

European Guide to Industrial Marketing Consultancy, Industrial Marketing Research Association, 11 Bird Street, Lichfield, Staffs WS13 6PW.

Directory of industrial market research consultants, giving details of industries, techniques and geographical areas covered.

The Executive Grapevine, 4th edn, Executive Grapevine, 79 Manor Way, Blackheath, London SE3 9XG, 1985.

A directory of recruitment consultants consisting of 260 consultancy profiles (UK and Europe); international section containing 500 consultancy listings; alphabetical list of all consultancies; geographical index; indexes by function/job title, industry, salary, location.

Management Consultancy Information Service, Anne Mallach, 38 Blenheim Avenue, Gants Hill, Ilford, Essex IG2 6JQ.

Set up with the support and encouragement of the Confederation of British Industry to act as a central source of information on management consultants in the UK. Files are maintained on over 1000 consultancy firms and individuals across a wide range of disciplines.

Management games

The leading guide to games is:

Elgood, Chris, *Handbook of Management Games*, 3rd edn, Gower, Aldershot, 1984.

Part I explains how to use management games, and Part II consists of a directory of British games compiled from questionnaires completed by the games' producers. There are alphabetical indexes of games (with description and classification), suppliers of games, background to games, functional areas.

Sources of supply include:

Chris Elgood Associates Ltd, The Studio, Cranbrook Road, Hawkhurst, Kent TN18 4AR.

Management Games Ltd, Methwold House, Northwold Road, Methwold, Thetford, Norfolk IP26 4PF.

Management Training *see* **Training**

Manpower Planning *see* **Personnel management**

Marketing Consultants *see* **Management consultants**

Markets/Marketing/Market research (*see also* **Advertising; Exporting; Retailing**)

Guide to sources include:

Blauvelt, Euan and Durlacher, Jennifer (eds.), *World Sources of Market Information*, Gower, Aldershot, 1982, 3 vols.

Vol. 1: Asia/Pacific; Vol. 2: Africa/Middle East; Vol. 3: Europe. Each volume contains a country-by-country economic profile and a directory of market research reports and surveys – nearly 4500 covered in the three volumes. Index of products/topics and a list of relevant sources of information, both classified by country.

Economic Titles/Abstracts see **Abstracting and indexing services**

FINDEX: the directory of market and company research reports, studies and surveys see **Reports**

International Directory of Market Research Organisations, 7th edn, Market Research Society, 15 Belgrave Square, London SW1X 8PF, and British Overseas Trade Board, 1 Victoria Street, London SW1 0ET, 1985.

International Directory of Published Market Research, 10th edn, British Overseas Trade Board, London, in association with Arlington Management Publications, London, 1986.

Earlier editions of this important directory were available in fewer than half the libraries surveyed by Bakewell and Roper (43 per cent) – 16 in London, 7 in the North-West.

International Market Research Index, National Technical Information Service, 5285 Port Royal Row, Springfield, VA 22161, USA, 1983.

Indexes all foreign market research reports received by the International Trade Administration of the US Department of Commerce between January 1978 and June 1982.

Management and Marketing Abstracts see **Abstracting and indexing services**

Market Research Abstracts, Market Research Society, 15 Belgrave Square, London SW1X 9PF, twice yearly.

Taken by three (6 per cent) of the libraries surveyed by Bakewell and Roper – City Business Library, Lewisham and Manchester.

Marketing + Distribution Abstracts see **Abstracting and indexing services**

Marketing Ideas, Predicasts Inc., Cleveland, Ohio, bi-weekly.

The Marketing Information Guide, Trade Marketing Information Guide Inc., Garden City, New York, bi-monthly.

Annotated guide to marketing studies published by government agencies, universities, associations and other organisations.

Marketing Surveys Index, Marketing Strategies for Industry (UK) Ltd, 32 Mill Green Road, Mitcham, Surrey CR4 4HY, in association with the Institute of Marketing, 1985–, 3 vols. (loose-leaf).

Indexes market surveys for commodities and industries in a particular country or group of countries. Updated monthly.

Nicholas, David, *Commodities Future Trading: a guide to information sources and computerized services*, Mansell, London, 1985.

Covers market trading and price distribution services, newspapers, newsletters, journals, magazines and books (including yearbooks, directories and reference sources).

Pryce-Jones, Enid, *Market Research and Industry Surveys: a list of reports held by the Science Reference Library*, 4th edn, Science Reference Library, London, 1986.

A very useful guide, though the subject indexing could be improved. Lists 1600 post-1981 reports by publisher, with items available from the British Library Document Supply Centre asterisked. Updated on Prestel via the British Library's BISTEL.

Reid, Tony (ed.), *Legal Industrial Espionage* *see* **Information sources (general)**

Shaw, C. (ed.), *The A–Z of UK Marketing Information Sources*, Euromonitor Publications, London, 1984.

Contains chapters on government publications, trade associations, private research publishers, company market reports, stockbroker reports, *ad hoc* consumer research, surveys, journals, abstracts and indexes, libraries and information services, databases and online systems. Indexed by source and product.

Statistics and Market Research: a guide to current periodical articles *see* **Statistics**

Walters, Tricia, *Market Research Sourcebook*, Headland Press, Hartlepool, 1984 and update 1986.

An in-depth evaluation of market research information sources, which won the Aslib Economics and Business Information Group's 1985 award for the best new business reference source.

Some directories, handbooks, etc.:

Baker, M. J. (ed.), *Macmillan Dictionary of Marketing and Advertising* see **Advertising**

Benn's Direct Marketing Services, Benn's Business Information Services, Tunbridge Wells, biennial.

Britt, S. Henderson and Guess, N. F. (eds.), *The Dartnell Marketing Manager's Handbook*, 2nd edn, Dartnell, Chicago, 1983; distributed in UK by Alan Armstrong & Associates.

A comprehensive anthology with contributions by 132 experts, a good index and useful references for further reading.

Durlacher, Jennifer (ed.), *Direct Mail Databook*, 4th edn, Gower, Aldershot, 1984.

Contains details of organisations providing lists and/or services for direct mail users with particulars of the lists themselves. Includes the results of an extensive survey of mailing houses, consultancies, advertising agencies, publishers, professional bodies and list brokers, with feature articles covering key aspects of the direct mail business. Indexes of organisations, lists and advertisers.

The English Regions, Euromonitor Publications, London 1985, 7 vols.

Consists of seven individual regional market reports – East Anglia, Greater London, the Midlands, the North-East, the North-West, the South-East and the South-West. Each report has sections dealing with population and health; employment and earnings; transport and geography; economic infrastructure and GDP; agriculture; construction; extraction and manufacturing; retailing; catering and tourism; financial services; households; consumer markets; advertising and media. Expensive – £95 per volume or £550 for the set.

European Marketing Data & Statistics, Euromonitor Publications, London, annual.

Provides market data on 30 European countries and statistics on population, employment, production, trade, economy, living standards, consumption, market sizes, retailing, consumer expenditure, housing and households, health and education, culture and mass media, communications, travel and tourism. Taken by 25 per cent of the libraries surveyed by Bakewell and Roper – ten in London and three in the North-West.

Hodgson, Richard S. (ed.), *The Dartnell Direct Mail and Mail Order Handbook*, 3rd edn, Dartnell, Chicago, 1980; distributed in UK by Alan Armstrong & Associates.

A comprehensive and practical compendium with useful appendices including a direct mail bibliography and a glossary.

International Marketing Data & Statistics, Euromonitor Publications, London, annual.

Covers 120 countries outside Europe. Taken by 17 per cent of the libraries surveyed by Bakewell and Roper – six in London and three in the North-West.

Key Note Reports see **Industries**

Market Assessment Publications, 2 Duncan Terrace, London N1 8BZ, publish a range of market assessment product group reports (annually) covering approximately 400 individual markets including 200 detailed market surveys; *Market Forecasts*, an annual publication containing 200 five-year forecasts of a range of food and non-food markets; also *Growth Markets* and *Non Food Markets* (see **Periodicals** below).

Market Guide: Continental Europe, Dun & Bradstreet, New York and London, twice yearly.

Marketing Pocket Book, Advertising Association, London, annual.

Provides statistical information on consumers, distribution, advertising and the media, as well as economic and demographic data.

Marketing Yearbook, Institute of Marketing, Cookham, Berks.

Includes information about marketing organisations, market research, the media, marketing statistics.

The Markets of Asia/Pacific, Gower, Aldershot, 1981–84, 10 vols.

A series of volumes published for the Asia/Pacific Centre giving information on the economic and political background; the people; private households; consumer markets; tourist markets; financial markets; industrial markets; external trade; labour force; media and advertising; retail trade; information sources; market research. Vol. 1: *Singapore*, 1981; Vol. 2: *Malaysia*, 1981; Vol. 3: *Thailand*, 1981; Vol. 4: *Indonesia*, 1981; Vol. 5: *Philippines*, 1982; Vol. 6: *Hong Kong and Macau*, 1982; Vol. 7: *South Korea*, 1982; Vol. 8: *Taiwan, Republic of China*, 1982; Vol. 9: *Australia*, 1984; Vol. 10: *People's Republic of China*. 1984.

Rines, Michael (ed.), *Marketing Handbook*, 2nd edn, Gower, Aldershot, 1981.

Published in association with *Marketing*. A comprehensive work with contributions by experts.

Riso, Ovid (ed.), *The Dartnell Sales Manager's Handbook*, 13th edn, Dartnell, Chicago 1980; distributed in UK by Alan Armstrong & Associates.

Comprehensive survey of US practice with a bibliography, a glossary, legal data and contract forms, a directory of sales training aids and other useful information for the American practitioner.

Riso, Ovid (ed.), *The Dartnell Sales Promotion Handbook*, 7th edn, Dartnell, Chicago 1979; distributed in UK by Alan Armstrong & Associates.

Comprehensive and practical, with many illustrations and bibliographical references but dated and with an inevitable US bias.

Walters, T., *The A–Z of UK Marketing Data 1985*, Euromonitor Publications, London, 1985.

A compilation of facts and figures covering 450 consumer markets for the period 1978–83.

Some periodicals:

Campaign see **Advertising**

East European Markets, Financial Times Business Information, London, twice monthly.

Published in association with the London Chamber of Commerce and Industry.

European Journal of Marketing, MCB University Press, Bradford, 7 issues per annum.

Three of the seven issues are special issues taking an in-depth study of a specific topic (e.g. marketing asset accounting, marketing and small business).

Growth Markets, Market Assessment Publications, London, monthly.

Analyses 60 growth markets.

Industrial Marketing Management, Elsevier Scientific Publishing, Amsterdam, quarterly.

Journal of Marketing, American Marketing Association, Chicago, quarterly.

Includes practical articles, abstracts and book reviews.

Journal of Marketing Research, American Marketing Association, Chicago, quarterly.

Includes proceedings of biannual conferences of the American Marketing Association.

Journal of Sales Management, MCB University Press, Bradford, 3 issues per annum.

Covers all aspects of sales force management including recruitment and selection, remuneration, motivation, training, export sales management.

Journal of the Market Research Society, Market Research Society, London, quarterly.

Latin American Markets, Financial Times Business Information, London, twice monthly.

Market Assessment, BLA Management Services Group, London, 6 issues per annum.

Market Research Europe, Euromonitor Publications, London, monthly.

Each issue gives a European market overview together with special reports. Taken by four (8 per cent) of the libraries surveyed by Bakewell and Roper – Cheshire, City Business Library, Hammersmith and Redbridge.

Market Research Great Britain, Euromonitor Publications, London, monthly.

Contains reports and analyses of consumer markets in Britain. Each issue includes four main market research reports and a section entitled 'Basic Marketing Parameters'. Indexed by commodity. Taken by 21 per cent of the libraries surveyed by Bakewell and Roper – five in London, five in the North-West and Clwyd.

Marketing, Haymarket Magazines Ltd, London, weekly.
Published for the Institute of Marketing, 'Newsy' articles and short notes.

Marketing in Europe: a research journal covering consumer goods markets, marketing and distribution in Western Europe, Economist Intelligence Unit, London, monthly.
Each issue includes background information for European Communities member states, exchange rates and trade reviews. Taken by six (11 per cent) of the libraries surveyed by Bakewell and Roper – Camden, City Business Library, Hammersmith, Manchester, Redbridge and Westminster.

Marketing Intelligence & Planning, MCB University Press, Bradford, quarterly.
Covers marketing information systems, advertising effectiveness research, understanding buyer behaviour, technological forecasting, concept testing, test marketing, marketing research.

Mintel Marketing Intelligence Reports, Mintel Publications, London, monthly.
Five reports each month on consumer goods markets, normally containing original consumer research. Taken by only five (9 per cent) of the libraries surveyed by Bakewell and Roper – Camden, City Business Library, Liverpool, Manchester and Westminster – which is not surprising in view of their cost (£350 per annum). Mintel also publishes: *Leisure Intelligence* (quarterly); *Mintel Daily Digest* (highlighting items on marketing, advertising and general business interest from the national press and some 100 specialised journals); *Mintel Personal Finance Intelligence* (quarterly); *Retail Intelligence* (quarterly). (*See also* entry for Mintel Publications under **Fee-based information services**).

MSI Database Reports, Marketing Strategies for Industry (UK), Mitcham, monthly.
New and revised reports published each month for a wide range of topics in the food, drinks and tobacco; retailing

and distribution; industrial; building and decorating; textiles and footwear; consumer durables, consumer non-durables and consumer/industrial products sectors. Each 25–35-page report costs £35.

Non-Food Markets, Market Assessment Publications, London, monthly.

Surveys 60 markets.

Quarterly Review of Marketing, Institute of Marketing, Cookham, Berks.

Materials Management *see* **Physical distribution management; Purchasing and materials management**

Media *see* **Newspapers; Periodicals**

Mergers *see* **Companies**

Mexico *see* **Countries**

Microcomputers

Guides include:

Bowker's Complete Sourcebook of Personal Computing 1985, Bowker, New York and London, 1985.

Gives details of 3000 computers, 2000 programs and 5000 publications.

Bradbeer, Robin *et al.*, *Choosing and Using a Business Computer*, Gower, Aldershot, 1982.

Includes case-studies; a survey of microcomputer equipment; details of software and hardware suppliers; and a glossary.

Computing Marketplace see **Computers**

Microcomputer Market Place 1985, Bowker, New York and London, 1985.

Micro Decision, VNU Business Publications, London, monthly.

Personal Computer Markets, Financial Times Business Information, London, twice monthly.

Number 3 inthe FTBI FinTech series.

Townsend, Kevin (ed.), *Choosing and Using Business Micro Software*, Gower, Aldershot, 1984.

A practical guide to buying and managing microcomputers and software.

What Micro?, VNU Business Publications, London, monthly.

Middle East *see* **Countries**

Money Markets *see* **Financial information/management**

Multinationals

Sources include:

Dunning, John H. and Pearce, Robert D., *The World's Largest Industrial Enterprises*, 2nd edn, Gower, Aldershot, 1985.

A survey of multinational activity with two new sections since the first edition of 1981 – one on employment activities and one on research and development performance and activities by industry and country.

Dunning, John H. and Stopford, John M., *Multinationals: Company Performance and Global Trends*, Macmillan, London, 1983.

Hoopes, David S., *Global Guide to International Business*, Facts on File, New York and Bicester, 1985.

Gives details of more than 3000 information sources on international business including finance, laws, marketing, transportation, importing, management recruitment methods, etc.

International Business Unit, University of Bradford, Management Centre, Emm Lane, Bradford, West Yorkshire BD9 4JL.

Multinational Business, Economist Intelligence Unit, London, quarterly.

Pan European Associations: a directory of multinational organisations in Europe, CBD Research, Beckenham, 1983.

Stopford, John M. (ed.), *The World Directory of Multinational Enterprises 1982–83*, Macmillan, London, 1982.

Taken by 17 per cent of the libraries surveyed by Bakewell and Roper – seven in London and two

(Liverpool and Trafford) in the North-West. Camden made a conscious decision not to purchase it on the grounds that it duplicates information available in other directories.

Netherlands *see* **Europe; Exporting**

Newspapers

Benn's Media Directory, Benn's Business Information Services, Tunbridge Wells, annual, 2 vols.

Formerly *The Newspaper Press Directory* and *Benn's Press Directory*. Standard guide to the world's media including newspapers, periodicals, directories and broadcasting. Vol. 1 *(United Kingdom)* covers newspapers, periodicals, directories and broadcasting services. Vol. 2 *(Overseas Countries)* covers overseas and international media with more than 28,000 titles in 195 countries including details of UK contacts. A free information service (BEMIS) is offered to purchasers of the directory.

IMS Ayer Directory of Publications, IMS Press, Fort Washington, PA, annual.

Standard American guide.

Willing's Press Guide, Thomas Skinner Directories, East Grinstead, annual.

Some important newspapers and their indexes:

Daily Telegraph, 135 Fleet Street, London EC4P 4BL.

Taken by 92 per cent of the libraries surveyed by Bakewell and Roper – 33 in London and 16 in the North-West.

Financial Times, Bracken House, 10 Cannon Street, London EC4P 4BY.

Taken by 98 per cent of the libraries surveyed by Bakewell and Roper – 34 in London, 17 in the North-West and Clwyd.

Financial Times Index, Bracken House, 10 Cannon Street, London EC4P 4BY.

Published since 1981 as *The Monthly Index to the Financial Times* and described by one London librarian as 'a godsend'. Its 'high cost' and 'idiosyncratic indexing' have been criticised[28] but it remains an invaluable reference tool and it is surprising that it was taken by only 17 per cent of the libraries surveyed by Bakewell and Roper – Bromley, Camden, City Business Library, Cumbria, Liverpool, Manchester, Tameside, Waltham Forest and Westminster.

The Guardian, 119 Farringdon Road, London EC1R 3ER; 164 Deansgate, Manchester M60 2RR.

International Herald Tribune, Long Island City, NY 11101, USA; 181 avenue Charles de Gaulle, 92200 Neuilly-sur-Seine, France.

Monthly Index to the Financial Times see *Financial Times Index*

New York Times, 229 West 43rd Street, New York, USA.
Taken by three (6 per cent) of the libraries surveyed by Bakewell and Roper – Camden, City Business Library and Manchester.

The Times, Times Newspapers Ltd, 1 Pennington Street, London E1 9DD.
Taken by all the libraries surveyed by Bakewell and Roper – though at the time of writing (February 1986) it is not taken by a number of libraries.

The Times Index, Research Publications Ltd, PO Box 45, Reading, Berks RG1 8HF, monthly.
Taken by 81 per cent of the libraries surveyed by Bakewell and Roper – 29 in London, 13 in the North-West and Clwyd.

Wall Street Journal, Dow Jones & Company Inc., 22 Cortlandt Street, New York, NY 10007, USA.
Taken by three (6 per cent) of the libraries surveyed by Bakewell and Roper – City Business Library, Manchester and Westminster.

Wall Street Journal Index, Dow Jones & Company Inc., New York, monthly.
Taken by three (6 per cent) of the libraries surveyed by Bakewell and Roper – Camden, City Business Library and Islington.

Washington Post, 1150 15th Street, Washington, DC 20071, USA.

Other useful sources include:

Daily Press Index Service see **Abstracting and indexing services**

DIALOG Information Service Inc., *see* **Online services**

Facts on File: world news digest with index, Facts on File Inc., New York.

The US equivalent of *Keesing's Contemporary Archives* (see below). Consists of weekly sheets of news items with fortnightly cumulative index.

Keesing's Contemporary Archives: record of world events, Longmans Group, Harlow.

A loose-leaf record of national and international current affairs, based on information abstracted from the press, broadcasting, official and other sources. Updated monthly with quarterly cumulative subject indexes and half-yearly cumulative name indexes.

LEXIS/NEXIS see **Online services**

Newspaper Archive Developments, Holybrook House, Castle Street, Reading, Berks, RG1 7SN.

PA Online *see* **Online services**

Pergamon Infoline *see* **Online services**

Research Index see **Abstracting and indexing services**

Reuters Economic Services *see* **Online services**

SDC Search Service *see* **Online services**

Textline *see* **Online services**

North Africa *see* **Countries**

North America *see* **Countries**

Norway *see* **Europe; Exporting**

Occupational Health & Safety *see* **Health & safety**

Office Management *see* **Administrative management**

Official publications (*see also* **Reports; Statistics**)

Sources include:

Catalogues published by Her Majesty's Stationery Office (HMSO), 49 High Holborn, London WC1V 6HB (callers only), PO Box 569, London SE1 9NH (trade and London mail orders), and the US Government Printing Office, North Capitol and H Streets NW, Washington, DC 20401, USA.

Business and Government: a monthly survey of official & semi-official publications for business and industry, Key Facts, The Old Rectory, Northill, nr Biggleswade, Beds SG18 9AH.

Lists and describes UK official publications of interest to industry and commerce under broad subject headings.

Catalogue of British Official Publications Not Published by HMSO, Chadwyck-Healey, Cambridge, bi-monthly with annual cumulations.

Foreign Language Index see **Abstracting and indexing services.**

Microinfo, PO Box 3, Newman Lane, Alton, Hampshire GU34 2PG.

The official European distributor for publications of the US Government Printing Office, the National Technical Information Service, the World Bank, the International Monetary Fund, and the Japan Information Centre for Science and Technology. Subject oriented Alert Bulletins and individual Hotline notifications are provided.

Prestel

Public Affairs Information Service Bulletin see **Abstracting and indexing services**

Roberts, Stephen (comp.), *Directory of British Official Publications: a guide to sources*, 2nd edn, Mansell, London, 1984.

Lists about 1300 organisations which issue publications themselves rather than through HMSO, with details of types of publications issued; subjects covered; any restrictions on availability; addresses and telephone numbers from where publications can be obtained and named contacts. Indexes of organisations and subjects.

Many government reports are referred to simply by the name of their Chairman and can be difficult to trace because their exact titles are not known. A publication to help here is:

Richard, Stephen, *British Government Publications: an index to chairmen and authors*, Library Association Publishing, London, 1982, 3 vols.

Vol. 1 covers 1800–99; Vol. 2 1900–40; and Vol. 3 1941–78.

Online services (*see also* **Information sources; Videotex**)

Some examples of databases/hosts and their services:

ACOMPLINE

Created by the Research Library of the GLC Intelligence Unit. Covers all aspects of urban and social policies and development as dealt with in a wide range of books, articles, reports, conference proceedings, theses and other material from the UK, USA and Europe. Accessible via ESA-IRS and Scicon Ltd (q.v. below).

ADP Network Services, 175 Jackson Plaza, Ann Arbor, Mich 48106, USA; 179-193 Great Portland Street, London W1N 5TB.

Offers financial data (FINALYST) and statistics/data service (TSAM).

Business International Corporation, 1 Dag Hammarskjold Plaza, New York, NY 10017, USA.

Provides a wide range of accounts and marketing statistics, economic indicators and forecasts via BI DATA, accessible via DIALOG, IP SHARP and GEIS CO (the General Electrical Information Services Co network). Details of development are recorded in the occasional newsletter, *Online Update*.

Comshare Ltd, 32-34 Great Peter Street, London SW1P 2DB

The SITE system is particularly useful for market researchers, providing immediate access to the latest available population, housing and economic data for the whole of Britain. Allows profiles of any area or combination of areas and comparisons of areas.

Data Design Limited, Northside House, 69 Tweedy Road, Bromley, Kent BR1 3NN.

Provides an index and ordering facility for British Standards; a contracts contacts database covering more than 10,000 companies; and an Envoy Electronic Mail Database allowing users to send messages to each other via Viewdata.

Data-Star, Plaza Suite, 114 Jermyn Street, London SW1Y 6HJ. (Offices also in France, Germany, Japan, Netherlands, Scandinavia and Switzerland.)

A rapidly growing host, providing access to 87 databases including ICC Companies Data; Dow Jones News Service; Financial Times Company Information; Hoppenstedt company directories (covering Austria, Germany and the Netherlands); *ABI/Inform, Management Contents;* the Predicasts publications; *Public Affairs Information Service Bulletin;* and Worldwatch.

Datasolve Limited, Grosvenor House, 4-7 Station Road, Sunbury-on-Thames, Middlesex TW16 7AH.

Provides access to World Reporter, a full text service covering Asahi News Service, Associated Press, BBC External News Service, BBC Summary of World Broadcasts, *The Economist, Financial Times, The Guardian, Keesing's Contemporary Archives* and *The Washington Post;* and World Exporter, covering the same sources together with specialist sources such as *Export Times,* the British Overseas Trade Board's Export Intelligence Online, Euromoney publications and Mintel publications.

Datastream International Ltd, Monmouth House, 58-64 City Road, London EC1Y 2AL.

Provides company accounts analysis (UK quoted, UK unquoted, North America, European); company share holdings; share prices; search facilities (e.g. mergers and acquisitions); stock market indices; exchange rates; interest rates; commodity prices; economic data; and news. Used by the London Business School Library far more than any other service in 1983.

DIAL Industry series *see* Information Services Ltd below.

DIALOG Information Service Inc., 3460 Hillview Avenue, Palo Alto, CA 94304, USA; PO Box 8, Abingdon, Oxon OX13 6EG.

The largest host, providing access to a wide range of databases including Business International's BI/DATA services; ICC company records; Trademarkscan; Electronic Yellow Pages; *Thomas's Register;* Standard & Poor's publications; DISCLOSURE Inc.; *Harvard Business Review;* FIND/SVP; FINIS (the [American] Bank Marketing Association's Financial Industry Information

Service); *Management Contents;* and the Predicasts publications.

DIALTECH *see* ESA-IRS below.

DISCLOSURE Inc. *see* DIALOG Information Service Inc. above and LEXIS/NEXIS below.

ECHO, European Commission Host Organisation, 177 Route d'Esch, L-1471, Luxembourg.

EKOL (European Kompass On-Line) *see* Information Services Ltd. below.

ESA-IRS, Via Galileo Galilei, I – 00044 Frascati (Roma) Italy; IRS DIALTECH, Room 204, Ebury Bridge House, 2-18 Ebury Bridge Road, London SW1W 8OD.

The European Space Agency's Information Retrieval Service with more than 70 databases containing 30,000,000 references in a wide range of subject disciplines. Business databases include *ABI/Inform,* ACOMPLINE (q.v. above) and HSELINE (q.v. below).

Esmerk *see* PA Online below.

Financial Times Business Enterprises, Room 510 South, Bracken House, 10 Cannon Street, London EC4P 4BY.

Financial Times Company Information Database, 102-108 Clerkenwell Road, London EC1M 5SA.

FINIS (Financial Industry Information Service) *see* DIALOG Information Service Inc. above and LEXIS/NEXIS below.

Finsbury Data Services *see* Textline below.

General Electric Information Services Co., 401 N. Washington Street, Rockville, MD 20850, USA; Geisco Ltd, 114-118 Southampton Row, London WC1B 5AB.

Databases available include Business International's BI/DATA series of forecasts, statistics and economic indicators.

HSELINE, Health & Safety Executive Library & Information Services, Broad Lane, Sheffield S3 7HQ.

Provides access to a wide range of information on health and safety from monographs, manuals, encyclopaedias and reference handbooks, periodical articles, legal material, conference proceedings, reports, patents, standard specifications, theses, etc. Contains more than 50,000 references with approximately 10,000 items added each year. Accessible via ESA-IRS.

ICC Database, Inter Company Comparisons Limited, 81 City Road, London EC1Y 1BD.

The Directory of Companies gives detailed information on every limited company in England, Scotland and Wales, updated weekly. The Financial Data File provides financial and commercial details of 100,000 companies. Available via Data-Star and DIALOG.

INDIS (Industrial Information System), West Glamorgan County Council, Central Research Unit, FREEPOST, Swansea SA1 1ZZ.

An example of a local database. Promoted jointly by Mid-, South and West Glamorgan county councils, INDIS contains details of all the manufacturing and service companies in the three counties. Its aim is to help business in South Wales to find local suppliers of materials and to increase their local trading.

Infomat Business Database *see* Pergamon Infoline below.

Information Services Ltd, Windsor Court, East Grinstead House, East Grinstead, West Sussex RH19 1XE.

Provides access to a number of major directories. KODA Online provides access to European Kompass On-Line (EKOL), covering 257,000 companies in 12 countries (UK, Belgium, Denmark, France, Italy, Luxembourg, the Netherlands, Norway, Spain, Sweden, Switzerland and West Germany). Online access is also available to *Bankers' Almanac, British Exports, Directory of Directors, Kelly's Manufacturers and Merchants Directory, UK Trade Names* and the DIAL Industry series, covering engineering, food, electrical, building and construction.

IP Sharp Associates Ltd, 132 Buckingham Palace Road, London SW1W 9SA.

Provides a range of statistical databases including Business International's BI/DATA forecasts and economic indicators.

KODA Online *see* Information Services Ltd above.

LEXIS/NEXIS, Mead Data Central International, International House, 1 St Katharine's Way, London E1 9UN; 9393

Springboro Pike, PO Box 933, Dayton, Ohio 45401, USA.

Provides access to a wide range of information on world affairs, business, marketing, advertising, public relations, banking, finance, accounting, corporate planning and law, including the full text of *New York Times, Financial Times, The Economist, The Washington Post, Business Week, Fortune, The Japan Economic Journal* and such major sources as the Bank Marketing Association's FINIS (Financial Industry Information Service) database of abstracts of over 200 financial publications and the DISCLOSURE database of corporate financial information. In total, the full text of 150 sources is provided, excluding advertisements, stock quotations, pictures and syndicated columns.

MASTA (Medical Advisory Services for Travellers Abroad), Keppel Street, London WC1E 7HT.

A database established within the Bureau of Hygiene and Tropical Diseases and validated by the London School of Hygiene and Tropical Medicine, providing information tailored to the needs of individual travellers who enter their personal travel details on a written application form. MASTA assesses the exact journey dates and living conditions abroad, personal details of past immunisations, allergies, etc. and produces an individual 'Travel Brief'.

Mead Data Central *see* LEXIS/NEXIS above.

MicroEXSTAT *see* **Companies**

Newsfile *see* PA Online below.

NEXIS *see* LEXIS/NEXIS above.

PA Online, The Press Association Limited, 85 Fleet Street, London EC4P 4BE.

Provides online access to the Esmerk database covering general and specialist sources from the UK, Eire, the rest of Europe (including Eastern Europe), the Middle East, Africa, India, the Far East, Australia, Canada, Japan, New Zealand and the USA including well over 200 daily newspapers. Also covers Newsfile – PA's news services. Both may be accessed using a suitably equipped micro or videotex terminal.

Pergamon Infoline, 12 Vandy Street, London EC2A 2DE.

Provides access to a wide range of patent, business and company sources. *INPADOC* covers patent documents published by 51 national and regional Patent Offices, *PATLAW* is based on *US Patents Quarterly*, *INPANEW* contains the latest 15 weeks' data from the INPADOC Patent Gazette, and *PATSEARCH* is a comprehensive file of US patents from 1971 to date. *Jordanwatch* provides access to UK company data, including registered offices, incorporation date, date of last accounts, changes of name since 1976, appointment of liquidator and latest filings on all corporate documents. *BSI STANDARDLINE* provides comprehensive details of more than 9500 British Standards. *Industrial Market Locations* provides information on 135,000 companies including company names, addresses, telephone numbers, named contacts, activity, description, Standard Industrial Classification codes and number of employees. Other major sources available include RAPRA Trade Names Databases, *Who Owns Whom,* Dun & Bradstree's *Key British Enterprises,* the Companies Registration Office's *Directory of Companies* and PIRA's *Management and Marketing Abstracts.* The Infomat Business Database has added 250,000 items since March 1983 taken from over 500 newspapers, trade and business journals in ten different languages; 600 new summaries are provided each day, covering business, commercial, market, economic and industrial matters.

POLIS *see* Scicon Limited below.

Predicasts Terminal System, Predicasts Inc., 11001 Cedar Avenue, Cleveland, Ohio 44106, USA; 199/201 High Street, Orpington, Kent BR6 0PF.

Covers market data, time series, forecasts, management and business generally. A new database, *Marketing & Advertising Reference Service* (MARS), covers the advertising and marketing of consumer goods and services. Also available via Data-Star, DIALOG and Radio Suisse.

Press Association *see* PA Online above.

Questel, Telesystemes-Questel, 83-85 boulevard Vincent-Auriol, 75013 Paris, France.

Covers *World Patents Index* (Derwent Publications Ltd) and European and French Patent Office database series.

Radio Suisse Ltd, 61 Schwarztorstrasse, CH-3200, Berne, Switzerland.

Provides access to the Predicasts publications, *Public Affairs Information Service Bulletin* and *Foreign Language Index*.

Reuters Economic Services, Reuters Limited, 85 Fleet Street, London EC4P 4AJ.

Provides news and information services over teleprinter and desk-top video screens. The Reuter Monitor UK Investment Service provides comprehensive coverage of UK equity, gilt, property and money markets.

Scicon Limited, Brick Close, Kiln Farm, Milton Keynes MK11 3EJ.

Provides access to POLIS (Parliamentary On-Line Information System) which allows searches of parliamentary questions and publications under speakers, committees, dates and subjects; ACOMPLINE; URBALINE; and DHSS-DATA (covering Department of Health and Social Security Library publications on such topics as health service planning and administration, social services, social policy, etc.).

SCIMP: European Cooperative Index of Management Periodicals.

For annotation see under **Abstracting and indexing services**. Accessible online via the London Business School Library, Sussex Place, Regent's Park, London NW1 4SA and Helsinki School of Economics, Runeberginkatu 22-24, 00100 Helsinki 10, Finland.

SDC Information Services, System Development Corporation, Colorado Avenue, Santa Monica, CA 90406, USA; Bakers Court, Bakers Road, Uxbridge, Middlesex UB8 1RG.

Provides access to a range of databases including *ABI/Inform, Accountants' Index* and *Management Contents*.

Sharp (I.P.) Associates *see* IP Sharp above.

SIA Computer Services, Ebury Gate, 23 Lower Belgrave Street, London SW1W 9SA.

Provides access to the Bank of England's financial statistics; European statistics produced by the European Economic Community; Central Statistical office statistics; the Financial Times currency and share index databank; the International Monetary Fund's *International Financial Statistics;* the French Statistics Office's economic statistics; and the Organisation for Economic Co-operation and Development's *Main Economic Indicators.*

Textline, Finsbury Data Services Limited, 68/74 Carter Lane, London EC4V 5EA. Offices also in Amsterdam, New York, Japan, Singapore and Sweden.

Deservedly successful British company providing access to information on industries, companies, markets, products; current economic data, attitudes, trends, forecasts; summaries of parliamentary and political events, legislation, public affairs, culled from national newspapers, business journals, press releases, news tapes, corporate financial reports, newsletters, brokers' surveys, published originally in English, French, German, Italian, Japanese, Spanish and Danish. Some 7000–8000 abstracts are added each week.

URBALINE

Contains concise summaries covering all the important news items of the day derived from the GLC Research Library *Daily Intelligence Bulletin* and *Weekly Technical Bulletin.* Complements ACOMPLINE (q.v. above) by covering newspaper stories and press notices. Accessible via Scicon Limited (q.v. above).

World Exporter *see* Datasolve Limited above.

World Reporter *see* Datasolve Limited above.

Some guides to online services:

Database Directory, Knowledge Industry Publications, White Plains, New York, 2 issues per annum and 12 monthly newsletters.

Contains detailed descriptions of all public online databases available in North America – approximately 2500 databases from more than 800 producers. Published in association with the American Society for Information Science.

Directory of Online Databases, Cuadra/Elsevier, New York., 2 issues plus 2 updates per annum.

The Spring 1985 issue (the latest at the Science Reference

and Information Service in January 1986) lists and describes 2764 databases from 1316 producers within 414 host services. Includes a useful concise description of the online/database industry.

The Financial Online Information Report, First Market Intelligence Ltd, 10 Denbigh Street, London SW1V 2ER, 1985– (loose-leaf).

Describes and evaluates more than 200 databases designed to meet the information requirements of the City. At £780 plus £350 for quarterly updates, the public business librarian should perhaps know about it but will almost certainly not be able to afford it.

Foster, Allan and Smith, Gerry, *Online Business Sourcebook*, Headland Press, Hartlepool, 1985– (loose-leaf).

An invaluable guide to business databases, updated quarterly. Replaces Foster's *Which Database?* and the previously announced, but never published, *Which Databank?* At £55, this one *is* within the reach of the public library, and no good business information service should be without it.

Howitt, Doran and Weinberger, Marvin I., *Inc. Magazine's Databasics: your guide to online business information*, Garland Publishing, New York and London, 1984.

Presented in five parts: All About the Information Industry; A Guide to Selected Databases (containing descriptions of 85 databases); Database Vendors (containing 20 in-depth surveys and 27 briefer ones); Making the Connection (terminals, microcomputers, modems); Online Information in the Future. There are also five appendices: Selected Books, Periodicals and Directories; Major Information Brokers (describing 26 organisations); A Smorgasbord of Terminals; A Smorgasbord of Communications Software; and A Smorgasbord of Modems. A very useful work of reference in spite of its American bias. Lists some British sources (e.g. Datasolve, Finsbury Data Services) but excludes other (e.g. Financial Times).

I'M: Information Market, Marché de l'Information, Informationsmarkt, Commission of the European Communities, Luxembourg, bi-monthly.

A newsletter giving details of online developments in the European Communities. Incorporates *Euronet DIANE News*.

Kruzas, Anthony T., Thomas. R. C. and Gill, Kay (eds.), *Business Organizations and Agencies Directory* see **Organisations**

Media Monitor see **Audio-visual materials**

North American Online Directory 1985, Bowker, New York and London, 1985.

Provides information about 1500 companies.

Online Business Information, Headland Press, Hartlepool, monthly.

An extremely useful guide. Issues have included detailed evaluations of major databases (e.g. Jordanwatch, Textline, World Reporter) and news of developments.

United States. Department of Commerce. National Technical Information Service, *Published Searches: new master catalog,* US Department of Commerce, NTIS, Springfield, VA 22161, USA 1985; available from Microinfo Limited, PO Box 3, Newman Lane, Alton, Hants GU34 2PG.

Lists searches from the NTIS database, with complete citations, under alphabetically arranged subject headings. Subjects covered include Business, Computer Applications, Computer Leasing, Computer Privacy, Industrial Plants, Labor Relations, Management, Management Information Systems, Personnel Management, PERT, Productivity, Project Planning and Purchasing, though there is a definite scientific and technical slant.

Williams, Martha E. (editor-in-chief), *Computer-Readable Databases: directory and data sourcebook*, rev. edn, American Library Association, Chicago 1985, 2 vols.

Covers 2805 databases. Vol. 1 covers science, technology and medicine and vol. 2 covers business, law, humanities and social science. Full indexes (of producers, subjects and names) in each volume.

Operations Management *see* **Production Management**

Oracle *see* **Videotex**

Organisations

Guides to orgaisations include:

The Bankers' Almanac and Yearbook see **Banks and banking**

Councils, Committees and Boards: a handbook of advisory, consultative, executive & similar bodies in British public life, ed. Lindsay Sellar, 6th edn, CBD Research, Beckenham, 1984.

Earlier editions edited by I. G. Anderson. Includes indexes of abbreviations and acronyms, chairmen and subjects. Earlier editions taken by 96 per cent of the libraries surveyed by Bakewell and Roper – 33 in London, 17 in the North-West and Clwyd.

Directory of British Associations and Associations in Ireland, ed. G. P. Henderson and S. P. A. Henderson, 8th edn, CBD Research, Beckenham, 1986.

Standard guide, providing an alphabetical listing and description of more than 6000 organisations with indexes of abbreviations and subjects. Earlier editions taken by all the libraries surveyed by Bakewell and Roper.

Directory of Employers' Associations, Trade Unions, Joint Organisations, etc., Department of Employment, London, 1983– (loose-leaf).

Amendments issued quarterly. Taken by 73 per cent of the libraries surveyed by Bakewell and Roper – 27 in London and 11 in the North-West; a surprisingly low figure for such an important work.

Directory of European Associations, ed. I. G. Anderson, CBD Research, Beckenham, 2 vols.

Vol. 1: *National Industries, Trade and Professional Associations*, 3rd edn, 1981; Vol. 2: *National Learned, Scientific and Technical Societies*, 2nd edn, 1979.

Encyclopedia of Associations, Gale Research Company, Detroit, annual, 4 vols.

Vol. 1: *National Organizations of the US*. (The 20th edn, 1986, includes a detailed alphabetical and keyword index to vols. 1 and 4; a two issue updating service reports major changes between editions.) Vol. 2: *Geographic and Executive Indexes* lists in state and city order all the associations listed in vol. 1 with names, addresses and telephone numbers of executives; the Executive Index lists all the executives mentioned in vol. 1 with titles, organisations, addresses and telephone numbers. Vol. 3: *New Associations and Projects*. (Periodical supplement to vol 1.) Vol. 4: *International Organizations*. Earlier editions taken by 28 per cent of the libraries surveyed by Bakewell and Roper – 13 in London, 2 in the North-West.

Europa Yearbook: a world survey, Europa Publications, London.

International Directory of Market Research Organisations see **Markets/Marketing/Market research**

Kruzas, Anthony T., Thomas, R. C. and Gill, Kay (eds.), *Business Organizations and Agencies Directory: a guide to trade, business and commercial organizations, government agencies, stock exchanges, labor unions, chambers of commerce, diplomatic representation, trade and convention centers, trade fairs, publishers, data banks and computerized services, educational institutions, research centers, and libraries and information centers*, 2nd edn, Gale Research Company, Detroit, 1984.

The 1980 edition was available in six (11 per cent) of the libraries surveyed by Bakewell and Roper – Camden, Cheshire, City Business Library, Liverpool, Manchester and Newham.

Millard, Patricia (comp.), *Trade Associations and Professional Bodies in the United Kingdom*, 7th edn, Pergamon Press, Oxford, 1984.

Very useful guide. Taken by 89 per cent of the libraries surveyed by Bakewell and Roper – 33 in London, 13 in the North-West and Clwyd.

Pan European Associations: a directory of multinational organisations in Europe, CBD Research, Beckenham, 1983.

The World of Learning, Europa Publications, London, annual, 2 vols.

Packages, Training *see* **Audio-visual materials**

Patents

Pergamon Infoline *see* **Online services**

Questel *see* **Online services**

Reid, Tony (ed.), *Legal Industrial Espionage* see **Information sources (General)**

Payment Systems *see* **Remuneration**

PDM *see* **Physical distribution management**

Periodicals (*see also* **Abstracting and indexing services**)

Periodicals on specific subjects are listed under the appropriate subject heading. The following are some business periodicals of general interest:

Across the Board, The Conference Board, 845 Third Avenue, New York, NY 10022, USA, 11 issues per annum.

In spite of the inevitable American bias, this is a very useful journal containing practical articles on management and economic trends with occasional book reviews. The present author made much use of it, under its earlier title of *Conference Board Record*, when librarian of the British Institute of Management, and was surprised that none of the libraries surveyed by Bakewell and Roper subscribed to it.

British Business: weekly export and industrial news from the Department of Trade and Industry, Freepost, London SW1P 4BR, weekly.

Each issue includes economic indicators, home business news, new products section, EEC news, overseas trade news and statistics, with occasional special features such as a quarterly trade promotions guide. There is a separate statistics section consisting mainly of monthly and quarterly statistics produced by the Department of Trade and Industry. Regularly covered are index of industrial production, producer price indexes, capital expenditure and stocks, retail trade, credit business, companies, overseas trade, balance of payments. An index to statistics published regularly in *British Business* is included in each issue. Taken by 89 per cent of the libraries surveyed by Bakewell and Roper – 33 in London and 14 in the North-West. The libraries which do not subscribe really should do so!

Business Week, McGraw-Hill, New York, weekly.

An important review of the business and management field with book reviews.

Employment Gazette see **Industrial relations**

Fortune, Time Inc., Time & Life Building, Rockefeller Center, New York, NY 10020, USA; *Fortune International,* Time-Life International B.V., Ottho Heldringstraat 5, 1066 AZ, Amsterdam, Netherlands, fortnightly.

In spite of the fairly recent introduction of an international edition of this well-known 'glossy' of the business world, only twelve (23 per cent) of the libraries surveyed by Bakewell and Roper were subscribing to it – Camden, Cheshire, City Business Library, Ealing, Hammersmith, Islington, Lewisham, Liverpool, Manchester, Merton, Westminster and Wirral.

Harvard Business Review, Harvard University Graduate School of Business Administration, Soldiers Field, Boston, Mass., 02163, USA, bi-monthly; *HBR/Online,* John Wiley & Sons Inc., 605 Third Avenue, New York, NY 10158, USA.

Many people regard this as the outstanding business and management journal, yet only ten (19 per cent) of the libraries surveyed by Bakewell and Roper were subscribing to it (Camden, City Business Library, Clwyd, Ealing, Haringey, Harrow, Lancashire, Liverpool, Manchester and Wandsworth). Bromley was accessing it online and regretted the absence of pagination on the online version.

Industrial Society, The Industrial Society, Peter Runge House, 3 Carlton House Terrace, London SW1V 5DG, monthly.

Concentrates on developments in five industrial fields – leadership, union/management relations, communication, terms and conditions of employment and development of young employees. Includes signed book reviews and a legal page.

Management Decision, MCB University Press, Bradford, bi-monthly.

Valuable journal, emphasising comprehensive, in-depth studies of topical issues on all aspects of management.

Management News, British Institute of Management, Management House, Cottingham Road, Corby, Northants NN17 1TT, monthly.

A 'newsy' summary of developments in management, with particular reference to BIM activities; reviews of books and audio-visual materials, etc.

Management Today, Haymarket Publishing for Management Publications, 30 Lancaster Gate, London W2 3LP, monthly.

The British equivalent of *Fortune* and, in the opinion of this author, a better version. Includes stimulating and practical articles on industry and management, book reviews and BIM (British Institute of Management) Report. Taken by 66 per cent of the libraries surveyed by Bakewell and Roper – 23 in London, 11 in the North-West and Clwyd.

Quarterly Economic Reviews of the United Kingdom, Economist Intelligence Unit, 40 Duke Street, London W1A 1DW.

Taken by four (8 per cent) of the libraries surveyed by Bakewell and Roper – City Business Library, Hammersmith, Liverpool and Westminster. The EIU also publishes 91 other reviews covering various countries of the world.

Guides to selection of periodicals include:

Benn's Media Directory see **Newspapers**

Ulrich's International Periodicals Directory: a classified guide to current periodicals, foreign and domestic, Bowker, New York, annual, 2 vols.

Walford, A. J. (ed.), *Walford's Guide to Current British Periodicals in the Humanities and Social Sciences*, ed. A. J. Walford with the assistance of Joan M. Harvey, Library Association Publishing, London, 1985.

Subjecs covered include economics, commerce and business.

Woodworth, David (ed.), *Current British Journals*, 4th edn, British Library Document Supply Centre, Boston Spa, 1986.

A revision of *Guide to Current British Journals*, published in association with the United Kingdom Serials Group.

Personal Computer *see* **Microcomputers**

Personnel management (*see also* **Industrial relations; Training)**

Abstracting and indexing services:

Personnel + Training Abstracts see **Abstracting and indexing services**

Personnel Literature, Office of Personnel Management, Library, Washington, DC 20418, USA, monthly.

Covers selected books, pamphlets, articles and dissertations received in the library of the US Civil Service Commission.

Personnel Management Abstracts, 704 Island Lake Road, Chelsea, Mich., 48118, USA, quarterly.

Covers books and periodical articles in separate sequences.

Other sources include:

Directory of Trainer Support Services, Kogan Page, London, annual.

A very useful guide to good personnel management practice, organisations and other sources of information, educational technology, training aids, etc. Formerly *Personnel and Training Databook*.

Industrial Society see **Periodicals**

International Journal of Manpower, MCB University Press, Bradford, 5 issues per annum.

Particularly concerned with manpower planning and its implications (e.g. training and retraining).

Leadership & Organisation Development Journal, MCB University Press, Bradford, 5 issues per annum.

Concerned with leadership style, team building, conflict management, communication practice, managing planned change, etc.

Personnel: the management of people at work, AMACOM, New York, bi-monthly.

Personnel Executive, Business Publications Ltd, London, monthly.

Includes short, practical articles; news; details of forthcoming conferences and courses; abstracts; short book reviews.

Personnel Management: the journal of the Institute of Personnel Management, Personnel Publications Ltd, 3 New Burlington Street, London W1X 2AA, monthly.

Includes short, practical articles, news and notes, short book reviews, many advertisements including appointments.

Personnel Review, MCB University Press, Bradford, quarterly.

Covers organisational behaviour and design; personnel and occupational psychology; education, training and development; manpower planning; industrial relations; recruitment and selection. Includes detailed book reviews.

Webb, S., *Employee Benefits Survey*, Professional Publishing, London, 1983.

British Institute of Management survey covering practices in a number of UK companies with regard to pensions, death benefits, in-service benefits, insurance, sick pay, permanent disability benefit, leave, redundancy, retirement, financial benefits and goodwill benefits such as company cars, medical facilities, house purchase assistance, subsidised meals and company discounts.

Physical distribution management

Sources include:

Gattorna, John (ed.), *Handbook of Physical Distribution Management*, 3rd edn, Gower, Aldershot, 1983.

Contains 28 contributions, each by an acknowledged expert in the field. Covers distribution management; storage facilities; inventory; transportation; fleet management; distribution operations; distribution issues.

International Journal of Physical Distribution & Materials Management, MCB University Press, Bradford, 7 issues per annum.

Covers transport management; distribution requirements planning; customer service policy; order processing systems; distribution costing; inventory management materials and purchasing management.

Poland *see* **Europe**

Portugal *see* **Europe**

Press Guides *see* **Newspapers**

Prestel *see* **Videotex**

Production management (*see also* **Physical distribution management; Purchasing and materials management; Quality control**)

Sources include:

International Journal of Operations & Production Management, MCB University Press, Bradford, 5 issues per annum.

Covers manufacturing strategy; product and process design; capacity planning and control; production and inventory planning and control; material requirements planning; scheduling; load planning; plant design, layout, location and organisation; industrial engineering, work study and ergonomics; computer applications; performance measurement, motivation and payment systems.

Production and Inventory Management, American Production and Inventory Control Society, 500 W. Annandale Road, Falls Church, VA 22046, USA, quarterly.

Walley, B.H., *Production Management Handbook*, Gower, Aldershot, 1980.

Covers the production framework; environmental analysis; production resource planning and control systems; work organisation; motivation and payment systems; performance improvement.

Professional Bodies *see* **Organisations**

Public administration

Sources include:

LOGA: local government annotations service, Havering Central Library, St Edward's Way, Romford, Essex RM1 3AR for the Association of London Chief Librarians, montly.

Useful abstracting service produced cooperatively by nine London public libraries, which ought to be better known than it is.

Management in Government, HMSO, London, for the Management and Personnel Office, quarterly.

Contains practical articles and book reviews.

MOLE: the businessman's guide to government, Eurofi, Northill, Beds, twice yearly.

A guide to key Whitehall contacts including lobbyists and more than 1000 key civil servants.

Public Adminstration, Blackwell, Oxford, for the Royal Institute of Public Adminstration, quarterly.

Contains scholarly articles and book reviews.

Public relations

Sources include:

Forrestal, Don and Darrow, Richard (eds.), *The Dartnell Public Relations Handbook*, 2nd edn, Dartnell, Chicago 1979; distributed in UK by Alan Armstrong & Associates.

Contains practical advice by experts on PR.

Public Relations, Institute of Public Relations, 1 Great James Street, London WC1N 3DA, monthly.

The Public Relations Year Book, Financial Times Business Information, London.

Gives full profiles of major PR consultancies with cross-references from client companies to the consultancy which represents them. Includes specially commissioned articles on PR topics and a Who's Who in PR. Published in association with the Public Relations Consultants Association.

Publishers

The following is a select list of publishers specialising in business information:

Advertising Press, Newstech Communications Ltd, 22–24 Bell Street, Henley-on-Thames, Oxon RG9 2BG.

Alan Armstrong & Associates Ltd, 2 Arkwright Road, Reading, Berks. RG2 0SQ; 72 Park Road, London NW1.

AMACOM, 135 West 50th Street, New York, NY 1002, USA.

The publishing wing of the American Management Associations.

Anbar Publications Ltd, PO Box 23, Wembley HA9 8DJ.

Benn Business Information Services Ltd, Union House, Eridge Road, Tunbridge Wells, Kent TN4 8HF.

R.R. Bowker Co., 1180 Avenue of the Americas, New York, NY 10036, USA; Erasmus House, 58–62 High Street, Epping, Essex CM16 4BU.

Butterworth & Co. (Publishers) Ltd, 88 Kingsway, London WC2B 6AB; Borough Green, Sevenoaks, Kent TN15 8PH.

CBD Research Ltd, 154 High Street, Beckenham, Kent BR3 1EA.

Croner Publications Ltd, Croner House, 173 Kingston Road, New Malden, Surrey KT3 3BR; 211–13 Jamaica Avenue, Queen's Village, New York 11428, USA.

Dartnell Corporation, 4660 Ravenswood Avenue, Chicago, IL 60640, USA, European agents: Alan Armstrong & Associates Ltd, 72 Park Road, London NW1.

Dun & Bradstreet Inc., 666 5th Avenue, New York, NY 10103, USA; Dun & Bradstreet Limited, 26–32 Clifton Street, London EC2P 2LY; Directories Division, 27 Paul Street, London EC2A 4JU.

Eclipse Publications, 67 Maygrove Road, London NW6 2EJ.

Economist Intelligence Unit, 40 Duke Street, London W1A 1DW.

ELC International, Sinclair House, The Avenue, West Ealing, London W13 8NT.

Eurofi (UK) Limited, The Old Rectory, Northill, Biggleswade, Beds SG18 9AH.

Euromonitor Publications Ltd, 87–88 Turnmill Street, London EC1M 5QU.

Facts on File Inc., 460 Park Avenue South, New York, NY 10016, USA; Facts on File Ltd, Dept AG, Telford Road, Bicester, Oxfordshire OX6 0XD.

Financial Times Business Information, Bracken House, 10 Cannon Street, London EC4P 4BY (newsletters); 102 Clerkenwell Road, London EC1M 5SA (books); Greystoke Place, Fetter Lane, London EC4A 1ND (journals); Minster House, Arthur Street, London EC4R 98X (subscription enquiries).

Gale Research Company, The Book Tower, Detroit, MI 48226, USA.

Gower Publishing Company Limited, Gower House, Croft Road, Aldershot, Hants GU11 3HR.

Graham & Trotman Limited, Sterling House, 66 Wilton Road, London SW1V 1DE.

Headland Press, 1 Henry Smith's Terrace, Hartlepool, Cleveland TS24 0PD.

Kelly's Directories Ltd, Windsor Court, East Grinstead House, East Grinstead, West Sussex RH19 1XB.

Kemps Group (Printers & Publishers) Ltd, Federation House, 2309 Coventry Road, Sheldon, Birmingham B26 3PG.

Kluwer Publishing Limited, 1 Harlequin Avenue, Great West Road, Brentford, Middlesex TW8 9EW.

Kogan Page Ltd, 120 Pentonville Road, London N1 9JN.

Kompass Publishers Ltd, East Grinstead House, Windsor Court, East Grinstead, West Sussex RH19 1XD; Kompass Register Publications Inc., 211–13 Jamaica Avenue, Queens Village, NY 11428, USA.

Lloyd's of London Press Ltd, Sheepen Place, Colchester, Essex CO3 3LP.

Longman Group Limited, Westgate House, The High, Harlow, Essex CM20 1NE.

McGraw-Hill Book Company Inc., 1221 Avenue of the Americas, New York, NY 10020; McGraw-Hill Book Company (UK) Ltd, Shoppenhangers Road, Maidenhead, Berks SL6 2QL.

Macmillan Press, Houndmills, Basingstoke, Hants RG21 2XS; Macmillan Publishers Ltd, Little Essex Street, London WC2R 3LF.

Management Update Ltd, 43 Brodrick Road, London SW17 7DX.

MCB University Press Limited, 62 Toller Lane, Bradford, Yorks BD8 9BY.

Mintel Publications Ltd, 7 Arundel Street, London WC2.

Predicasts Inc., 11001 Cedar Avenue, Cleveland, Ohio 44106, USA; 199/201 High Street, Orpington, Kent BR6 0PF.

Professional Publishing Ltd, 7 Swallow Place, off Princes Street, London W1R 8AB.

Publishers of British Institute of Management surveys, reports and other publications.

Sell's Publications Limited, Sell's House, 39 East Street, Epsom, Surrey KT17 1BQ.

Thomas Skinner Directories, Windsor Court, East Grinstead House, East Grinstead, West Sussex RH19 1XE.

Tolley Publishing Co. Ltd, Tolley House, 17 Scarbrook Road, Croydon, Surrey CR0 1SQ.

Trade Research Publications, 6 Beech Hill Court, Berkhamsted, Herts HP24 2PR.

VNU Business Publications, 32–34 Broadwick Street, London W1A 2HG.

A very useful guide to 'obscure' publishers is:

5001 Hard to Find Publishers and Their Addresses, Alan Armstrong & Associates, Reading, annual.

Purchasing and materials management

Sources include:

Aljian, George W. (ed.), *Purchasing Handbook: standard reference book on policies, practices and procedures utilized in departments responsible for purchasing management or materials management*, 3rd edn, McGraw-Hill, New York, 1973.

Major, though now obviously dated, handbook on American practice with contributions by 150 specialists presented in 32 sections. Includes a 39-page glossary, a 36-page guide to professional purchasing associations and many bibliographical references.

Baily, Peter and Farmer, David, *Materials Management Handbook*, Gower, Aldershot, 1982.

A comprehensive guide to practical systems and procedures with case-studies.

Farmer, David (ed.), *Purchasing Management Handbook*, Gower, Aldershot, 1985.

A comprehensive survey of the entire spectrum of purchasing activity – from policy and organisation to systems, procedures and techniques – with contributions by 30 specialists.

Farrington, B. and Woodmansey, M., *The Purchasing Function*, Professional Publishing, London, 1980.
A British Institute of Management survey, covering practice and organisation structure in a wide range of British industries.

International Journal of Physical Distribution & Materials Management see **Physical distribution management**

Purchasing and Supply Management, Institute of Purchasing and Supply, Easton House, Easton on the Hill, Stamford, Lincs PE9 3NZ, monthly.

Quality control

Sources include:

The International Journal of Quality and Reliability Management, MCB University Press, Bradford, 3 issues per annum.

Juran, Joseph M. *et al.* (eds.), *Quality Control Handbook*, 3rd edn, McGraw-Hill, New York, 1974.
A major, though now dated, handbook.

Quality Control and Applied Statistics, Executive Services Institute Inc., Drawer M., Whippany, NJ 07891, USA.
A loose-leaf service of informative abstracts.

Recruitment Consultants *see* **Management consultants**

Remuneration

Sources include:

Bowey, Angela M. (ed.), *Handbook of Salary and Wage Systems*, Gower, 2nd edn, Aldershot, 1982.
Twenty-nine experts describe and evaluate various systems.

Bulletin of Labour Statistics see **Statistics**

New Earnings Survey, HMSO, London, for the Department of Employment, annual, 6 parts.
A: Streamline analyses giving selected results for full-time employees in particular wage negotiation groups,

industries, occupations, etc.; key results for particular wage negotiation groups. B: Streamlined analyses giving combined results for full-time adults of both sexes; summary analyses for broad categories of employees; other results for particular wage negotiation groups; description of survey method, classification, terminology, etc. C: Earnings and hours for particular industries. D: Earnings and hours for particular occupations. E: Earnings and hours in regions, counties and age groups F: Earnings and hours of part-time women employees; types of collective agreement. Taken by 75 per cent of the libraries surveyed by Bakewell and Roper – 28 in London, 12 in the North-West.

Office Salaries Analysis, Institute of Administrative Management, 205 High Street, Beckenham, Kent BR3 1BA, annual.

Pay and Benefits Bulletin, Eclipse Publications, London, fortnightly.

A distillation and analysis of major developments.

Time Rates of Wages and Hours of Work see **Industrial relations**

World Labour Report see **Industrial relations**

Reports (*see also* Grey literature; Markets/Marketing/Market Research; Official publications)

Sources include:

FINDEX: the directory of market and company research reports, studies and surveys, FIND/SVP, 500 Fifth Avenue, New York, NY 10110, annual with six monthly supplements; distributed in Europe by Euromonitor Publications, London.

A comprehensive list covering consumer studies, industry and market studies, industry and company surveys. Very expensive (£235) but invaluable.

Foreign Language Index see **Abstracting and indexing services**

Index to Business Reports, Quarry Press, 14 Plantation Road, Harrogate, North Yorkshire HG2 0DB, twice yearly.

Compiled by Neil R. Hunter and originally published by Headland Press. January–June issue published in early July, January–December cumulation published in January. Indexes reports in a range of newspapers and journals.

Public Affairs Information Service Bulletin see **Abstracting and indexing services**

Reports Index, Business Surveys Ltd, PO Box 21, Dorking, Surrey RH5 4EE, bi-monthly.

Very useful abstracting service but taken by only 30 per cent of the libraries surveyed by Bakewell and Roper – ten in London and six in the North-West.

Research (*see also* **Grey literature**)

Abstracts of and indexes to theses:

Dissertation Abstracts International, Xerox University Microfilms, Ann Arbor, Mich., monthly; supplemented by *Comprehensive Dissertations Index*.

Index to Theses Accepted for Higher Degrees by the Universities of Great Britain and Ireland and the Council for National Academic Awards, Aslib, London, annual.

Selected List of UK Theses and Dissertations in Management Studies compiled by Gail Thomas for the British Business School Librarians Group, The Management College, Henley-on-Thames, Oxon, annual.

Until 1979 compiled by N.R. Hunter and published by the University of Bradford Management Centre.

Handbooks and directories include:

Current Research in Britain, British Library Document Supply Centre, Boston Spa, annual, 4 vols.

Replaces *Research in British Universities, Polytechnics and Colleges*. Vol. 1 covers physical sciences; vol. 2 biological sciences; vol. 3 social sciences (including business); and vol. 4 the humanities.

European Research Centres: a directory of organizations in science, technology, agriculture and medicine, 6th edn, Longman, Harlow, 1985.

Comprehensive guide to organisations which conduct or promote research in science, technology, agriculture and medicine, listing 20,000 research laboratories from 31 countries in East and West Europe. Very expensive at £195.

Industrial Research in the UK: a guide to organisations and programmes, 11th edn, Longman, Harlow, 1985.

Contains profiles of organisations funding or carrying out research, with contact details of trade and professional associations. Approximately 4000 entries. Expensive at £105.

Industrial Research Laboratories of the United States, Bowker, New York, annual.

Comprehensive guide to US research organisations.

Pacific Research Centres: a directory of organizations in science, technology, agriculture and medicine, Longman, Harlow, 1985.

Gives details of approximately 3000 establishments which conduct or finance research and development in Australasia and the Far East. Expensive at £120.

Research Centers Directory, Gale Research Company, Detroit, annual.

Scott, Gay and Reid, Tony (comps.), *Money for Research and Development 1986/87*, Eurofi, Northill, Beds, 1986.

A guide to funds from the government, research councils, nationalised industries, the EEC, intergovernmental agencies and other sources.

Some periodicals devoted to research:

Accounting and Business Research, Institute of Chartered Accountants in England and Wales, PO Box 433, Moorgate Place, London EC2P 2BJ, quarterly.

International Journal of Production Research, Taylor & Francis, London, bi-monthly.

Management Research News, MCB University Press, Bradford, quarterly.

Aims to bridge the gap between the academic world and the practising manager by providing precise, informative and readable accounts of management research.

R & D Management, Blackwell, Oxford, quarterly.

Retailing (*see also* **Markets/Marketing/Market research**)

Sources include:

Business Monitor *see* **Statistics**

Journal of Retailing, New York University, Institute of Retail Management, 202 Tisch Hall, Washington Square, New York, NY 10003, USA, quarterly.

Retail Business, Economist Intelligence Unit, London, monthly.

> 'A research journal covering consumer goods markets, marketing and distribution in the UK'. Contains retail trade reviews, product reviews, company profiles and market research reports.

Retail Directory, Newman Books, London, annual.

> Includes details of department stores in the UK and Ireland, multiples, hypermarkets, mail order houses, shopping centres and precincts, etc; also town surveys and maps.

Retail Intelligence, Mintel Publications, London, quarterly.

Romania *see* **Europe**

Russia *see* **Europe**

Safety *see* **Health & safety**

Salaries *see* **Remuneration**

Saudi Arabia *see* **Countries**

Selling *see* **Markets/Marketing/Market research; Retailing**

Serials *see* **Newspapers; Periodicals**

Small businesses

Sources include:

Barrow, Colin, *The Small Business Guide: sources of information for new and small businesses*, rev. edn, British Broadcasting Corporation, London, 1984.

> Arranged in 11 sections: The Need for Information; Sources of Direct Help and Advice; Business Opportunities; Exploiting High, and Not so High, Technology; Finding Out About Your Market; Raising the Money; Business and the Law; Training for Business; Youth

Opportunities for Self-Employment; Starting Up Overseas; Glossary of Key Business Terms. Much better than the first edition (1982), not least because of the inclusion of a subject index (imperfect though it may be).

Croner's Reference Book for the Self-Employed and Smaller Business, Croner Publications, New Malden 1979 – (looseleaf).

Covers taxation, VAT, national insurance, employment, health and safety, consumer law, company law. Updated monthly.

Directory of Information on How to Start Small Businesses of All Kinds, Gale Research Company, Detroit 1982, 3 vols.

Ganguly, Pam, *UK Small Business Statistics and International Comparisons*, Harper & Row, London, 1985.

Published on behalf of the Small Business Research Trust. Covers the definition of a small firm and the importance of such firms in 16 countries; the work of the Department of Trade and Industry in analysing VAT registrations, throwing light on the number of small firms in the UK and births and deaths by turnover, trade sector and location; major UK and US studies on the role of small firms in creating jobs; and recent evidence on the life-cycles of small businesses in the UK.

Ganly, John L. *et al.* (eds.), *Small Business Sourcebook*, Gale Research Company, Detroit, 1983.

Journal of Small Business Management, International Council for Small Business, Bureau of Business Research, West Virginia University, Morgantown, WV 26506, USA, quarterly.

The London Business School Small Business Bibliography, 2nd edn, London Business School, Sussex Place, Regent's Park, London NW1 4SA, 1983 and supplement (approx. annually).

Small Business Digest, National Westminster Bank PLC, 3rd Floor, 116 Fenchurch Street, London EC3M 5AN.

An occasional free publication from NatWest's Small Business Service.

Woodcock, Clive (ed.), *The Guardian Guide to Running a Small Business*, 4th edn, Kogan Page, London, 1984.

Contains practical advice on such matters as getting

organised, sources of finance, marketing, planning the office, benefiting from the tax system, employing people, choosing a computer, sources of information.

Societies *see* **Organisations**

Sources of Information *see* **Information sources**

South Korea *see* **Countries**

Spain *see* **Europe; Exporting**

Staff Development *see* **Training**

Statistics

Sources include:

ADP Network Services *see* **Online services**

American Statistics Index, Congressional Information Service, Washington, DC, USA, monthly.

Covers all US statistics. Issued in two parts – abstracts and indexes; abstracts are arranged by issuing department with indexes by name, subject, category, title and report number. Each part cumulates into an annual volume.

Annual Abstract of Statistics, HMSO, London.

Compiled by the Central Statistical Office. Each table generally presents statistics for the previous eleven years.

British Business see **Periodicals**

Bulletin of Labour Statistics, International Labour Office, Geneva, quarterly with 8 special supplements per annum.

Contains articles on methodology and special topics with trilingual tables of current statistics on employment, unemployment, wages, hours of work, consumer prices and results of detailed annual enquiries into wages, hours of work and consumer prices.

Business International Corporation *see* **Online services**

Business Monitor, HMSO, London, some monthly, some quarterly, some annually, biennially or irregular.

Major source of UK business statistics for manufacturing, energy, mining, construction, services and distributive industries. Compiled by the Business Statistics Office and the Statistics Divisions of the Departments of Trade and Industry. Miscellaneous (M) series cover acquisitions and mergers, company finance, insurance and price index numbers for current cost accounting. Service and Distributive (SD) series cover assets and liabilities of finance houses and other consumer credit companies, catering and allied trades, computer services, consumer credit businesses of retailers, credit businesses of finance houses and other specialist consumer credit grantors, retail sales and retailing. Taken by 51 per cent of the libraries surveyed by Bakewell and Roper – 19 in London, 8 in the North-West. Tower Hamlets had ceased to subscribe because of insufficient use.

Business Monitor: Production (P) Series, HMSO, London. Published for the Business Statistics Office in four groups: (i) Monthly Production Monitors (PM series); (ii) Quarterly Production Monitors (PQ series) – more than 170 titles providing detailed sales figures for nearly 3500 products manufactured in the UK; (iii) Annual Production Monitors (PA series) – consisting mainly of the reports of the Annual Census of Production, comprising a volume of introductory notes (PA1001), 112 separate industry reports and a volume of summary tables (PA1002); (iv) Occasional Production Monitors (PO series) – quarterly statistics of manufacturers' sales (PO1000), guide to short-term statistics of manufacturers' sales (PO1001), statistics of product concentration of UK manufacturers (PO 1006), classified list of manufacturing businesses (PO1007). Census of production taken by 59 per cent of the libraries surveyed by Bakewell and Roper – 20 in London, 9 in the North-West. Croydon had ceased to subscribe because of the cost and Tower Hamlets because of insufficient use.

Business Statistics Office, Cardiff Road, Newport, Gwent NPT 1XG.

Central Statistical Office, Great George Street, London SW1P 3AQ.

Comshare Ltd *see* **Online services**

Datastream International *see* **Online services**

DIALOG Information Service Inc. *see* **Online services**

Digest of Welsh Statistics, Welsh Office, Crown Building, Cathays Park, Cardiff CF1 3NQ, annual.

Economic Progress Report, HM Treasury, Parliament Street, London SW1P 3AG, monthly.

A free newsletter giving a government view of the economy and containing statistics on such matters as employment, output, prices and earnings.

Economic Trends, HMSO, London, monthly.

A compilation of the main economic indicators, liberally illustrated with charts and diagrams. Published for the Central Statistical Office. Taken by 83 per cent of the libraries surveyed by Bakewell and Roper – 31 in London, 13 in the North-West.

Employment Gazette see **Industrial Relations**

Extel Statistical Services Ltd, 37/45 Paul Street, London EC2A 4PB.

Financial Statistics, HMSO, London, monthly.

Collects the key UK financial and monetary statistics. Published for the Central Statistical Office. Taken by 68 per cent of the libraries surveyed by Bakewell and Roper – 27 in London, 8 in the North-West and Clwyd.

Financial Times Business Information Service *see* **Fee-based information services**

FT Stats Fiche, McCarthy Information Limited, Manor House, Ash Walk, Warminster, Wilts BA12 8PY.

Reproduces on microfiche statistics from *Financial Times* on unit trust prices, share prices, actuaries indices, daily exchange rates and world value of the pound and dollar.

International Financial Statistics, International Monetary Fund, Washington, DC 20431, USA, monthly.

Taken by nine (17 per cent) of the libraries surveyed by Bakewell and Roper – Camden, City Business Library, Ealing, Harrow, Kensington and Chelsea, Liverpool, Manchester, Sutton and Westminster.

International Trade Statistics Yearbook, United Nations Publishing Division, New York, NY 10017, USA.

Taken by 40 per cent of the libraries surveyed by

Bakewell and Roper – 17 in London, 4 in the North-West.

Monthly Digest of Statistics, HMSO, London.

Published for the Central Statistical Office. Covers the main statistical series for which monthly or quarterly figures are available. Annual supplement of definitions and explanatory notes published with January issue for each year. Taken by 94 per cent of the libraries surveyed by Bakewell and Roper – 33 in London, 16 in the North-West and Clwyd.

Northern Ireland Annual Abstract of Statistics, HMSO, London, annual.

Overseas Trade Statistics of the United Kingdom, HMSO, London, monthly plus annual volume.

Published for the Department of Trade and Industry. Taken by 40 per cent of the libraries surveyed by Bakewell and Roper – 18 in London, 3 in the North-West.

Predicasts Terminal System *see under* **Online services**

Prestel

Regional Trends, HMSO, London, annual.

Compiled for the Central Statistical Office. Brings together a wide range of demographic, economic and social statistics for regions of the UK.

Scottish Abstract of Statistics, HMSO, London, annual.

SIA (Computer Services) Ltd *see* **Online services**

Social Trends, HMSO, London, annual.

Compiled for the Central Statistical Office. Brings together statistics on social conditions and social policies from a wide variety of sources, with interpretive commentaries.

Statistical Abstract of the United States, US Government Printing Office, Washington, annual.

Compiled by the Bureau of the Census. Taken by 23 per cent of the libraries surveyed by Bakewell and Roper – 10 in London, 2 in the North-West.

Statistics and Market Intelligence Library (SMIL), 1 Victoria Street, London SW1H 0ET.

Statistics of Foreign Trade, Series B, Organisation for Economic Cooperation and Development, 2 rue André-Pascal, 75775 Paris Cédex 16, France, monthly.

A compendium of comparable monthly statistics on OECD member countries' trade by origin and destination, and by major commodity categories, with volume and average value foreign trade indexes. Taken by seven (13 per cent) of the libraries surveyed by Bakewell and Roper – Camden, City Business Library, Redbridge, Liverpool, Manchester, Tameside and Westminster.

Trade by Commodity, Organisation for Economic Cooperation and Development, 2 rue André-Pascal, 75775 Paris Cédex 16, France, annual.

Foreign Trade by Commodities, 2 vols., Series C: Matrix tables showing trade between OECD countries and partner countries. Separate volumes for exports and imports. Microfiches: Series B: *Trade by Countries*; Series C: *Trade by Commodity*: Statistics of a single year's trade for OECD countries. Taken by five (9 per cent) of the libraries surveyed by Bakewell and Roper – Camden, City Business Library, Liverpool, Manchester and Westminster.

Trade associations

Warwick Statistics Office, University of Warwick Library Coventry CV4 7AL.

Yearbook of Industrial Statistics, United Nations, New York NY 10017, USA.

Yearbook of Labour Statistics, International Labour Office CH-1211 Geneva 22, Switzerland.

International statistics on employment, unemployment hours of work, wages, industrial disputes, occupationa injuries and consumer prices.

Guides to sources include:

Foster, Pamela (comp.), *Business Statistics Index*, Headlan Press, Hartlepool, 1983.

Government Statistics: a brief guide to sources, Informatio Services Division, Cabinet Office, Great George Street London SW1P 3AQ, annual.

A very useful free guide to the statistical publications of the British government with a note on the value and use of statistics. Compiled by the Central Statistical Office. Taken by 91 per cent of the libraries surveyed by Bakewell and Roper – 31 in London, 16 in the North-West and Clwyd. One might have expected a free publication to be available in all of them!

Guide to Financial Times Statistics, Financial Times Publishing, London, 1982.

Guide to Official Statistics, 5th edn, HMSO, London, 1985.

Indicates what statistics have been compiled for a wide range of commodities, services, occupations, etc. and where. Published for the Central Statistical Office. Earlier editions taken by 92 per cent of the libraries surveyed by Bakewell and Roper – 32 in London, 16 in the North-West and Clwyd.

Harvey, Joan M., *Statistics Africa: sources for social, economic and market research*, 2nd edn, CBD Research, Beckenham, 1978.

Taken by 34 per cent of the libraries surveyed by Bakewell and Roper – 14 in London, 3 in the North-West and Clwyd.

Harvey, Joan M., *Statistics America: sources for social, economic and market research*, 2nd edn, CBD Research, Beckenham, 1981.

Taken by 30 per cent of the libraries surveyed by Bakewell and Roper – 14 in London, 2 in the North-West.

Harvey, Joan M., *Statistics Asia and Australasia: sources for social, economic and market research*, 2nd edn, CBD Research, Beckenham, 1981.

Taken by 28 per cent of the libraries surveyed by Bakewell and Roper – 13 in London, 2 in the North-West.

Harvey, Joan M., *Statistics Europe: sources for social, economic and market research*, 4th edn, CBD Research, Beckenham, 1981.

Taken by 64 per cent of the libraries surveyed by Bakewell and Roper – 25 in London, 8 in the North-West and Clwyd.

McShane, P.C. (ed.), *United Kingdom Statistical Sources: a selection guide for libraries*, 4th edn, Library Association Reference, Special and Information Section, London, 1985.

Edited and published for the Committee of Librarians and Statisticians. Consists of two lists – a basic minimum list of seven titles (plus one additional title each for libraries in Scotland, Wales and Northern Ireland) and an extended list of 163 titles classified under 16 subject groupings. Some annotations.

Pieper, F.C. (comp.), *SISCIS: Subject Index to Sources of Comparative International Statistics*, CBD Research, Beckenham, 1978.

Very useful guide, though now dated. Taken by 40 per cent of the libraries surveyed by Bakewell and Roper – 16 in London, 5 in the North-West.

Siddall, L., *A Survey of United Kingdom Non-Official Statistical Sources and Their Role in Business Information*, University of Warwick, Coventry, 1984 (British Library Research and Development Report 5821).

Identifies 1112 regular titles published by 653 organisations and gives such information as frequency, content, methods of compilation, data sources used, availability and cost.

Sources of Unofficial UK Statistics, Gower, Aldershot, 1985.

Lists over 1000 statistical titles and services produced by such non-official bodies as trade associations, consultants, stockbrokers, etc. Prepared by David Mort and Leona Siddall of the Warwick Statistics Service.

Statistical News: developments in British official statistics, HMSO, London, quarterly.

A comprehensive survey of current developments with in-depth articles on particular subjects and shorter notes. Published for the Central Statistical Office. Taken by 70 per cent of the libraries surveyed by Bakewell and Roper – 26 in London, 11 in the North-West.

Statistics and Market Research : a guide to current periodical articles, Birmingham Public Libraries, monthly.

A useful index.

Trade Statistics: a guide to use, Statistics and Market Intelligence Library, 1 Victoria Street, London SW1H 0ET, 1984

(SMIL Readers' Guide 1984/1).
Very useful 17-point guide to publications and use.

Supervision *see* **Personnel management**

Sweden *see* **Europe; Exporting**

Switzerland *see* **Europe; Exporting**

Tape/Slides *see* **Audio-visual materials**

Taxation

Sources include:

Business Tax Handbook ed. E. Gumeche and others, Kluwer, Brentford 1978– (loose-leaf).

Ferrier, Charles, *European Tax Law for Companies*, Financial Times Business Information, London, 1985.
Covers tax law in EEC countries together with the various directives on harmonisation.

Platt, C.J., *Tax Systems of Africa, Asia and the Middle East: a guide for business and the professions*, Gower, Aldershot, 1982.
Summarises the tax arrangements of 35 countries.

Platt, C.J., *Tax Systems of Western Europe: a guide for business and the professions*, 3rd edn, Gower, Aldershot, 1985.
Summarises the tax arrangements of Austria, Belgium, Denmark, Finland, France, Federal Republic of Germany, Gibraltar, Greece, Guernsey, Irish Republic, Isle of Man, Italy, Jersey, Luxembourg, Malta, Netherlands, Norway, Portugal, Romania, Spain, Sweden, Switzerland, UK.

Prestel

TaxFile, 4 Valentine Place, London SE1 5BR.
Loose-leaf service providing weekly news items and advice, regular articles on current tax topics, question-and-answer service, tax tips, reports of tax cases, book reviews, annual checklists and indexes. Backup includes telephone support service and Hot Line for immediate answers.

Tolley Publishing Company Ltd, Tolley House, 17 Scarbrook

Road, Croydon CR0 1SQ, publishes several annual guides including: *Tolley's Capital Gains Tax, Tolley's Capital Transfer Tax, Tolley's Corporation Tax, Tolley's Income Tax, Tolley's Tax Planning, Tolley's VAT Handbook* and Tolley's tax cards.

Wakeford, Tony, *Manual of Employee Taxation*, Butterworth, London 1984– (loose-leaf).

World Tax Report, Financial Times Business Information, London, monthly.

Telecommunications

Sources include:

Corby, M. *et al.*, *Telecomms Users' Handbook: a practical guide to business telecommunications, 1986/87 edition*, Telecommunications Press, London, 1985.

International Directory of Telecommunications: market trends, companies, statistics and personnel, 2nd edn, Longman, Harlow, 1986.

Divided into 12 geographical territories. Includes profiles of approximately 750 companies from the areas of telecommunications services, equipment manufacturers and broadcasting companies. Indexed by organisation, product and names of key personnel.

Rawlins, R.V. and Donohue, E.J., *Telecomms Equipment and Services Directory 1985: a directory and buyers' guide to manufacturers and suppliers of equipment and services in the UK telecommunications industry*, Telecommunications Press, London, 1984.

Includes products and services guide, trade names and trade marks, companies directory, British Telecom area offices and phone shops, glossary of terms.

Telecom Markets, Financial Times Business Information, London, twice monthly.

Number one in the FTBI FinTech series.

UK Fax Directory, British Telecom, London, annual.

Lists all companies in England and Scotland with Fax machines. *Aslib Information*, vol. 13, no. 1, January 1985 reports that the GLC Research Library staff have discovered a number of omissions from the directory.

Teletext *see* **Videotex**

Thailand *see* **Countries**

Theses *see* **Grey literature; Research**

Tourism *see* **Travel**

Trade Associations *see* **Organisations**

Trade literature

A useful location guide is:

Dunning, P.M. (ed.), *Trade Literature in British Libraries*, Science Reference Library, London, 1985.

Gives information on collections in 30 libraries including the Science Reference and Information Service. Details given include kind of material held; any holdings of particular interest; links with local cooperative networks; hours of opening; any conditions of access; whom to contact. Covers trade literature in the widest sense (e.g. company annual reports, house journals, product literature).

Technical Indexes Ltd, Willoughby Road, Bracknell, Berks RG12 4DW, produce six British Catalogue Files in microform containing the trade catalogues of some 20,000 British and foreign companies selling products and services in the UK. The files are divided into broad industry divisions and cover electronic engineering, construction and civil engineering, laboratory equipment, manufacturing and materials handling. They are updated regularly.

Trade marks/trade names

Sources include:

Trade Marks Journal, Patent Office, London, weekly.

Each entry consists of a representation of the trade mark (word or device), its number, a description of the product and the name of the applicant. Arrangement is in classified order, following the trade marks classification. An alphabetical listing of registered trade-marks, subdivided within specific classes of goods, is maintained by the Trade Marks Registry, State House (13th floor), High Holborn, London WC1. *Trade Marks Journal* was taken by only five (9 per cent) of the libraries surveyed by Bakewell and Roper – Ealing, Lancashire, Liverpool, Manchester and Wirral.

Trade Names Dictionary; Donna Wood (ed.); 4th edn, *1985–86*, Gale Research Company, Detroit, 1984, 2 vols.
Supplemented by *Trade Names Dictionary: Company Index*, also in 2 vols.

UK Trade Names, Kompass, East Grinstead, biennial.
Covers registered and non-registered names in current use apart from those relating to food, drink, tobacco or pharmaceuticals.

Trade unions

Sources include:

Day, Alan J. (ed.), *Trade Unions of the World*, Longman, Harlow, 1985.
Arranged by country. For each, gives an introductory section on the development and status of the trade union movement followed by details of unions including addresses, leaders, structure, political connections, activities and policies, affiliations and publications.

Directory of Employers' Associations, Trade Unions, Joint organisations, etc., *see* **Organisations**

Directory of National Union & Employee Associations, Bureau of Labor Statistics, Labor Department, Fourth and G Streets NW, Washington, DC 20212, USA annual.

Marsh, Arthur, *Trade Union Handbook: a guide and directory to the structure, membership, policy and personnel of the British trade unions*, 3rd edn, Gower, Aldershot, 1984.
Standard guide, described by *Tribune* as 'the definitive reference work on the subject'. Presented in three sections: The Trade Union Movement in the United Kingdom; Trade Union Organisations (covering international organisations, trade union confederations and federations, trades councils); Directory of Trade Unions (including index of abbreviated titles, directory, list of certified unions, bibliography of official trade union

histories, addresses of other industrial relations institutions).

World Labour Report see **Industrial relations**

Training (*see also* **Audio-visual materials; Management games; Personnel management)**

Some handbooks, directories, guides to sources, etc.:

Huczynski, Andrzej, *Encyclopedia of Management Development Methods see* **Encyclopaedias, handbooks, dictionaries etc.**

The International Directory of Executive Education, Pergamon Press, New York and Oxford, 1985.

Provides in-depth descriptions of four aspects of executive education and training services in 92 countries – executive programmes; in-company training; master's programmes; consulting. Information is given on admissions policies, curricula, physical environment, teaching methods and materials, profiles of participants.

Management Training Directory, Alan Armstrong & Associates, London, annual.

Standard guide to more than 2000 courses run by 170 organisations.

Peel, M., *Management Development and Training Survey*, Professional Publishing, London, 1984.

British Institute of Management survey covering recent trends and practices in a number of companies.

Taylor, B. and Lippitt, G.L. (eds.), *Management Development and Training Handbook*, McGraw-Hill, London, 1975.

Training Research Register, HMSO, London, for the Manpower Services Commission, annual.

Wasserman, Paul and McLean, J. (eds.), *Training and Development Organizations Directory*, 3rd edn, Gale Research Company, Detroit, 1983.

Some periodicals:

Focus on Adult Training, Manpower Services Commission (Dept FATN), FREEPOST, Room E825, Moorfoot, Sheffield S1 4BR, bi-monthly.

A free journal providing news and information about adult training in Britain and linking those involved with and participating in the adult training campaign.

Industrial & Commercial Training, MCB University Press, Bradford, bi-monthly.

Contains practical articles with examples of organisational practices.

Journal of European Industrial Training, MCB University Press, Bradford, 7 issues per annum.

Concerned with training techniques; new developments in training and their application; new research in training; self-development; sales and marketing training; management education and training; training effectiveness. Includes company based examples, book reviews, conference diary, current news.

Journal of Management Development, MCB University Press, Bradford, quarterly,

Covers all aspects of management development and training with case studies.

Training Packages *see* **Audio-visual materials; Management games**

Travel (*see also* **Cost of living; Countries; Europe**)

Information sources on business travel include:

Business Traveller, 49 Old Bond Street, London W1X 3AF, monthly.

Taken by six (11 per cent) of the libraries surveyed by Bakewell and Roper – Cheshire, City Business Library, Hillingdon, Manchester, Richmond and Wirral.

Financial Times World Hotel Directory, Longman, Harlow, annual.

Gives details of some 2600 hotels in more than 130 countries with background travel facts for each country such as climate, language, customs regulations, currency, transport, business hours and public holidays. Includes information about conference facilities.

Hints to Exporters series *see* **Countries**

International Business Travel & Relocation Directory: the who, what, and where handbook for international business travel and operations, covering country characteristics, travel documents, currency, customs, pets, airports, hotels, tipping, holidays, health, housing, and further sources of information, 4th edn, Gale Research Company, Detroit, 1985.

Prestel

Senior, R., *The World Travel Market*, Euromonitor, London, 1982.

Investigates the rapid growth in international travel and tourism with statistics on air travel, financial services, hotels, direction of travel, purpose of visits, promotion, advertising, etc.

Travel Directory, St James Press Publications Ltd, London, twice yearly (January and July).

Travel Trade Directory, Morgan-Grampian Publishing Co., London, annual.

Published in association with *Travel Trade Gazette*.

Videotex

Some useful publications and services:

CCN Systems Ltd, Talbot Street, Nottingham NG1 5HF.

Provides access to the Guardian Business Information Service which Susan Fleetwood describes as 'highly effective'.[22] It provides information on companies which is not available on other databases such as winding up petitions, creditors' meetings, liquidators and receivers, and county court judgments. The ICC financial information on 60,000 companies is now also available via CCN.

Ceefax, BBC Television Centre, Wood Lane, London W12 7HJ.

Data Design Limited, Northside House, 69 Tweedy Road, Bromley, Kent BR1 3NN.

Provides an index and ordering facility for British standards; a contracts contacts database covering more than 10,000 companies; and an Envoy Electronic Mail Database allowing users to send messages to each other via Viewdata.

Guardian Business Information, *see* CCN Systems above

Media Monitor see **Audio-visual materials**

MODCOMP, The Business Centre, Molly Millers Lane, Wokingham, Berks RG11 2JQ.

Has private Viewdata systems for several British, European and US companies and for the Stock Exchange.

New Media Markets see **Audio-visual materials**

Oracle Teletext Ltd, Craven House, 25–32 Marshall Street, London W1V 1LL.

Prestel, British Telecommunications, Telephone House, Temple Avenue, London EC4Y 0HL

In spite of shortcomings criticised by librarians and others, Prestel provides access to many important services including Citiservice, providing a wide range of financial data such as commodity prices and currency information; Meditel, providing drug information; and HSELINE (see **Online services**). Full details are given in *The Prestel Directory*, available from Directel Ltd, 11th Floor, 54 Hagley Road, Edgbaston, Birmingham B16 8PE, and new services are described in the regular 'What's New on Prestel' feature in *The Library Association Record*.

Videotex International: fortnightly international newsletter on the Videotex industry, Transtex International, 10 rue Danielle Casanova, 75002 Paris, France.

Videotext Notes, LASER, 33/34 Alfred Place, London WC1E 7DP.

Yates-Mercer, Penelope, *Private Viewdata in the UK*, Gower, Aldershot, 1985.

Provides case studies of the use of private Viewdata systems in some 150 organisations, with guides to software packages available and bureau services. Indexes of suppliers and users.

Viewdata *see* **Videotex**

Wages *see* **Remuneration**

West Europe *see* **Europe; Exporting**

West Germany *see* **Europe; Exporting**

West Indies *see* **Countries**

Word processing

Useful publications are:

Townsend, Kevin and Taphouse, Kate, *Choosing and Using a Word Processor*, Gower, Aldershot, 1982.
Includes a number of case-studies.

Which Word Processor, EMAP, Abbotts Court, 34 Farringdon Lane, London EC1R 3AU.
Supplement to *Which Computer*.

Yugoslavia *see* **Europe**

Bibliographical References

1. Allott, Angela M., 'Information for business: the pattern of business information in the late twentieth century', in Malcolm J. Campbell (ed.), *Manual of Business Library Practice*, 2nd edn, Bingley, London, 1985, pp.1–22.
2. Bakewell, K.G.B. and Roper, V. De P., *Business Information Services in Public Libraries: a study of services in London, the North-West of England and Clwyd Library Service*, Liverpool Polytechnic School of Librarianship and Information Studies, 1984 (British Library Research and Development Report No. 5805).
3. Bird, Jean, 'The librarian's library or the public's library? 1', in *The Public Library and its Users: proceedings of the Public Library Group Weekend School, University of Warwick, 25–28 March 1977*, Library Association Public Libraries Group, London, 1978, pp.8–13.
4. British Library. Science Reference Library, *Trade Directories at the Science Reference Library*, rev. edn, Science Reference Library, London, 1984 (Aids to Readers, no. 27).
5. 'Call everyone Angela, says Tom Wilson', *Aslib Information*, 1985, vol.13, no.8, August, p.188.
6. Campbell, Malcolm J., *Business Information Services: some aspects of structure, organisation and problems*, 2nd edn, Bingley, London, 1981.
7. Campbell, Malcolm J. (ed.), *Manual of Business Library Practice*, 2nd edn, Bingley, London, 1985.
8. Campbell, Malcolm J., 'Public libraries', *Aslib Proceedings*, 1978, vol.30, no.9, September, pp.337–41.
9. Campbell, Malcolm J., 'Structure and distribution of business information: some problem areas', *Aslib Proceedings*, 1975, vol.27, nos.11/12, November/December, pp.428–35.
10. Capital Planning Information, *Information and the Small Manufacturing Firm: report of a study of information use and needs in small manufacturing firms in the UK and the*

current pattern of information provision funded by the British Library Research and Development Department, Capital Planning Information, Edinburgh, 1982 (British Library Research and Development Report No. 5729).

11. Capital Planning Information, *Information and the Small Manufacturing Firm: seminar report*, Capital Planning Information, Edinburgh [1982?] (British Library Research and Development Report No. 5734).
12. Capital Planning Information, *Intermediary Services for Small Firms*, Capital Planning Information, Edinburgh, 1983 (British Library Research and Development Report No. 5765).
13. Capital Planning Information, *Retailing and Services, Information and the Small Firm: report of a study of information use and needs in small retail and service firms in the UK funded by the British Library Research and Development Department*, Capital Planning Information, Edinburgh 1985 (British Library Research and Development Report No. 5835).
14. 'Citycall – new financial information service', *Business Information Review*, 1985, vol.1, no.4, April, p.36.
15. Collins, Judith, 'Business information: a review of user difficulties', *Aslib Proceedings*, 1978, vol.30, no.9, September, pp.316–20.
16. Daniells, Lorna M., *Business Information Sources*, rev. edn, University of California, Berkeley, Los Angeles & London, 1985.
17. Department of Education and Science. Office of Arts and Libraries, *The Future Development of Libraries and Information Services*, HMSO, London, 1982 (Library Information Series No. 12).
18. Dunning, P.M., *Trade Literature in British Libraries*, Science Reference Library, London, 1985.
19. Edmonds, Diana, 'Business information from library cooperatives', *Business Information Review*, 1985, vol.1, no.3, January, pp.26–33.
20. Edmonds, Diana, 'North of the border: information for the oil industry', in *The Nationwide Provision and Use of*

Information: Aslib, IIS, LA Joint Conference, 15–19 September 1980, Sheffield: Proceedings, Library Association Publishing, London 1981, pp.332–7.

21. Enters, Traute, 'Possibilities and limitations of online systems in market research' in *International Online Information Meeting, 8th, 1984: London*, Learned Information, Oxford 1984, pp.67–70.
22. Fleetwood, Susan, 'Business information online at Birmingham Public Libraries', *Refer*, 1985, vol.3, no.4, Autumn, pp. 4–6.
23. Fleming, Edwin, 'Companies Registration Office: the long road to public access', *Business Information Review*, 1984, vol.1, no.2, October, pp.13–20.
24. Forster, W.A. *et al.*, 'HERTIS experience in the development and publication of a business databank', *Program*, 1984, vol.18, no.4, October, pp.321–33.
25. Foster, Allan, 'Problems and possibilities: the availability of business information in the provinces', in *The Nationwide Provision and Use of Information: Aslib, IIS, LA Joint Conference, 15–19 September 1980, Sheffield, Proceedings*, Library Association Publishing, London, 1981, pp. 344–51.
26. Foster, Pamela, 'Business management indexing services: a buyer's guide', *Business Information Review*, 1985, vol.2, no.1, July, pp.29–38.
27. Foster, Pamela, 'Microforms: intermediate business information technology?', *Business Information Review*, 1985, vol.1, no.3, January, pp.18–25.
28. Foster, Pamela, 'Monthly Index to the Financial Times: how good is it?', *Business Information Review*, 1984, vol.1, no.2, October, pp.3–7.
29. Harvey, Joan M., 'Statistical publications for business and management' in K.D.C. Vernon (ed.), *Information Sources in Management and Business*, 2nd ed., Butterworths, London, 1984, pp.135–59.
30. Henderson, G.P., 'The importance of company information', in K.D.C. Vernon (ed.), *Information Sources in Management and Business*, 2nd edn, Butterworths, London, 1984, pp.107–14.

31. Humphreys, Garry, 'Finding UK company information from published directories', *Business Information Review*, 1985, vol.1, no.3, January, pp.3–7.

32. King, David, 'Market research reports', in K.D.C. Vernon (ed.), *Information Sources in Management and Business*, 2nd edn, Butterworths, London, 1984, pp.189–200.

33. *Market Location Index*, a subscription service giving details of all firms in a locality, including staffing and manufactures, published by Market Location Ltd, 17 Waterloo Place, Warwick Street, Leamington Spa, Warwickshire; now also available online.

34. Meyer, R.S. and Rostvold, G.N., *The Library and the Economic Community*, Pasadena and Pomona Public Libraries, California, 1969.

35. Mort, David, 'Non-official statistics: an important source of business information', *Business Information Review*, 1985, vol.1, no.4, April, pp.6–10.

36. Osborn, A., *Report on a Pilot Study at the Commercial Library, Manchester Central Library, Concerning the Use and Users of Publicly Available Business and Commercial Information*, Aslib Research Department, London, 1973.

37. Osborn, Averil and Smyth, Leslie, 'Public use of business and commercial information: a pilot study at the Commercial Library, Manchester Central Library', *Aslib Proceedings*, 1973, vol.25, no.7, July, pp.243–51.

38. *PAIS Subject Headings*, ed. Lawrence J. Woods, Mary MacQuibben, Eva Goldschmidt and Wilhelm Bartenbach, Public Affairs Information Service, New York, 1984.

39. Paufz, Martin R., 'Library support for business and industry', *The Southeastern Librarian*, 1972, vol.22, no.1, Spring, pp.16–21, 24–7.

40. Reid, Christine D., 'Business information needs in Scotland', *Aslib Proceedings*, 1986, vol.38, no.2, February, pp.51–64.

41. Ryan, F.J., 'Company information online: buyer's guide to British directory databases', *Business Information Review*, 1984, vol.1, no.2, October, pp.26–43.

42. Sewell, P.H., *Local Library Co-operation in the United Kingdom*, British Library Research and Development Department, London, 1979 (British Library Research and Development Report no. 5479).

43. Sewell, Philip H., *Resource Sharing: cooperation and coordination in library and information services*, André Deutsch, London (now Gower, Aldershot), 1981.

44. Siddall, L., *A Survey of United Kingdom Non-Official Statistical Sources and their Role in Business Information*, Warwick Statistics Service, Coventry, 1984 (British Library Research and Development Report No. 5821).

45. Smyth, A.L., *Commercial Information: a guide to the Commercial Library*, 3rd edn, Manchester Public Libraries, 1969.

46. Smyth, A.L., 'The information services provided by public libraries to industry and commerce', *Aslib Proceedings*, 1973, vol.25, no.12, December, pp.468–76.

47. Spencer, J., *Business Information in London: a study of the demand and supply of business information in London*, Aslib, London, 1976.

48. Statistics and Market Intelligence Library, *Development Plans Available in the Statistics and Market Intelligence Library*, 3rd edn, Department of Trade and Industry, Statistics and Market Intelligence Library, London, 1984.

49. Statistics and Market Intelligence Library, *Directories in SMIL*, Department of Trade and Industry, Statistics and Market Intelligence Library, London, 1985 (SMIL Readers' Guide 1985/1).

50. Statistics and Market Intelligence Library, *Trade Statistics: a guide to use*, Department of Trade and Industry, Statistics and Market Intelligence Library, London, 1984 (SMIL Readers' Guide 1984/1).

51. *Statistics and Market Research: a guide to current periodical articles*, Birmingham Public Libraries, monthly.

52. Stoll, Martin, 'The problems of handling market research information', *Business Information Review*, 1984, vol.1, no.2, October, pp.8–12.

53. Tagg, Lawrence, 'How to provide business information from the public purse: lessons from Newcastle', *Business Information Review*, 1985, vol.1, no.3, January, pp.11–17.

54. Tagg, Lawrence, 'Online access to trade marks', *Business Information Review*, 1985, vol.2, no.2, October, pp.37–9.

55. Totterdell, Barry and Bird, Jean, *The Effective Library: report of the Hillingdon Project on public library effectiveness*, Library Association, London, 1976.

56. Trott, F.J., *Information for Industry: a study of the information needs of small firms and the relevance of public information services*, Suffolk County Information and Library Service, Ipswich, 1985. (Unpublished interim report on British Library Research and Development Project SI/G/610; full report to be published during 1986.)

57. Trott, Fiona and Martyn, John, 'An information service for small firms from a public library base', *Aslib Proceedings*, 1986, vol.38, no.2, February, pp.43–50.

58. Vernon, K.D.C. and Lang, Valerie, *The London Classification of Business Studies*, 2nd edn, revised by K.G.B. Bakewell and David A. Cotton, Aslib, London, 1979.

59. Vernon, Kenneth D.C., 'Management literature', in Malcolm J. Campbell (ed.), *Manual of Business Library Practice*, 2nd edn, Bingley, London, 1985, pp.103–19.

60. White House Conference on Library and Information Services: 1979, *The Final Report. Summary*, National Commission on Libraries and Information Science, Washington DC, 1979.

Index

The main text of the book (Parts I and II) is indexed under subject and cited persons. Part III (Sources) is indexed under authors, titles and subjects. The bibliographical references are indexed under author with 'b' and the citation number following the page reference. A page reference in italics indicates an illustration. The index is arranged alphabetically word by word, so that New Zealand precedes Newcastle.